本书为研究阐释党的十九大精神国家社科基金专项"健全党和国家监督体系"(项目号:18VSJ051)的结项成果

国家社会科学基金结项成果

新时代
国家监察制度建设的理论与实践

Xinshidai Guojia Jiancha Zhidu
Jianshe De Lilun Yu Shijian

朱福惠 著

中国社会科学出版社

图书在版编目（CIP）数据

新时代国家监察制度建设的理论与实践 / 朱福惠著 . —北京：中国社会科学出版社，2023.12
ISBN 978-7-5227-2410-2

Ⅰ.①新… Ⅱ.①朱… Ⅲ.①监察—制度—研究—中国 Ⅳ.①D630.9

中国国家版本馆 CIP 数据核字（2023）第 148930 号

出 版 人	赵剑英	
责任编辑	许　琳	
责任校对	李　硕	
责任印制	郝美娜	

出　　版	中国社会科学出版社	
社　　址	北京鼓楼西大街甲 158 号	
邮　　编	100720	
网　　址	http://www.csspw.cn	
发 行 部	010-84083685	
门 市 部	010-84029450	
经　　销	新华书店及其他书店	
印　　刷	北京君升印刷有限公司	
装　　订	廊坊市广阳区广增装订厂	
版　　次	2023 年 12 月第 1 版	
印　　次	2023 年 12 月第 1 次印刷	
开　　本	710×1000　1/16	
印　　张	26.75	
插　　页	2	
字　　数	385 千字	
定　　价	148.00 元	

凡购买中国社会科学出版社图书，如有质量问题请与本社营销中心联系调换
电话：010-84083683
版权所有　侵权必究

自　　序

　　本书是研究阐释党的十九大精神国家社会科学基金专项："健全党和国家监督体系研究"的最终成果。

　　党的十九大报告明确指出，健全党和国家监督体系，强化对权力运行的制约与监督，把权力关进制度的笼子。构建党统一指挥、全面覆盖、权威高效的监督体系，把党内监督同国家机关监督、民主监督、司法监督、群众监督、舆论监督贯通起来，增强监督合力。党的十九大报告是对党的十八大以来全面依法治国和全面依规治党实践经验的总结，也是对监察体制改革成果的肯定，并且对新时代监察制度的建设与发展做出顶层设计。本书从党的十八大以来党内监督与监察监督的历史发展和制度重构出发，全面阐释我国监察体制改革的背景、制度基础、运行体制以及监察监督与其他国家监督形式的关系。由于本书立足于从纪检监察监督作为党和国家监督制度的核心视角展开论述，所以，将书名确定为《新时代国家监察制度建设的理论与实践》。

　　本书虽然以新时代监察制度作为研究对象，但并不是孤立地研究监察体制改革与《监察法》，而是从党和国家监督体系的角度探讨国家监察体制的理论渊源、制度逻辑、运行机制。监察体制改革是党中央在新时代作出的重大决策部署，是事关全局的重大政治体制改革，在推进国家治理体系治理能力的现代化过程中发挥了重要的作用。监察委员会的组建以及《监察法》的制定标志着监察体制改革取得重大成就，它表明我国由行政监察阶段发展到国家监察阶段。因此，新时代国家监察制度的建设并不是单一的法律问题，而是健全党和国家监督体系的重要组成部分，离开党和国家监督体系就不能够科学地阐释监察制度建设的理论与实践。

在党和国家监督体系中，党内监督与监察监督是关键。党内监督在党和国家监督体系中处于主导地位，这是中国共产党的执政地位决定的。一方面，我国公职人员的组成部分是党员，党内监督与监察监督在监督对象上高度重合；另一方面，党组织对党的干部的监督是最权威、最有效的监督，只有党内监督与监察监督贯通配合，才能形成监督合力。党内监督包括纪律监督、监察监督、巡视监督、派驻监督。纪检监察合署形成纪律监督与监察监督的一体化运行，纪律审查与监察调查同步开展，党内监督与国家监察有机统一，创制中国特色的监察制度。因此，本书的框架以党内监督主导为视角，通过研究党内监督体系的形成、发展与运行机制，阐释中国特色权力制约与监督的制度特征；在此基础上论述纪检监察监督、巡视监督、派驻监督的理论与实践发展，探讨监察体制改革的价值、功能与制度设计。最后，阐释监察监督与其他监督形式之间的贯通与衔接。本书最后一章运用统计方法对2017—2021年纪检监察机关行使监督职权以及反腐败调查与处置职权的情况进行分析，认为纪检监察机关反腐败工作取得重大成效，反腐败取得压倒性胜利。但数据表明，反腐败工作任重道远，需要继续深化监察体制改革，完善国家监察制度，健全反腐败预防与惩治相结合的体制与机制。

本书是阐释党的十九大报告关于党和国家监督体系以及监察制度建设的项目成果。但是，党的十九届四中全会、十九届五中全会和十九届六中全会进一步发展了党的十九大报告关于党内监督与反腐败的表述，并且在制度建构上不断创新。党的二十大报告指出：坚决打赢反腐败斗争攻坚战持久战。腐败是危害党的生命力和战斗力的最大毒瘤，反腐败是最彻底的自我革命。本书根据党的二十大报告的精神，结合近年来发布实施的《中国共产党纪律检查委员会工作条例》《中国共产党政治协商工作条例》《中国共产党党员权利保障条例》等党内法规的有关规定，对结项成果进行全面修改，力图全面反映党的十八大以来党内监督与纪检监察体制改革的全貌。

由于新时代国家监察制度与纪检制度的一体化，其运行具有党内监督与国家机关监督的双重属性。因此，在一定程度上增大了理论研究的难度，虽然作者尽量推动理论研究与纪检监察实践的结合，但仍然存在理论阐释不足、实践经验总结不够的情况，恳请读者批评指正。

朱福惠

2023 年 3 月 20 日于山东大学威海校区

目　　录

绪论　我国监督制度研究的历史、现状与问题 …………………… 1
　第一节　我国监督制度研究的历史 ………………………………… 1
　　一　监督制度研究的初创阶段 …………………………………… 2
　　二　监督制度研究的探索阶段 …………………………………… 4
　　三　监督制度研究的繁荣阶段 …………………………………… 7
　　四　监督制度研究的创新发展阶段 ……………………………… 10
　第二节　我国监督制度研究的现状 ………………………………… 13
　　一　党内监督研究的兴起 ………………………………………… 14
　　二　监察监督研究的发展 ………………………………………… 16
　第三节　我国监督制度研究存在的主要问题 ……………………… 19
　　一　缺乏对中国特色监督制度的系统研究 ……………………… 19
　　二　监督制度的体系化研究不足 ………………………………… 22
　　三　缺乏对监督制度运行实践经验的理论总结 ………………… 24
　第四节　加强监督制度研究的几点思考 …………………………… 25
　　一　进一步阐释监督制度的中国特色 …………………………… 25
　　二　系统研究监督制度的各种形式 ……………………………… 27
　第五节　本书的基本框架 …………………………………………… 29

第一章　我国监察制度的理论基础 ………………………………… 31
　第一节　马克思、恩格斯和列宁的权力制约与监督思想 ………… 31
　　一　马克思、恩格斯的权力制约与监督思想 …………………… 31

二　列宁的权力制约与监督思想 ………………………………… 33
第二节　毛泽东思想与中国特色权力制约与监督理论的
　　　　　发展 …………………………………………………………… 38
　　一　毛泽东的权力制约与监督思想 ……………………………… 38
　　二　邓小平的权力制约与监督思想 ……………………………… 41
　　三　江泽民关于权力制约与监督的论述 ………………………… 44
　　四　胡锦涛关于权力制约与监督的论述 ………………………… 47
第三节　新时代权力制约与监督理论 ……………………………… 49
　　一　习近平总书记关于权力制约与监督的重要论述是
　　　　科学应对国内国际环境变化而形成的实践成果 …………… 50
　　二　习近平总书记关于权力制约与监督的重要论述的
　　　　核心要义 ……………………………………………………… 52
　　三　习近平总书记关于权力制约与监督的重要论述的
　　　　理论贡献 ……………………………………………………… 62

第二章　监察制度与党和国家监督体系的关系 ……………………… 67
第一节　党和国家监督体系提出的过程 …………………………… 67
　　一　党和国家监督体系的萌芽阶段（党的七大至党的十一届
　　　　三中全会之前） ……………………………………………… 68
　　二　党和国家监督体系的初步形成阶段（党的十一届三中
　　　　全会至党的十四大） ………………………………………… 70
　　三　党和国家监督体系的发展阶段（党的十五大至党的
　　　　十八大） ……………………………………………………… 73
　　四　党和国家监督体系的创新阶段（党的十八大至党的
　　　　十九届四中全会） …………………………………………… 76
第二节　党和国家监督体系语境下国家权力制约与
　　　　　监督的含义 ………………………………………………… 80
　　一　权力监督的含义 …………………………………………… 81
　　二　权力制约的含义 …………………………………………… 92
第三节　党和国家监督体系的构成要素及其相互关系 ………… 101
　　一　党和国家监督体系的构成要素 …………………………… 101

二　党和国家监督体系构成要素之间的相互关系…………… 104
　　三　党和国家监督主体的分工合作与协调衔接…………… 106
　　四　党和国家监督的实质是公权力的制约与监督………… 108

第三章　新时代监察体制改革的实践逻辑与制度逻辑…………… 113
　第一节　监察体制改革的实践逻辑………………………………… 113
　　一　监察体制改革是监察制度建设实践经验的总结……… 113
　　二　监察体制改革是实现党对反腐败工作集中
　　　　统一领导的需要…………………………………………… 115
　　三　监察体制改革是加强党的建设的需要………………… 119
　　四　监察体制改革是整合反腐败资源的需要……………… 123
　　五　监察体制改革是推进反腐败国家立法的需要………… 126
　第二节　监察体制改革的制度逻辑………………………………… 129
　　一　党的集中统一领导是监察体制改革的基本特色
　　　　与制度优势………………………………………………… 129
　　二　人民代表大会制度是监察体制改革的宪制基础……… 139
　　三　中国共产党领导下的多党合作与政治协商制度是
　　　　监察体制改革的民主基础………………………………… 145

第四章　纪检监察监督的一体化运行…………………………………… 155
　第一节　党委（党组）的监督主体责任…………………………… 156
　　一　党内监督主体责任的涵义……………………………… 156
　　二　党内监督主体责任的内容……………………………… 157
　　三　确立党委（党组）党内监督主体责任的必要性……… 159
　　四　加强党委（党组）党内监督主体责任的具体措施…… 162
　第二节　加强纪律监督与派驻监督………………………………… 168
　　一　从执纪监督到专门监督再到专责监督………………… 168
　　二　纪委专责监督的体制创新……………………………… 171
　　三　将派驻监督的制度优势转化为治理效能……………… 177
　　四　进一步完善纪检监察专责监督职权…………………… 183
　第三节　持续发挥巡视巡察的监督作用…………………………… 195

一　巡视巡察演进的特点 ………………………………… 195
　　二　巡视监督的优势 …………………………………… 203
　　三　完善巡视巡察监督制度 …………………………… 207
第四节　加强党员民主监督 …………………………………… 214
　　一　党员民主监督权利的形成与发展 ………………… 214
　　二　加强党员民主监督制度建设 ……………………… 215

第五章　深化监察体制改革，实现监察监督全覆盖 ……… 218
第一节　监察体制改革与监察立法的实践动因 ……………… 218
　　一　监察体制改革实现党对监察工作的统一领导 …… 219
　　二　监察体制改革实现对公职人员监督全覆盖 ……… 221
　　三　监察体制改革有利于提高反腐败效率 …………… 224
第二节　监察委员会的政治属性与法律属性 ………………… 227
　　一　监察委员会的政治属性 …………………………… 228
　　二　监察委员会的法律属性 …………………………… 235
第三节　监察监督的基本特征 ………………………………… 241
　　一　监察机关的主要职权是监督 ……………………… 242
　　二　监察权是国家专责监督的体现 …………………… 245
　　三　监察监督对象和事项的特定性 …………………… 248
　　四　监察监督的主动性和责任追究方式的具体化 …… 253
第四节　完善监察监督 ………………………………………… 256
　　一　通过立法进一步明确监察监督事项 ……………… 256
　　二　发挥异体监督作用 ………………………………… 262
　　三　加强对监察机关自身的监督 ……………………… 266
　　四　完善《政务处分法》与其他法律法规之间的衔接 … 271

第六章　监察监督与其他国家机关监督的贯通 …………… 279
第一节　监察监督与人大监督的贯通 ………………………… 279
　　一　人大监督的含义与特征 …………………………… 279
　　二　人大监督存在的主要问题 ………………………… 283
　　三　加强和改进人大监督 ……………………………… 285

四　完善人大监督与党内监督、监察监督的贯通机制……… 289
　第二节　监察监督与行政监督的贯通…………………………… 292
　　一　行政监督的含义与特征……………………………………… 292
　　二　行政监督存在的主要问题…………………………………… 295
　　三　行政监督方式的改进………………………………………… 297
　　四　完善行政监督与党内监督、监察监督的贯通机制……… 301
　第三节　监察监督与司法监督的贯通…………………………… 303
　　一　司法监督的含义与特征……………………………………… 303
　　二　司法监督存在的主要问题…………………………………… 305
　　三　拓宽司法监督的途径………………………………………… 306
　　四　完善司法监督与党内监督、监察监督的贯通机制……… 309
　第四节　监察监督与审计监督的贯通…………………………… 311
　　一　审计监督的含义与特征……………………………………… 311
　　二　审计监督存在的主要问题…………………………………… 314
　　三　强化审计监督职权…………………………………………… 316
　　四　完善审计监督与党内监督、监察监督的贯通机制……… 318

第七章　监察监督与民主监督、舆论监督、群众监督的贯通……… 321
　第一节　监察监督与民主监督的贯通…………………………… 321
　　一　民主监督的历史发展………………………………………… 321
　　二　民主监督的含义与特征……………………………………… 325
　　三　民主监督在权力监督体系中的地位与作用……………… 328
　　四　民主监督存在的主要问题…………………………………… 331
　　五　发挥民主监督的优势………………………………………… 334
　　六　完善民主监督与党内监督、监察监督的贯通机制……… 337
　第二节　监察监督与舆论监督的贯通…………………………… 338
　　一　舆论监督的产生与发展……………………………………… 338
　　二　舆论监督的含义与特点……………………………………… 339
　　三　舆论监督在权力监督体系中的地位与作用……………… 343
　　四　舆论监督存在的主要问题…………………………………… 345
　　五　建构中国特色舆论监督制度………………………………… 347

六　完善舆论监督与党内监督、监察监督的贯通机制………351
第三节　监察监督与群众监督的贯通……………………………352
　　一　群众监督的产生与发展………………………………352
　　二　群众监督的含义与特点………………………………353
　　三　群众监督在权力监督体系中的地位与作用…………356
　　四　群众监督存在的主要问题……………………………359
　　五　健全群众监督体制……………………………………360
　　六　完善群众监督与党内监督、监察监督的贯通机制…362

第八章　反腐败是最彻底的自我革命…………………………365
第一节　纪律监督成效卓著………………………………………365
　　一　政治监督具体化与常态化……………………………365
　　二　严肃查处违反中央八项规定精神的案件……………366
　　三　实现严肃问责…………………………………………368
　　四　精准运用"四种形态"，强化监督执纪问责…………370
　　五　追逃追赃与反腐败国际合作取得举世瞩目的成果…372
　　六　党纪政务处分成为纪检监察机关的主要惩戒措施…374
　　七　信访举报、查找问题线索、谈话函询在日常监督中发挥重要作用………………………………………………377
　　八　实现巡视巡察全覆盖…………………………………378
　　九　实现派驻监督全覆盖、派驻"探头"作用呈现………384
　　十　威慑与感召并举，主动投案由"现象"转为"常态"…………………………………………………385
第二节　反腐败形势严峻…………………………………………389
　　一　党组织主体责任和监督责任不到位的情况仍然突出…389
　　二　违反政治纪律的现象较为常见………………………390
　　三　巡视和派驻发现腐败现象仍然严重…………………391

参考文献………………………………………………………………393

后　　记……………………………………………………………415

绪论　我国监督制度研究的历史、现状与问题

本书的主旨在于从党和国家监督制度的角度探讨新时代监察制度形成的理论基础与运行机制，而不是孤立地探讨监察制度的形成与发展。在中国特色社会主义政治制度这一背景下，监察制度是党和国家监督制度的一部分，是党内监督和国家监督的制度化形式。因此，监察制度是监督制度的核心部分。长期以来，理论上将行政监察与党内监督区分，但自20世纪90年代纪检监察合署后，实际上监察监督与党的纪律监督已经深度融合。党的十八大以来，监察体制改革的重要任务之一就是纪检监察一体化，实现党对监察制度的统一领导，党的十九届四中全会的报告将监察监督作为党内监督的四种方式之一[①]，本书所指的监督制度是指党和国家监督制度，监察监督融入监督制度的实践，推动我国监督制度研究的发展。

第一节　我国监督制度研究的历史

中华人民共和国成立以来，党和国家极为重视监督制度的建构与完善，有关监督制度的理论研究长盛不衰，监察体制改革后更呈鼎盛之

---

① 党内监督的四种形式是：纪律监督、巡视监督、派驻监督、监察监督。

势。以"监督"为主检索词,在各大文献网站结合"监察""检察""权力"等辅助词进行检索,共检索得到论文 10 万余篇,专著 1500 余部,可谓卷帙浩繁。监督制度理论研究大致可以分为初创、探索、繁荣、创新与发展四个阶段。

一 监督制度研究的初创阶段

中华人民共和国成立以后,社会主义各项制度开始创建,随着党和国家监督制度的形成与发展。初创阶段研究成果主要围绕党的监督、国家机关监督以及人民监督而展开。由于主、客观条件的限制,权力监督理论研究尚显单薄,主要以检察监督与审判监督理论研究为主,且审判监督多指检察机关对审判机关的监督,二者呈现出相互交融的特点。除此之外,还有关于民主监督与宪法监督的宏观理论研究、苏联监督制度的译介与理论阐释成为这一阶段的重要特色。

(一)探讨检察监督的形成与制度特征是研究重点

受苏联监督理论的影响,中华人民共和国成立初期的国家监督理论研究主要集中在检察监督领域,而不是党内监督与监察监督领域。理论界试图通过探讨新中国检察制度来观察国家权力监督机制,检察监督理论研究可分为一般监督理论、审判监督理论与侦查监督理论三个方面。一般监督理论,也即"大检察"理论,主要讨论人民检察院一般监督工作的任务与目的,以 1954 年宪法(五四宪法)和《人民检察院组织法》的规定为依据,认为人民检察院的一般监督主要是对国务院所属各部门、地方各级国家机关的决议、命令和措施都不与宪法和法律相抵触,使一切国家机关工作人员和公民都确切地遵守宪法和法律。[①] 审判监督是《人民检察院组织法》赋予的司法监督职权,检察机关对人民法院审理刑事、民事案件的活动是否合法实行监督,保障人民法院严格

[①] 王立中:《如何正确地组织一般监督工作》,《法学研究》1955 年第 1 期;李示文:《检察机关的专政性质和监督职能是统一的》,《法学研究》1958 年第 5 期。

按照宪法和法律审理案件,使违法犯罪分子受到应有的惩罚。[①] 审判监督具体又衍生出刑事审判监督、民事审判监督和审判监督程序问题,[②]其中刑事审判监督与审判监督程序问题是学术研究的主要面向。侦查监督是检察机关对公安机关的侦查活动是否合法进行的监督,这是人民检察院司法监督职权的重要组成部分。通过对侦查监督理论的研究,理论界普遍认为,人民检察院通过司法监督保证侦查活动的合法性,迅速揭露一切犯罪,不让任何一个犯罪分子逃避法律制裁,保证公民的合法权益不受非法限制或被无根据无理由追究刑事责任。[③] 检察权制约侦查权是当时理论研究的重要成果。

这一阶段有关苏联监督制度的译介与研究成为重要特色,部分学者介绍了列宁的权力监督与制约思想。[④] 也尝试对苏联国家监督权的概念进行界定,即苏联的国家权力机关和管理机关监督所属机关、企业和组织,各专门监督机关、财政机关和计划机关进行专项监督活动,其使命就是用检查执行情况和监督国家资财的正确使用等方法来维护国家纪律、保护公有财产、督促国民经济计划的顺利完成。[⑤] 除此之外,苏联审判监督制度和审判监督理论也关注颇多。[⑥]

(二) 人大监督和民主监督是研究的热点

五四宪法的制定和实施,形成了以人民代表大会质询、罢免、审议工作报告等方式监督一府两院的社会主义监督制度,这种监督制度被视为我国社会主义监督体系的主要内容和基本特色。因此,法学界和政治学界重点研究以人民代表大会制度为核心的国家监督体系。中华人民共和国成立之初,社会主义民主在国家权力监督体系中的地位和作用受到重视,加强民主与法制建设是社会主义监督体系的基本途径。刘少奇在

---

① 张复海:《人民检察院的审判监督工作》,《法学研究》1955年第2期。
② 高鑫田:《检察长参与民事诉讼工作》,《法学》1957年第4期。
③ 李亚西:《我对人民检察院的侦查监督工作的一些体会》,《法学研究》1957年第2期。
④ 《联共(布)党史名词简释与问题解答》,中共沈阳市委宣传部1954年,第139页。
⑤ 章友江:《苏联国家监督的三个主要特点》,《法学研究》1955年第4期。
⑥ 王铁夫:《苏维埃诉讼制度中的审判监督程序》,《法学研究》1956年第3期。

1954年担任全国人大常委会委员长时即非常重视人大的监督功能,将人大的监督视为国家的最高监督权,明确指出,监督权在防止权力腐败和滥用方面发挥重要作用。① 同时,在社会主义监督制度体系中,民主监督发挥着重要作用,作为统一战线的组织形式与协商民主具体载体的人民政协,在民主监督过程中扮演着重要角色,作为中国共产党领导下的多党合作制的组织形式,政协虽然不能行使国家权力,但在同执政党合作的过程中发挥民主监督作用。

(三) 重视宪法监督研究

社会主义宪法监督理论虽然处于初创阶段,但受到理论界的高度重视。宪法监督在理论上被视为国家机关间的相互制约与监督。有学者认为,宪法监督是指全国人大依照宪法的规定监督宪法和法律的实施,这是中国宪法监督与外国监察监督制度不同之处。另有学者认为,我国的公安、检察、法院三个机关都是人民民主专政的国家机关,它们共同的根本职能就是镇压反革命,制裁犯罪,保护国家和人民的利益,这就决定了三个机关在工作中必须遵守互相配合、互相制约的原则,不应当片面地强调互相制约,而忽视互相配合。除此之外,有学者反思"大检察"理论的扩张性,认为"检察机关什么都要监督,他们不是紧紧地抓住批捕、起拆和审判等几个主要环节执行自己的法律监督职责,而且要实行所谓'全面监督''事先监督',这是应当被警惕的"。② 这些观点强调的是国家权力监督的多元性与体系化,关注宪法监督与检察监督的协调。

二 监督制度研究的探索阶段

改革开放以后,我国的监督制度理论研究开始迈入探索阶段。党的十一届三中全会的召开和八二宪法的颁布实施,为监督制度理论研究迎

---

① 徐行、李俐:《刘少奇关于人大监督职能的思想与实践》,《党的文献》2015年第6期。
② 胡军:《公安、检察和法院应正确贯彻互相配合、互相制约的原则》,《法学》1958年第1期。

来了新的发展契机。围绕八二宪法的制定与实施，推动监督制度基本理论问题的研究。这一阶段监督制度的研究主要有三个特征：一是宪法监督理论研究进一步加强；二是提出了党内监督和党的纪检机关纪律监督的概念，党内监督成为监督制度研究的一部分；三是在依法治国与依法行政原则的指引下，法治政府建设成为重要议题，因此，行政监察的理论研究成为热点。

（一）宪法监督理论研究的兴起

法学界在吸取五四宪法监督实施经验教训的基础上，明确提出宪法监督实施是加强社会主义法制的关键这一理论命题。树立宪法权威，加强宪法的监督实施是社会主义权力监督体系的重点。诸多学者尝试借鉴外国宪法实施的经验，对中国宪法监督实施司法性建设的可行性进行探讨。但我国实行中国特色的权力机关监督实施体制，所以，宪法监督权在实践中主要由国家权力机关行使，因此，理论界重点讨论人大监督和宪法实施的制度实践，将研究视角转向人民代表大会制度下宪法监督的运行机制，讨论人民代表大会如何审议工作报告、行使质询、罢免、特定问题调查等职权成为主要内容。有些学者还从《宪法》第六十三条和第六十七条的规定出发，提出完善宪法监督制度的设想，提出完善宪法解释程序机制。有学者提出，在全国人大设立宪法委员会，作为监督宪法实施的专门机构。这些理论论证为以后宪法监督实践的发展发挥了重要的理论引领作用。

（二）法律监督理论研究的发展

法律监督主要是指人民检察院和人民法院的监督。在完善社会主义法治理论的指引下，法律监督理论得到高度重视。理论界对司法监督的理论和实务问题进行了长期的探索，特别是对法院监督行政权的必要性进行了深入研究，不仅推动了《行政诉讼法》的制定和行政诉讼制度的建立，而且建构司法监督行政的正当性理论。

理论界对检察机关的法律监督予以高度关注，随着1978年宪法和1982年宪法（即八二宪法）恢复设置人民检察院，以及1979年《人民检察院组织法》将人民检察院定性为国家的法律监督机关之后,人民检察院的监督职能明确限定于诉讼与行政执法领域。理论界开始集中对检察机关监督公安机关侦查的合法性、人民法院审判的合法性以及刑事案件判决和裁定的执行与监所活动的合法性进行深入研究,主张将人民检察院作为打击贪污腐败的司法机关,充分发挥其法律监督机关的作用。

(三) 党的纪律监督理论研究取得新进展

改革开放必须坚持党的领导和社会主义制度,这是中国特色社会主义建设的基本原则。坚持党的领导需要加强党的建设,严明党的纪律,使党成为改革开放坚强的领导者。因此,党的十三届六中全会提出加强党内监督,明确规定党的纪律监督是党长期执政的需要。理论界将研究重点集中于党的纪律监督制度建设方面,提出健全党的纪律监督机构,完善党的纪律检查委员会的监督职权。党的十一大通过的党章明确规定:"党的中央委员会,地方县和县以上、军队团和团以上各级党的委员会,都设立纪律检查委员会"。[①] 党的十一届三中全会正式决定恢复设置党的各级纪律检查机构,地方各级纪委和各部门纪检机关相继建立。纪委双重领导体制与以前的同级党委领导体制相比,上级纪委加强了对下级纪委业务指导,同时,同级纪委也加强了对同级党委的监督。从党的十二大开始,纪律检查委员会不再由党的委员会选举产生,而由党的代表大会直接选举产生,进一步加强了上级纪委对下级纪委的领导,要求党的各级纪律检查委员会对同级党委及其成员实行党章、规章范围内的监督。为党内纪律监督研究工作提供了实践支撑。但理论界普遍认为,纪律检查机关的双重领导体制虽然解决了同级党委的监督问题,但由于经费、干部任免等由同级党委决定,出现监督主体依附于监督客体的状态,在实践中制约了监督效能的发挥。[②] 因此,理论界进一步提出建立纪律检查机关垂直领导体

[①] 《中国共产党章程汇编(从一大—十六大)》,中共中央党校出版社2006年版,第95—96页。

[②] 刘汉卿、翟洪峰:《对新中国纪检监察体制的研究综述》,《北京党史》2013年第6期。

制的建议。

(四) 行政监督理论研究创新

如何制约与监督行政权的行使,是改革开放以来我党面临的重大实践问题,也是学术界必须面对的重大理论问题。为了加强对行政权的制约,监督行政机关公务员依法履行职责,建立廉洁高效的政府,八二宪法规定恢复行政监察制度,实行监察与审计分开的体制。1987年国务院设置了专门的监察机构——监察部,县级以上地方各级人民政府设置监察厅、局。表明行政监督体系走向专门化。学术界对设置行政监察机构进行了深入的讨论,有学者认为监察权是行政执法权的核心和行政执法的重点,宪法和法律应当规定监察权独立行使,不受其他行政机关、社会团体和个人干涉。[1] 有学者对宪法上行政监察机关的领导体制提出建议,认为可以实行本级人民政府和上级监察机关双重领导原则,以提高监察效果。[2] 但是,理论界普遍认为,我国的行政监督体系属于行政内部监督和同体监督,其监督的效果不够理想,提出设立独立于行政机关之外的监察机构的设想。

三　监督制度研究的繁荣阶段

以监察部与中央纪委合署办公为标志,监督理论研究逐渐迈入新的发展阶段,我国监督理论的本土化意识开始觉醒。这一阶段的特点是初步形成了较为系统的社会主义权力监督理论,对党内监督、人大监督、民主监督和舆论监督进行了深入探讨,研究重点转向党内监督。

(一) 党内监督成为监督制度理论研究的重点领域

随着腐败问题的滋生,如何有效监督执政党的权力成为重大理论与实践问题,国家权力监督实践证明,党内监督是公权力制约与监督的关键。理论界围绕腐败产生的动因、党内监督在监督制度中的地位、党内监督的必要性以及如何进行党内监督等深层次问题进行了深入探讨。一

---

[1] 郁忠民:《论确立监察权的宪法地位》,《当代法学》1990年第4期。
[2] 韩晓武:《建国以来我国行政监察制度的发展变化》,《河北法学》1984年第5期。

是腐败现象产生的原因,有学者认为,腐败的成因极为复杂,主要有以下四个方面:历史形成的传统观念和思想意识或多或少会侵入党的政治生活,人的利己主义助长腐败产生,权力对资源的计划性配置是腐败产生之主因,监督制约力度不够使腐败得以蔓延。① 二是反腐败的动因。有学者认为,苏联解体、东欧剧变成为我国加强反腐败的外部直接动因,苏联解体、东欧剧变的一大诱因是反腐败和权力监督不力导致民心丧失。② 三是党内监督在反腐败中的地位。有学者认为,要惩治国家机关中的权力腐败,就应加强对党政机关及其工作人员特别是主要领导干部的监督和制约,而这需要从党内监督、法律监督和群众监督入手。其中,党内监督是指党组织对党员领导干部进行的监督,构成公权力监督的关键与核心。③ 四是为什么要加强党内监督。有学者认为,党内监督之所以必要,是因为中国共产党执掌国家的领导权,所以,一定要防止党犯错误,党内监督在执政权意义上非常必要。④ 五是如何进行党内监督。针对党内监督机构的附属性问题,有学者认为,组织上的粘连关系,决定了纪委很难对同级党委,尤其是对大权在握的"一把手"实行真正的监督。为此,应当从体制改革入手,改善同级党委领导,强化垂直领导,这样才能从根本上解决监督机构的独立监督权问题。⑤ 针对权力监督存在的突出问题,有学者认为,应当实行职能性分立,即"立法决策权""执行权"和"监督权"分工与制约。⑥ 还有学者认为,应

---

① 陈东:《我国现阶段腐败现象的特点、成因及其对策研究》,《广东行政学院学报》1996年第3期。
② 李冠乾、刘子元:《苏东演变的两个突出历史教训》,《连云港教育学院学报》1999年第3期。
③ 喻中:《三权制衡理论的终结与当代中国权力监督理论的重建》,《理论与改革》2002年第3期。
④ 张岩森:《关于改革党内监督体制的若干思考》,《中央社会主义学院学报》1999年第7期。
⑤ 张岩森:《关于改革党内监督体制的若干思考》,《中央社会主义学院学报》1999年第7期;张金丽:《改革调整现行监督体制保证对权力监督制约的实效性》,《理论学刊》1999年第3期。
⑥ 李国基、李继红:《关于改革党内监督体制的新思考》,《甘肃理论学刊》1999年第3期。

当建立独立垂直的纪检监察机关。① 当然,有学者主张,必须充分尊重和利用现有的政治条件和环境,通过实现党内民主的具体化,加强监督制度建设。②

(二) 研究如何提升人大常委会监督职权的运行效果

在加强党内监督的同时,理论界主张强化现行国家权力监督机制。有学者认为,人大监督是一种宪法和法律监督,应当重点解决两个问题:一是人大的法律监督与检察机关的法律监督如何区别;二是人大监督要落实到人大常委会的监督方面来,充分发挥人大常委会的监督作用。另有学者提出,人大的法律监督是人大监督法律实施的一种抽象监督,即人大通过执法检查、听取专项工作报告等形式监督法律是否得到遵守与执行,掌握法律执行过程中遇到的具体问题和困难,进而通过立法权能与重大事项决定权能的行使为法律的实施提供制度保障,而人民检察院的监督是一种具体的法律执行方面的监督,其中最主要是诉讼监督,这与人民检察院行使职权的诉讼形式相关。改革开放以来,宪法学者提出要通过加强人大常委会的监督,达到完善我国宪法监督制度的目的,2006年颁布的《各级人民代表大会常务委员会监督法》对人大常委会监督权的条件和形式作出了具体规定,如对规范性文件的备案审查、特定问题调查、质询与询问的运行程序予以细化,使之具有可操作性。有学者认为,该法的颁布实施对于启动人大常委会的监督程序,加强人大常委会尤其是地方人大常委会的监督职权具有重要的意义。与此同时,也有学者进一步反思了人大监督效力的范围,认为人大应当监督党组织,党组织必须在宪法法律范围内活动,这是加强党的自身建设的重大原则。党组织接受人大监督不会削弱党的领导,反而有利于加强党的建设,有利于巩固执政党的地位。③

---

① 蔡玮、孙道同:《反腐倡廉必须健全监督制约机制》,《山东工业大学学报》(社会科学版) 1999年第5期。
② 孙志勇:《权力监督要努力从三方面谋取突破》,《中国党政干部论坛》2003年第8期。
③ 韩干荣:《从党必须在宪法法律范围内活动看人大监督职能——关于党组织应接受人大监督的思考》,《人大研究》1996年第3期。

(三) 加强对民主监督和舆论监督的研究

在民主监督方面，有学者认为我国政协的民主监督是最具有中国特色的权力监督形式，理应在实践中予以高度重视。作为政治监督的政协民主监督具有不可替代的作用，但我国政协的民主监督在实践中仍然存在监督不足，监督乏力的现象，产生这种现象的原因主要是政协监督职能没有受到应有的重视、监督方式单一等，这提醒我们有必要加强政协民主监督的基本理论和自身制度建设的研究。①

我党非常重视舆论监督的作用。20 世纪 80 年代至今，党的历次代表大会的报告均提出加强舆论监督的问题，提倡媒体发挥监督功能。有学者提出，建立以党媒为核心的传媒监督体系，通过加强正面宣传引导媒体的正常监督。理论界特别关注传媒监督司法的问题，认为司法公正的实现有赖于传媒的监督。有学者认为，传媒监督只要不违反宪法和法律，不对其他人的利益构成重大损害，就不应当受到过多的限制。② 不过也有学者提出，媒体监督司法可能危害法院独立审判，形成媒介审判的负面效应，因此，媒体监督必须坚持真实和尊重司法裁决的原则。③ 除探讨传媒对司法的监督外，还讨论传媒对行政的监督问题，有学者从行政权的集权特征以及管理权力宽广的角度论证监督行政权的重要性，在所有的监督方式中，只有舆论监督才是公众所能拥有和实现的一种有效监督方式，通过制度保障新闻舆论监督的相对独立性非常重要。④ 总体而言，理论界对舆论监督的讨论，重点在传统媒体的舆论监督方面，强调舆论监督发挥揭示真相、引导社会思潮的积极功能。

四 监督制度研究的创新发展阶段

党的十八大标志着国家监督制度研究开始全方位迈入创新发展阶

---

① 朱维究：《中国的法律监督与政治民主监督》，《政法论坛》2000 年第 1 期。
② 唐炳洪、王艳：《论传媒对司法的监督》，《当代传播》2006 年第 3 期。
③ 路鹃：《论"媒介审判"现象的负面效应与防范》，《甘肃社会科学》2009 年第 5 期。
④ 叶战备、金太军：《论完善对行政权的舆论监督》，《中国行政管理》2006 年第 1 期。

段。这一阶段的特色主要有:一是明确提出党和国家监督体系的概念,将党内监督作为监督制度的主导力量。针对党内监督与国家监督、国家各种监督之间相互脱节的状况,提出实现党内监督与人大监督、监察监督、法律监督、民主监督、群众监督之间的贯通与衔接,建立权威高效的党和国家监督体系。二是党内监督与国家监督并重。三是随着监察体制改革的深化,监察权成为独立的宪法权力。监察委员会与一府两院平行,纪检监察合署办公,党内监督与监察监督一体运行。理论界将党内监督和监察监督作为监督制度的核心问题展开系统研究。

(一) 明确提出党内监督在党和国家监督体系中的核心地位

在传统监督理论上,党内监督虽然受到重视,但是并没有从新时代中国特色社会主义监督体系的高度来看待党内监督制度的建构问题。党的十八大提出"建设廉洁政治"之后,通过从严治党健全反腐倡廉制度体系成为迫切的任务。[1] 有学者从党内监督的概念、内涵和特征出发,认为党内监督的完善包括监督制度建立和党内法规制定两个方面:一方面,党内监督的关键在于自我监督机制的调适与完善,自我监督的调适与完善是一个系统工程,离不开各方面协调一致的配合,既要不断提高纪委的监督力度,又要允分发挥党代会、全委会的监督功能,从而把党内功能性监督和结构性监督有机结合起来;另一方面,党内监督的另一关键还在于党内法规的制定,提出以《党内监督条例》为中心,通过制定党内法规,形成完善的党内法规体系。[2]

(二) 研究人大监督的权威性和有效性

长期以来,人大监督是实践中的重大理论与实践命题,也是学术研究的热点问题。我国人大监督权直接来源于宪法规定,全国人大及其常委会不仅可以监督国家机关及其工作人员是否依法履行职权,还有监督

---

[1] 刘一纯:《试论党内监督与人大监督形成合力的有效途径》,《学校党建与思想教育》2016年第16期。

[2] 徐行、崔翔:《机制创新与多元互动——关于加强执政党自我监督和外部监督的新思考》,《理论探讨》2013年第3期。

宪法和法律实施之权。但是，受主客观条件的限制，除地方人大有质询和罢免的实践外，全国人大及其常委会还没有经常性地行使监督权。党的十八届四中全会提出完善人大监督制度和宪法解释程序机制，学术界针对人大监督存在的问题，提出了诸多理论主张。有学者提出，应当以《各级人民代表大会常务委员会监督法》的实施为中心，加强人大对法规、规章和规范性法律文件的合法性审查，提出设立专门的审查机构并公开审查结论，这些学术主张对推动合法性审查发挥了积极的作用。另有学者提出完善宪法解释程序机制，在必要的时候由全国人大制定《宪法解释程序法》。[1] 此种观点得到诸多学者的认同，既有学者从宪法解释提请权主体出发来讨论宪法解释程序启动问题，也有学者尝试从审查标准出发提出，法制工作委员会应对宪法解释请求做形式审查，同时成立宪法委员会做实质审查。[2]

（三）研究新时代中国特色社会主义监督理论体系

有学者从政治程序角度讨论监督程序问题，认为社会主义监督体系要从制度的角度研究监督体制，但监督体制要真正发挥作用，必须要有监督程序的支持，因此应将程序正义引入舆论监督范畴，从而为实体正义的实现奠定基础。[3] 有学者试图从监督体系的基本概念着手，重新诠释监督体系的基本问题，认为监督和制约并不相同，必须科学区分，认为制约是基于权力分立或者权力分工基础上的相互规约。[4] 有学者对我国监督体系存在的问题进行了客观分析，认为我国的监督体系存在权力机关监督权威性不足，纪检监察独立性不足，司法监督公正性不足，群众监督积极性不足的弊端，提出完善监督体制，实行异体监督的构想。[5] 据此，有学者在总结中华人民共和国成立初期党和国家监督体系

---

[1] 韩大元：《〈宪法解释程序法〉的意义、思路与框架》，《浙江社会科学》2009年第9期。
[2] 马岭：《我国宪法解释的程序设计》，《法学评论》2015年第4期。
[3] 周云倩：《程序正义视阈下的舆论监督》，博士学位论文，华中师范大学，2011年，第47页。
[4] 周义程：《权力运行制约和监督体系的概念界说》，《行政论坛》2014年第3期。
[5] 范永同、郝俊杰：《中国监督体制的不足与完善》，《人民论坛》2015年第11期。

的历史演变及相关经验的基础上，提出要坚持和加强党对监督体系的全面领导，通过体制机制改革提升监督的效能，实现党内监督和国家监察的有机统一，发挥社会监督力量，形成有效的监督合力。①

（四）论证独立监察制度的必要性和可行性

中华人民共和国成立以来，我国的监察体制是行政监察体制，在这种监察体制之下，国务院及县级以上地方人民政府设立行政监察机构，负责监督行政机关及其公务员遵守法纪。人民检察院对国家机关工作人员职务犯罪行使侦查职权。这种体制虽然将职务违法与职务犯罪的调查分别由不同国家机关负责，有利于提高司法机关在侦查职务犯罪中的地位，但也存在诸多弊端。如行政监察同体监督缺乏权威性和有效性、监督对象限于行政机关及其工作人员、监督资源配置分散等。有学者认为，行政监察体制还存在监督主体地位偏低、监察措施较少、监察对象范围较窄等制度功效不强的因素，严重制约行政监察的效率，有必要进行制度创新。② 为了加强监察监督，2016 年底，中央决定在全国部分省区进行监察体制改革试点。学术界围绕监察体制改革的热点问题进行深入的研究，有学者提出，监察体制改革试点应当充分考虑合宪性问题，充分肯定监察体制改革的积极意义，认为监察体制改革对于完善我国的监督体制具有重要的作用。有学者提出，监察委员会行使调查权以及运用强制措施须受到法治原则的约束，并且从国家机关的职权和宪法上的法治原则出发对监察委员会权力的制约提出了若干建议。

第二节　我国监督制度研究的现状

党的十八大以来的十年是我国监督制度研究实现转型的关键阶段。

---

① 罗星、郭芷材：《新中国成立初期党和国家监督体系的历史演进与时代价值》，《理论建设》2020 年第 3 期。

② 刘峰铭：《国家监察体制改革背景下行政监察制度的转型》，《湖北社会科学》2017 年第 7 期。

这一阶段的特色主要有：一是党和国家监督体系理论研究成为监督制度研究的重点。党内监督与国家监督理论研究齐头并进，尤其是随着监察体制改革的深入，以监察监督理论为代表的监督制度理论研究迈上了新的台阶，与实践形成良性互动。二是监督制度研究的重心移到党内监督和监察监督方面，从理论上提出党内监督是对公权力监督并主导监察监督的观点。

一 党内监督研究的兴起

新时代监督制度研究的特征之一在于党内监督研究的勃兴，传统的党内监督研究主要从党的建设视角展开，中国共产党作为执政党具有崇高的政治地位，对国家政治生活和社会生活产生决定性的影响。中国特色的社会主义法治体系的决定因素就是党对法治建设的领导。中国共产党依法执政、依宪执政是法治建设的关键。因此，党内监督具有合法性、权威性和有效性，没有党对国家机关及其公职人员的监督，就不可能有中国特色社会主义监督体系的完善。理论界对党内监督进行了较为长期的研究，产生了大量学术研究成果。这些研究可以概括为党内监督历史研究、党内监督机制研究、党内监督与其他监督的关系研究三个方面。

（一）党内监督历史研究

党内监督历史研究是党内监督理论研究的重点内容之一。《中国共产党党内监督史论》一书从中国共产党监督体制和理论的历史演进角度，论证党内监督体制的建立、发展与完善的历史轨迹。该书全面收集了党内监督的历史文献，对党内监督研究的重要观点进行整理和述评，是较为全面研究党内监督的代表性学术著作。该书作者党内监督经历了一般监督到专门监督的转变。[1] 从而从党史的角度探讨新民主主义时期党内监督体系的形成与运行规律。

---

[1] 参见黄宇《中国共产党党内监督史论》，社会科学文献出版社2012年版，第103—126页。

(二) 党内监督机制研究

党内监督机制研究具有建构属性，具有重大现实意义。有学者认为，党内监督制度建设应当与党的制度建设相结合，而党内民主是完善监督机制的重要途径。① 有学者从党的建设角度提出完善党内监督机制的构想，认为监督从根本上说是对滥用权力的制约，没有制约的权力必然会导致腐败，此时党内监督就显得异常重要。党的监督是党内监督和党外监督的统一，党内监督是党内民主监督、组织监督、专门监督、舆论监督的统一；党外监督包括法律监督即立法监督、行政监督、司法监督的统一，社会监督即政党监督、公民监督、群众组织监督、舆论监督的统一，这是党内监督机制完善的制度保障。②

(三) 党内监督与其他监督的关系研究

党内监督在党和国家监督体系中居于主导地位。因此，党内监督与国家监督之间发生密切的关系，没有党内监督，其他监督难以发挥监督作用。有学者认为，党内监督和人大监督是都是对国家权力的监督，要对党内监督与人大监督的制度资源进行有效整合，通过建立监督信息共享机制，形成有效的监督合力。③ 有学者认为，党内法规明确规定"党内监督和外部监督相结合"的原则非常重要，只有始终坚持和推进党内监督和社会监督、舆论监督等外部监督相结合，才能发扬好我们党的优良传统。④ 有学者提出，要善于利用新闻媒体的监督功能，把新闻联系人或发言人制度作为体制外与体制内监督信息输入与转换的桥梁。⑤ 有学者认为，健全党和国家监督体系的核心首先是健全党内监督体系，包

---

① 张建明：《党内监督机制研究》，光明日报出版社2008年版，第4页。
② 刘红凛：《论党的监督机制》，《山东师范大学学报》（人文社会科学版）2004年第3期。
③ 刘一纯：《试论党内监督与人大监督形成合力的有效途径》，《学校党建与思想教育》2016年第16期。
④ 尹韵公：《坚持和推进党内监督与舆论监督相结合》，《党的文献》2017年第3期。
⑤ 徐行、崔翔：《机制创新与多元互动——关于加强执政党自我监督和外部监督的新思考》，《理论探讨》2013年第3期。

括健全党内监督组织体系和党内监督职能体系。① 另有学者认为，党内监督与国家监督应当协同推进，这对监督体系的现代化而言至关重要。遗憾的是，现阶段两者衔接并不顺畅，为克服此类弊病，应从实体衔接、程序对接、机构联动、监督救济等方面构建党内监督与国家监督的衔接联动机制。②

二 监察监督研究的发展

监察监督是国家机关监督体系的重要组成部分，监察制度是党和国家监督制度的核心。由于纪检与监察合署办公，党内监督与监察监督一体。因此，将监察监督从国家机关监督体系中单列出来，对其研究现状进行分析。

（一）监察体制改革的必要性研究

监察体制改革试点的展开引发了学界的高度关注。多数学者认为，监察体制改革在当前中国的政治背景下具有重要的意义，设置国家监察委员会是加强党对反腐败工作的统一领导，形成制度化、法制化成果的需要，有利于实现党内监督与人民监督有机结合。③ 另有学者提出，我们将面临监督和制约国家监察机关的难题。④ 提出作为反腐败的专门机构，监察委员会应实行异体监察。⑤ 除在制度设计时着力建构起规范国家监察权依法行使的原则之外，还应重点关注监察权的整合对被监察对

---

① 黄晓辉：《健全党内监督体系是健全党和国家监督体系的核心》，《廉政文化研究》2019年第4期。
② 罗许生：《党内监督与国家监督的联动和协同研究》，《广西社会科学》2019年第11期。
③ 马怀德：《国家监察体制改革的重要意义和主要任务》，《国家行政学院学报》2016年第6期。
④ 马怀德：《国家监察体制改革的重要意义和主要任务》，《国家行政学院学报》2016年第6期；姬亚平、吉亮亮：《国家监察委员会的设立与运行制度研究》，《财经法学》2018年第1期。
⑤ 王春业、王晨洋：《论监察委员会体制的异体监察模式》，《天津行政学院学报》2017年第5期。

象权利的影响,完善被监察者的权利保障制度。确立监察与保障并重的原则。①

(二) 监察体制改革的合宪性问题研究

尽管监察体制改革具有必要性和正当性,但国家监察体制改革行为本身所面临的合宪性问题仍然需要探讨。有学者认为,国家监察体制改革首先面临是否具有宪法依据的问题,成立监察委员会是一项重大的政治体制改革,属于"重大"改革事项,必须具有明确的合法性与合宪性。② 另有学者提出,监察体制改革导致修改宪法成为必然结果,也是监察体制改革得以实质推进的前提。③ 为了支持设置与一府两院平行的国家监察机关,必须从宪制层面解决权力法定运行程序的合宪性问题,可行的方案是修改宪法。④ 监察体制改革必须全程纳入法治轨道,改革的各个环节和举措都必须符合宪法上的法治原则。⑤ 宪法学界就如何处理监察体制改革的合宪性问题提出了初步解决方案,即监察体制改革的试点初期应当获得全国人大常委会的授权,改革的全面铺开与国家监察委员会的设置需要修宪。通过修改宪法为监察体制改革提供宪法依据。

(三) 监察调查的法律适用研究

监察调查是监察委员会的三大重要职能之一,来源于《行政监察法》和《中国共产党纪律处分条例》对纪检监察案件的调查。但在监察体制改革中,监察委员会的调查权并不限于党纪调查与职务违法调查,而是扩大到职务犯罪调查。因此,监察调查是否适用《刑事诉讼法》关于侦查的规定,成为重大理论问题与实践问题。法学界从立法和执法两个维度展开了讨论。

---

① 杨红:《被监察者的权利及其保障研究》,《行政法学研究》2017年第6期。
② 韩大元:《论国家监察体制改革中的若干宪法问题》,《法学评论》2017年第3期。
③ 秦前红:《监察体制改革需修宪保障》,《领导科学》2017年第3期。
④ 秦前红:《困境、改革与出路:从"三驾马车"到国家监察——我国监察体系的宪制思考》,《中国法律评论》2017年第1期。
⑤ 童之伟:《将监察体制改革全程纳入法治轨道之方略》,《法学》2016年第12期。

1. 从立法的角度探讨监察调查规范是否需要遵守《刑事诉讼法》

有学者从建构主义的立场出发，提出监察调查范围包括职务违法和职务犯罪，但对职务犯罪的调查具有刑事侦查性质，应当遵循《刑事诉讼法》的规定，或者《监察法》作出与《刑事诉讼法》一致的规定。[1] 有学者认为，监察委员会调查权兼具"行纪检"调查权的三重特质，应将《刑事诉讼法》中有关检察机关直接受理案件侦查的规定部分转移至《监察法》之中，作为监察调查的权力来源。[2] 另有学者提出了折中性观点，从法律体系上看，监察委员会作为新设立的国家机关，其活动不适用既有的《刑事诉讼法》，但国家监察立法仍然应当符合法治国的基本原则，贯彻正当程序原则、人权保障原则、比例原则等要求。[3]《监察法》对监察调查的规定吸收了法学界的部分研究成果，遵循了一般刑事诉讼原理。

2. 从执法的角度探讨监察调查活动应否适用《刑事诉讼法》中的侦查规范

通说认为，监察委员会调查权虽然带有部分刑事侦查的色彩，但调查权不等于侦查权，故而调查权也不可能受到《刑事诉讼法》的直接约束。[4] 另有学者认为，监察委员会的调查权虽然不能适用《刑事诉讼法》上的侦查规范，但可以在适用《监察法》上调查规则与程序时参照执行。

（四）监察再监督研究

监察再监督问题并非监察监督，前者是指面向监察机关的监督，后者是指监察机关对公职人员的监督。习近平总书记在《在新的起点上深化国家监察体制改革》一文中强调指出，纪检监察机关不是天然的保险

---

[1] 卞建林：《监察机关办案程序初探》，《法律科学》（西北政法大学学报）2017年第6期。

[2] 刘艳红：《监察委员会调查权运作的双重困境及其法治路径》，《法学论坛》2017年第6期。

[3] 汪海燕：《监察制度与〈刑事诉讼法〉的衔接》，《政法论坛》2017年第6期。

[4] 刘艳红、夏伟：《法治反腐视域下国家监察体制改革的新路径》，《武汉大学学报》（哲学社会科学版）2018年第1期。

箱，监察权是把双刃剑，也要关进制度的笼子，自觉接受党和人民监督。① 学者们普遍认为，宪法和《监察法》之下的监察机关是一个职权广泛的强力机关，虽然宪法规定监察机关行使监察权不受行政机关、社会团体和个人的干涉，但是，监察权独立行使既要满足合法性要求，遵循正当法律程序原则，接受富有实效的、严密的监督，又要接受基于政治体制设计的政治监督与法律监督。② 监察机关也应当得到监督，这是推进监察体制改革的共识。但由谁来监督、如何监督，特别是如何实现有效监督的问题仍处于探索之中。虽然《监察法》第四条第二款规定了监察机关在办理职务违法和犯罪案件时应当与审判机关、监察机关和执法部门相互制约，第七章也规定了人大监督、民主监督、社会监督、舆论监督、自我监督等监督方式，但在实践中如何形成有效的联动监督，《监察法》并没有作出具体规定。立足于有效监督原则，学界围绕上述问题作了较为深入的研究和讨论，重点探讨人大监督、内部监督等问题。

第三节　我国监督制度研究存在的主要问题

监督制度理论研究虽然取得了重大成就，但呈现研究成果体系化不足、碎片化问题较为严重等问题。

一　缺乏对中国特色监督制度的系统研究

改革开放以来，随着我国社会主义政治体制的不断完善，社会主义法律体系的初步建成，中国特色的社会主义监督制度在实践中丰富和发展。在我国现有的权力监督理论研究中，虽然有不少研究成果讨论中国特色的社会主义监督体系问题，但是，在总结社会主义监督体系的中国

---

① 习近平：《在新的起点上深化国家监察体制改革》，《奋斗》2019年第5期。
② 汪江连：《论监察机关依法独立行使监察权》，《法治研究》2018年第6期。

特色方面仍然较为薄弱。

（一）对党内监督在党和国家监督体系中的地位认识不足

西方国家的权力监督体系建立在西方政治体制和权力制约学说的基础之上，是西方民主政治和宗教文化的产物，适合西方国家的历史文化传统和政治运行机制。中国的权力监督体系建立在中国政治体制和权力相互制约理论的基础之上，是中国社会主义民主政治的产物，适合中国的政治体制和政党制度。因此，不能以西方的国家权力监督理论来解释中国的权力监督体系。同时，西方国家的权力监督体制不断出现危机，第二次世界大战后，以美国为首的西方国家，为了在国际政治舞台上行使霸权，不断扩大行政权力，形成行政权独大的局面，议会和司法虽然从宪法的角度具有制衡的作用，但实际上这种制衡在强势的行政权面前显得单薄，在多数情况下往往受制于行政部门的钳制。因此，西方国家的权力监督体系只能在特定的时空下才能发挥其宪法上的制衡作用。

我国监督制度体系的中国特色主要体现在：第一，党对监督工作和反腐败工作的统一领导是监督制度的突出特色，党内监督在监督制度中居于主导地位。党内监督主导国家监督并且成为公权力监督的一部分，没有党内监督，国家监督就不能有效发挥作用，这是由中国共产党的执政地位决定的，符合中国的政党制度和政治体制。第二，通常意义上的国家监督是指国家机关监督和人民监督，国家机关监督包括人大监督、行政监督、司法监督、审计监督等等。人民监督也称之为社会监督，是民主监督、舆论监督、群众监督的统称。在中国权力监督体制下，人民监督纳入国家监督之内，作为党外监督的重要内容，与党内监督相互贯通，彰显中国特色社会主义监督制度的优势。第三，党内监督与国家监督之间实现有机贯通。党内监督与国家监督一体运行，在党内监督主导下，各种监督相互配合与贯通，形成权力监督与反腐败的合力。因此，充分认识到党内监督在国家权力监督体系中的地位和作用是理解党和国家监督体系中国特色的关键。

(二) 监察监督的宪制意义未能有效阐释

监察权和监察委员会入宪，表明监察体制改革不仅是反腐败体制的重构，更涉及国家权力的配置，属于监督体系在宪制层面的重构。① 但是，国家监察体制改革的深层宪制意义在当前并未有效阐释，存在认识上的局限：一是现有研究多限于监督维度的阐释，而鲜有从宪制层面来探讨监察体制改革的整体影响与意义，即多数研究成果只是认为监察体制改革改变了监督权的配置模式，完善了权力监督体制。② 但对"监察入宪"的宪法意涵缺乏系统研究。二是即便"监察入宪"的意涵被论及，也较多地从宏观的角度论述监察权作为国家"第四权"，完成了从向人民代表大会负责的"一府两院"，到向人民代表大会负责的"一府一委两院"的关键转变。③ 启动了政治体制的重大改革，是中国特色国家治理体系与治理能力现代化的重要举措与制度创新。④ 至于更为具体的要义则未展开。三是偶有监察体制改革宪制影响的专门研究，但整体性和系统性论证略显不足。

总而言之，现有研究并没有全面而系统地阐释中国特色的党和国家监督理论体系，也没有全面深入论述党内监督在中国政治体制和反腐败中的重要地位，更没有对党内监督和监察监督在社会主义权力监督历史进程中的地位进行讨论。权力监督的性质决定了监督形式和监督程序，我国公权力监督制度的社会主义性质表明，权力监督是在党的领导和党内监督主导下展开，建立在宪法上的权力分工与制约基础之上，与我国人民民主专政的国体和人民代表大会制度的政体密切相关。西方国家的权力监督体系建立在西方资产阶级民主政治的基础之上，以分权与制衡

---

① 叶海波：《国家监察体制改革的宪法约束》，《武汉大学学报》（哲学社会科学版）2017年第3期。
② 王立峰、吕永祥：《权力监督视角下国家监察体制改革的实践需要与现实意义》，《南京社会科学》2017年第8期。
③ 董茂云：《监察委员会独立性地位的三个认识维度》，《东方法学》2020年第3期。
④ 魏昌东：《〈监察法〉与中国特色腐败治理体制更新的理论逻辑》，《华东政法大学学报》2018年第3期；曾哲、杨庆：《大陆法系国家之监察法权立法言说》，《河北法学》2019年第3期。

学说为其理论基础，形成以议会监督为主体，以司法监督为重点，以舆论监督为补充的监督体系，这种监督体系的基本目标在维护西方的权力监督观念和意识形态价值。但是，西方的权力监督体系与其政治文化和宗教传统有深厚的关联，并不具有普遍适用性。不能用西方的权力监督理论和权力监督体制来解释中国的社会主义权力监督体系，更不能照搬西方权力监督的体制和模式。新时代中国特色监督制度是与西方监督体系在文化传统和政治制度上完全不同的监督体系，是中国特色社会主义政治和法律制度的重要组成部分。

二 监督制度的体系化研究不足

我国监督制度在实践中呈现出主体众多、监督面广的特点，如何让权力监督体系科学有效运行、形成监督合力不仅是一个实践问题，而且也是一个理论问题。随着监察体制改革的持续推进，党内监督与国家监督相互贯通的体制机制已经初步形成，但尚未形成一个自洽的监督理论体系。质言之，当前的监督理论缺乏体系化构建，呈现出碎片化特征，表现在两个层面：一是体系化研究有待加强；二是党内监督与国家监督贯通的实践研究不足。

（一）缺乏监督制度理论研究的系统视角

目前，理论界对党和国家监督制度的含义和理论基础缺乏体系化研究，不仅导致各种监督概念的混乱，而且缺乏对监督基础理论的体系化建构。

1. 各种监督概念混乱

以司法监督理论而言，党的十九大报告提出的各种监督形式中，司法监督是其中重要的一种监督形式，然而，对什么是司法监督在理论上缺乏界定，导致司法监督含义较为混乱。第一种观点认为，司法监督是对审判机关的活动实施的监督，司法监督被界定为对法院审判的监督，因此，司法监督的主体不是司法机关，而是监督司法机关的主体。第二种观点认为，司法监督是指司法机关对司法活动的监督以及对行政行为的监督，监督的主体是指人民法院和人民检察院，监督的对象是法院的司法活动和行政行为。从党的十九大报告的精神来看，司法监督应当是指司法机关对其他国家机关和工作人员的监督。再以法律监督而言，人民检察院的法律监督是否属于司法监督没有作出明确的结论。人民检察院的检察权属于司法权的一部分，这是从广义的角度来讲的，党的十八届四中全会的决议并没有将检察院的法律监督单独列为一类监督权，而是将其归入司法监督之中。因此，人民检察院的法律监督权属于司法监督的一部分。就行政监督而言，现有研究成果将行政监督与监督行政两个概念混淆并交叉使用，虽然可以通过广义和狭义将之分开，但容易导致监督主体错位。人大对行政的监督属于立法监督的范畴，其监督主体是人大，司法监督行政，其监督主体是司法机关，属于司法监督的范围。因此，行政监督的主体和对象必须在监督体系内予以明确。就监察监督而言，缺乏对监察体制改革在反腐败工作中的重要意义的认识，现行的研究成果仍然将我国的监督权视为一种纯粹意义上的国家机关职权，没有从中国的实际出发将执政党的监督权作为国家机关监督权的一部分来看待，没有将执政党的监督置于国家权力的高度来认识。解决此问题的关键在于，从党的十九大报告提出的实现党对反腐败工作的统一领导、实现对国家机关公职人员监督的全覆盖、实现党的自我监督和自我净化功能这一高度来认识党内监督的重要地位。

2. 缺乏对监察基础理论的体系化建构

我国有丰富的监察理论和深厚传统监察文化。自古以来，我国的监察制度较为发达；中华人民共和国成立以来我国建立了行政监察体制；改革开放以来，党的纪检和监察部门合署办公，在监督国家机关依法行政方面发挥了重要的作用，在实践中丰富和发展了我国的监察理论和监察文化。目前的监察体制改革是在继承我国传统监察文化有益经验的基础上，借鉴境外反腐败体制的经验，结合中国政治体制和监督制度的实际情况而实施的重大改革，涵盖监察权、监察体制和监察文化等诸多制度性要素，并且监察体制改革是以加强党对反腐败工作的统一领导，推动党内监督与监察监督贯通、形成党内监督与国家监督合力为基本目标。因此，监察体制改革建立在宪法制度与党内监督制度的坚实基础之上，具有深厚的理论支撑，需要从体系化的高度建构监察制度的基础理论。

(二) 缺乏对党内监督与国家监督贯通的研究

随着监察体制改革的推进，我国呈现以纪检监察专责监督为主，其它监督与党内监督和监察监督贯通的体制。监察体制改革带来了各类监督如何贯通的难题，党内监督的研究已有相当的理论积淀，有关人大监督、司法监督和审计监督等国家机关监督的研究成果也已相当丰富，甚至民主监督、舆论监督和群众监督也有了相应的理论研究成果。但监察监督理论显然受到了多方面的挑战。一方面，原有各类监督的内涵、外延及其涵摄范围发生变化，例如司法监督和行政监督的范围显然受到了监察监督的影响。另一方面，各监督间如何协调配合及贯通监察监督成为新的问题，尤其是党内监督与监察监督如何有效贯通，党内监督、监察监督与人大监督、司法监督和审计监督如何有序贯通，党和国家机关监督与民主监督、舆论监督和群众监督等监督方式如何形成合力，均为当前的理论难题。

监督制度的体系化研究不足，主要原因是传统监督理论研究属于分散型研究，彼此之间存在相当的区隔，关联性较弱，即使有贯通研究也只是浅尝辄止。质言之，现有研究缺乏体系化视角，即缺乏由点及线再到面的系统视角。只有将监督制度研究置于监督理论体系之中，才能在宏观上实现整全性把握，推动党内监督与监察监督理论的创新。

三 缺乏对监督制度运行实践经验的理论总结

(一) 理论概括不够

党的十八大以来，党内监督和国家监督的实践丰富多彩。但是，理论研究对这些丰富的实践经验关注不够。以人大监督为例，党的十八届四中全会以来尤其是党的十九大以来，在全面推进依法治国的理论指引下，各级人大常委会在落实《监督法》方面出现了新举措，主要是加强了宪法的监督实施，重点加强对法规、规章和规范性法律文件的合法性审查，并且在实践中产生了良好的监督效果，有力地促进了依法行政和法治政府建设。各级人大常委会在监督实践中的经验迫切需要从理论上总结和概括，探讨其中存在的问题，提出解决问题的办法。再以司法监督为例，人民检察院的行政公益诉讼制度，人民法院对规范性文件的附带审查，人民检察院和人民法院向全国人大常委会提出的法律解释和法规审查要求权均属于司法监督的范围，但这方面的理论研究较少。监察监督是实践经验最为丰富的监督制度，目前理论研究关注也不够，对制度运作缺乏基本理解与掌握。较多地从宪法和法律的具体规定出发，探讨监察体制改革的合宪性和合法性问题，这与实践运行的理论指导形成较大偏差，如何运用法学理论解释中国监察体制的运行，是学者需要进一步探索的问题。

（二）研究方法不足

目前的研究方法主要依赖传统的宏观分析、价值判断方法，以质性研究为主。对监督实践中存在的问题没有通过调查研究、实地考察、大数据分析等实证研究方法。因此，大量有关完善监督制度的论文，多数没有进行调查研究和实证分析，更多地是抽象归纳。

第四节　加强监督制度研究的几点思考

监督制度研究虽然存在诸多问题，但现有的研究成果为进一步加强研究工作奠定了坚实基础。通过反思研究中存在的问题与不足，可以进一步推动研究工作的拓展。

一　进一步阐释监督制度的中国特色

党和国家监督体系是中国特色监督制度的具体体现，也是全面从严治党和社会主义建设历史发展的产物。从新民主主义革命时期开始，中国共产党在革命根据地的政权实践中建立公权力监督制度；中华人民共和国成立后，根据中国的政治体制和法律制度，建立了符合中国国情的权力制约与监督制度。社会主义监督理论起源于马克思主义经典作家关于权力监督与制约的学说，在国际共产主义运动的实践中得到不断丰富和发展。在中国社会主义政治实践中，对国家权力的监督既有成功的经验，也有失败的教训。在此过程中形成了一系列适合于中国的监督理论，构成健全党和国家监督体系的宝贵资源和中国经验。

（一）阐释监督制度的文化根基

我国有悠久的监察制度与监督文化，近代以来，随着法律制度的变迁，我国监督制度的历史与文化作为传统被继承，形成中国近代监察制度的中国文化底色。中华人民共和国成立以来，我国的社会主义制度也不断吸收中国传统文化的优秀成分，探讨中国特色的社会主义监督制度，彰显我国监督制度的中国文化特色。

（二）总结中国特色监督制度的形成和发展规律

为了科学把握监督制度的特色，必须根据党的十九大报告关于新时代中国特色社会主义理论的论述，结合依法治国、依法执政和法治中国建设的总体战略，深刻领会习近平总书记关于党内监督与国家监督的关系、党对反腐败工作的统一领导、党的政治建设、监察体制改革等方面的重要论述精神，这是把握监督制度中国特色的关键。同时，还需要比较中国监督制度与与域外监督体系的异同，分析党和国家监督制度的起源和理论基础，探讨中国特色社会主义监督体系的基本框架、主要内容和特征。

（三）研究监督体系构成的制度特色

我国的公权力监督体系由党内监督和国家监督两大部分构成，而国家监督又可以分为国家机关监督和人民监督（也称为社会监督）两部分。因此，监督体系构成的制度特色是党内监督主导，监察监督为核心，党和国家监督配合与贯通。党内监督发挥主导与核心作用，国家监督中监察监督是专责监督，而人民监督中民主监督是最具中国特色的监督制度。在这一制度化监督体系中，形成党对反腐败工作统一领导、党内监督与党外监督互动、党内监督与国家机关监督衔接配合、监察监督与纪委专责监督一体推进的基本特征。

二 系统研究监督制度的各种形式

（一）探讨监督制度的基本范畴

监督制度的研究需要从学理上阐释监督、制约、监督体系等基本范畴，对这些基本范畴的研究有助于系统探讨党和国家监督各种要素的基本含义及其相互关系。

1. 探讨监督的概念

无论是党内监督还是监察监督，都有权力监督的本质属性，其内涵大致相同，核心范畴是监督。监督有广义和狭义之分，狭义的监督是指国家专门机关对法律实施的监督；广义的监督则指包括法律监督在内的更广泛意义上的监督，它除法律监督外，还包括行政监督、财经监督、政党监督以及群众和社会监督等。[①] 为了全面深入研究党和国家监督体系，有必要对监督的含义进行系统的学术史梳理。

2. 探讨监督权、监督体系和监督体制等基础概念

近现代意义上的监督是宪法、法律和法规规定的政党、国家机关、社会团体和公民，对国家机关及其公职人员行使权力进行检查、检举、控制与制约的活动。因此，监督权是国家权力的一种，它既可以作为国家机关和政党权力的一部分，也可以成为特定国家机关的专门职能。所以，监督权指宪法、法律和法规赋予监督主体在一定范围内采取合法方式进行监控的职权或者职责。监督权不能滥用，只能由法定主体按照合法的程序和方式行使。所谓监督体系是指监督主体行使监督权，从而形成职责明确、相互配合的有机整体。监督体制则是指监督体系中不同监督主体的地位与作用，是对监督体系的本质特征以及监督权配置规律的概括与总结。

[①] 杨泉明：《论我国的监督制度》，《四川师范大学学报》（社会科学版）1985年第4期。

（二）探讨党内监督主导地位的形成及其基本体系

新时代中国特色的社会主义监督制度，党内监督处于主导地位，党内监督是其他国家机关监督的支持与保障，没有党内监督，一切监督都失去引领。研究党内监督核心地位的形成，党内监督的机制，党内监督与其他监督的关系，对于理解中国特色社会主义监督制度具有重要的意义。

党内监督在我国的权力监督体系中具有公权力监督的性质。是中国特色公权力监督制度的重要体现。西方国家的执政党，其内部监督不属于公权力监督的范畴，与国家机关的监督权并没有直接的关联。我国实行中国共产党领导下的多党合作与政治协商制度，中国共产党是长期执政党，因此，党内监督属于国家公权力监督的一部分，而且是监督的关键。根据党内法规和《公务员法》《监察法》的规定，党的机关为公权力机关，与权力机关、行政机关和司法机关均属于行使公权力的机关。党的机关工作人员行使公权力，属于国家公职人员的范畴，应当受到宪法、行政法和监察法的约束。党依法依规向国家机关推荐领导干部，国家机关公职人员中的大多数均为中国共产党党员，因此，党内监督的对象不仅包括党的机关的公职人员，而且还包括国家机关、事业单位的大多数公职人员。所以，党内监督决定党和国家监督体系的构成、运行机制与成效，是公权力监督的领导力量。

（三）探讨党内监督与其他监督的贯通机制

党对反腐败工作的统一领导是党和国家监督体系的本质特征。监察监督是实现党对反腐败工作统一领导，实现对公职人员监督全覆盖的保障。由于监察委员会与党的纪检部门合署办公，实现党对反腐败工作的统一领导，监察监督与纪委专责监督配合与贯通，发挥了党内监督的巨大威力，是新时代反腐败成效的根本保障。

人大监督、司法监督、行政监督、审计监督应当与党内监督和监察监督相互配合，形成党内监督体系与国家机关监督体系力量的整合，实现最优的监督效果。党内监督和监察监督还要与民主监督、舆论监督和

绪论 我国监督制度研究的历史、现状与问题

群众监督贯通,建立党内监督与党外监督的协调机制,充分发挥党外监督不可替代的作用与优势。

第五节 本书的基本框架

党的十九大报告将健全党和国家监督体系作为一项重大工程,其基本理念是通过加强党内监督、深化监察体制改革实现全面从严治党和反腐败压倒性胜利的双重任务。为此,十九大报告对健全党内监督体系作出部署,通过加强党的政治建设,实现党对反腐败工作的统一领导;通过健全党内监督体系和深化监察体制改革建构全面覆盖、权威高效的体制与机制。党的二十大报告将党的自我革命制度规范体系建设作为党和国家的重大历史任务,明确提出,完善党的自我革命制度规范体系,健全党统一领导、全面覆盖、权威高效的监督体系,完善权力监督制约机制,以党内监督为主导,促进各类监督贯通协调。为了系统阐释党的十九大提出的基本目标以及党的二十大报告提出的自我革命制度体系,本书从横向视角论证健全党内监督、国家监督、人民监督的理论与实践,探讨各种监督形式之间的相互关系。从纵向视角论述党统一领导反腐败工作、加强党的政治建设、实现党内监督主导、深化监察体制改革,实现纪检监察一体化运行。从纵向和横向的多维视角阐释党和国家监督体系的基本构造和制度逻辑。因此,本书侧重从监察监督与党内监督的关系展开讨论,重点论述党内监督对监察监督的主导作用,在此基础上研究监察监督与其他监督的贯通与配合。

本书共八章,大致分为监察制度基础理论、纪检监察一体化、监察体制改革的实践进程、监察监督与其他监督的贯通四个部分。

第一部分由第一章至第三章组成,主要研究监察制度的基础理论,系统探讨我国监察制度的理论基础,分析监察制度与党和国家监督体系的关系,厘清新时代监察体制改革的实践逻辑和制度逻辑。

第二部分由第四章组成,主要研究纪检监察的一体化,论述纪检监察合署条件下,纪律监督与监察监督同步运行,派驻监督、巡视巡察监督成为党内监督的重要形式,纪检监察监督一体化运行是新时代监察制度建设的基础。

第三部分由第五章组成,主要论述监察体制改革与监察监督的实践发展。重点阐释监察体制改革与反腐败国家战略的关系,探讨监察体制改革的价值与功能,研究监察监督全覆盖的法律规定与实践运行。

第四部分由第六章和第七章组成,主要研究监察监督与其他监督贯通的理论与实践。首先研究监察监督与人大监督、行政监督、司法监督和审计监督的关系,重点探讨监察监督与其他监督贯通的必要性。其次,探讨监察监督与党外监督的理论与实践,重点研究民主监督、舆论监督与群众监督的主体、特点、形式和基本内容,探讨这些监督与党内监督和监察监督的贯通机制。

第八章是本书的结语,主要运用量化方法分析纪检监察监督的成效以及目前仍然存在的主要问题,进一步理解反腐败是最彻底的自我革命这一命题的重要性。

第一章　我国监察制度的理论基础

新时代的监察制度是中国特色的权力监督制度，它以宪法设置独立的监察权和监察机构为标志，在党内监督主导基础上成为国家监督制度的核心。监察制度以预防和惩治腐败、监督公职人员行使权力作为主要职权，是新时代公权力制约与监督的制度化成果，其建构与运行的理论基础是中国特色的社会主义理论。马克思主义权力制约与监督思想是监察制度形成与发展的理论源流，毛泽东思想与邓小平理论是建构中国社会主义监察制度的理论依据，习近平总书记关于权力制约与监督的重要论述是新时代监察制度创新发展的指导思想。

第一节　马克思、恩格斯和列宁的权力制约与监督思想

马克思、恩格斯和列宁立足于无产阶级国家权力制约与监督的理论和实践，吸取思想史上权力制约与监督理论的精髓，创造了马克思主义权力制约与监督思想。

一　马克思、恩格斯的权力制约与监督思想

马克思和恩格斯充分吸收了空想社会主义权力监督制约思想的合理

部分，同时对资产阶级的权力分立与制约学说进行扬弃，创立无产阶级国家权力制约与监督思想。1848年，《共产党宣言》的发表，标志着权力监督制约思想的形成，1871年，巴黎公社的实践进一步丰富了马克思主义权力监督制约思想。1883年马克思逝世之后，恩格斯进一步对马克思的国家权力监督制约思想进行了补充和完善，最终形成了比较完整的马克思主义权力监督制约思想，其主要内容有：

（一）权力制约与监督的必要性

人类社会发展的历史表明，权力容易被滥用，缺乏监督的权力容易导致腐败。如何加强权力监督，自古以来就是思想家不断思考和探讨的重要议题。马克思和恩格斯非常重视对国家权力的监督，系统论证了公权力应当受到监督的必要性。

马克思和恩格斯运用辩证唯物主义与历史唯物主义原理，从公权力的本源角度论证了监督与制约权力的重要性。通过对资本主义国家权力运行本质的分析，认为国家权力来自社会，而国家权力的不断集中必然侵害社会权利，所以权利需要法律来保障，权力的法治化要求良法的统治。因此，马克思和恩格斯认为，国家权力的监督是公权力自身的性质决定的，其目的在于避免对权利的侵害，通过法治制约和监督国家权力，保障社会权利，形成社会、国家权力、法治监督的基本理论框架。[1]

（二）权力制约与监督是防止腐败的重要手段

马克思和恩格斯认为，国家权力从属于社会，理应受到社会的监督。[2] 在尚未出现阶级社会的时候，公共权力管理社会、服务民众，同时也受到公众的广泛监督。阶级社会出现后，公共权力成为阶级统治的工具，社会把本属于自己的权力让渡委托国家来行使，国家和社会逐渐脱离一元结构。马克思和恩格斯总结巴黎公社的实践，认为公社的国家机构工作人员由人民普选产生，国家工作人员的工资与普通工人相同，这两项原则是无产阶级专政国家权力监督的政治基础。简言之，马克思

---

[1] 毛益民：《论权力制约监督的几个问题》，《北京日报》2011年8月29日第17版。
[2] 周岩：《浅析马克思、恩格斯权力监督思想》，《辽宁行政学院学报》2012年第6期。

和恩格斯认为，在无产阶级专政国家，国家机关工作人员来自人民的选举，人民可以随时撤换公职人员，实现人民对公权力的监督。① 社会通过多种途径、机制和形式来制约和监督国家，使得社会赋予国家的权力真正用来为社会服务，从而保证国家机关及其工作人员的权力公共运行，从根本上消除腐败现象。②

（三）无产阶级政党必须加强党内监督

马克思和恩格斯生活的时代，无产阶级政党尚未实现对国家政权的掌握，因此，马克思和恩格斯并未对党内监督形成系统的思想理论。但是，马克思和恩格斯在成立"共产主义者同盟"及领导工人阶级运动的过程中逐渐形成了包括提倡批评和自由发表意见、党员地位一律平等、实行选举制度以及实行党的代表大会制度等一系列党内监督思想。③ 马克思和恩格斯始终将党内监督作为无产阶级政党建设的重要内容之一，其党内监督的思想可以概括为以下几个方面：一是论述了民主选举制度在自下而上监督体系中的重要作用；二是将党的代表大会制度作为基本组织制度，代表大会既是党的权力机构，又是党内监督机构；三是强调党的集体领导制度，重视对党的领导机构和领导干部进行监督与制约。④

尽管囿于客观条件的限制，马克思和恩格斯没有形成全面系统的党和国家监督思想，但是，关于权力制约监督的必要性、人民民主监督思想和党内监督思想的论述，是马克思主义执政党权力制约与监督思想的理论渊源。

二 列宁的权力制约与监督思想

列宁继承了马克思和恩格斯权力制约与监督的思想。十月革命胜利

---

① 俞良早：《经典作家社会主义监督的思想及其当代发展》，《社会科学研究》2013年第1期。

② 董世明：《马克思的干部监督思想及当代价值》，《江汉论坛》2010年第5期。

③ 参见崔秀丽、胡传明《论列宁执政党权力制约和监督思想及其当代价值》，《哈尔滨学院学报》2018年第3期。

④ 孟凡强、吴军：《论马克思恩格斯党内制度监督思想》，《理论学刊》2002年第2期。

后，俄共（布）成为世界上第一个社会主义国家的执政党，列宁以加强执政党建设为导向，从解决执政党出现的突出问题和现实矛盾出发，形成了执政党权力制约与监督思想。列宁的党内监督思想既是对马克思主义权力监督理论的发展，又是无产阶级执政党建设实践的体现。① 列宁的党内监督思想极为丰富，其党内监督思想以权力容易产生腐败、执政党建设必须反对官僚主义作为其实践基础。② 党内监督思想由人民监督权、党内监督制度的建构、重点监督党和国家机关的领导干部以及发挥社会监督的作用四个方面构成。

（一）人民监督权原则

列宁的党内监督思想继承了马克思恩格斯的选民监督理论，并且在此基础上形成了人民监督权原则。

十月革命胜利后，苏俄采取了权力集中管理模式，虽然有利于稳定国内社会秩序，但存在产生官僚主义和脱离群众的危险。因此，列宁提出国家权力应当受到人民的制约与监督，国家的权力由人民选举产生的人民代表行使，而人民的代表和国家机关的工作人员均由选民选举产生并且随时可以撤换。为了落实人民的监督权，必须实行政务公开，公开是民主的前提。而公开必须建立工作报告制度，定期由公职人员向工农群众做工作报告，接受群众的批评与建议，使政府工作严格受到人民的监督。③

人民监督权理论在党内监督的体现是尊重党员监督的主体地位。首先，列宁主张通过保障党员的选举权来保障党员的监督权。明确提出，党的所有机构及其负责人、领导成员都应当由党员选举产生并向党员报告工作，党员有权撤换党的领导干部。其次，列宁主张党员党内民主、党务公开。党员之间平等、广泛地开展讨论，并尽可能把党内的重大问题向全体党员公开。列宁认为，无产阶级政党的权力应当坦然地接受监

---

① 陈东辉：《列宁党内监督思想及其当代启示》，《学习论坛》2018年第4期。
② 周位彬：《列宁的权力监督思想探析》，《学习论坛》2007年第5期。
③ 黄勇、武彬：《列宁构筑"三位一体"权力监督体系的思想研究》，《社会主义研究》2013年第3期。

督和制约，可以避免产生官僚主义和脱离群众的危险，是无产阶级政党保持先进性的关键，也是无产阶级政党履行所担负的历史使命和重任的必然要求。再次，倡导党员之间开展批评和自我批评，希望广大党员能够通过自我批评实现自我净化。最后，列宁指出应当发挥党的代表大会的监督功能。强调一切重大决策由党的代表大会讨论决定，以保证党的代表大会对中央委员会、中央纪律检查委员会及其成员，以及各级党组织及其负责人的有效监督。[①] 列宁的这些具体化的主张对社会主义国家执政党权力监督体系的建构产生了积极影响。

（二）建立党内专门监督机构

列宁重视执政党的监督，主张成立党内专门监督机构。1920年9月，列宁在俄共（布）第九次全国代表大会上指出，必须设立一个专门的党内监督机构，并强调该监察委员会应与中央委员会平行，以保证其权威性和中立性，并配备党内在修养、经验和品德等方面最优秀人员来担任监察委员会干部，从而更好地对党内的官僚主义和破坏党的威信的行为作斗争。[②] 列宁主张，为了提高党内独立监督机构的效果，必须增加监察委员会的人数，为了真正落实党内监督权，应当保证专门监督机构独立行使对同级党委会及其负责人的质询权、检查权和查处权。此外，列宁还特别强调提高监察人员素质能力，认为过硬的政治素养是做好监督工作的基本前提。对监察人员的选拔，列宁主张，宁缺毋滥，在精不在多，数量少些没关系，关键要质量高些。[③] 值得一提的是，在列宁逝世前夕，他提出，把具有很高权威的作为党内监督机构的中央监察委员会和作为国家监督机构的工农检查院相结合，以提高工农检查院的工作威信。[④]

---

① 陈东辉：《列宁党内监督思想及其当代启示》，《学习论坛》2018年第4期。
② 参见《列宁全集》（第39卷），人民出版社1986年版，第288页。
③ 陈东辉：《列宁党内监督思想及其当代启示》，《学习论坛》2018年第4期。
④ 参见李小珊《论列宁社会主义监督思想及其现实启示》，《中国井冈山干部学院学报》2016年第5期。

（三）发挥人民群众的监督作用

马克思主义政党来自人民、服务人民，并接受人民的监督。列宁认为，一个政党能否得到人民的信任和支持的关键在于，这个政党及其党员是否自觉接受人民群众的监督。① 列宁对有些党员在革命取得胜利之后表现出来的高高在上、骄傲自大、脱离群众等作风深表批评，他非常强调发挥人民群众的监督作用。首先，明确人民群众的监督地位。其次，通过了相应法令，保障人民群众对干部的选举权、监督权和罢免权。再次，建立广泛的人民群众监督渠道。列宁认为，信访是党和国家机关密切联系群众的一个重要渠道，主张建立信访监督渠道，要求每个机关的信访接待室不得要求出入证，必须保证可以自由进出，并且星期日也安排有信访接待。② 列宁的权力监督思想充满了深厚的为民情怀，他有关发挥人民监督作用的思想在当代依然具有重要的借鉴意义。

（四）加强权力监督法制建设

列宁非常重视权力监督的法制建设，认为没有法律依据的监督会因缺乏可持续性而举步维艰，对权力监督的法制建设是促进遵纪守法的重要保障。首先，应当加强权力监督的立法工作。列宁领导制定了大量的关于加强权力监督的条例、法令等。其次，严格执行强化权力监督的各项立法。对于加强权力监督的各种条例、法令，列宁认为，若不认真执行，可能会带来相反的后果。③ 列宁甚至主张在对党员执法时要严于非党员，惩处违法的党员应比非党员严厉。再次，强化权力监督的法制宣传教育。列宁亲自编写或督促司法人民委员会编发了大量的宣传法律政策的读物。

（五）坚持民主集中制原则

民主集中制原则是列宁在马克思和恩格斯关于党内民主思想基础上

---

① 参见崔秀丽、胡传明《论列宁执政党权力制约和监督思想及其当代价值》，《哈尔滨学院学报》2018年第3期。
② 参见崔秀丽、胡传明《论列宁执政党权力制约和监督思想及其当代价值》，《哈尔滨学院学报》2018年第3期。
③ 参见《列宁全集》（第37卷），人民出版社1986年版，第365页。

的创造性发展。① 实践证明，民主集中制原则辩证地汇聚了"民主"和"集中"的两大优势，在强化权力监督制约方面具有不可替代的作用。列宁指出，民主集中制应当做到保证党代表大会的权威，形成党内集中意志，增强党的执行力，同时也要依照党章保障党内少数人的权利和地位等。② 列宁还进一步指出，民主集中制还有利于地方基层组织立足地方特点，发挥地方的主动精神和首创精神，通过多元途径和方式方法参与到党内监督和党内事务中来。③ 可见，列宁对作为党的根本组织制度的民主集中制有很深入、细致、独到的具体思考，在新时代依然具有指导意义。

（六）将党的领导干部作为监督重点对象

列宁认识到党的中央机关及其负责人拥有的权力最大，所以应当把监督重点放在中央机关及其负责人身上。首先，加强对中央政治局及书记处的监督。列宁主张应当在中央政治局会议召开24小时前，将会议有关文件送至中央委员会和中央监察委员会各委员。即使有特殊情况，该监督权亦不得缺位。④ 其次，重点监督主要领导人。列宁认识到绝对的权力可能对党的事业造成破坏，强调党的主要领导干部同样要受到监督，并率先垂范，发挥带头和榜样作用，积极主动推动并接受监督。1923年，列宁在有关改组工农检查院的建议中提出不管职位再大、级别再高，都不能利用这种威信来妨碍对他开展质询和监督。⑤ 以更好地实现对主要领导人的监督。再次，增加中央委员会人数。列宁为了加强对中央委员会的监督，希望通过增加中央委员会中工人的人数来稀释具体人员的权力，使党内权力形成监督制约关系，从而更好地改善和提升相关工作。⑥ 该思想也体现了人民群众对党的领导的监督。

---

① 参见陈东辉《列宁党内监督思想及其当代启示》，《学习论坛》2018年第4期。
② 参见《列宁全集》（第11卷），人民出版社1987年版，第154—155页。
③ 参见《列宁全集》（第34卷），人民出版社1985年版，第140页。
④ 参见《列宁全集》（第4卷），人民出版社1995年版，第782页。
⑤ 参见《列宁全集》（第4卷），人民出版社1995年版，第782—783页。
⑥ 参见《列宁全集》（第4卷），人民出版社1995年版，第747页。

总之，列宁有关党和国家监督思想，一方面，创造性地坚持了马克思和恩格斯关于权力监督制约思想；另一方面，又立足破解苏俄革命和建设中出现的权力监督难题，具有很强的时代性和针对性。尤其是列宁权力监督思想中有关监督要立足本国国情实际①，重点监督主要领导人，以及把党和国家的反腐机构相结合等监督思想具有重要指导意义。

第二节 毛泽东思想与中国特色权力制约与监督理论的发展

毛泽东思想是中国的马克思主义，以毛泽东同志为代表的中国共产党人，在中国革命与中国特色社会主义建设及改革的过程中，总结党的建设和国家权力制约与监督的实践经验，把马克思主义权力制约与监督的基本原理与中国党和国家监督的实践相结合，形成系统的符合中国国情的党和国家权力监督思想。邓小平、江泽民、胡锦涛等党和国家领导人立足于中国改革开放和社会主义建设的实际，对马克思主义有关党和国家监督思想不断传承和创新，在实践中发展了马克思列宁主义和毛泽东思想。

一 毛泽东的权力制约与监督思想

（一）把党和国家的主要领导干部作为监督的重点

毛泽东认为，党和国家的各项事业的领导、组织和推动，都离不开干部，干部决定着各项事业的成败。他指出，党的伟大事业，若脱离了德才兼备的领导干部，肯定无法顺利完成。② 因此，他强调对干部（特别是领导干部）加强监督。毛泽东注意到领导干部代表党和国家行使权

---

① 李小珊：《论列宁社会主义监督思想及其现实启示》，《中国井冈山干部学院学报》2016年第5期。

② 参见《毛泽东选集》（第2卷），人民出版社1991年版，第526页。

力,对于领导干部手中掌握的巨大权力,若监督缺位或乏力,腐败就会油然而生,就可能会影响党和国家的良好形象,因此,毛泽东主张把领导干部作为权力监督的重点,提出设立专门监督机关加强权力监督。

(二) 权力监督的实质是权力制约

毛泽东非常重视通过权力来监督和制约权力。在他的领导下,党的六届六中全会于1938年通过了《中共扩大的六中全会关于各级党委暂行组织机构的决定》,明确要求在区一级党委之下设立党的监察委员会,对相应的党的机关和干部及党员的工作等开展监察,并审查账目,对违纪党员进行处分等等。体现了以党内设立专门监督机关来加强权力监督的理念。中华人民共和国成立以后,在毛泽东领导下,中央于1949年11月发布了《关于成立中央及各级党的纪律检查委员会的决定》,特别指出,新中国成立后党成为全国范围内的执政党,为顺应形势在全国成立纪律检查委员会以对违纪的党员领导干部开展监督,对构建权力监督体制机制产生了积极而深远的影响。

(三) 加强批评与自我批评,发扬党内民主

毛泽东强调党员干部要增强自我监督的觉悟,开展批评和自我批评,努力管好自己,不能做任何有损党和人民利益的事情。毛泽东认为,尽管批评与自我批评是一个整体,但作为领导干部,要以自我批评为主,要多倾听别人对自己的批评;同时,要允许来自下级对上级的批评,来自士兵对军队干部的批评等,欢迎来自不同方面的批评的声音。[①] 毛泽东的讲话体现出了一个共产党人的权力监督意识和宽广博大胸怀,本着对党、对组织、对干部、对国家负责的态度,对身边的党员、干部等开展批评,并认真开展自我检查、自我监督,有利于促进党员干部不断向上向善,有利于党和国家的肌体越来越健康,有利于党和国家的事业蒸蒸日上。此外,毛泽东也重视党内民主和集中的关系,他指出,在中央政治局等会议上,"我讲的话,不管是对的还是不对的,

---

[①] 参见《建国以来毛泽东文稿》(第6册),中央文献出版社1992年版,第401页。

只要大家不赞成,我就得服从他们的意见,因为他们是多数。"① 毛泽东认为,民主是集中领导下的民主,集中是民主基础上的集中,一把手对实行民主集中制负有首要责任,从而真正做到集体领导与个人负责相结合。

(四) 党内监督与党外监督相结合

毛泽东认为,不仅要发展党内民主监督,而且要发展党外监督,党内监督和党外监督双管齐下,对公权力的监督工作才能做得更好。在党外监督方面:一是加强群众监督。毛泽东认为,强化人民群众的民主监督,有利于跳出历史周期律。二是加强媒体监督和社会监督。新中国成立之后,毛泽东告诫全党,尽管现在中国共产党是执政党,但不能有官僚作风,不能有特权思想,不得压制或抵触不同的声音,要加强来自媒体监督和社会监督。三是加强党外人士监督。毛泽东认为,有党外人士的监督,对中国共产党更为有益。② 毛泽东非常重视党外人士的监督和意见,对党外人士的批评表示真诚欢迎。③

(五) 增强党内监督形式

毛泽东根据马克思主义政党有关权力监督的思想,结合中国革命的实际,提出建立适合我党实际情况的巡查制度、重要情况报告制度以及信访制度等。毛泽东1948年1月起就要求在党内增加设立重要情况报告制度,同年5月,他进一步提出建立适合我党实际情况的巡查制度。④ 新中国成立之后,在毛泽东领导下,各级干部重视人民群众通过信访等途径发挥监督作用。于是,巡查制度、重要情况报告制度以及信访制度等逐渐在我国建立起来并不断得以完善,这些制度有利于对权力的制约与监督。

(六) 通过党纪国法来监督权力

毛泽东非常重视通过党纪国法来监督和约束权力。首先,制定法

---

① 《建国以来毛泽东文稿》(第10册),中央文献出版社1996年版,第22页。
② 参见《建国以来毛泽东文稿》(第6册),中央文献出版社1992年版,第455—456页。
③ 参见《毛泽东文集》(第2卷),人民出版社1993年版,第395—397页。
④ 参见《毛泽东选集》(第4卷),人民出版社1991年版,第1332—1333页。

律。通过制定法律法规，来强化领导干部的法律意识；其次，遵守法律。他指出，任何领导干部，不管手中掌握的权力有多大，都要依法办事、严格守法。毛泽东强调，领导干部要严于自律，做出榜样，才有资格引导和要求人民群众自觉遵守法律。他于1953年在中央起草《反对官僚主义、命令主义和违法违纪》时再次强调，对于官僚主义、违法乱纪等典型的违反党纪国法行为的人必须依规依纪依法进行制裁，情节严重的要清除出党组织。①

总之，毛泽东关于权力制约监督的思想，不仅传承了马克思主义权力监督思想的一般原理，而且在加强自我监督、建立党的巡查制度和重要情况报告制度等方面进行了具有中国特色的突破和创新。

二 邓小平的权力制约与监督思想

邓小平总结我党权力监督的实践经验，将马克思主义权力监督思想与中国党内监督实践相结合，进一步发展了中国特色社会主义思想。邓小平的权力监督与制约思想的主要特点是：强调权力制约与监督的重要性与必要性，构建党内监督、群众监督、民主监督组成的权力监督体系，明确提出权力监督的制度化与法律化。②

（一）强调权力监督制度化与法律化的重要性

邓小平创造性提出中国特色社会主义理论，在改革开放的背景下，始终强调加强党和政府的廉洁，重视权力的监督与制约。③ 因为权力监督是保持党的执政地位的需要，是防止和杜绝权力滥用的需要，是加快改革开放和发展社会主义市场经济的需要。④ 邓小平总结了中华人民共和国成立以来党和国家权力制约与监督的经验教训，提出制度不完善和

---

① 参见《毛泽东文选》（第6卷），人民出版社1999年版，第255页。
② 陈丽霞：《历史性、人民性、现实性——论新中国成立70年来党的权力监督思想三大基本特征》，《中共长春市委党校学报》2019年第5期。
③ 陈子舜：《邓小平关于权力监督制约的思想浅探》，《社会科学》1996年第1期。
④ 蒋代谦：《邓小平党内监督思想的核心：让制度约束权力》，《西华大学学报》（哲学社会科学版）2004年第3期。

法制不健全是造成权力监督制约不足的主要原因。他认为,党内监督的核心是制度监督,权力缺乏制约固然与党的领导人的作风相关,但根本性的还是制度问题,它关乎党和国家的方向和性质,应当予以高度重视。① 邓小平强调,党和国家应当加强对权力监督的制度建设,制度具有根本性、长期性和全局性。② 为此,邓小平采取了一系列完善制度举措来加强党和国家监督。一是明确提出加强各级党委的监督作用,尤其是要赋予中央和地方各级党委的代表大会、全委会以监督职责,全委会应当监督常委会的工作。二是进一步健全民主集中制,使得个人分工负责与集中统一领导能更好相结合。民主集中制的执行关系到党的长期执政问题,需要引起全党的高度重视。三是权力配置要科学合理,领导班子成员的权力不能过分集中,要相互制约。他认为,民主集中制不健全是导致权力得不到有效监督的根本原因。四是对原来相对过于集中的政治体制进行改革,促进党和国家权力运行的制度化与规范化。正确行使人民赋予的权力,建构有效的权力制约与监督体系。邓小平重视国家政权机关的监督,指出党和政府要为监察监督、人大监督、审计监督、司法监督提供必要的条件,五是社会主义民主与法制相结合,健全权力制约与监督的法律保障机制。邓小平指出,推动权力制约与监督的刚性约束,必须实现权力监督的法制化。任何人违反法律都必须依法处理,党员领导干部违反党章和党纪同样平等受到纪律处分,任何人都没有特权,也没有例外。保障权力在法律框架内运行,实现从人治向法治的转变。③

(二) 完善党内监督体制

邓小平非常重视党内监督,将完善党内监督体制机制作为党和国家的重要任务。他指出,党内监督体制的完善需要解决以下三个方面的问题:一是要立足中国国情,建构具有中国特色的权力监督与制约体制。

---

① 参见《邓小平文选》(第2卷),人民出版社1994年版,第333页。
② 参见《邓小平文选》(第1卷),人民出版社1994年版,第215页。
③ 田恒国:《邓小平权力制约监督思想》,《党史研究与教学》2014年第6期。

西方国家的权力监督体制建立在分权基础之上,中国特色的权力监督则建立在党内监督与群众监督的基础之上。因此,中国不能照搬西方国家的权力制约体制,而要探索建立符合中国国情的权力监督体制。二是要加强党的纪律监督,将党的纪律监督作为制度建设的重点内容。十一届三中全会以后重新恢复了党的纪律检查委员会的设置,党的十二大党章明确各级纪律检查委员会的性质与地位,加强党内监督机构的专门职能。邓小平极为重视党的纪律检查委员会的建设,提出加强纪检干部队伍建设,配备足够的力量,党委对纪律检察委员会的工作必须提供支持。① 三是严格党员内部监督,加强支部建设。邓小平指出,党的支部是党员平等交流的平台,也是批评与自我批评的重要场所,即使是党的领导干部,也必须参加所在党支部的活动,参加支部大会汇报思想,这是一种重要的党内监督方式。② 四是加强领导班子成员内部之间的监督,是党内最有效的监督方式。③ 他认为,领导班子成员之间日常共同工作在一起,彼此之间也比较交心和相互了解,相互之间的监督作用可以得到比较好的发挥。领导班子成员之间的监督,不像上级对下级的监督,也不像下级对上级的监督,后两者的监督不是同级,也未必能天天见面,相互之间缺乏了解,因此,不如领导班子成员之间的监督那么有效。④ 构建党内同级监督体制,是邓小平有关党和国家权力监督思想的重要内容之一。

(三) 健全权力监督制约机制

邓小平主张健全权力监督制约机制。为此必须建立党内监督、群众监督和民主监督协调的多种监督形式。因为,党内监督虽然有权威,但群众监督具有广泛性的特点,只有加强群众监督和民主监督才能优化监督环境。他主张依靠各行各业的群众组织来发挥监督作用。⑤ 除强调领

---

① 金钊:《邓小平执政党权力监督思想探析》,《社会主义研究》2004年第4期。
② 杨金颖:《邓小平权力监督与制约思想探析》,《毛泽东思想研究》2005年第3期。
③ 佟静:《简论邓小平党内监督思想》,《中国青年政治学院学报》2004年第4期。
④ 参见《邓小平文选》(第1卷),人民出版社1994年版,第310页。
⑤ 蒋逸民:《试论邓小平对列宁权力监督思想的发展》,《学海》1996年第4期。

导班子成员内部之间的监督之外，邓小平还强调如下几种权力监督的形式：首先，重视党外人士的监督。邓小平主张广开才路、广开言路，欢迎各方面的人才建言献策，并充分发表批评、建议和意见，以利于全面多角度思考，正确决策，及时纠正偏差并更好、更有力地推进工作；① 其次，重视群众的监督。邓小平认为，群众有很多好的建议，② 群众监督不仅有利于调动群众积极性，汇聚人民群众的无穷智慧，而且还可以使得群众有出气、说话和申诉的地方，③ 并能更好地了解民心、民声、民意，并得到人民的拥护、信赖和支持。再次，重视新闻舆论媒体监督。邓小平认为，报纸有利于监督权力，也有利于促进问题的解决。实践证明，很多大案要案和贪污腐败案件都是通过新闻舆论的监督揭发出来的。

总之，邓小平关于权力制约与监督的理论最鲜明的特点是重视和强调制度建设，始终把制度建设和法制保障放在首位。

三　江泽民关于权力制约与监督的论述

江泽民关于权力监督的论述是"三个代表"重要思想的体现。江泽民很重视对党和国家权力的监督，在加强干部监督的意义、监督重点、怎样监督等方面都提出了许多新的主张，丰富了党和国家监督的理论。

（一）领导干部是监督的重点

江泽民指出，在改革开放背景下，党的执政环境发生变化。改革开放以来，党的执政地位稳固，执政条件改善。然而，部分党的干部逐渐脱离群众，甚至在商品经济冲击下堕落、腐败、变质。④ 他认为，针对这一现状，有必要加强对党的干部行使权力的监督，这是一项重大而紧

---

① 《邓小平文选》（第2卷），人民出版社1994年版，第187页。
② 《邓小平文选》（第1卷），人民出版社1994年版，第271页。
③ 《邓小平文选》（第1卷），人民出版社1994年版，第273页。
④ 参见中共中央文献研究室编《十三大以来重要文献选编》（下），人民出版社1993年版，第1654页。

迫的任务，他强调，越是改革开放，越要加强对权力的严格约束和限制，并要加强对领导机关和领导干部的严格制约和监督。① 江泽民警醒全党，若我们对权力滥用及堕落腐败现象等放松警惕或者视而不见，可能会有亡党亡国的危险。为此，他提出应当"从严治党"，② 并强调必须坚决开展反腐败斗争。③

江泽民不仅阐述了在改革开放背景下加强干部监督的必要性和重要性，而且论证了党内监督的紧迫性，将党的领导干部作为党内监督的重点对象。江泽民在毛泽东、邓小平等有关干部监督论述的基础上，明确提出要把"高中级干部"作为干部监督的重点。他认为，领导干部权力越大，直接监督的人就越少，若这时领导干部自己不注重自律、自省、自警等，组织上又没有及时进行监督、提醒和教育，就会容易出问题，甚至出大的问题。④ 江泽民还明确提出，领导干部不仅要把自己管住，而且要把自己的配偶、子女以及自己身边的工作人员管住管好。⑤ 领导干部的权力越大，相应的责任就越大，对他们行使权力的监督就应当越严格。⑥ 江泽民将领导干部作为权力监督重点的论述，与干部监督的规律和权力监督制约要求相吻合，对做好新时代的领导干部监督工作具有重要实践价值。

（二）加强民主集中制

强化领导班子内部的监督。江泽民把加强领导班子成员内部的监督作为加强对领导干部监督的最重要的事项。他指出，现在有一些领导班

---

① 参见中共中央文献研究室编《十四大以来重要文献选编》（中），人民出版社1997年版，第1690—1691页。转引自汪松明《试论江泽民同志关于干部监督的思想》，《毛泽东思想研究》2006年第4期。

② 参见中共中央文献研究室编《十三大以来重要文献选编》（下），人民出版社1993年版，第1655页。

③ 参见中共中央文献研究室编《江泽民论有中国特色社会主义（专题摘编）》，中央文献出版社2002年版，第426—427页。

④ 参见中共中央文献编辑委员会编《江泽民文选》（第1卷），人民出版社2006年版，第457页。

⑤ 参见中共中央组织部研究室编《毛泽东、邓小平、江泽民论干部监督》，党建读物出版社2000年版，第39页。

⑥ 参见中共中央纪律检查委员会编《江泽民论党风廉政建设和反腐败斗争》，中国方正出版社2003年版，第83页。

子成员之间缺乏坦诚交流，缺乏相互监督、相互提醒和互相批评，导致党内存在的不正确的言行举止未能得到及时有效制止。[①] 江泽民要求严格落实民主集中制，完善重大事项的决定程序。[②] 重视民主集中制在权力监督中的作用，党的领导干部严格遵守民主集中制原则。他认为，民主集中制在实践中是一种行之有效的权力制约机制。在党的历史上，一般说来，但凡正确遵循了民主集中制原则，党的政策路线就少有出现偏差，即便偶尔出现了也容易得以纠正。[③] 他强调指出，党的各级干部和全体党员都必须遵守党章和党的政策，严格执行与维护民主集中制的各项规定，从而增强党的活力与团结统一。[④] 建立起一套科学有效的监督制约制度，以防止不正之风，实现对干部权力的有效监督。

（三）强化监督制度建设，建立科学的权力运行机制

江泽民继承了邓小平制度建设的思想，提出加强党内监督制度建设，建构相互配合协调的监督机制，监督体制机制的运行决定权力监督的成效。[⑤] 他认为，不好的体制，会滋生腐败，而好的体制，则可以有效预防制止腐败。[⑥] 他强调，要建立一套科学合理、制约有力的体制，从决策、执行等关键环节入手来强化对权力的监督。[⑦] 此外，江泽民提出，通过完善政务公开、财务公开等措施推动权力在阳光下运行，发挥人民群众对权力监督的作用。

总之，江泽民关于权力监督的论述，特别重视对领导干部的监督，

[①] 参见中共中央文献研究室编《十四大以来重要文献选编》（中），人民出版社1997年版，第1692页。

[②] 参见中共中央文献研究室编《十四大以来重要文献选编》（下），人民出版社1999年版，第1966页。

[③] 参见中共中央文献编辑委员会编《江泽民文选》（第1卷），人民出版社2006年版，第97页。

[④] 孙德江：《加强对领导干部的监督，保证权力依法正确行使——学习江泽民的干部监督思想》，《安徽工业大学学报》（社会科学版）2009年第1期。

[⑤] 李继东：《试论江泽民的权力监督思想》，《广西民族学院学报》（哲学社会科学版）2001年第1期。

[⑥] 参见江泽民《论"三个代表"》，中央文献出版社2001年版，第115页。

[⑦] 参见中共中央文献编辑委员会编《江泽民文选》（第3卷），人民出版社2006年版，第557页。

强调干部监督工作要做到"四个结合",强调通过建立一套科学严密的权力运行机制来加强对权力的有效监督。

四 胡锦涛关于权力制约与监督的论述

胡锦涛关于权力制约与监督的论述是科学发展观的重要组成部分。胡锦涛的权力监督与制约思想建立在人民群众当家作主的理论基础之上,运用马克思主义立场、观点和方法,提出从源头上加强权力监督,建立健全权力制约与监督体系。

(一) 领导干部要树立正确的权力观

胡锦涛认为,中国共产党的领导必须坚持人民群众为中心的理念。权力制约与监督必须从人民群众的根本利益出发,只有让人民群众监督权力,才能真正实现对国家权力的制约。因此,必须坚持马克思主义的群众观和权力观,充分反映出胡锦涛的权力监督思想的出发点是全心全意为人民服务,其本质特征是权为民所用、立党为公、执政为民。[①] 胡锦涛于2002年在西柏坡学习考察时强调,领导干部应当树立正确的权力观,这有利于从思想源头上加深对权力来源的认识,避免官僚主义、形式主义等作风,更深刻地领会党的宗旨。

(二) 注重从源头上加强权力监督

胡锦涛认为,我党只有坚持"标本兼治、综合治理、惩防并举、注重预防"的战略方针,坚决地预防和惩治腐败,才能使党员干部真正作为人民公仆,更好地为人民服务,维护国家的稳定和社会的发展。为此必须从源头上加强对权力的监督。[②] 因此,他主张监督权力应抓住重点,不仅要把各级领导班子的主要负责人作为监督重点,而且还要抓住"重点部位"和"重点环节",依法制定科学的权力运行程序来规范和约束权力的行使。[③] 胡锦涛强调指出,有必要加强对行使公权力的领导

---

① 束锦:《胡锦涛同志权力监督思想研究》,《毛泽东思想研究》2010年第6期。
② 商丽:《论胡锦涛公仆思想之廉政和反腐败建设》,《学理论》2011年第1期。
③ 参见中共中央文献研究室编《十六大以来重要文献选编》(中),中央文献出版社2006年版,第603页。

干部遵守道德的监督,在干部考核与考察时,不仅要关注领导干部的工作绩效,还要注重对他们的生活作风和道德品行的考察,建设德才兼备的干部队伍。① 胡锦涛认为,要提高监督效果,必须监督关口前移,通过加强对事前、事中、事后三个阶段的监督,全方位实现对公权力的动态制约。

(三) 构建科学的权力制约与监督体制机制

胡锦涛认为,加强对权力运行过程的监督和制约是有效预防和避免腐败的关键。② 他于2006年在中央纪委十六届六次全会上强调指出,应当通过建立科学有效的体制机制,合理配置公权力,建立健全决策、执行、监督的新型权力分工体制,实现国家机关内部相互制约、相互监督和相互协调,最大程度地避免权力寻租,最大限度地减少腐败。③ 可见,胡锦涛总结我党监督公权力的实践经验,从权力配置、程序严密、制约有效等方面对公权力监督作出进一步深入的探索和思考。

(四) 建立惩治和预防腐败体系

胡锦涛非常重视惩治和预防腐败问题。他认为,惩治腐败,不仅要依靠强有力的"制度"、全方位的"监督",还要依靠"教育",他主张,在惩治和预防腐败的体系中,把"教育"放在与"制度""监督"并重的位置。另外,胡锦涛强调,对于腐败,不能只靠"惩治",还要靠"预防",做到惩防并举,并且要"注重预防"。对于腐败的治理,惩治的成本是很高的,代价也很重。每一个领导干部因腐败而落马或坐牢,不仅是该领导干部及其家庭的重大损失,也是党和国家的重大损失,因此,治理腐败应当"注重预防",预防的成本是最低的,成效也是最好的。胡锦涛如上所提到的"教育"和"预防",实际上是有机衔接和联系在一起的,在惩治和预防腐败方面:教育可以起到很好的预防作用,预防作用的发挥也需要开展相应的廉政教育。

---

① 韩宏亮:《胡锦涛权力监督思想研究》,《攀登》2014年第2期。
② 参见中共中央文献研究室编《十六大以来重要文献选编》(中),中央文献出版社2006年版,第602页。
③ 韩宏亮:《胡锦涛权力监督思想研究》,《攀登》2014年第2期。

总之，胡锦涛倡导对权力的全方位监督，他不仅提出来自人大、政协、司法、舆论等监督要形成合力，而且主张要事前、事中和事后的监督要相结合。此外，胡锦涛还特别注重对领导干部的道德层面的监督，以及监督关口前移等。

综上所述，我国党和国家领导人毛泽东、邓小平、江泽民、胡锦涛等的权力制约与监督思想的侧重点各有所不同，但在加强对党的领导干部的监督，加强对权力监督制约，建立权力监督体制机制等方面基本是一致的。这充分体现了我党高度重视党的建设，加强党内监督，强化对国家权力的制约与监督，发挥民主监督和群众监督的作用的基本政策。

第三节　新时代权力制约与监督理论

党的十九大报告提出健全党和国家监督体系，这一提法是在习近平中国特色社会主义思想指引下形成的科学概念，是习近平新时代中国特色社会主义思想的重要组成部分。它的产生是党的十八大以来以习近平同志为核心的党中央不断探索党的领导与社会主义制度的发展规律而形成的理论创新成果，也是不断科学应对国际国内环境变化的实践成果。

习近平总书记关于权力制约与监督的重要论述是马克思主义执政党权力监督理论在新时代的继承与发展。马克思主义权力监督思想注重执政党内部的监督和群众监督，形成党内监督与党外监督一体化的监督体系。它不同于资本主义制度下的权力制约模式，而是建立在人民监督主体的基础之上。[①] 中国共产党百年来一直坚持人民群众监督的原则，习近平总书记始终坚持以人民为中心的导向，确保人民赋予的权力造福于人民，从而丰富和发展了马克思主义执政党建设理论和权力监督思想，进一步推进马克思主义的中国化。

习近平总书记关于权力制约与监督的重要论述与中国优秀法治文化

---

① 江必新、张雨：《习近平法治思想中的法治监督理论》，《法学研究》2021年第2期。

相结合。习近平法治思想不仅继承中国传统文化中的民本主义思想，使之形成当代中国特色社会主义法治思想的文化基础。① 提出要从延续中华民族文化血脉中开拓前进，传承中华优秀法律文化、探索中国特色的法治道路，为中华民族伟大复兴夯实法治基础。因此，习近平法治思想在德法合治、保障法律的严格实施、法典文明的传承方面实现了对传统法治文化的创新。②

习近平总书记关于权力制约与监督的重要论述建立在中国法治实践基础之上，是中国特色的权力制约与监督理论，蕴含丰富的政理、法理与哲理，具有深厚的人民情怀和崇高的正义力量。③ 习近平总书记关于权力制约与监督的重要论述以党内监督为主导，以纪律监督、监察监督、巡视监督和派驻监督为重要支柱，以加强党内监督与群众监督为基础，以监督关键少数为重点，实现党内监督与监察监督、人大监督、民主监督和群众监督的贯通，形成符合中国政治制度的原创性权力监督思想体系。

一 习近平总书记关于权力制约与监督的重要论述是科学应对国内国际环境变化而形成的实践成果

改革开放四十多年来，尤其是十八大以来，随着全球化的不断发展和国内政治、经济、文化、社会等各项改革的深入推进，我们党所面临的内部环境和外部环境都发生了巨大的变化，这些变化深刻而复杂。习近平总书记于 2015 年主持中央政治局第二十次学习时强调"准确把握我国不同发展阶段的新变化新特点，使主观世界更好符合客观实际，按照实际决定工作方针，这是我们必须牢牢记住的工作方法"。④ 习近平总书记的重要论述，体现了政治性和思想性，并具有鲜明的时代

---

① 张弛：《习近平法治思想对儒家传统民本思想的继承和发展》，《河南警察学院学报》2022 年第 4 期。
② 陈玺：《习近平法治思想中的传统法律文化观》，《法律科学》2022 年第 4 期。
③ 张文显：《论习近平法治思想的鲜明特色》，《法制与社会发展》2022 年第 4 期。
④ 《习近平在中共中央政治局第二十次集体学习时强调　坚持运用辩证唯物主义世界观方法论　提高解决我国改革发展基本问题本领》，《人民日报》2015 年 1 月 25 日第 1 版。

特征。近年来，我们党所面临的国内外局势发生了重大变化。习近平总书记根据这些变化对党和国家的权力监督产生的影响进行了深入的分析与科学的总结，从而创新和发展具有中国特色的党和国家监督理论。

（一）习近平总书记关于权力制约与监督的重要论述是对国内环境变化的科学分析与应对

改革开放以来，我国的政治、经济、文化和社会环境等发生了巨大的变化。特别是近年来，随着我国一系列政治、经济、文化改革等的推进，社会经济加速转型，经济结构更加多元，政治局面更加繁荣，社会结构更具活力，民众的思想更加活跃，人们的利益诉求和价值追求更加多样，民主意识、权利意识、法治意识更加深入人心，老百姓更加迫切地要求解决地区发展不平衡问题、社会贫富差距加大问题、生态环境破坏问题、官员腐败以及不作为、乱作为等问题。由于反腐败形势严峻，习近平总书记对反腐败形势进行分析，并作出准确的判断，明确指出："我们党把党风廉政建设和反腐败斗争提到关系党和国家生死存亡的高度来认识，是深刻总结了古今中外的历史教训的。""可以说，如果我们党不是一以贯之高度重视党风廉政建设、坚决反对腐败，我国经济社会发展才能取得这么大的成就。"[①] 而加强对权力的监督，将权力关进制度的笼子，对权力进行有效制约才能建设社会主义强国。

（二）习近平总书记关于权力制约与监督的重要论述是对复杂国际环境变化的科学分析与应对

从国际环境来看，当今世界正处在新一轮的大变局、大调整之中，世界多极化的新格局正在逐渐形成，经济全球化的发展遇到曲折，国家之间政治、文化、科技等综合实力的竞争日益激烈，不同宗教、民族及国家之间的信仰和价值观冲突加剧，国家力量介入国家经济、科技的力度加大，国家间的竞争演变为以科技实力为核心的国家整体实力的竞争。

---

① 习近平：《在第十八届中央纪律检查委员会第二次全体会议上的讲话》（2013年1月22日），载中共中央纪律检查委员会、中共中央文献研究室编《习近平关于党风廉政建设和反腐败斗争论述摘编》，中央文献出版社、中国方正出版社2015年版，第5页。

实践证明，中国是世界经济发展的重要信心所在，是全球和平稳定的重要力量。习近平主席于2018年在博鳌亚洲论坛开幕式上指出，当今世界正在历经一轮新的大变革、大调整，国家经济发展面临的不确定国际因素增加，中国面对这种国际环境，始终坚持改革开放与和平发展方略，中国人民勇于自我革命、自我革新，不断完善中国特色社会主义制度，不断革除各方面体制弊端，充分显示了制度保障的强大力量。一些西方国家在政治上固守冷战思维，大肆宣扬西方的价值观，宣扬西方资本主义的民主与法治制度，不断通过经济、军事、外交、文化等各种手段来打压和遏制中国社会主义制度的发展。以美国为首的西方国家对中国社会主义政治制度进行歪曲和抹黑，对社会主义民主与法治进行丑化和贬损。在复杂的国际政治、经济环境下，如何有效防范西方资本主义国家的经济封锁、政治压制和军事威胁，成为新时代中国社会主义建设必须面对的重大问题。习近平总书记强调指出："我们要打赢防范化解重大风险攻坚战，必须坚持和完善中国特色社会主义制度、推进国家治理体系和治理能力现代化，运用制度威力应对风险挑战的冲击。"[①] 通过加强和巩固中国共产党的长期执政地位，坚定不移地全面从严治党，将我党建设成为中国特色社会主义建设事业的坚强领导核心。只要我党时刻保持清醒认识，科学把握局势，保持战略定力，采取更富创造性和建设性的有力举措来全面巩固、加强和改善党的领导，通过健全权力制约与监督体系，坚持走中国特色社会主义法治道路，坚持人民主体地位，建设中国特色社会主义法治体系，就能在复杂的国际形势中立于不败之地。

二　习近平总书记关于权力制约与监督的重要论述的核心要义

习近平总书记关于权力制约与监督的重要论述是中国特色党和国家监督制度的体现，是马克思主义权力监督理论在当代中国的发展。其核

[①] 习近平：《关于〈中共中央关于坚持和完善中国特色社会主义制度、推进国家治理体系和治理能力现代化若干重大问题的决定〉的说明》，载《习近平谈治国理政》第三卷，外文出版社2020年版，第113页。

心要义可以概括为：党内监督主导，以反腐败为基本目标，以人民群众监督为基础，以监督"关键少数"为重点，通过深化监察体制改革，健全党和国家监督体系。

（一）党内监督主导

党内监督是指党内法规规定的监督主体对党的组织和党员遵守党章、党的决议、党的纪律、国家法律以及维护党的团结进行检查与督促，对监督中发现的问题及时进行核实与审查，并作出相应纪律处分和组织处理的活动。党内监督体系则是指党内监督主体、监督对象、监督事项、监督方式等要素组成的具有内在一致性的统一整体。习近平总书记关于权力制约与监督的重要论述以党内监督主导，将党内监督作为党和国家监督体系第一位的和根本的监督。

首先，党内监督的目的在于保持党的先进性与纯洁性，保证党的长期执政地位。习近平总书记指出："强化党内监督是为了保证党立党为公、执政为民，强化国家监察是为了保证国家机器依法履职、秉公用权，强化群众监督是为了保证权力来自人民、服务人民。"① 习近平总书记还指出："努力向历史、向人民交出新的更加优异的答卷。"② 习近平总书记还告诫全党："党要管党，才能管好党；从严治党，才能治好党。""如果管党不力、治党不严，人民群众反映强烈的党内突出问题得不到解决，那我们党迟早会失去执政资格，不可避免被历史淘汰，这决不是危言耸听。"③ 习近平总书记还强调指出："我们要健全权力运行制约和监督体系，有权必有责，用权受监督，失职要问责，违法要追究，保证人民赋予的权力始终用来为人民谋利益。"④

---

① 习近平：《形成全面覆盖国家机关及其公务员的国家监察体系》，载《习近平谈治国理政》第二卷，外文出版社2017年版，第169页。

② 习近平：《在庆祝中国共产党成立九十五周年大会上的讲话》，载中共中央文献研究室编《十八大以来重要文献选编》（下），中央文献出版社2018年版，第359页。

③ 习近平：《在全国组织工作会议上的讲话》，载中共中央文献研究室编《十八大以来重要文献选编》（上），中央文献出版社2014年版，第349—350页。

④ 习近平：《在首都各界纪念现行宪法公布施行三十周年大会上的讲话》，载中共中央文献研究室编《十八大以来重要文献选编》（上），中央文献出版社2014年版，第92页。

其次，党内监督的目的还在于加强党的建设。中国共产党权力制约与监督的历史表明，什么时候加强党内监督，党的事业就取得成功；什么时候党内监督削弱，党的事业就受挫折。为此，我党必须吸取历史教训，保持对公权力的强有力的监督，但最关键的是加强党内监督。因为中国共产党是执政党，是国家建设和社会发展的领导核心，中国的稳定与发展，关键在党的领导。要实现中华民族的伟大复兴，必须发挥执政党的领导作用和党员的先锋模范作用。① 所以，党内监督就是要加强党的建设，通过加强对党员领导干部权力的监督，推动执政党的自我革命，增强执政党的自我净化能力，从思想上、组织上、作风上加强党的组织建设，防止权力腐败，树立党员领导干部的初心与使命，使党成为社会主义事业的坚强领导者。

最后，党内监督是国家监督的基础。在党和国家监督体系中，党内监督、监察监督、人大监督、民主监督、司法监督都是行之有效的监督方式，但国家监督要发挥作用，关键还是党内监督。因为国家公职人员的大多数是党员，国家机关的主要领导干部绝大多数是党员，领导干部的权力是党和人民赋予的，只能为人民服务。通过加强党内监督，实现全面从严管党治党，用党内法规和党的纪律管住领导干部手中的权力，才能增强纪律执行力和制度约束力。习近平总书记指出："要深刻把握党风廉政建设规律，一体推进不敢腐、不能腐、不想腐。一体推进不敢腐、不能腐、不想腐，不仅是反腐败斗争的基本方针，也是新时代全面从严治党的重要方略。"②

（二）以反腐败为基本目标

加强对权力的制约与监督的基本目标在于从根本上遏制腐败。习近平总书记极为重视党风廉政建设与反腐败问题，认为在新形势下，我党面临许多严峻挑战，其中党员干部存在的腐败问题非常突出，必须下大力

---

① 邵景均：《深入学习贯彻习近平党内监督思想》，《前线》2016年第4期。
② 习近平：《一以贯之全面从严治党，强化对权力运行的制约和监督》，载《习近平谈治国理政》第三卷，外文出版社2020年版，第549页。

气解决。加强党的建设、全面从严治党,强化党内监督是解决腐败问题的根本保障。

首先,党风廉政建设是重大政治问题,必须推进制度反腐败和法治反腐败。习近平总书记指出:"反对腐败、建设廉洁政府,保持党的肌体健康,始终是我们党一贯坚持的鲜明政治立场。"[①] 从历史与现实经验来看,腐败导致社会矛盾激化,最终危害执政的根基。当今世界由于腐化堕落导致执政党丧失政权的例子不胜枚举。因此,要将反腐败提到关系党和国家生死存亡的高度来认识,党的领导与长期执政面临的最大挑战就是对权力缺乏制约与监督。只有解决了这一问题,才能从政治上建立长期执政的基础。

在党的百年历史进程中,反对权力腐败一直是党风廉政建设的主旋律。邓小平同志系统论述了制度建设在反腐败中的重要地位,强调制度治党的必要性与重要性。习近平总书记继承我党制度反腐败的优良传统,提出推进制度反腐败与法治反腐败的双重使命。他认为,权力缺乏监督,必然导致腐败,这是一条铁律。权力只有在法治轨道上运行,才能造福国家和人民。通过建构权力监督制度,明确监督责任,发挥权力监督的督促、纠偏、束权、守正、调适、修复的功能,形成规范权力运作的监督保障,确保权力在制度和法治轨道上运行,进一步夯实党的执政之基,服务于党两个一百年的目标。[②]

其次,建构反腐败的制度体系。习近平总书记指出,反腐败是一项长期而艰巨的任务,必须从根本上加以治理,一体推进"不敢腐、不想腐、不能腐"的制度建构。反腐败的制度体系首先是坚持党要管党、从严治党。严格执行党的纪律,加强党的纪律建设。其次是落实党委的主体责任和纪委的监督责任。

---

① 习近平:《紧紧围绕坚持和发展中国特色社会主义学习宣传贯彻党的十八大精神》(2021年2月19日),载中共中央纪律检查委员会、中共中央文献研究室编《习近平关于党风廉政建设和反腐败斗争论述摘编》,中央文献出版社、中国方正出版社2015年版,第3页。
② 参见王贺宇、郭文亮《习近平关于强化对权力监督重要论述的四个维度》,《云南行政学院学报》2022年第4期。

习近平总书记指出：打铁还需自身硬，要坚决惩治腐败，必须"严明党的纪律，首先就是严明政治纪律"。① 强调对权力的监督，必须强化责任。如果责任不清，监督就失去了基础，就难以落实。习近平总书记强调指出："各级党委（党组）要落实好主体责任，不抓党风廉政建设是严重失职。各级纪委要履行好监督责任，更好发挥党内监督专门机关作用。"② 习近平总书记指出，从中央到地方，各级党委、党组和党支部书记，都要把抓好党建作为分内之事和必须承担的职责，各级纪委必须抓好监督责任，敢于监督，勇于执纪问责。把如上两个责任抓好落实了，也就抓住了党内权力监督的"牛鼻子"，有利于从根本上解决党内监督责任主体不明问题。

最后，责任明确之后，关键还在落实。习近平总书记强调指出："各级纪检监察机关要加大检查监督力度，执好纪、问好责、把好关。"③ "有权就有责，权责要对等。无论是党委还是纪委或者其他相关职能部门，都要对承担的党风廉政建设责任进行签字背书，做到守土有责。"④ 党风廉政建设，是各级党委和党组的应尽之责，习近平总书记指出："严格执行责任制，分解责任要明确，检查考核要严格，责任追究要到位，让责任制落到实处。"⑤ 不断健全和完善问责机制，做到有责必问、问责必严，发挥问责的威力和实效，习近平总书记指出："要完善和规范责任追究工作，建立健全责任追究典型问题通报制度，把问责同其他监督方式结合起来，以问责常态化促进履职到位，促进党的纪

---

① 习近平：《严明政治纪律，自觉维护党的团结统一》，载中共中央党史和文献研究院编《十八大以来重要文献选编》（上），中央文献出版社 2014 年版，第 131 页。

② 习近平：《在中共十八届四中全会第二次全体会议上的讲话》，载中共中央纪律检查委员会、中共中央文献研究室编《习近平关于党风廉政建设和反腐败斗争论述摘编》，中央文献出版社、中国方正出版社 2015 年版，第 63—63 页。

③ 习近平：《把权力关进制度的笼子里》，载《习近平谈治国理政》第一卷，外文出版社 2014 年版，第 387 页。

④ 参见中共中央纪律检查委员会、中共中央文献研究室编《习近平关于党风廉政建设和反腐败斗争论述摘编》，中央文献出版社、中国方正出版社 2015 年版，第 62 页。

⑤ 中共中央纪律检查委员会、中共中央文献研究室：《习近平关于党风廉政建设和反腐败斗争论述摘编》，中央文献出版社、中国方正出版社 2015 年版，第 56—57 页。

律执行到位。"① 通过强化监督执纪问责，实现对权力的制约与监督，提高反腐败的效果。

（三）以人民群众监督为基础

我党历来重视人民群众对党员和党员领导干部的监督，这是马克思主义权力监督的理论特色。

第一，强调监督为民。监督为民既是党领导人民进行监督实践的政治伦理要求，也是公权为民的本质诉求。② 国家的一切权力属于人民，党和国家机关的权力由人民赋予，因此，权力的行使必须为人民谋利益。为此，我党必须全面从严治党，将党的自我革命、自我监督作为党内监督的主线，增强党的自我净化能力。习近平总书记指出："强化群众监督是为了保证权力来自人民，服务人民。"③

第二，重视群众监督。习近平总书记对群众监督作出了精辟论述，他强调指出，坚持以人民为中心的执政理念，必须重视群众监督，其核心是群众参加监督。而群众参加监督的方式可以多种多样，应当为群众监督创造条件。首先，习近平总书记指出："要强化公开，依法公开权力运行流程，让广大干部群众在公开中监督，保证权力正确行使。"④ 加强改进巡视工作，畅通人民群众举报监督和渠道。其次，通过网络建立人民监督的平台、拓宽人民群众监督的渠道。习近平总书记强调指出，在网络信息时代，广大领导干部必须顺应网络信息时代要求，通过网络了解群众诉求，深入到群众中去，走新时代群众路线。"让互联网成为我们同群众交流沟通的新平台，成为了解群众、贴近群众、为群众排忧解难的新途径，成为发扬人民民主、

---

① 参见习近平《在第十八届中央纪律检查委员会第六次全体会议上的讲话》（2016年1月12日），人民出版社2016年版，第11页。
② 李晓明、李婧：《论习近平新时代监察思想》，《思想政治教育研究》2018年第3期。
③ 习近平：《形成全面覆盖国家机关及其公务员的国家监察体系》，载《习近平论治国理政》第二卷，外文出版社2014年版，第169页。
④ 习近平：《深入推进党风廉政建设和反腐败斗争》，载《习近平谈治国理政》第一卷，外文出版社2014年版，第395页。

接受人民监督的新渠道。"① 最后，充分发挥舆论监督的经常监督作用。习近平总书记在福建宁德任职时就对新闻监督工作发表了重要精辟论述"新闻媒介的舆论监督是最经常、公开、广泛的一种监督方式"。② 舆论监督是把权力关进制度的笼子的一个重要手段，习近平总书记指出："对网上那些出于善意的批评，对互联网监督，不论是对党和政府工作提的还是对领导干部个人提的，不论是和风细雨的还是忠言逆耳的，我们不仅要欢迎，而且要认真研究和吸取。"③

（四）以监督"关键少数"为重点

我党历来重视对领导干部的监督，并且将监督领导干部作为党内监督的重点。习近平总书记继承我党监督工作的经验，将监督领导干部作为监督工作的关键。他指出："抓住'关键少数'，破解一把手监督难题。各级领导班子一把手是'关键少数'中的'关键少数'。一把手违纪违法最易产生催化、连锁反应，甚至造成区域性、系统性、塌方式腐败。许多违纪违法的一把手之所以从'好干部'沦为'阶下囚'，有理想信念动摇、外部'围猎'的原因，更有日常管理监督不力的原因。领导干部责任越重大、岗位越重要，就越要加强监督。"④ 这是破解权力制约与监督难题，也是党内监督能否取得成功的关键。

党内监督之所以要抓住"关键少数"，是因为领导干部尤其是主要领导干部掌握重要权力，权力越大，腐败的可能性越大，只有加强对领导干部的监督，才能遏制腐败。习近平总书记指出："我们也要清醒看到，党风廉政建设和反腐败斗争形势依然严峻复杂。从党的十八大以来查处的中管干部违纪违法案件看，腐败分子往往集政治蜕变、经济贪

---

① 习近平：《建设网络良好生态，发挥网络引领舆论，反映民意的作用》，载《习近平谈治国理政》第二卷，外文出版社2017年版，第336页。

② 许一鸣：《把握好新闻工作的基点——福建宁德地委书记习近平谈新闻工作》，《中国记者》1989年第7期。

③ 习近平：《建设网络良好生态，发挥网络引领舆论，反映民意的作用》，载《习近平谈治国理政》第二卷，外文出版社2017年版，第337页。

④ 习近平：《在第十八届中央纪律检查委员会第六次全体会议上的讲话》（2016年1月12日），人民出版社2016年版，第26—27页。

婪、生活腐化、作风专横于一身。党的十八大以来，党中央反复强调领导干部要严守政治纪律和政治规矩，但有的置若罔闻，搞结党营私、拉帮结派、团团伙伙，一门心思钻营权力。"① 领导干部的腐败对党和国家的危害最大，必须坚决从制度上解决这一难题，有极少数的高级领导干部存在拉帮结派、谋位夺权等政治阴谋，对于这些位高权重的领导干部，若对他们的权力缺乏有效的制约和监督，则可能造成极大的危害。领导干部的腐败还能产生很大的负面示范效应，甚至造成区域性、系统性的塌方式腐败，严重侵蚀党的健康肌体，严重破坏党的团结统一，严重损害党的政治生态，严重影响党的事业发展。② 因此，习近平总书记强调指出："要加强对一把手的监督，认真执行民主集中制，健全施政行为公开制度，保证领导干部做到位高不擅权、权重不谋私。"③ 要通过对一把手加强有效监督，避免领导干部位高擅权、权重谋私等消极腐败现象。④

习近平总书记还特别强调抓住"关键少数"，可以通过权力监督有效发挥正面的带头示范效应，建构监督"关键少数"的制度体系。第一是加强党的组织监督，尤其要重视党的上级组织对下级党组织负责人的经常性监督。第二是完善纪委对地方各级党政领导班子成员的监督，推动监督制度化。三是加强领导班子成员相互之间的监督，遵守批评与自我批评、民主集中制原则。⑤ 通过完善监督制度实现对领导干部的监督是习近平总书记有关权力制约与监督的重要论述的特色。

（五）通过监察体制改革，健全党和国家监督体系

我党重视监察制度建设，中华人民共和国成立初期就在中央人民政

---

① 习近平：《在第十八届中央纪律检查委员会第六次全体会议上的讲话》（2016年1月12日），人民出版社2016年版，第7页。
② 参见《关于新形势下党内政治生活的若干准则》，《党建》2016年第11期。
③ 习近平：《把权力关进制度的笼子里》，载《习近平谈治国理政》第一卷，外文出版社2014年版，第388页。
④ 参见习近平《把权力关进制度的笼子里》，载《习近平谈治国理政》第一卷，外文出版社2014年版，第388页。
⑤ 张凤华、王晓埂：《习近平党内监督思想探析》，《中南民族大学学报》（人文社会科学版）2018年第1期。

新时代国家监察制度建设的理论与实践

府设置人民监察委员会，五四宪法和八二宪法均在国务院设立监察部，其目的在于监督国家公务员遵纪守法。习近平总书记吸取我党加强监察制度建设的成功经验，结合我国当代权力制约与监督的现实需要，将监察体制改革作为健全党和国家监督体系的中心内容，从理论上不断创新权力制约与监督理论。

1. 监察体制改革的必要性

习近平总书记提出，各级党委要为开展纪检监察工作创造条件。"各级纪检监察机关要加强干部队伍建设，提高履行职责能力和水平，更好发挥监督检查作用。"[①] 健全党和国家监督体系，推动国家治理体系与治理能力现代化，必须完善权力制约与监督机制。纪检监察是权力制约与监督的重要制度，只有落实纪检监察的专责监督，才能有效地制约与监督权力。而行政监察制度存在纪检与监察衔接不紧密，对行使公权力的公职人员的监督不能全面覆盖，反腐败职能配置不合理等弊端。为此，必须推动监察体制改革，通过监察体制改革完善反腐败领导体制和工作机制，发挥好纪检、监察、司法、审计等机关和部门的职能作用。各级党委要支持纪检监察部门开展工作，加强纪检监察队伍建设。[②]

2. 加强党对监察体制改革的统一领导

党内监督需要党的坚强领导，监察体制改革同样必须坚持党的领导。监察体制改革涉及党和国家监督职权的重新配置，是重大政治体制改革。党的领导是中国特色社会主义最本质的特征，应当确保党始终成为中国特色社会主义事业的坚强领导核心，党的领导首先就是要"充分发挥党总揽全局、协调各方的领导核心作用"[③]。首先，党的领导决定监察体制改革的方向。监察体制改革是党和国家监督体系的健全与完善，不能照

[①] 习近平：《把权力关进制度的笼子里》，载《习近平谈治国理政》第一卷，外文出版社 2014 年版，第 389 页。

[②] 参见习近平《把权力关进制度的笼子里》，载《习近平谈治国理政》第一卷，外文出版社 2014 年版，第 389 页。

[③] 习近平：《论坚持党对一切工作的领导》，中央文献出版社 2019 年版，第 5 页。

搬西方国家的监督制度，只能根据中国的政治体制与政治实践决定监察体制改革的目标。监察体制改革体现党对反腐败工作的统一领导，加强反腐败工作立法，推进纪检监察合署，形成反腐败的合力。其次，党的领导为监察体制改革提供强大组织保障。监察体制改革是党中央基于四个全面战略布局作出的顶层设计，党中央在十八届六中全会后决定启动试点工作，在试点工作的基础上，推动宪法修改与《监察法》的制定。中央政治局多次召开会议讨论《监察法》的立法工作，为《监察法》的制定与实施指明方向，提供实施保障。各级党委积极落实党中央的重大决策部署，在监察体制改革过程中，人员转隶、纪检监察合署办公、查办案件等方面提供支持，有力推动监察体制改革的进程。

3. 纪委与监委合署办公

习近平总书记非常重视纪委与监委合署办公，他在监察体制改革之前，即对纪检与行政监察合署办公提出具体要求。他指出："行政监察法要体现党中央关于中央纪委、监察部合署办公，中央纪委履行党的纪律检查和政府行政监察两项职能，对党中央全面负责的精神。监察对象要涵盖所有公务员。要坚持党对党风廉政建设和反腐败工作的统一领导。"[①] 党的十八大以来，党和国家不断推进并全面深化纪检监察体制改革，强化党和国家权力监督的专责力量，强调纪委和监察委员会分别作为党和国家权力监督的专责力量。党的十九大对监察体制改革进行总体部署，通过修改宪法，明确国家监察委员会行使国家监察权。《监察法》对监察委员会的职权、领导体制、运行程序与权限作出明确规定，实行纪委与监委合署办公，实现了党对反腐败工作的统一领导、统一指挥、统一部署，避免了改革之前反腐力量过于分散、效率低下等问题，也避免纪法衔接不畅等问题。监察委员会可以对所有行使公权力的公职人员进行监督，有效防止出现监督的"盲区"和"空白"等情况，将监察制度的优势转化为治理效能。

---

① 习近平：《形成全面覆盖国家机关及其公务员的国家监察体系》，载《习近平谈治国理政》第二卷，外文出版社2017年版，第169页。

4. 健全党和国家监督体系

习近平总书记指出:"要把党内监督同国家监察、群众监督结合起来,同法律监督、民主监督、审计监督、司法监督、舆论监督等协调起来,形成监督合力。"① 习近平总书记明确指出,健全党和国家监督体系,首先,必须加强党对反腐败工作的统一领导。实现党对深化监察体制改革的顶层设计,保证党内监督在党和国家监督体系中的主导地位。其次,要健全与完善纪律监督、监察监督、巡视监督与派驻监督,实现党内监督全覆盖,尤其是要重视巡视监督的作用。习近平总书记指出:"巡视是党内监督的战略性制度安排""各省区市党委要加强对巡视工作的领导,确保在本届任期内实现巡视全覆盖""必须有权威性,成为国之利器、党之利器。"② 再次,党内监督必须与国家监督贯通,增强监督合力。在党的统一领导下,把党内监督同其他不同形式的国家监督融会贯通和有机衔接起来,增强党内监督和国家监督一体化的监督合力。③ 形成党全面领导、权威高效的权力制约与监督体系。

三 习近平总书记关于权力制约与监督的重要论述的理论贡献

习近平法治思想对马克思主义理论的发展做出重大原创性贡献,主要体现在习近平中国特色社会主义法治体系及其相关概念的提出。④ 习近平法治思想的原创性贡献也可以概括为理论贡献、实践贡献与战略贡献三个主要的方面,其理论贡献主要体现在深入阐释党的领导与依法治国、中国特色社会主义法治体系、中国特色社会主义法治道路。⑤

---

① 习近平《形成全面覆盖国家机关及其公务员的国家监察体系》,载《习近平谈治国理政》第二卷,外文出版社2017年版,第169页。

② 习近平:《强化巡视监督,发挥从严治党利器作用》,载《习近平谈治国理政》第二卷,外文出版社2017年版,第170—171页。

③ 参见中共中央宣传部编《习近平新时代中国特色社会主义思想三十讲》,学习出版社2018年版,第322页。

④ 参见张文显《深刻把握习近平法治思想的原创性贡献》,《法制与社会发展》2022年第4期。

⑤ 参见周叶中、闫纪纲《论习近平法治思想的原创性贡献》,《中共中央党校(国家行政学院)学报》2021年第6期。

第一章　我国监察制度的理论基础

习近平总书记有关权力制约与监督的重要论述是具有中国特色的原创性理论，其理论特征表现在系统阐释全面从严治党与党内监督体系的关系、党的政治建设与党内监督的关系、党内监督与国家监督的关系。

（一）全面从严治党是健全党内监督体系的前提

习近平总书记指出，推进全面从严治党是落实党内监督体系的战略目标。中国共产党一向具有严明的纪律，治党严格。尤其是党的十八大以来，针对党内存在的腐败问题、组织涣散问题、党的领导弱化问题以及其他管党治党宽松软等问题，习近平总书记提出了"全面从严治党"的重大战略布局。他高度重视制度建设，认为制度关乎长远、关乎根本，强调要通过编织起系统、严格、严密的制度的笼子，来规范、约束和限制公权力。他主张，不仅要把制度的笼子建好、建全、建紧，而且要把制度笼子的门关好、关住、关严。① "要坚持思想建党和制度治党紧密结合，既从思想教育上严起来，又从制度上严起来。"②

全面从严治党的战略思想具有丰富内涵。首先，全面从严治党关键在"治"。"治党"与"党建"虽仅一字之差，但却区别重大。"党建"强调的是党的建设，包括党的组织建设、思想建设等；而"治党"强调的是对党和国家政治生态的治理，强调的是严格依规治党，实现党和国家治理体系和治理能力的现代化。重点解决的是党的领导弱化、全面从严治党不力等制度性问题。其次，全面从严治党，重点在"严"，体现在对权力的全面监督和制约上，与有效监督制约权力这一党内监督基本精神保持一致。把党纪挺在前面，纪严于法，是治党"从严"的重要体现，习近平总书记强调指出："执行党的纪律不能有任何含糊，不能让党纪党规成为'纸老虎'、'稻草人'，造成'破窗效应'"。③ 再

---

① 参见中共中央宣传部编《习近平新时代中国特色社会主义思想三十讲》，学习出版社2018年版，第321页。
② 中共中央文献研究室编：《习近平关于协调推进"四个全面"战略布局论述摘编》，中央文献出版社2015年版，第149页。
③ 参见中共中央纪律检查委员会、中共中央文献研究室编《习近平关于党风廉政建设和反腐败斗争论述摘编》，中央文献出版社、中国方正出版社2015年版，第44页。

次，全面从严治党基础在"全面"。全面从严治党在主体上全覆盖，在内容上无死角，在过程上全贯穿，从而真正实现"全面"从严。

(二) 党的政治建设是党内监督的政治基础

我党历来重视党的建设，新中国成立以来，我党多次集中开展党的建设工作，重点在于整顿党的思想和作风，加强组织纪律。党的十八以来，针对党的建设所面临的新问题、新情况、新形势和新环境，习近平总书记从加强党内监督和反腐败的目标出发，在全面认真深入总结党的建设历史经验的基础上，创造性地提出了党的政治建设理论，从而创新和发展了党的建设理论，为党和国家权力监督体系的理论创新提供了科学的理论指导和坚实的政治基础。

1. 党的政治建设确立权力制约与监督的制度性目标

党的十九大报告指出："我们党要始终成为时代先锋、民族脊梁，始终成为马克思主义执政党，自身必须始终过硬。"[①] 然而，在新的国内外形势和历史条件下，"我们党面临着许多严峻挑战，党内存在着许多亟待解决的问题"[②]。需要我们党加强党内监督，通过更加严格的政治建设来应对挑战。习近平总书记指出，党内存在腐败问题的根源主要是政治建设不力，党的政治建设是党的根本性建设，决定着党的建设的方向和效果，要放在党的建设总体布局的首位，要把党的政治建设作为党内监督之首要目标。可见，习近平总书记把党的政治建设摆在了新时代党的建设的重要地位，并将其作为全面从严治党战略的根本性问题。习近平总书记在党的十八届中央纪委第五次全体会议上的讲话中明确指出："各级党组织要把严守纪律、严明规矩放到重要位置来抓，努力在全党营造守纪律、讲规矩的氛围。""各级领导干部特别是高级干部要牢固树立纪律和规矩意识，在守纪律、讲规矩上作表率，自觉做政治上

---

① 习近平：《决胜全面建成小康社会　夺取新时代中国特色社会主义伟大胜利——在中国共产党第十九次全国代表大会上的报告》，人民出版社2017年版，第16页。

② 习近平：《人民对美好生活的向往，就是我们的奋斗目标》，载中共中央文献研究室编《十八大以来重要文献选编》(上)，中央文献出版社2014年版，第70页。

的明白人。"① 只有加强政治建设，我们才能扭转当前党内存在的纪律松弛、领导弱化、组织涣散等问题，才能提升我们党的执政能力，才能巩固我们党的执政基础，才能迎来党、国家和人民美好的光明前景。

2. 政治建设需要坚定马克思主义信仰和严明的纪律

政治建设必须严格遵循党章，时刻将共产党员的理想信念作为自己的奋斗目标。同时，政治建设需要通过严明的纪律加以保障和实现。习近平总书记指出："严明党的纪律，首要的就是严明政治纪律。党的纪律是多方面的，但政治纪律是最重要、最根本、最关键的纪律，遵守党的政治纪律是遵守党的全部纪律的重要基础。"② 任何党员都要遵守纪律，"谁都不能拿政治纪律和政治规矩当儿戏。"③ 习近平总书记强调指出："全党要坚定执行党的政治路线，严格遵守政治纪律和政治规矩，在政治立场、政治方向、政治原则、政治道路上同党中央保持高度一致。要尊崇党章，严格执行新形势下党内政治生活若干准则，增强党内政治生活的政治性、时代性、原则性、战斗性，自觉抵制商品交换原则对党内生活的侵蚀，营造风清气正的良好政治生态。"④

(三) 党内监督与国家监督的一体化

完善权力制约与监督的关键是加强党内监督，而加强党内监督必须建构党内监督体系。习近平总书记指出，建构党内监督体系必须完善党内监督网络。发挥党委（党组）、纪委、党的工作部门、基层党组织和党员等不同主体的监督优势，形成横向监督与纵向监督相结合的党内监督体系。其次，完善党内监督形式，发挥纪律监督、监察监督、巡视巡察监督、派驻监督的作用，实现不同监督形式的配合与衔接，进一步优

---

① 习近平：《守纪律，讲规矩》，载《习近平谈治国理政》第二卷，外文出版社2017年版，第156页。
② 习近平：《严明政治纪律，自觉维护党的团结统一》，载中共中央文献研究室编：《十八大以来重要文献选编》（上），中央文献出版社2014年版，第131—132页。
③ 中共中央纪律检查委员会、中共中央文献研究室编：《习近平关于党风廉政建设和反腐败斗争论述摘编》，中央文献出版社、中国方正出版社2015年版，第51页。
④ 习近平：《决战全面建设小康社会，夺取新时代中国特色社会主义伟大胜利——在中国共产党第十九次全国代表大会上的报告》，人民出版社2019年版，第62页。

化各种监督形式，健全党内监督领导体制和工作机制，使得党内监督形式更加契合新时代的需要。

完善权力制约与监督必须加强党内监督与国家监督的贯通，习近平总书记指出，健全党和国家监督体系，加强党对反腐败工作的统一领导，保证党内监督在党和国家监督体系中的主导地位。党内监督体系与国家监督体系的一体化运行，可以增强监督合力。在党的统一领导下，把党内监督同国家监督贯通和衔接，增强监督合力。[1]

---

[1] 参见中共中央宣传部编《习近平新时代中国特色社会主义思想三十讲》，学习出版社2018年版，第322页。

第二章　监察制度与党和国家监督体系的关系

监察监督是党和国家监督体系的重要组成部分，是国家监督制度的核心。党的十八大以来，权力制约与监督的重心转向党内监督与监察监督的制度建设，党的十九大报告提出党和国家监督体系，将党组织监督、监察监督、巡视监督和派驻监督作为党和国家监督体系的组成要素。党的二十大报告和新修订的党章将党和国家监督制度作为党的自我革命制度规范体系的组成部分，党内监督与国家监督的性质均为公权力监督，监察监督既是党内监督的一种形式，又是国家监督的一部分。因此，新时代监察制度与党和国家监督体系密不可分。

第一节　党和国家监督体系提出的过程

党和国家监督体系的提出是我党不断探索中国特色社会主义理论的成果，它的提出标志着新时代中国特色社会主义理论走向成熟。党和国家监督体系提出的过程，也是监察体制不断改革与深化的过程。

中国共产党历来极为重视权力监督问题，将监督公权力作为社会主义制度长治久安的关键。从党的第五次全国代表大会开始，我党即成立专门的纪律监督机构——中央和省一级监察委员会，这是中国共产党第一次成立党内纪律监督机构，专责监督党组织和党员。[1] 由于当时党内存在组织松散和意见分歧问题，中央监察委员会的迫切任务是维护党的集中统一和保障党的政治路线的贯彻实施活动。[2] 在革命根据地时期，部分苏维埃政权中设立审计机构和检察机关，监督根据地政府的财政支出和行政行为的合法性，1941年《陕甘宁边区施政纲领》第八条规定，边区政府应当"厉行廉洁政治，严惩公务人员之贪污行为，禁止任何公务人员假公济私之行为"。1948年，华北人民政府设立了专门的人民监察院，对政府机关及其工作人员进行监督。[3] 1945年党的七大通过的新党章把"监察委员会"单独列为一章，而且将中央监察委员会的产生方式修改为"由中央全体会议选举之"。从五大开始初步形成的党内监督体系到七大正式固定下来。[4]

1949年中华人民共和国成立以来，我党进一步加强对公权力的监督工作，不断探索新的历史时期党内监督体制与机制。与此种探索相应的是党和国家权力监督的概念发展变化，并且体现在党的历次代表大会以及相应的文件和党内法规对党和国家监督的表述上，通过对党的代表大会文件相关提法进行分析，党和国家监督体系的提出大致经历了以下四个阶段：

一 党和国家监督体系的萌芽阶段（党的七大至党的十一届三中全会之前）

这一阶段的显著特征是提出党的监督与国家机关监督这两个概念，为党内监督的提出奠定基础。

---

[1] 薛万博：《监委机构的"前世今生"》，《党的生活》（黑龙江）2018年第2期。
[2] 丁俊萍、许春涛：《中国共产党纪律检查机关的职责演变及其特点、启示》，《探索》2018年第3期。
[3] 朱福惠：《我国国家监察体制之宪法史观察——兼论监察委员会制度的时代特征》，《武汉大学学报》（哲学社会科学版）2017年第3期。
[4] 宁新杰：《党和国家监督体系的历史发展、路径与现实意义》，《中共南昌市委党校学报》2018年第2期。

第二章　监察制度与党和国家监督体系的关系

（一）中华人民共和国成立前后提出党的监督和国家机关监督的概念

党的七大提出党的监督这一概念，并且首次将监察委员会定性为党的监督机关。① 党的七大通过新的党章，从四个方面提出加强党的监督：第一，提出党的监督必须加强民主集中制原则，通过党内民主形成良好的监督工作新局面。第二，提出加强党的组织建设，党的组织和党员必须自觉遵守党的纪律。第三，党内不容许有违反党的纲领和党章的行为，不能容许有破坏党纪的行为。中国共产党必须经常注意将自己队伍中破坏党的纲领和党章、党纪而不能改正的党员清除出党。第四，设立党的专门监督机关，党的中央监察委员会及各地方党的监察委员会。党的各级监察委员会，在各该级党的委员会指导下进行工作。重点监督党员遵守民主集中制原则、群众路线、党的纪律的行为。这是我党历史上首次全面规定将党的纪律检查机关界定为监督机关，并且系统规定监督事项的党章。

中华人民共和国成立后，法律文本提出加强国家机关的监督。1954年通过的宪法建立了国家机关监督体系，不仅明确规定全国人大监督宪法的实施并且监督一府两院的工作，而且规定一切国家机关必须接受群众监督，人大代表必须接受选民和选举单位监督等等，初步形成了国家机关监督的概念体系。

（二）党的八大至"文化大革命"前夕提出党监督国家机关的概念

党的八大总结中华人民共和国成立以来党的监督和国家机关监督的经验教训，进一步发展了我党监督制度工作的理论。其鲜明特征是党不仅要对党组织和党员进行监督，还要对国家机关及其公职人员进行监督，这是党内监督主导地位理论的最早萌芽。

党的八届五中全会通过《关于成立党的中央和地方监察委员会的决议》，将党的各级纪律检查委员会更名为党的中央和各级地方监察委员

---

① 党的第七次全国代表大会通过《中国共产党章程》，该党章第八条规定"党的监督机关"是党的中央监察委员会及各地方党的监察委员会。——作者注。

会，使之与宪法设立的行政监察机关在各自职责范围内分别行使监督权。党的八大在此基础上对监督的提法有了新的发展。刘少奇在党的八大上的政治报告中提出四个"加强监督"，其核心是加强党对国家机关的监督以及国家机关内部的监督。第一，加强党对国家机关的领导和监督。党的各级委员会必须经常检查各级政府中党组织的工作，党委的各个工作部门应当对有关政府部门的党组织和党员开展经常性监督。第二，加强全国人大及其常委会对政府机关的监督，充分发挥全国人大的监督作用。第三，加强各级政府机关内部的监督，尤其是要加强对政府工作人员的监督。第四，加强人民群众和机关工作人员对国家机关的监督。

党的七大报告和党的八大报告初步提出了党的监督与国家机关监督的概念，通过党章与宪法建构党内监督体系与国家机关监督体系，但这一阶段并没有将党内监督与国家监督并提，而且国家监督主要是指国家机关的监督，群众监督、舆论监督、民主监督在国家监督中的地位还有待深化。

二 党和国家监督体系的初步形成阶段（党的十一届三中全会至党的十四大）

这一阶段明确提出党内监督的概念，并且提出完善党内监督体系，形成党内监督与国家监督的合力，表明我党在探索党和国家监督体系方面取得重大理论突破与实践进展。

（一）党的十一届三中全会提出完善党的监督和群众监督

"文化大革命"期间由于党和国家机关的活动不正常，党的纪律检查机关以及国家检察机关均被撤销。实践证明，没有健全的监督制度，党和国家的建设事业就会遭受挫折，在拨乱反正时期，我党将工作的重点放在调整党和国家的路线、方针和政策上，并且将党的建设尤其是组织原则和领导体制作为工作的重要内容之一。1977年8月召开的党的十一大决定恢复设立党的纪律检查机关，1978年12月党的十一届三中全会选举产生中央纪律检查委员会。从此，党的监督与国家监督工作开始重建并走上新的发展道路。

党的十一届三中全会标志着我党总结历史经验、进一步探索中国特色社会主义建设道路的开端。全会虽然没有将党的监督列入大会的议程，但全会的主要内容与党的监督职能密切相关。全会继承了党的八大以来将党的监督作为党的建设的组成部分这一传统，以解决紧迫的政治路线问题和党的领导问题作为全会的主题。全会从坚持党的领导必须改善党的领导这一原则出发，提出完善党的监督和群众监督，全会决定通过建立中央纪律检查委员会，加强党规党法的实施，严肃党纪，保障党的政治路线的贯彻执行。为了落实党的十一届三中全会精神，从思想上和组织上全面建党，党的十一届五中全会通过《关于党内政治生活的若干准则》，准则明确规定严格遵守党的纪律，接受党和群众的监督。党的十一届六中全会通过的《中国共产党中央委员会关于建国以来党的若干历史问题的决议》则明确提出，必须把党建设成为具有健全民主集中制的党，为此必须保证将党的干部的活动处于党和人民的监督之下，将党建设成为中国特色社会主义事业的坚强领导者。

(二) 党的十二大党章提出加强党的组织监督

党的十二大党章规定党的上下级组织之间要互相监督，维护党的章程和其他重要的规章制度，协助党的委员会整顿党风，检查党的路线、方针、政策和决议的执行情况。八二宪法是在总结五四宪法经验的基础上，以改革开放作为指导原则而制定的。在国家机关监督方面，宪法建构了以人民代表大会为核心的国家权力监督体系，全国人大常委会有权监督宪法和法律的实施、解释宪法和法律、监督一府两院的工作、对法规和条例进行备案审查等。人民检察院是法律监督机关，有权监督人民法院的审判活动、公安机关的侦查活动以及监所的监管活动。并且提升了行政监察机关和审计机关的独立性与法律地位，使其监督的有效性得到极大提高。

(三) 党的十三届六中全会首次提出党内监督的概念，并且提出完善党内监督与党外监督，实现自上而下与自下而上的监督相结合

党的十三大报告仍然沿用党的监督和国家监督的概念，提出加强党

的建设和全面从严治党。并且明确提出加强党的自身建设,在改革开放的过程中,必须通过从严治党和严肃执行党的纪律实现党内反腐败。

1990年3月12日,党的十三届六中全会通过《中共中央关于加强党同人民群众联系的决定》,该决定是党内文件中首次明确提出并且系统论述党内监督的概念。决定指出,在改革开放和发展商品经济过程中,有部分党员干部不能正确地运用权力,不能自觉抵制资产阶级和其他剥削阶级腐朽思想的侵蚀,严重脱离群众;并且滋长了官僚主义、主观主义、形式主义、个人主义和以权谋私等腐败现象。为此,党中央高度重视,通过加强党内监督改善党群关系,并且加强反腐败工作。决议指出党的政策和工作必须符合人民群众的根本利益,而且必须坚定不移地加强廉政建设,克服党内存在的消极腐败现象。决定要求各级党委要支持纪检机关、监察部门经常检查党员干部和党员遵纪守法的情况,严肃处理利用职权贪污受贿等违法违纪问题。该决定还明确提出对各级领导机关和领导干部必须加强监督,建立和完善党内监督与党外监督、自上而下的监督与自下而上的监督的制度,提出加强监督法制建设,全国人大常委会拟定实行工作监督和法律监督的《监督法》,国务院制定行政监督法规。会议还创造性提出中央纪律检查委员会要会同中央组织部拟定《党内监督条例》。

党的十三届六中全会的决议是中华人民共和国成立以来我党通过的专门规定监督工作的重要文件,从概念的角度来看,实现了从党的监督到党内监督、政策监督到法制监督、单一监督到体系化监督的转变。这一转变不仅表明中国特色党内监督制度的形成,而且体现党内监督与国家监督各种方式之间开始贯通。

(四)党的十四大报告首次提出完善监督体系,形成监督合力

党的十三届六中全会的决定虽然提出了党内监督的概念,但并没有形成监督体系的概念。党的十四大明确提出完善监督机制、建立健全监督制度,从而初步提出党内监督监督体系的概念,并且进一步界定党内监督与国家监督的紧密关系,对丰富和发展党内监督体系产生重要影响。

第二章　监察制度与党和国家监督体系的关系

首先，提出完善党内监督与国家监督机制。党的十四大报告明确提出强化法律监督机关和行政监察机关的职能，重视舆论监督，逐步完善监督机制，使各级国家机关及其工作人员置于有效的监督之下。

其次，提出发挥党对监督工作的领导作用。在新的历史时期，党所处的环境和肩负的任务有了很大变化，党的建设必须适应新形势与新任务，必须坚持党的基本路线，坚持党要管党和从严治党，努力提高党的执政水平和领导水平，加强反腐败和廉政建设。

最后，提出强化党组织和纪律检查机关对党员干部的监督。加强人民群众、各民主党派和无党派人士对执政党的监督，建立健全党内和党外、自上而下和自下而上相结合的监督制度。

中央纪委向党的十四大所作的工作报告提出，为了执行党的十三届六中全会的决定，加强党内监督，必须加强纪委的监督职能，形成纪委监督与其他监督的合力。报告明确指出，纪委全面履行保护、惩处、监督、教育四项职能，各级纪检机关同党委的组织、宣传部门，国家的司法机关，政府的监察、审计、工商、税务等具有监督职能的部门协调行动，形成监督合力。

三　党和国家监督体系的发展阶段（党的十五大至党的十八大）

这一阶段党和国家监督体系从概念到体制已经基本形成，党章和党代表大会的报告提出建立党内监督与国家监督体系，明确规定党内监督在国家监督体系中的统领作用。

(一) 党的十五大提出健全权力制约运行机制，重视党内监督在国家监督体系中的统领作用

党的十五大报告总结改革开放以来党内监督和国家监督的成功经验，提出健全权力制约与监督机制，开启深化党内监督和国家监督制度改革的先河。党的十五大报告从国家权力属于人民的政治原理出发，系统论述了完善民主监督制度的重要性和必要性，在探索权力监督体系方面具有重要意义。报告对监督制度的提法发生了变化，但总体上是在党

73

的十四大提出的完善监督机制的基础上发展而来,其主要的观点有:

1. 党内监督与国家监督一体化

党的十五大以前,在理论上将党内监督作为党的建设的一部分,而且严格区分党内监督与国家监督,认为党内监督不宜对国家机关以及公职人员发生约束力,这种观念显然不符合中国共产党作为执政党的地位,也不符合中国的国情。党的十五大总结历史经验,明确将党内监督作为党和国家监督体系的引领,实现党和国家监督体系由党内监督与国家监督分开向一体化建构的转化。

首先,提出建立健全依法行使权力的制约机制。把党内监督、法律监督、群众监督结合起来,发挥舆论监督的作用。首次明确将党内监督作为监督体系的一部分,并且作为监督体系的关键。

其次,加强对各级干部特别是领导干部的监督,防止滥用权力。党和人民赋予领导干部的权力,只能服务于人民。领导干部掌握权力,如果滥用权力将严重损害党群关系与干群关系。

最后,反腐败是关系党和国家生死存亡的严重政治斗争。形成了党统一领导反腐败工作的格局,建构党委统一领导,党政齐抓共管,纪委组织协调,部门各负其责的反腐败体制。

2. 初步提出党内监督在监督体系中的统领地位

中央纪委向党的十五大的工作报告不仅将党内监督作为反腐败的工作重点,而且将党内监督作为建立权力监督与制约机制的关键之举。报告指出,反腐败必须强化党内监督,并且建立健全法规制度,实现依法监督,形成有效的监督制约机制。严格党的政治纪律,维护中央权威和政令统一。加大反腐败工作力度,重点强化党内监督机制,加强党委会内部的监督和纪委的专门监督。特别要加强对高中级干部和各级党政机关主要负责人的监督,任何人都没有不受监督的特权。为此,必须充分发挥民主监督、群众监督、舆论监督的作用。

3. 明确提出巡视和派驻监督是党内监督的重要形式

我党在长期的政治实践中,不断探索党内监督的新形式,提升监督的效果。党的十五届六中全会通过《中共中央关于加强和改进党的作风建设的决定》，决定针对我党部分党员干部存在脱离群众、官僚主义与形式主义、滥用职权和贪污腐化等违法违纪现象，提出保证党的各级干部为人民掌好权、用好权，必须加强党内监督。而加强党内监督的措施有：充分发挥党员的民主监督作用；逐步建立党内巡视制度；加强纪律检查机关的派驻监督；提出建立结构合理、配置科学、程序严密、制约有效的权力运行机制。

（二）党的十六大提出健全权力制约和监督运行机制

党的十六大报告在党的十五大报告的基础上系统论述了权力制约与监督的理论，如果说党的十五大报告侧重权力制约与监督机制的建构，那么党的十六大报告则侧重权力制约与监督机制的运行。这是因为健全党内监督与国家监督体系的核心是建立权力制约与监督机制。党的十六大报告指出，建立结构合理、配置科学、程序严密、制约有效的权力运行机制。

中央纪委在党的十六大的工作报告中指出，党对反腐败工作实行统一领导，权力制约与监督的运行必须在党委统一领导下进行，党的领导是反腐败斗争和权力制约与运行机制的组织保证，从而确立了党中央在反腐败工作中的领导地位。2003年12月31日，中共中央颁布《党内监督条例》（试行）标志着党内监督工作进入规范化、制度化的新阶段，从根本上提高党内监督工作水平，正式确立各级纪委为党内监督的专门机关，为我国权力制约与监督运行机制的建构奠定了政治基础和组织基础。

（三）党的十七大报告提出进一步完善制约和监督机制

党的十七大报告提出进一步完善制约和监督机制的举措，从而为提出党的国家监督体系奠定理论基础。

1. 提出建立健全决策权、执行权、监督权既相互制约又相互协调的权力结构和运行机制

我国传统的宪法权力分工论强调国家权力机关、行政机关、检察机

关和审判机关之间职能的分工，其目的在于加强权力的配合与制约，既保障国家机关权力行使的高效，又制约权力的行使。党的十七大报告提出，决策权、执行权和监督权的分工，是宪法上分工与制约原则在国家机关权力行使程序上的体现，建立国家机关内部权力分工的新体制，其目的在于权力的监督与制约，这是我国权力制约体制的科学和完善的论述。

2. 落实《党内监督条例》（试行），形成党内监督与党外监督体系的贯通与合力

中央纪委向党的十七大作的工作报告提出，党内监督是最重要的监督，由于党内监督是党委领导、纪律专门监督的体制，重点监督主要领导干部。因此，党内监督能够发挥出监督的权威与实效。党的十七大报告从加强党风廉政建设和反腐败工作的角度提出强化党内监督带动各方面监督，通过加强监督，建立健全教育、制度、监督并重的惩治和预防腐败体系，把党内监督与人大监督、政府专门机关监督、政协民主监督、司法监督、群众监督和舆论监督等结合起来，拓宽监督渠道，增强监督合力。

四　党和国家监督体系的创新阶段（党的十八大至党的十九届四中全会）

这一阶段的党章和党内文件明确提出党和国家监督体系，科学阐明党和国家监督体系的基本内涵：提出建构党对反腐败工作统一领导、党内监督主导、党内监督与国家监督贯通，形成全面覆盖、权威高效的监督体系。

（一）党的十八大提出健全权力运行制约和监督体系

党的十八在是我党在新时代召开的具有重大历史意义的会议，会议全面阐释了权力制约与监督的理论，党的十八大报告共有24处提到监督，是此前党的全国代表大会报告中提到"监督"一词最多的报告。报告将党的十五大报告以来长期使用的完善权力制约监督机制改变为

"健全权力运行制约和监督体系",这一表述的改变表明我党权力制约与监督理论的新发展。

1. 党的十八届四中全会创造性提出,形成科学有效的权力运行制约和监督体系

从提出"权力制约与监督机制"到"权力制约与监督运行机制"再到"科学有效的权力制约与监督机制",提法的变化进一步表明我党对权力制约与监督体系认识的不断深化。十八届四中全会是我党第一次以依法治国为主题召开的党中央全会,全会通过了中共中央《关于全面推进依法治国若干重大问题的决定》,该决定使用"监督"一词达到40处,监督一词的增长显示党中央通过依法治国加强对权力制约与监督的坚定决心,并且将权力制约与监督作为新时代中国特色社会主义道路的重要组成部分。决定提出加强党内监督与国家监督的贯通,努力形成科学有效的权力运行制约和监督体系,增强监督合力和实效。这是我党对全面依法治国与加强党和国家监督体系建设的深刻论述,充分体现了新时代党的领导与法治建设的关系。①

2. 党的十八届六中全会提出完善党内监督体系

党内监督和国家监督的体系与合力在党的十八大报告中已经提出,党的十八届六中全会的贡献在于完整提出完善党内监督体系,并且对党内监督体系的构成原理进行了阐释。会议的主题是规范党内政治生活、加强党内监督。会议审议通过了《关于新形势下党内政治生活的若干准则》和《中国共产党党内监督条例》两部至关重要的党内法规,为建立完善的党内监督法规体系奠定了坚实的基础,并且以党内法规的形式全面而系统地诠释了新时代中国特色社会主义监督体系的基本内容。

第一,体现权力监督的重要性和必要性。全会认为,监督是权力正

---

① 有学者指出,把依法治国基本方略同依法执政基本方式统一起来,把党总揽全局、协调各方同人大、政府、政协、审判机关、检察机关依法依章程履行职能、开展工作统一起来,把党领导人民制定和实施宪法法律、同党坚持在宪法法律范围内活动统一起来。参见徐显明《坚定不移走中国特色社会主义法治道路》,《法学研究》2014年第6期。

确运行的根本保证，是加强和规范党内政治生活的重要举措。必须加强对领导干部的监督，党内不允许有不受制约的权力，也不允许有不受监督的特殊党员。要完善权力运行制约和监督机制，形成有权必有责、用权必担责、滥权必追责的制度安排。

第二，提出反腐败是加强和规范党内政治生活的重要任务。全会提出从政治建设的高度筑牢拒腐防变的思想防线和制度防线，着力构建不敢腐、不能腐、不想腐的体制机制。

第三，明确健全党内监督体系的目标与任务。党内监督体系的目标是强化自上而下的组织监督，改进自下而上的民主监督，发挥同级相互监督作用。党内监督的任务是确保党章党规党纪在全党有效执行，党内监督的主要内容是遵守党章党规和国家宪法法律，维护党中央集中统一领导，党内监督的重点对象是党的领导机关和领导干部特别是主要领导干部。党内监督体制是要建立健全党中央统一领导，党委（党组）全面监督，纪律检查机关专责监督，党的工作部门职能监督，党的基层组织日常监督，党员民主监督的党内监督体系。

第四，确立党对监督工作和反腐败工作统一领导的原则。要求各级党委应当支持和保证同级人大、政府、监察机关、司法机关等对国家机关及公职人员依法进行监督，人民政协依章程进行民主监督，审计机关依法进行审计监督。要支持民主党派履行监督职能，重视民主党派和无党派人士提出的意见、批评、建议。要认真对待、自觉接受人民的监督。

（二）党的十九大阐释党和国家监督体系的科学内涵

党和国家监督体系的提出是改革开放以来，尤其是党的十五大以来，我党深入探索党和国家监督体系的结果，是我党不断总结权力制约与监督运行机制实践经验的结果，也是党的十八大以来我党对新时代党和国家监督制度创新的结果。党的十八大报告 35 次使用"监督"一词，系统阐释了党和国家监督体系的概念和基本内容，进一步深化了权力制约与监督思想。

1. 阐明党和国家监督体系的基本内容

党的十九大报告在党和国家监督体系的阐释上体现出理论创新的鲜明特征，创新是十九大报告的主旋律，体现习近平新时代中国特色社会主义思想的理论特色与创新发展，为中国特色社会主义道路指明前进的方向。

第一，报告指出党和国家监督体系的性质是党在长期执政条件下自我净化和自我完善。健全党和国家监督体系的目的在于通过加强对权力运行的制约和监督，把权力关进制度的笼子，实现对公权力的全面监督是保证党长期执政的制度保障。

第二，健全党和国家监督体系必须坚持党内监督与国家监督的一体化。党的纪律检查机关与监察委员会合署办公，实现对所有行使公权力的公职人员监察全覆盖。党内监督与国家监督构成监督体系，是党的十九大报告总结历史经验，创新监督理论的结晶。中国共产党是执政党，党的组织不仅行使对党员以及党的机关的管理权，而且对国家事务行使决策权，因此属于国家机关的范畴；国家机关以及国有企业和事业组织的公职人员绝大多数是党员，国家机关的主要领导干部同时也是党组织的领导干部。所以，党内监督的实质是对公权力的监督，与国家监督的性质与目标相同。实践证明，党内监督是最权威的监督，党内监督不仅从党组织的角度对党员领导干部进行政治监督和纪律监督，而且与国家监督贯通，为国家监督的启动提供组织保障。其目的在于构建党统一指挥、全面覆盖、权威高效的监督体系，把党内监督同国家监督贯通起来，增强监督合力。

2. 阐明党的领导和党内监督的主导地位

党的十九届四中全会的决定以党的十九大精神为依据，提出坚持和完善党和国家监督制度，党的统一领导和党内监督的主导地位是党和国家监督制度的核心与灵魂。党和国家监督制度的提出进一步深化了十九大对党和国家监督体系的理解。

第一，健全党和国家监督体系必须坚持党的统一领导原则。党的统一领导原则是党章和宪法确立的基本原则，是党履行领导职责、实施领导活动应遵循的基本准则。① 党的统一领导是坚持监督工作的正确政治方向，为党和国家监督提供组织保障的根本制度，只有坚持党的统一领导，才能形成各监督主体之间的统一与协调，才能在各级党组织的统一部署与支持下提高监督的效果，才能确保党和人民赋予的权力始终用来为人民谋幸福。

第二，健全党和国家监督体系必须确立党内监督的主导地位。在党和国家监督体系中，党内监督是其他监督的主导力量，体现在党内监督与监察监督一体化，党内专责监督与监察专责监督有效衔接；提高党和国家监督体系运行的有效性；党内监督与人大监督、民主监督、行政监督、司法监督配合，提高监督的效率与政治效果；党内监督为舆论监督、群众监督提供制度资源和组织保障，充分发挥其监督作用。

第二节 党和国家监督体系语境下国家权力制约与监督的含义

从党和国家监督体系概念提出的过程可见，党的十一届三中全会至党的十九届四中全会，党和国家监督体系的提出从理论上实现了两次飞跃：第一次是从党的监督到党内监督的飞跃；第二次是权力制约与监督体系到党和国家监督体系的飞跃。从党的十五大开始，权力制约与监督体系一直是我国监督制度的基本范畴。党的十九大和十九届四中全会以党和国家监督体系的概念取代权力制约与监督机制的概念，但是，权力制约与监督仍然是党和国家监督体系的核心概念。本节从党和国家监督体系的中国语境出发，对权力制约与监督的含义进行剖析。

---

① 宋功德、张文显主编：《党内法规学》，高等教育出版社2020年版，第181页。

一 权力监督的含义

监督是我国政治学、法学和经济学上的基础性概念,对监督概念的界定是理解监督权、监督体系和监督制度的前提,对监督概念的不同理解必然影响监督制度话语体系的建构。因此,监督是元概念,对监督的界定具有重要的学术价值和理论意义。我国理论界对监督的含义虽然进行了长期的学术争论,在一些基本问题上达成了共识,但仍然存在较大分歧。

(一) 监督概念的几种代表性观点

1. 上级对下级的督促和监察

有学者从监督一词的英语 Supervision 出发,从词源学意义上讨论监督的含义。认为在英语中,监督是一个复合词,Super 具有在上的意思,而 vision 的愿意是看、观察。两者合起来就是上级对下级的观察、指导和控制之意。此种观点强调监督是一种不平等的关系,是上级对下级的督促。[①]

2. 权力制约

有学者从法学的角度对法律监督一词进行界定,认为监督是由一切国家机关、社会组织和公民对各种法律活动的合法性进行监察和督促。"法律监督实质上是一种权力制约制度。无论是立法、执法和司法,都是一定的国家机关依法运用国家权力进行的法律活动,对这些法律活动的情况进行监视和督导的法律监督,无疑是一种权力对另一种权力的制约。"[②]

3. 权力纠偏

有学者从权力一词的语义分析着手讨论监督。在《现代汉语词典》中,监督有两种含义,一是指查看并督促,如监督执行、接受监督;二是指做监督工作的人,认为监督就是指对权力行使者进行观察和纠正,

---

① 蒋德海:《权力监督与权力制约不应混同》,《检察日报》2008 年 4 月 4 日第 3 版。
② 参见宋小海《法律监督考》,《浙江学刊》2014 年第 3 期。

以预防和纠正权力运用偏离公共利益的轨道。所谓权力运行制约和监督机制，是指对权力主体分配和行使权力的过程进行约束、限制、观察和纠正的过程和方式。其目的是通过系统的设计，使权力运行中诸种制约和监督的要素和环节紧密衔接、相互作用、科学整合，形成一个有机统一的整体，从而使权力在规定的范围内规范有序地运行，预防和纠正权力运用偏离公共利益的轨道。①

4. 政治权力运行的控制机制

有学者认为，将监督视为监察与督促，仅仅是一种字面解释。监督的实质是一种政治机制或者政治权力运作机制，准确地说，是一种政治权力运行的控制机制。从政治学意义上讲，监督就是权力的拥有者当其不便或者不能直接行使权力而把权力委托给他人行使以后控制后者按照自己的意志和利益行使权力的制度安排和行为过程。通过监督形成权力的拥有者与权力行使者之间的权利义务关系。②

5. 权力主体之间的控制关系

有学者从法治国家控制国家权力的角度，分析并界定监督的概念。认为制约与监督是不同的概念，两者体现不同的权力逻辑。监督的概念只有在同制约比较的角度才能准确把握。以此为分析框架，认为监督是权力主体之间的控制关系，监督关系是非对称性的，监督者可以对被监督者权力行为进行单方的监察、督促，监督者并不直接参与被监督者的权力行使过程，只能对权力行使过程进行中止或事后追究。③

上述有关监督含义的观点虽然各不相同，但也存在共同之处，体现在：第一，监督的主体是公权力主体，有些学者甚至明确提出监督主体是国家权力的所有者或者委托行使权。第二，监督的对象是公权力以及公权力的行使者。第三，监督是公权力主体之间实现权力控制的过程，其目的在于实现对权力运行的控制。可见，我国学者主要是从国家权力

---

① 周义程：《权力运行制约和监督体系的概念界说》，《行政论坛》2014年第3期。
② 侯少文：《监督的含义及其与制约的区别》，《中国党政干部论坛》2003年第9期。
③ 陈国权、周鲁耀：《制约与监督：两种不同的权力逻辑》，《浙江大学学报》（人文社会科学版）2013年第6期。

的运行与控制角度来理解监督的含义,这些定义均从监督的某一角度切入,从一个侧面揭示监督概念的内涵。

(二)权力监督概念的界定

监督的词源含义虽然是检查、督促和监察之意,但这只是一般意义上的概念,可以普遍适用于一切组织体内管理者对特定对象的行为进行目标与任务控制,既可以适用于国家机关以及依法行使公权力的组织,又可以适用于其他社会组织。例如,私营企业的所有者和管理层对其工作人员履行职责、完成任务和遵守纪律的检查和督促,对于违反纪律和不履行职责的行为作出处理,此种检查与督促也可以称之为监督。但作为特定的政治和法律概念,监督一词特指由法定主体运用特定方式对公权力的运行进行控制的专门活动。在党和国家监督体系的语境下,可以从以下四个方面界定监督的概念。

1. 监督的主体是法定的政党、国家机关、社会组织、党员和公民

第一,监督主体的含义。监督的概念首先需要确定谁来监督的问题,由于监督对象是国家机关及其公职人员,所以监督主体只能是法定主体。在我国社会主义政治制度下,法定主体是指宪法、法律、党内法规以及规范性文件确认的监督主体,如宪法规定县级以上各级人大及其常委会监督一府两院的工作,人民检察院是法律监督机关;《监察法》规定各级监察委员会行使对公职人员的监督权,《人民检察院组织法》规定,各级人民检察院对公安机关的侦查、人民法院的诉讼活动、监所机关的执行以及行政机关的执法活动进行法律监督。《中华人民共和国审计法》(以下简称《审计法》)规定,审计机关依照法律规定的职权和程序,进行审计监督。《公务员法》规定,公务员所在单位有权对公务员进行管理与监督,并依法对违纪违法的公务员作出处理决定。可以说,国家机关作为监督主体均须由宪法和法律授权,任何国家机关在没有宪法和法律授权的情况下,不得行使监督权。

第二,确定监督主体的依据。一是党内法规。我党在成立之初即建立了对党组织和党员的监督制度,1921年的《中国共产党纲领》中就

有党内监督的内容，1987年党的十三大报告即提出中央政治局常委会向中央政治局、中央政治局向中央全会定期汇报工作并接受监督的内容。党的十八大以来，通过不断完善党内监督制度，明确党内监督的主体。《党内监督条例》规定，党的中央组织（包括党的中央委员会、中央政治局和中央政治局常务委员会）、党委（党组）、纪律检查机关、党的工作部门、党的基层组织和党员都有权对党的组织和领导干部进行监督。《纪律处分条例》规定，党的各级纪律检查机关有权对党组织和党员进行专责监督。《党政机关厉行节约反对浪费条例》规定，纪检监察机关和组织人事、宣传、外事、发展改革、财政、审计、机关事务管理等部门根据职责分工，依法依规履行对厉行节约反对浪费相关工作的管理、监督等职责。二是规范性文件。规范性文件分为党内规范性文件和国家机关的规范性文件两类。以党内规范性文件而言，《领导干部报告个人有关事项规定》指出，组织（人事）部门要加强对本规定执行情况的监督检查。以国家机关规范性文件而言，《中央和国家机关差旅费管理办法》规定，财政部和一级预算单位应当强化对所属预算单位的监督检查，审计部门对各单位进行审计监督。《公职人员政务处分暂行规定》指出，任免机关、单位可以履行主体责任，依照《公务员法》等规定，对公职人员给予处分。

第三，监督主体的分类。根据主体法定原则，我国的权力监督主体非常宽泛，按照不同的标准，可以对监督主体进行分类。

首先，以监督主体是机关还是个人为标准，可以将监督主体分为机关主体和个人主体两大类。机关主体是指党的机关、国家机关、政协和社会团体、国有企业和公办事业单位、基层群众自治组织等，这些监督主体绝大多数都是行使公权力的主体。个人主体主要是中共党员和公民，企业、媒体等同于个人监督主体，其特点是个人监督主体均不行使公权力，他们对公权力的监督依据主要是宪法、法律或者党章规定的监督权利。所以，机关主体之间的监督是权力制约权力，而个人主体对机关主体和公职人员的监督则是权利制约权力。宪法和法律规定公民、法人和社会组织有对国家机关及其工作人员提出批评、建议的权利，对国家机关及其工作人员的违法失职行为有检举、控告的权利。党章明确规定党员对党组织、党的干部有监督的权利与义务，党员有开展批评和自我批评，勇于揭露和纠正违反党的原则的言行和工作中的缺点、错误，坚决同消极腐败现象作斗争的义务。在党的会议上有根据地批评党的任何组织和任何党员，向党负责地揭发、检举党的任何组织和任何党员违法乱纪的事实，要求处分违法乱纪的党员，要求罢免或撤换不称职的干部的权利。

其次，根据监督主体的性质不同，可以将监督主体分为党内监督主体、国家机关监督主体和人民监督主体三种。党内监督主体包括党的组织和部门的监督、党员监督，其监督的依据是党章和党内法规，监督的对象只能是党的组织，党的干部、国家机关中具有党员身份的公职人员以及党员。国家机关监督主体包括人大监督、监察监督、行政监督、审计监督、司法监督等，凡国家机关都有监督权，只是监督权的范围和对象不同而已。国家机关的监督主要依照宪法、法律、法规和规范性文件而展开，监督的对象限于国家机关、行使公权力的组织与团体以及公职人员。人民监督不是权力监督，而是通过舆论和群众监督而展开，包括媒体监督、群众监督、民主监督等等，其监督的依据是宪法、法律、法规（包括党内法规）规定的监督权利，监督的对象为党和国家机关及其公职人员。

2. 监督对象是党的组织、党政机关、国有企业和公办事业组织以及公职人员

监督对象回答的问题是监督谁的问题，传统的监督概念注重上级机关和组织对下级机关和组织的监督，注重机关对个人的监督。但现代监督理论是控制公权力运行的理论，既限制公权力的范围，又监控公权力的运行；不仅防范国家权力超越法治，而且确保善良政治。因此，权力监督既包括上级机关对下级机关的监督，也包括下级机关对上级机关、平级机关之间的监督，既包括机关和组织对党员与公职人员的监督，又

包括党员和公职人员对机关和组织的监督。既包括党的机关和国家机关的监督，又包括体制外的民主监督和社会监督。① 也有学者将党和国家监督体系的构成要素分为党内监督、国家机关监督和社会监督三部分，政党监督、国家监督和社会监督具有不同的地位，总的来说，政党监督处于统领地位，国家和社会在党的领导下进行监督；国家监督也是权力性监督，属于第二位；社会监督是权利性监督，处于基础地位。② 因此，现代监督具有立体监督和循环监督的特点。

党内法规、宪法和法律法规在确认监督主体的同时，一般明确规定监督对象。监督对象一般分为三类：第一类是党的各级组织、各级纪委、党的干部和党员，由党内法规将其列入监督对象，属于党内监督的范畴。如党章和《党内监督条例》规定，党的中央组织、各级党委（党组）、党的纪律检查委员会、党的基层组织既是监督主体，又是监督对象。上级党委可以监督下级党的组织和纪律检查委员会，下级党的组织可以监督上级党的组织和纪律检查委员会，党员有权监督各级党的组织和党员领导干部。第二类是国家机关及其公务员，他们既是监督主体，又是监督对象。宪法和法律规定全国人大及其常委会有权监督一府两院的工作，监督代表履职情况；人大代表有权监督本级人大各专门委员会和常委会的工作。监察委员会有权依照《监察法》的规定监督所有公职人员，公职人员也可依法监督监察委员会的工作。最高人民检察院有权对司法机关和行政机关行使法律监督权。第三类是国有企业、公办事业单位、法律法规授权的组织、国家机关委托行使公权力的组织及其公职人员。这些监督对象本身是监督主体，它们有权依法对本单位行使公权力或者管理职权的公职人员进行监督，但同时也受到上级党组

---

① 有学者认为，社会监督是依据宪法和法律享有一定权利的公民、企事业单位、社会团体等多种主体对党的各级组织和国家行政机关及其工作人员实施的监督。社会监督包括群众监督和舆论监督。参见张仲涛《党内监督与社会监督》，《湖北行政学院学报》2005年第1期。本书作者认为，国家机关之外的群众监督、媒体监督和民主监督可以统称为人民监督。

② 任建明、洪宇：《党和国家监督体系——要素、结构与发展》，《廉政学研究》2018年第1期。

织、主管机关和监察机关的监督。

上述三类监督对象既有机关和组织，又有党员和公职人员，可见，监督对象基本上与监督主体重叠，这是因为监督对象是行使公权力的主体，而监督的实质是规范和限制公权力的运行，达到权力制约权力的目标。在所有的监督对象中，公民个人以及部分社会组织监督主体不能成为监督对象，他们的违法行为由国家机关依法追究法律责任。这是因为，监督本质上是对权力的监督，公民和部分社会组织监督主体并不行使公权力，不属于履行公职的人员，不能成为监督对象。在我国，党员的身份具有特殊性，党员是执政党成员的组成部分，是工人阶级先锋队，因此，党章和党内法规对党员规定了较为严格的纪律，凡违纪违法的党员必须受到纪律处分，显示执政党对党员的严格要求。

3. 监督事项是党的纪律、国家机关的活动以及公职人员的职务行为

监督事项解决的是监督对象的哪些行为应当受到监督，其实质是监督内容的确定。既然监督对象多数是行使公权力的机关、组织和公职人员，监督事项也是监督对象的职责和公权力行为。为了保障监督工作的法制化和稳定性，党内法规、宪法和法律对监督事项作出明确规定。概括地讲，监督事项主要包括以下四个方面：

第一，党内法规确定的监督事项包括两个方面的内容。一方面，监督党的组织、党的干部和党员遵守党的路线、方针、政策，遵守党章党规党纪和宪法法律，维护党的团结统一，加强党的领导和党的建设，全面从严治党等。这些监督事项主要是党组织和党的干部管党治党的工作情况，属于党内监督的范围。另一方面，监督党的组织、党的干部和党员遵守党的纪律。上述两个方面体现在党章《党内监督条例》和《纪律处分条例》规定的党员和党的干部的行为准则之中。党章在党员的权利与义务一章中概括性地规定了党员必须遵守党的路线和民主集中制原则，并且在第四十条规定："党的纪律主要包括政治纪律、组织纪律、廉洁纪律、群众纪律、工作纪律、生活纪律"六种。《党内监督条例》

则全面而系统地规定了党内监督的内容，第五条规定了党内监督的八项内容，包括党员遵守党章党规、宪法和法律的情况，遵守政治纪律、树立四个意识的情况，遵守党的民主集中制原则，落实全面从严治党主体责任，落实中央八项规定精神与加强作风建设。这八项内容既有党的组织和党的领导干部遵守的工作准则，又有需要遵守的纪律规则。《纪律处分条例》将《党内监督条例》规定的六种纪律具体化，明确什么样的行为构成违反党的纪律的行为，并且按照违纪的危害程度和情节适用党纪处分。

　　第二，国家机关的活动是否合法和合理。国家机关是主要的监督对象，国家机关必须依法行使公权力。首先，对国家机关的活动是否合法进行监督。如全国人大常委会通过备案审查和主动审查的方式，对地方性法规、行政法规、军事法规、监察法规、司法解释、自治条例和单行条例是否抵触宪法和法律进行审查；全国人大常委会还通过备案的方式审查特别行政区立法机关制定的法律是否抵触基本法。人民检察院有权依法监督诉讼活动、侦查活动和行政执法活动等是否合法。人民法院依法审查行政机关的行政行为是否合法。审计机关对国家机关的财政收支进行审计监督，上级行政机关对下级行政机关的活动是否合法进行监督。其次，宪法、法律和法规对国家机关的活动是否合理进行监督。国家机关行为的合理性体现在，是否符合党和国家的大政方针，是否符合国家的政策目标，是否符合以人民利益为中心的原则。如全国人大常委会审查法规和条例时，需要审查这些法规的规定是否符合党的方针与政策，是否符合国家政策目标。人民检察院监督诉讼活动时常常需要对人民法院适用法律是否准确作出判断，人民法院审查行政行为时也对行政行为是否符合比例原则进行审查。再次，宪法、法律、法规对国家机关是否有效履职进行监督，如县级以上各级人大及其常委会对一府一委两院的工作进行监督，通过审议工作报告的方式，对其工作中存在的突出问题以及人民群众关注的问题提出监督意见，要求国家机关纠正，必要时可以进行质询或者组成特定问题调查委员会对相关问题进行调查。

第三，对公职人员的职务行为进行监督。根据法律的规定，公职人员的职务行为应当受到监督主体的监督。公职人员的职务行为包括其遵守纪律和法律的情况、履职情况。公职人员的工作是否有成效属于人大监督和行政监督的范畴，但公职人员是否遵守纪律和法律以及是否正确履职则主要属于监察机关监督的事项。[①]《公务员法》对公务员和参公管理的公职人员的行政纪律作出明确规定，其他法规对国有企业、公办事业单位以及基层群众自治组织的公职人员应当遵守的纪律作出了规定。可见，公职人员应当遵守的纪律实际上已经成为法定纪律，违反这些纪律规则就是违法。监察委员会除对公职人员的日常工作进行监督外，还对职务违法和职务犯罪进行调查与处置。其他国家机关、公办事业单位和国有企业为了履行监督主体责任，也可以依法对公职人员作出行政处分，如果公职人员是党员的，还需要先作出党纪处分，再进行政务处分或者处分。

第四，对国有企业、公办事业单位、法律法规授权的组织的工作进行监督。这些单位行使法定的公共管理职权，在这些单位工作的公职人员已经受到监察机关和本单位的监督。这些单位的工作包括发布的文件以及管理规定是否合法，即是否与上级国家机关制定的法规和规章相抵触，其履行管理职能或者对外服务职务的行为是否合法和合理，都需要受到上级主管部门以及公民的监督。

4. 监督方式包括检查、调查、纠正、处分、问责等

监督方式是指监督主体依法监督而采取的处理方式，监督方式包括监督主体行使监督权的方式和对监督对象的违纪违法行为采取的处理方式两种，前者是监督主体在监督程序中运用的检查与调查方式，如现场检查，要求提交工作报告、谈话提醒、调查等等，其目的在于掌握监督对象违纪违法和不履职、不正确履职的事实与证据，作为监督主体处置

[①] 根据《监察法》的规定，监察机关对公职人员开展廉政教育，对其依法履职、秉公用权、廉洁从政从业以及道德操守情况进行监督检查；对涉嫌贪污贿赂、滥用职权、玩忽职守、权力寻租、利益输送、徇私舞弊以及浪费国家资财等职务违法和职务犯罪进行调查；对履行职责不力、失职失责的领导人员进行问责。

违纪违法和职务犯罪的依据。后者是监督主体对监督对象的违纪违法行为采取的处理方式，包括要求纠正违法行为、要求履行法定职责、问责、纪律处分、移送司法机关追究刑事责任等。

第一，检查与调查。监督主体在行使监督权的过程中，可以主动检查监督对象的工作，通过谈话、接受举报与投诉、查验工作记录、收集相关证据等调查手段，收集监督对象的违纪违法事实与证据。首先，党的组织与纪律检查委员会在行使监督权时，可以检查与调查。党的中央组织为履行监督主体责任，定期同有关地方和部门主要负责人就其履行全面从严治党责任、廉洁自律等情况进行谈话。各级党组织坚持党内谈话制度，认真开展提醒谈话、诫勉谈话。纪检监察机关组织人事部门按照权限和程序对问题线索进行调查，收集党政干部有关事实材料和情况说明等材料，作为问责的依据。纪检监察机关对于公职人员的问题线索，可以通过谈话函询、初步核实、立案审查调查等方式查明事实。党组织和纪检监察机关应当随时了解监督对象的思想、工作、作风、生活情况，发现苗头性、倾向性问题或者轻微违纪问题，及时处理。其次，国家机关在行使监督权时也有权检查与调查。如人民检察院在监督行政机关履行法定职责的过程中，可以行使调查核实权，收集行政机关是否作为或者不作为的事实与证据材料，必要时可以检查行政机关执法的记录。县级以上人大常委会为了履行监督职责，查明重大事实，依照宪法和《监督法》的规定成立特定问题调查委员会，调查委员会可以要求有关的国家机关、社会团体、企业事业组织和公民提供必要的材料。监察委员会为行使监督权，依《监察法》之规定对公职人员的违纪违法线索进行调查，行使监督、调查职权，有权依法向有关单位和个人了解情况，收集、调取证据。

监督主体除主动监督检查外，还通过听取工作报告和工作汇报等方式进行监督。党的中央全会听取中央政治局、中央政治局常务委员会以及中央纪委的工作报告；各级党委还应当定期听取、审议同级纪律检查委员会和监察委员会的工作报告，加强对纪委监委工作的领导、管理和监督。县级以上各级人大及其常委会也应当依法定期听取一府一委两院的工作报告和专项工作报告，各级纪检监察机关应当定期听取下级纪检监察机关的工作汇报，上级人民政府应当听取下级人民政府的工作汇报，对工作中存在的问题要求其改正。

第二，纠正、处分与追责。经过检查、调查和听取报告等方式，对监督对象的违纪违法以及不履职或者不正确履职的行为依法进行处理。由于不同监督主体监督范围不同，监督的方式也存在差异，但概括来说，主要有以下三种：首先，监督主体要求监督对象自行纠正违法行为。纪检监察机关可以通过约谈函询、责令检查、批评教育等要求监督对象承认并纠正错误；对存在主体责任不到位以及管党治党不力或者廉政建设存在问题的国家机关、国有企业、公办事业单位等提出纪检建议和监察建议。人民检察院行使法律监督职权，可以依法提出抗诉、纠正意见、检察建议。全国人大常委会审查法规、条例，如果认为法规和条例存在抵触宪法和法律的情形，有权要求制定机关纠正，制定机关不纠正的，有权依照宪法和法律的规定予以撤销。其次，监督主体对监督对象的违纪违法行为作出纪律处分。纪律处分是监督主体对监督对象违纪违法行为施加的党纪和法律责任，分为党纪处分、政务处分和处分三种。① 党纪处分由党组织和纪委适用于党组织、党的干部、具有党员身份的公职人员、普通党员。政务处分由监察机关适用于公职人员。处分由监察机关以外的国家机关、国有企业或者公办事业单位适用于公职人员和工作人员。纪律处分也可以通过党组织、纪检监察机关问责的方式而适用，党组织和纪检监察机关对违纪违法的公职人员或者不履职和不正确履职的领导干部提出问责建议，负有监督责任的党组织、国家机关和单位必须作出党纪处分或者行政处分。再次，纪检监察机关对于职务违法职务犯罪的公职人员，调查终结后，应当依法移送人民检察院审查起诉，追究其刑事责任。

---

① 《公职人员政务处分法》颁布实施后，行政机关、国有企业、公办事业单位对其公职人员和管理对象给予的纪律处分均统称为"处分"。

二　权力制约的含义

制约也是政治学和法学上的概念，在党的文件和法律文本中常常与监督并提。在理论研究中，监督和制约被视为规范与限制国家权力的主要方式，由于国家权力的制约观念来自近代权力制衡学说，因此，在法学理论上经常以权力的制约作为宪法的基本原则。我国实行人民代表大会制度，人民代表大会是国家权力机关，一府一委两院均由人民代表大会产生，向它负责、受它监督，形成人民代表大会制度下的权力分工体制。权力的分工也需要国家机关相互制约，其目的在于防止权力滥用或者不当行使。我国宪法规定，在刑事诉讼中，公、检、法三机关相互配合、相互制约；宪法还规定，监察委员会在调查职务违法和职务犯罪过程中，应当与人民法院、人民检察院以及其他执法机关互相配合、互相制约。《刑事诉讼法》和《监察法》以宪法为依据，对刑事司法和监察调查中的权力制约作出具体规定。这是我国宪法和法律确认的权力制约原则。然而，权力的制约并不限于国家机关，党的组织也存在权力的分工与制约，如党的纪律检查机关与同级党委之间即存在制约关系，在纪检机关的内部也存在案件管理、监督执纪与案件审理部门之间的制约。所以，党的十五大报告以来历次党的代表大会报告中使用的权力制约一词均是指党和国家机关权力的制约。在党的文件和法律文本中，制约与监督常常同时使用，但在理论界，关于制约的研究成果较少，为了系统阐释权力制约的内涵，有必要进一步探究制约的概念，并在此基础上探讨制约与监督的区别。

（一）权力制约概念的几种代表性观点

我国理论界对制约一词的含义有不同的理解，大致有以下几种代表性观点：

1. 功能性分权

持此说的学者认为，西方国家的政治性分权体制不适用于我国，但提出权力分立具有一定的合理性。根据我国的政治体制以及国家权力组织方式的特点，功能性分权体制是符合我国基本国情的权力分立体系，

"即党统一领导下的决策权、执行权、监督权既相互制约又相互协调的权力结构和运行机制。"①

2. 配合与牵制

持此说的学者从积极面向的角度来定义权力制约，有学者认为，现代国家权力的运行以权力分立或者分工为基础，所以国家机关行使权力必须得到其他国家机关的配合、支持和约束。权力运行离不开权力之间的配合与约束关系，而且国家权力制约具有非单向的特征。② 另有学者认为，权力的制约表明任何一种国家权力如果没有其他国家权力的支持和配合，难以单独实现权力目的。由于国家权力由不同国家机关行使，在权力关系上则构成相互牵制，形成一种掣肘与均衡关系。所以，权力制约具有权力分工、双向作用与控制的特点。③

3. 权力监督

刑事诉讼法学者从解释法律监督权的角度诠释制约的含义。有学者认为，法律监督是一种具有制约功能的监督，因为法律监督权的性质不是上级对下级的监督，而是不同主体之间作为一种制约方式的监督。监督者与被监督者之间的关系不是简单的服从关系或者管理关系，而是相互制衡关系。④ 另有学者认为，人民检察院的公诉权具有监督属性。其理由是："公诉权从审判权中得以分立而创设检察制度，其目的主要是在确保追诉犯罪的同时，对审判权和警察权形成有效制约，防止法官和警察的滥权，切实维护人权。而权力制约同法律监督在本质上是一致的。"⑤

4. 权力的控制

持此说的学者从消极面向的角度来定义权力制约，强调权力制约的功能主义特征。有学者从解读《刑事诉讼法》上法律监督条款的含义出

---

① 陈国权、皇甫鑫：《功能性分权：建设高效有为政府》，《社会科学报》2020年5月7日第3版。
② 崔永华：《对建立有效的权力制约与监督机制的几点思考》，《哈尔滨市委党校学报》2003年第6期。
③ 侯少文：《监督的含义及其与制约的区别》，《中国党政干部论坛》2003年第9期。
④ 张智辉：《法律监督三辨析》，《中国法学》2003年第5期。
⑤ 万春、高景峰：《论法律监督与控、辩、审关系》，《法学家》2007年第5期。

发，反对将法律监督等同于制约的观点，认为制约和监督虽然都具有约束、限制或控制权力与保障权力合法行使的功能，但它们是不同的概念，具有明显的区别，不能相互取代和混淆，制约以权力的分立或分工为基础，制约主体之间具有平等性、双向性、经常性等特点。[①] 另有学者则从政治学的角度，通过比较制约与监督的区别，认为国家权力的制约是权力分工的必然结果，因为我国国家权力按照职能体系可分解为决策权、执行权和监督权三种，并由立法机构、行政机构、监察机构等分别行使，任何一种国家权力必须依次经过各个权力环节才能最终得以实现，因而各权力主体之间容易形成一种相互制约的关系。所以，制约和监督的功能都是在权力主体之间建构控制关系，但制约关系主体具有共同参与和双向互动的特征，从而在特定权力运行过程之中均体现权力的制约。[②]

上述四种代表性观点虽然对制约的概念存在不同的见解，但也有共同之处，都将制约视为国家权力分立基础上产生的控制权力的方式之一。多数学者认为，制约与监督是不同的概念，两者之间存在区别。由于学者的研究重点不同，对制约概念的理解也各有特色，但控权说比较符合我国的政治体制和权力制约的实践。

（二）权力制约概念的界定

从党和国家监督的中国语境来看，权力制约是指国家权力的配置方式，即在国家权力分工基础上，由不同的国家机关或者同一机关的不同组成部门基于法律、法规的规定分别行使，使之在程序上保持衔接并且在权力运行上呈现阶段性特点，不同权力主体既相互配合又相互监督，确保国家权力运行合法合理，防止国家权力滥用。概念的界定可以从以下三个方面展开：

1. 权力制约的基础是国家权力的分工

权力分工是当代中国语境下的概念，国外常常使用分立的概念。在

---

① 周标龙：《论刑事诉讼中的"制约"与"监督"》，《法学杂志》2010年第2期。
② 陈国权、周鲁耀：《制约与监督：两种不同的权力逻辑》，《浙江大学学报》（人文社会科学版）2013年第6期。

古代国家，国家权力即存在分立的政治实践，立法与执行机构分立，执行机构内部也存在分立的情形。近代西方自然法学者为了论证国家权力的正当性，提出分权与制衡学说，认为权力会走向腐败、绝对的权力会导致绝对腐败，因此，防止国家权力滥用的制度设计就是分权与制衡。西方资本主义国家在建立近代政治制度的过程中均信奉三权分立原则，将立法权、行政权、司法权分开，由不同国家机关执掌，并且在这些权力运行过程中实行相互牵制。我国是社会主义国家，实行人民代表大会制度，不实行分权与制衡。但是，我国的国家权力实行人民代表大会制度下的行政权、监察权、审判权、检察权和武装力量统帅权的分工与制约体制，在此种体制下，所有国家机关均由本级人民代表大会产生，向它负责、受它监督。行政机关、监察机关、检察机关实行事权和职权的分工，在分工的基础上实现配合与制约，而且配合是制约的前提。在中国宪法和法律上，权力制约并不是相互扯皮或者抗衡，而是以准确有效地执行国家法律和政策作为制约的重点，这显然不同于西方资本主义国家的权力相互制衡与牵制的原理。因此，虽然我国不实行分权，但国家权力仍然以分工作为宪法原则，没有分工就没有制约。

2. 国家权力由不同国家机关行使

我国国家权力以事权和职权相结合作为分工的标准，实行两个层次的分工。第一层次分工是宪制层面的行政、监察、审判和检察权的分工，监察权是从行政监察权和检察机关的职务犯罪侦查权中分离出来并上升为国家监督权的一种新的国家权力；检察权是制约侦查、审判权而形成的具有与审判机关同等宪法地位的国家权力。在分工的基础上，行政机关可以通过制定法规和执行财政、人事政策等手段制约其他国家机关，而人民检察院通过合法性审查制约监察机关的职务犯罪调查和公安机关、人民法院的刑事追诉活动，人民法院通过审判权的依法独立行使制约行政机关、监察机关和检察机关。第二层次的分工是同一国家机关内部再实行权力的分工，如行政机关将行政处罚权在不同职能部门之间配置，监察机关将案件管理、案件调查与审理部门分开，人民检察院将法律监督职能在不同部门之间分配。党的机关也实行职能分工的原则，如组织部门与纪委之间在巡视、官员财产申报等事权方面进行分工，这些职能部门在行使权力的过程中需要相互配合与制约才能有效履行其职责。无论是第一层次的分工还是第二层次的分工，都以国家机关或者国家机关的职能部门的事权分配为中心，通过事权配置其他职权。同时，国家机关权力的分工均以宪法、法律和法规（包括党内法规和党内规范性文件）为依据，属于法定职权分工。

3. 国家权力的制约主要表现为以分工配合为核心的程序控制

我国国家权力的制约和西方国家权力分立与制衡在性质上完全不同。在人民代表大会制度下，国家机关行使权力首先是相互分工和配合，然后才是制约。这是因为国家权力的制约不能损害权力运行的效率，也不能损害国家机关对法律和政策的执行。国家机关的配合与制约体现在监察机关与其他国家机关的关系上，《监察法》规定，监察机关调查职务违法和职务犯罪案件，其他国家机关必须配合。司法机关和审计机关在履行职责过程中发现的公职人员违纪违法线索应当及时向监察委员会移送，监察委员会在调查职务犯罪过程中，可以依法要求公安机关在留置、限制出境、通缉、技术调查等方面协助。党内法规也充分体现出配合与权力制约的程序性特点，如《监督执纪工作规则》第十一条规定，纪检监察机关应当建立监督检查、审查调查、案件监督管理、案件审理相互协调、相互制约的工作机制。相互协调就是配合的意思，案件监督管理部门必须依法依规受理举报以及案件线索移送，对于巡视巡察发现的问题及时立案并且根据职权分工原则将案件分配给监督检查或者审查调查部门。监督检查部门、审查调查部门和审理部门在案件审查调查工作中必须相互支持，监督检查和审查调查部门必须保障案件事实和证据的充分性，为审理部门的定性和处置提供依据，对于审查部门提出的意见和建议应当充分采纳，并且对案件调查的规范性进行补强。监督检查和审查调查等部门的分设，使纪检监察机关行使监督职权，办理案件具有阶段性和程序性的特点，凡职务违法和职务犯罪案件的调查与处置均须经过这些部门依规分别进行审查并作出决定，任何一个部门均无权对案件全程处置，体现纪检监察机关内设机构的程序性权力控制。

（三）权力制约与监督的区别

制约与监督虽然是不同的概念，但也有共同之处。两者都是控制国家权力运行的制度，其目的都在于保障国家权力运行的合法性；同时，制约与监督也具有纠正权力违法与不当行使的功能。但权力制约与监督存在以下区别：

1. 主体不同

监督的主体比制约主体更加广泛。监督主体既有国家机关和政党组织，也有公民和党员。而制约主体只包括国家机关和政党组织，公民和党员不构成制约主体。产生这一区别的主要原因有二：一是权力的监督既是国家机关的职权，又是社会团体、企事业单位、公民和党员的权利。作为国家机关的监督，其法理依据是国家权力的行使必须保证其合法性，其根本目标在于实现国家权力运行的政治、经济和社会功能。由于掌握权力的国家机关及其公职人员存在腐败和滥用国家权力的风险，在实践中也存在违纪和职务违法的公职人员，这些腐败现象严重损害党和国家的形象，破坏党和政府的公信力。为了惩治腐败、监控公权力的运行，党的十八大报告和十八届四中全会决议明确提出建立和健全国家权力的制约与监督体系，党的十九大报告提出健全党和国家监督体系，通过完善党和国家监督体制机制，形成党和国家权力监督主体的主导与多元结构以及专责监督与主体监督相结合的监督体制。首先是党内监督与国家监督一体化，党内监督与国家监督贯通，从而使党的组织与国家机关共同构成权力监督的主体；其次是党内监督与国家监督贯通，实现内部监督与外部监督的有机结合，从而使民主党派、社会团体、企业组织和事业单位以及公民和党员均成为监督的主体，真正实现了对国家权力监督的全覆盖。二是权力腐败往往具有潜在性和隐蔽性，需要监督主体主动履行监督责任。因此，权力监督主体的广泛性对于纠正国家机关的违纪违法行为并追究公职人员的法律责任具有重要意义,只有建构一个体系完整的监督网,才能使权力在阳光下运行;只有让公民和党员充分行使监督权利,才能充分发挥监督的权威性。

权力制约的主体限于党的组织和国家机关,社会团体、企事业单位、公民和党员不能成为权力制约的主体。这是因为:第一,权力制约是以权力制约权力,以权力的分工为基础。凡不行使公权力的组织与个人均不能成为权力制约的主体,即使国有企业和事业单位依照法律、法规或者国家机关的授权行使部分公权力,但其权力的范围、行使方式以及权限均受到较大的限制,可以成为监督主体,但不能成为制约主体。第二,权力制约强调权力行使的程序性。因此,权力制约具有程序控制的特点。权力制约以权力合理配置为基础,其目的在于通过权力的配置实现国家机关工作的分工与配合,国家机关的事权之间既相互独立又存在衔接关系,如人民检察院的起诉,在程序上与侦查和审判衔接;监察委员会的移送起诉与人民检察院衔接;全国人大常委会的法规备案审查权与国务院和省级人大常委会的法规制定权衔接。它表明权力的分工与制约具有程序性的特征。

2. 权力控制方式不同

权力监督不以分工为基础,而以权力行使的目的为基础,因此,权力监督表现为监督主体对监督对象行使权力的合法性、合理性、履职情况、遵守纪律的情况进行全面的检查和监控。监督的对象主要是公权力机关和公职人员,重点是对领导干部和公职人员的监督,所以监督主体主要通过检查、接受举报与控告、审查与调查、组织调整与纪律处分等方式控制公权力的运行。公民和党员作为监督权利的行使主体,可以通过提出批评建议、检举和控告等方式进行监督。

权力制约则以权力分工为基础,因此,权力配置决定权力制约的方式,如果权力结构不合理,配置不科学,不但权力运行达不到目的,而且还会失去制约。[1] 然而,权力制约主体对制约对象行使职权的合法

---

[1] 崔永华:《对建立有效的权力制约与监督机制的几点思考》,《哈尔滨市委党校学报》2003年第6期。

性、合理性进行审查，但并不对权力行使进行检查，无权对国家机关和公职人员履行职权和遵守纪律的情况进行调查并作出处置。所以，权力制约是国家机关对依职能办理公共事务而进行的合法性和合理性审查，通常表现为两个以上的国家机关对同一事务分阶段行使职权，国家机关在上一阶段处理的国家事务是下一阶段另一国家机关处理同一事务的前提，这是科学分工的结果。同时，国家机关对于上一阶段处理的事务有权进行合法性和合理性审查，对存在的合法性和合理性问题提出意见和建议，有权依法退回补充材料或者重新作出处理决定，对发现的问题有权要求纠正。但是，如果被制约的国家机关对制约主体提出的合法性问题有不同意见，有权依法依规提出异议并作出处理，所以，权力制约并不表现为国家机关的权力必然要服从于其他国家机关，但必须接受另一种国家权力的合法性审查。如公安机关行使侦查权，人民检察院行使审查起诉权，这是刑事案件司法追诉的两个阶段，人民检察院有权制约公安机关的侦查权。我国的党内监督也部分采取权力制约的方式，纪律检查委员会对同级党委和上一级纪律检查委员会双重领导，并且与同级党委共同对党代会负责，保障纪委既独立行使监督权，又有效地制约同级党委领导班子成员。

3. 运行程序不同

党和国家权力的监督，一般来说，党组织、国家机关的监督存在上级对下级或者同级之间的监督与被监督关系，此种监督与被监督关系具有命令与服从关系的单向性质，如巡视组代表上级党组织对下级党组织进行监督检查，接受有关举报与控告，收集领导干部职务违法与职务犯罪的线索等，被巡视的党组织不得干预巡视工作。监察机关对公职人员的违纪违法行为进行调查和处置，体现监察机关与公职人员之间的内部监督关系。但是，并非所有的监督主体与监督对象之间的关系都是上下级单向关系，党员与党组织之间的监督关系，公民与国家机关、公职人员之间的监督关系即不属于上下级单向关系，但党员对党组织、党的干部的监督，公民对国家机关、公职人员的监督一般以提出建议、意见、检举、控告为主，这些监督方式均需要由具有监督权的国家机关依法接受，并且通过法定程序将这些批评意见转化为监督内容，将公民的检举和控告依法受理并进行调查才能产生实际监督效果。

党和国家权力的制约并不会在制约主体之间形成单向关系，制约可以双向运行，形成双向制约机制。如县级以上地方各级党委与本级纪检机关的关系即为双向制约关系，本级党委对监督工作承担主体责任，领导纪检工作。但纪检机关实行双重领导体制，监督执纪工作以上级纪委领导为主，线索处置、立案审查等既向同级党委报告，又向上级纪委报告。人民法院与人民检察院在办理刑事案件过程中互相制约。国家权力的制约在程序上主要对其他国家机关办理的事务予以审查，确定其是否超越权限或者是否合法、合理，主要通过国家权力配置实现国家权力在不同国家机关之间的分工以及对同一事务的处理分阶段进行审查，呈现出明显的程序性特征，制约主体与制约对象可以依法依规相互制约。

4. 责任追究不同

权力制约与监督的责任追究不同，权力监督责任的追究主要针对监督对象，对监督对象产生极为严重的不利影响。这是因为权力监督对象主要是公职人员，特别是领导干部，而且监督的内容主要是违纪违法的法律责任，特别是违反政治纪律和政治规矩行为的法律责任，这些法律责任包括政务处分，也包括依照党内法规产生的纪律责任。

制约为监督提供制度平台，制约对监督方式和监督机制产生影响，由于它是一种权力结构，也是权力行使的程序。因此，制约本身也发挥一定的监督功能，尤其是制约权力的公开功能，所以，有学者提出，权力监督应当以权力制约为基础，因为党内监督也是权力制约权力，应当通过权力的纵向和横向配置以及社会权对政治权的制衡而实现权力配置的三维空间。[①] 但是，制约的法律责任主要是主体对制约对象不符合法定要求的行为予以改正，如人民检察院要求监察机关和公安机关补充调查或者侦查；人民检察院有权制约监察委员会，即有权要求监察机关补

---

① 王建柱：《党内监督：以权力制约权力》，《新长征》2004年第10期。

充调查，有权要求监察委员会补充证据和材料，有权要求监察机关调查人员出席法庭作出说明等。因此，制约的法律责任并不指向国家机关公职人员，而是指向国家机关的工作，不需要公职人员承担法律责任。

第三节　党和国家监督体系的构成要素及其相互关系

党的十九大报告提出党和国家监督体系，党的十九届四中全会提出，健全党和国家监督体系的重要内容之一就是完善党和国家监督制度。为了从理论上探讨新时代监察制度的建构，有必要在理解权力制约与监督的基础上，探讨党和国家监督体系的科学内涵。

体系是指若干有关事物或思想意识互相联系而构成的一个整体。从学理上讲，体系是指若干有关事物或某些意识相互联系的系统而构成的一个有特定功能的有机整体。因此，从政治制度的角度来理解，体系既是指思想或者理论体系，也是指制度运行体系。党和国家监督体系中的体系主要是指制度运行体系，[①] 具体来说，是指党和国家监督体系各要素的运行及其相互关系。

一　党和国家监督体系的构成要素

（一）党的文件对党和国家监督体系构成要素的规定

党和国家监督体系的构成要素有哪些，在理论界存在争议，争议的主要原因是党的代表大会的报告对党和国家监督体系的构成要素有不同的表述，这些表述略有差别。党的十五大报告将依法行使权力的制约与民主监督制度联系起来，明确提出完善民主监督制度是权力制约的重要

[①] 有学者认为，监督体系是监督要素之间构成的有机体。狭义上讲，党和国家监督体系包括党内监督体系、国家机关监督体系等内部核心构成要素，还具有外在保障成分，即意识形态、价值观教育等方面的要素，决定监督效果的基础性因素。参见李景平、曹阳《改革开放以来党和国家监督体系发展之省思》，《广西社会科学》2019年第4期。

途径，提出权力监督五要素，即党内监督、法律监督、群众监督、舆论监督、民主监督。党的十六大报告明确提出权力制约与监督机制，从报告全文有关监督工作的内容来看，提出权力制约与监督的六要素，即行政监察监督、司法监督、审计监督、组织监督、民主监督、舆论监督。党的十七大报告首次提出完善制约与监督机制，增强监督合力和实效。提出权力监督三要素，即党内监督、民主监督、舆论监督。党的十八大报告提出健全权力运行制约和监督体系，从报告的内容来看，提出权力监督六要素。党的十八届四中全会通过的《中共中央关于全面推进依法治国若干重大问题的决定》明确提出强化对行政权力的制约和监督，努力形成科学有效的权力运行制约和监督体系，增强监督合力和实效。为此提出权力监督八要素，即党内监督、人大监督、民主监督、行政监督、司法监督、审计监督、社会监督、舆论监督。党的十九大报告共35次提到"监督"一词，明确提出健全党和国家监督体系，提出权力监督六要素，即党内监督、国家机关监督、民主监督、司法监督、群众监督、舆论监督。但是，党的十九大报告的国家机关监督范围较为广泛，包括人大监督、行政监察监督、审计监督等等。党的十九届四中全会的报告中52次提到"监督"一词，在坚持和完善党和国家监督体系，强化对权力运行的制约和监督一节中将监督要素规定为十三种，即政治监督、纪律监督、监察监督、派驻监督、巡视监督、人大监督、民主监督、行政监督、司法监督、群众监督、舆论监督、审计监督、统计监督。

（二）党的文件对党和国家监督体系构成要素作出不同规定的原因

上述党的文件对监督构成要素的提法并不完全一致，有学者从党的六次官方文件列举的要素列表进行分析。对各要素名称及其出现频次予以统计，发现这些要素间的差异较大。其中，党内监督每次都出现；舆论监督出现的频次名列第二，达到5次，而有多达9个要素名称仅出现过1次。[①] 产生这种现象的主要原因有：

---

① 任建明、洪宇：《党和国家监督体系——要素、结构与发展》，《廉政学研究》2018年第1期。

首先,从党的十五大报告开始,我党对权力制约与监督体制机制的探讨处于发展过程中,对监督的认识不断深化,党内监督的地位不断提升,其他监督的作用得到彰显,在不同时期党的文件中的表述便会发生变化。

其次,党的十八届六中全会决定进行监察体制改革,从而凸显监察监督政治地位的提升,导致监察监督从原行政监督体系中分离出来成为与其他监督平行的监督种类。同样,审计监督传统上属于行政监督的范畴,但党的十八届四中全会将审计监督单独列为一种与其他监督平行的监督类型,党的十九大没有单列审计监督,但十九大后中央决定深化审计体制改革。2018年3月,中共中央印发了《深化党和国家机构改革方案》,提出为加强党中央对审计工作的领导,构建集中统一、全面覆盖、权威高效的审计监督体系,更好发挥审计监督作用。组建中央审计委员会,作为党中央决策议事协调机构,从而提升了审计的政治地位和独立性。十九届四中全会的决定将审计监督单独列为监督种类。

最后,党的十九大报告将国家机关监督列为一种监督类型,从报告的内容和精神来看,国家机关的监督包括人大监督、监察监督、行政监督、审计监督四种单独的监督种类。党的十九届四中全会的决定在列举监督要素时将党内监督的构成要素以及功能作为单独的监督种类作出规定,如政治监督、纪律监督是党内监督的功能,巡视监督、派驻监督属于党内监督的构成要素。而统计监督属于行政监督的一种,本身不具有与其他监督平行的地位。

(三) 党和国家监督体系的九种构成要素

从健全党和国家监督体系的角度出发,监督体系包括监督全覆盖、党与国家监督贯通两大目标,党的十九大报告虽然没有明确国家机关监督的范围,但从党的十八大报告、十八届四中全会的决定、十八届六中全会的决议以及十九届四中全会的决定来看,国家机关的监督包括人大监督、监察监督、行政监督三种,党的十九大报告已经将司法监督和审计监督单独列为监督要素,虽然这两种监督实质上属于国家机关监督,而行政监督是指行政机关依法监督公务员、本级人民政府职能部门和下级国家行政机关，是政府履行监督主体责任的体现，也是政府调查违法行为和追责问责的主体，党的十九届四中全会决定所列统计监督属于行政监督的一部分，虽然监察监督和审计监督已经单列，但并不影响行政监督作为单独的监督种类。所以，党的十九大报告上的党和国家监督体系包括九种构成要素：党内监督、监察监督、人大监督、行政监督、审计监督、司法监督、民主监督、群众监督和舆论监督。这九种监督覆盖了所有的公权力机关和单位、公职人员、党员，而且覆盖了所有的公权力机关与单位的活动，从不同维度实现对人的监督与对公权力机关的监督相结合、对人的监督与对事的监督相结合，从而编织了权力监督之网，让国家权力在阳光下运行，使腐败无所遁形。这九种监督使所有党政机关、单位均参与到权力制约与监督机制中来，实现专责监督与主体监督责任的结合，充分发挥所有国家机关的监督职能，使各种监督在党的统一领导下发挥其应有的作用，并且实现各类监督相互贯通。这九种监督种类可以分为党内监督、国家机关监督和人民监督三类，相对于党内监督而言属于党外监督，而相对于国家机关监督而言属于体制外监督，是国家监督体系的重要组成部分。这三类监督的性质相同、目标一致，但方式、程序和职权并不相同，可以实现不同监督之间的互补，党内监督与党外监督协调、国家机关监督与人民监督配合、党内监督与国家机关监督贯通，形成监督的合力。

二 党和国家监督体系构成要素之间的相互关系

（一）党和国家监督机构的设置

党和国家机关监督机构的设置决定监督体制的构架，在党和国家监督体系中，监督机构的设置分为三种类型：

首先，党的机关内部设立专门的监督机关，专门负责监督工作。如党的各级组织和党的领导机关是党内监督的主体责任机构，而纪委、巡视（巡察）组、派驻纪检组是专门负责监督的机关，其中纪委是党内监督的专责机关，实现党委负主体责任、纪委负监督专责的架构。

其次，国家机关体系中包括监督专责机关——县级以上各级监察委员会。监察委员会是依照宪法和法律产生的独立于其他国家机关的监督机关，其职责是监督、调查与处置，实现对公职人员监督全覆盖。

最后，国家机关的职能部门行使监督职能。如全国人大及其常委会有监督一府一委两院工作、监督宪法和法律实施的职权。因此，全国人大宪法和法律委员会、全国人大常委会法制工作委员会以及其他专门委员会均有监督的职责，为全国人大常委会行使监督权而对法律草案、决议和决定进行合法性审查的职责。国务院对其职能部门和下级人民政府有行政监督权，因此，国务院职能部门均有监督下级人民政府职能部门工作的职责，为国务院行使监督权进行调查、收集材料、提出意见和作出决定，司法行政部门、统计部门与审计部门均具有较为专门的监督权限。人民检察院行使法律监督权，人民检察院的检察厅（局、处、室）根据自身的业务享有抗诉、提起公益诉讼、提出检察建议、侦查等监督职责。但这些国家机关的职能中，监督权仅仅是其基本权能之一，一般不设立专门行使监督权的职能部门。

(二) 党和国家监督机构的地位与相互关系

1. 党内监督在监督体系中居于主导地位

党内监督主导地位是由党章和宪法确认的中国共产党的执政地位以及中国共产党对国家事务的领导权决定的，党内监督的内容主要是政治监督和纪律监督，监督的重点对象是党政领导班子成员和主要领导干部。党内监督集中体现党对监督工作和反腐败工作的统一领导，将党的政治纪律和政治规矩作为监督工作的主要内容。采取党组织和党的领导机关承担监督工作主体责任，巡视巡察监督、派驻监督和纪委专责监督等，形成党内监督全覆盖。党内监督将党的政治监督、政治纪律与政治规矩、党的各项纪律贯彻到监督工作的全过程，引领监督工作的政治方向；党内监督法规是反腐败国家立法的动因与指引，同时也是规范党政机关及党员公职人员的直接依据；党内监督与国家监督合署，实现对党组织、党政机关、党的干部、公职人员监督的全覆盖，党纪处分与政务处分衔接，实现党内监督与国家监察的贯通；党内监督与其他国家机关监督相互配合与协调，国家机关和单位履行监督主体责任，在调查和处理重大事件和违纪违法案件时，对涉及党员、党员领导干部、公职人员的违纪违法的案件，应当移送纪检监察机关调查或者依法依规问责。

2. 在党和国家监督体系中，监察监督是专责监督

所谓监察专责与纪检机关专责的含义基本相同，它是指对公职人员的监督、调查与处置权由监察机关专门行使，其他国家机关在履行职能时如果发现公职人员有职务违法和职务犯罪线索，依法移送监察机关调查与处置；监察机关承担日常监督、反腐败和廉政建设任务，是党的政治机关，必须忠实履行监督职责并向党中央和本级人大及其常委会负责。

综上所述，党和国家监督体系是以党内监督主导、纪检监察监督专责，其他监督配合与协调的体制。党和国家监督制度各要素之间在监督权上相互分工、权限明确，在党统一指挥下，通过各要素之间相互配合与贯通，实现对公权力机关和公职人员监督全面覆盖，形成党领导下权威高效、形成合力的监督工作运行机制。

三 党和国家监督主体的分工合作与协调衔接

党的十九大报告提出党内监督为主导、其他监督协调衔接的有机整体。它包括党内监督的内部分工协调、党内监督与其他监督的外部贯通与配合两个方面。

（一）党内监督主体内部分工与协调

党内监督在党和国家监督体系中居于主导地位，党的十九大报告、党的十九届四中全会决议以及《党内监督条例》对党内监督作了权威说明，明确提出党内监督包括党的组织监督、党的纪委专责监督、巡视监督、派驻监督等组织监督，同时包括党员对党组织和党的领导干部的监督以及下级党组织对上级党组织的监督。[①] 党的组织监督主要是自上

[①] 赵绪生、王士龙编著：《健全党和国家监督体系——新时代党内监督九讲》，中国方正出版社 2018 年版，第 5 页。

而下的监督，也有自下而上的监督，还有党员的民主监督，这些党内监督形式必须加强，它是党的民主集中制原则的具体体现。只有全方位的监督才能体现党的自我监督、自我革新精神。党的组织监督包括中央组织、地方组织和基层党的组织监督，组织监督是党内监督的基本形式，各级党组织要在习近平新时代中国特色社会主义思想指引下加强政治建设，习近平总书记指出："党政军民学，东西南北中，党是领导一切的。坚持党的领导，首先是坚持党中央权威和集中统一领导，这是党的领导的最高原则。"[1] 在党中央的集中统一领导下，各级党组织发挥党内监督的主体责任，不仅要支持党的纪律监督，还要支持国家机关监督。党内组织监督还包括巡视监督和派驻监督，形成纪律监督、监察监督、巡视监督、派驻监督的基本框架。巡视巡察组对下级党组织是否遵守党章、党纪，是否遵守政治纪律和政治规矩进行检查，并且将发现的问题上报党组织，由党组织研究讨论后，交由纪委调查与处置。派驻纪检组要根据党内法规和派出纪检机关的要求，对驻在单位党组织和国家机关进行日常监督，根据权限对违纪违法的党员领导干部进行调查或者给予党纪处分。党组织对党员反映的领导干部存在的问题要进行调查核实，并且及时答复，不得打击报复。党的政治生活和组织生活奉行民主集中制原则，接受批评和自我批评。

（二）党内监督与其他监督的贯通与配合

一切国家权力都来自人民，人民是国家权力的所有者。为了保证国家权力为人民谋利益，必须对权力进行监督。党内监督的对象、范围和方式与国家机关监督相比较存在明显的特征，党内监督是监督体系的主导力量，但不能代替其他监督，认为只要党内监督不要其他监督的思想是错误的。要实现国家治理体系和治理能力的现代化，就必须在加强党内监督的同时，发挥国家监督的作用，尤其是人大监督、监察监督和审计监督的作用。党和国家监督体系是党在长期执政条件下自我净化、自

---

[1] 习近平：《不断增强"四个意识、坚定""四个自信"，做到"两个维护"》，《习近平谈治国理政》第三卷，外文出版社2020年版，第85—86页。

我完善、自我革新、自我提高的权力监督体系，它是一个具有内在联系、稳定、协调和高效的体系。① 党内监督和监察监督都是专责监督，由于纪委与监察机关合署，两者之间的衔接主要表现在内部工作职责的分工以及工作程序的衔接，纪律审查和监察调查一体进行，形成纪检监察的内部协调与配合机制。

党内监督推动其他监督的开展，巡视监督可以发现被巡视单位党员领导干部和党政领导班子存在的违纪违法问题，或者领导班子管党治党不严的问题，巡视组有权要求被巡视单位整改或者要求上级党组织和纪委启动问责，上级纪委对发现国家机关工作人员存在违纪违法问题，需要进行组织处理或者给予免职、开除等重处分时，如果该工作人员是选举产生的国家机关领导人员，人大、政协等国家机关应当依法依规配合。国家机关在履行职责的过程中如果发现党的干部或者公职人员存在违纪违法或者失职渎职行为的，应当向纪检监察机关移送相关证据和材料，纪检监察机关经过核实后可以立案审查调查。国家行政机关、权力机关、司法机关在履行职责过程中，认为党政机关主要负责人不履职或者不正确履职并造成严重后果，可以要求纪检监察机关介入调查并依法依规给予党纪政务处分。所以，党内监督同国家监督贯通起来，增强监督合力。

四 党和国家监督的实质是公权力的制约与监督

党和国家监督的实质是权力制约与监督。在健全党内监督体系、推进监察体制改革过程中，明确提出无论是党内监督还是国家监督，其实质都是公权力制约与监督。

（一）将权力制约作为健全党和国家监督体系的指导原则

党的十七大至党的十九大期间，我党在加强党的建设的同时，为了深化反腐败，明确提出加强权力制约，提出在党和国家机关内部建立决

---

① 晏维龙：《把握治理的核心要义，推进党和国家监督体系和监督能力现代化》，《审计与经济研究》2020年第1期。

策权、执行权和监督权的相互制约机制，提高监督权在国家机关权力制约中的地位，形成我国国家权力分工制约的两种形式：一种是人民代表大会制度下国家权力的外部制约机制，行政权、监察权、司法权之间的分工与制约。另一种是党和国家机关内部权力的分工与制约机制，如党内监督机制中，党组织与同级纪委的分工与制约，监察委员会干部监督室、案件管理、监督执纪与案件审理部门之间的分工与制约。为党和国家权力的监督建构了权力制约的基础。①

1. 党内监督体现权力制约原则

第一，监督主体多元。权力制约需要制约主体多元，党内监督充分体现了这一原理，在党内监督中，主要分为党的组织监督、纪委专责监督、工作部门监督、党的基层组织监督、党员民主监督五种，而党的组织监督又可以分为党的中央组织监督、党的地方组织监督、党的基层组织监督三种。监督主体的多元，不仅可以调动党内监督的积极性，提高党内监督的意识。而且有利于明确党内监督主体责任，落实监督责任制。如在党内监督各主体中，党委履行主体责任、纪委履行监督责任，真正实现责任到位。监督主体多元还有利于党内监督权的合理配置，建构上下级之间的组织监督、同级监督与下级组织对上级组织的监督相互贯通的体制。

第二，监督方式多样。党内监督方式主要有巡视监督、派驻监督、纪检监察专责监督三种，这三种组织监督发挥作用的方式不同，在实践中可以形成各种监督方式相互配合与互补。巡视监督是党委主体责任的体现，是党内监督的重大战略安排。巡视监督是上级党委对下级党组织

---

① 我国有学者认为，西方的权力分立与制衡原则不具有普世性，受不同政治制度和经济制度的影响，不同国家的权力分工与制约方式存在较大差异。中国特色社会主义的权力监督实践表明，我国在国家机关内部的决策权、执行权和监督权分工，形成了符合中国政治体制的"功能性分权"理论。因此，必须立足于中国体制现实，寻找一种本土化的、能够用来解释和指导中国实践的权力制约监理理论体系，决策权、执行权、监督权既相互制约又相互协调的权力结构和运行机制的功能性分权理论是一种积极的尝试。参见陈国权、卢志朋《功能性分权与中国特色权力监督体系——陈国权教授与景跃进等教授的学术对话》，《中共杭州市委党校学报》2020年第3期。

以及领导班子成员的监督,以发现问题线索、接受群众举报、查找问题为主要目标,巡视常态化产生巨大震慑,发挥了利剑作用。派驻监督则是纪委对下级党委、党组直接进行监督的形式,派驻机构发挥"探头作用",对派驻单位领导班子和工作人员的政治纪律、生活纪律、工作纪律和廉洁纪律进行监督检查,对发现的违纪违法问题进行调查并依规作出处置。纪委是党的专责监督机关,其主要职能是监督执纪问责。巡视、派驻和纪检监察监督并行不悖,巡视发现的问题交给纪检监察调查与处置,巡视组在进驻之前可以先与纪检监察机关沟通,对巡视单位的情况进行初步了解,做到有的放矢。派驻机构发现严重违纪违法的公职人员,应当依规向派出它的纪检监察机关报告,形成党内监督工作展开的运行平台。

2. 国家机关的监督体现权力制约

第一,国家机关相互制约。我国宪法确立了国家权力分工与制约的原则。如公检法三机关在办理刑事案件的过程中相互配合、相互制约。监察机关行使职务犯罪案件的调查权,与人民检察院、人民法院以及其他执法机关互相配合、互相制约。我国国家机关在行使监督时以配合为主,如人民检察院配合公安机关的侦查活动,对符合批捕条件的犯罪嫌疑人依法及时批捕,根据公安机关的商请,提前介入公安机关侦办的重大疑难刑事案件,提出合法收集和固定证据的建议,必要时还可以对公安机关的侦查方向提出意见。除相互配合之外,司法机关办理刑事案件相互制约,如公安机关对人民检察院不起诉的案件可以提请复核,人民检察院对公安机关移送审查的案件,有权退回补充侦查,对公安机关侦查活动中存在的违法行为,有权要求纠正。人民检察院有权监督诉讼活动的合法性,有权对人民法院的刑事判决提出抗诉。监察机关与司法机关和执法机关的关系同样也以配合为主,但同时也体现了权力的监督,如监察机关调查终结移送人民检察院审查起诉的案件,人民检察院认为不符合证据规则或者法律规定的,可以退回监察机关补充调查;人民检察院有权对退回补查仍然不符合起诉条件的案件,作出不起诉的决定;

监察机关对人民检察院不起诉的决定不服的，有权向其上级人民检察院提出复核。这些规定均体现了国家机关监督权的行使以权力制约为基本原则，其目的在于保证案件处理的合法性。

第二，国家机关内部分工与制约。在国家机关内部也有分工与制约。监察委员会内部实行案件管理部门、执纪监督部门、执纪审查和案件审理部门职能和人员分工，每一个部门只负责案件的一部分，都不能最终决定案件的结果。监察委员会办理案件实行严格的审批程序，从案件初核、立案、调查、执行强制措施、处置都需要监察委员会集体讨论和审批。其中，留置措施的使用还需要上级监察委员会审批。建立严格的权力分工与制约机制，防止权力滥用。

(二) 建构党内监督体系是健全党和国家监督制度的核心

权力的制约机制是监督权运行的载体，在此基础上建立党内监督为核心的权力监督体系，构成中国特色的社会主义监督制度。党的十九届四中全会将完善权力配置和运行制约机制、坚定不移推进反腐败斗争作为健全党和国家监督体系的构成要素。而健全党和国家监督制度的主要内容包括以下四个方面：

1. 完善党内监督责任制

《党内监督条例》对党内监督的主体和监督对象作出了全面规定，党内监督是党和国家监督体系的主体，要实现对党组织、党员和党的干部的纪律监督，必须建立党内监督的基本制度。落实各级党组织监督责任，保障党员的监督权利。党章将党员的监督作为权利对待，这是党内民主集中制原则的体现，党内监督与党内民主是共生关系，缺乏监督的民主不能成为真正的民主，同样，缺乏民主的监督不会成为有效的监督，所以必须落实党章和党内法规有关批评与自我批评的规定，使党内政治生活正常化，通过党内民主建设提高党内监督的效果。

2. 确立重点监督对象

虽然监察体制改革的目的在于实现对公职人员监督的全覆盖，但加强对各级主要领导干部的监督，完善领导班子内部监督制度，尤其是如何对"一把手"进行监督成为监督重点。各级主要领导干部手中掌握重要权力，而权力容易走向腐败，必须优化纪委监督权运行的体制与机制，强化上级纪委的监督，加强纪委对同级领导班子的监督，通过完善纪检监察体制，实现对党的干部的监督。

3. 完善巡视巡察整改落实情况报告制度

从巡视派驻制度改革以来，通过落实党的十八大有关巡视派驻制度改革的政策，巡视和派驻工作由制度建构走向全面深化。但是，巡视巡察发现的问题常常没有得到真正认真的整改，尤其是全面从严治党主体责任和落实中央重大决策部署的意见有时得不到实质性整改。而巡视监督是党内监督的重要方式，也是反腐败的重要途径。因此，必须坚持党纪反腐与法律反腐的有机结合、实现权力反腐与权利反腐的良性互动，为强化不敢腐的震慑，扎牢不能腐的笼子，增强不想腐的自觉提供有力的体制机制保障。①

4. 确定健全党的国家监督体系的目标。

在党的全面领导下，完善以党内监督为主导，以国家机关监督、社会监督相互配合与贯通的监督制度。② 这一监督制度将政党监督、国家监督和人民监督有机结合起来，充分发挥各种监督的作用。新的党和国家监督体系在横向上贯穿纪检、监察、刑事调查、人大监督，在纵向上贯穿从中央到地方的各个层级，是一个职能清晰、结构完整的体系。③ 从中国特色社会主义制度的内涵来分析，党和国家监督制度是中国社会主义制度体系的组成部分，在党的十九届四中全会的报告中，"制度"和"制度体系"的表述，可以说是对制度概念的描述性定义。④ 健全党和国家监督制度是社会主义制度的自我完善与发展。

---

① 吴建雄、夏彩亮：《中国特色社会主义监督体系的优势》，《红旗文稿》2019年第17期。

② 张晋宏、李景平：《新时代党和国家监督体系的内在逻辑与建构理路》，《山西师大学报》（社会科学版）2019年第1期。

③ 张桂林：《党和国家监督体系原理探析》，《政治学研究》2020年第4期。

④ 莫纪宏：《党的十九届四中全会决定中关于"制度"规定的语义学分析》，《中国特色社会主义研究》2020年第1期。

第三章　新时代监察体制改革的实践逻辑与制度逻辑

新时代监察体制改革的目标是完善党和国家监督体系。因此，党和国家监督体系是监察制度建设的政治基础，也是我党探索权力制约与监督实践的结果，监察体制改革标志着中国特色社会主义监督理论走向成熟。党的领导、社会主义制度、人民代表大会制度、政治协商制度是监察制度建设的制度逻辑。

第一节　监察体制改革的实践逻辑

一　监察体制改革是监察制度建设实践经验的总结

（一）监察体制改革是党和国家的重大战略任务

新时代监察制度建设主要通过监察体制改革实现，党的十八届四中全会对权力制约与监督进行了制度设计，党的十八届六中全会将监察监督作为国家监督制度的核心，2016年11月，党中央决定在北京市、山西省、浙江省开展国家监察体制改革试点，部署在三省市设立各级监察委员会，从体制机制、制度建设上先行先试、探索实践，为在全国推开积累经验。2017年10月29日，中共中央办公厅印发《关于在全国各地推开国家监察体制改革试点方案》，部署在全国范围内深化国家监察体制改革的探索实践，完成省、市、县三级监察委员会组建工作，实现对所有行使公权力的公职人员监察全覆盖。这是对改革开放以来，监察制度建设实践经验的总结，又是对新时代反腐败工作实践的科学应对。改革开放初期，党的建设工作重点是政治路线和端正党风，提出执政党的党风问题是有关党的生死存亡的问题。党的十三大召开时，改革开放提出反腐败的问题，但并没有上升到国家战略地位。党的十五大，随着市场经济的建立，少数党员干部存在权力寻租、贪污腐败和渎职等严重违纪违法情况，才开始把党建重心从党风问题聚焦到反腐败上来，十五大报告在我党历史上首次将反腐败上升到党和国家生死存亡的战略高度来认识。为此，党的十五大报告提出了反腐败的具体举措。党的十七大报告进一步强调，坚决惩治和有效预防腐败，关系人心向背和党的生死存亡。从党的十五大到党的十八大，明确通过加强党的建设，强化纪律监督，查办大案要案等方式来遏制腐败。党的十八大以来，党中央将反腐败作为党和国家的重大战略任务。

（二）监察体制改革是制度反腐和法治反腐的体现

健全党和国家监督体系的目标首先就是要夺取反腐败的压倒性胜利，与以往政策反腐为主不同，党和国家监督体系体现了由政策反腐向制度反腐、法治反腐的转变，其根本标志是监察体制改革。从逻辑上讲，通过监察体制改革实现反腐败必须要满足两个条件：一是监察体制改革能够形成权威高效的反腐败体制机制；二是监察体制改革能够实现反腐败形势的根本好转，成为一体推进"三不腐"制度基础和法治保障。而满足这两个条件，必须不断深化监察体制改革，集中反腐败资源；国家的各种监督必须贯通衔接并形成合力。而要集中反腐败资源并形成监督合力，就必须要以党内监督为主导，通过党内监督引导并支持监察监督，实现党内监督与监察监督的贯通。①

---

① 党的十八大以来，以习近平总书记为核心的党中央制定反腐败的战略目标，反腐败是提高党的执政能力和领导水平，增强党自我净化、自我完善、自我革新、自我提高能力的体现。党的十八大报告提出，坚定不移反对腐败，建设廉洁政治，是党一贯坚持的鲜明政治立场，全面推进惩治和预防腐败体系建设。健全反腐败法律制度，防控廉政风险，防止利益冲突，更加科学有效地防治腐败。党的十八届四中全会正式提出，形成不敢腐、不能腐、不想腐的有效机制，坚决遏制和预防腐败现象。《关于新形势下党内政治生活的若干准则》再次强调，"着力构建不敢腐、不能腐、不想腐的体制机制"，党的十九大报告指出，坚持反腐败无禁区、全覆盖、零容忍，反腐败斗争压倒性态势已经形成并巩固发展。在这一战略目标指引下，党中央提出通过制度反腐和法治反腐从源头上消除腐败的战略。

二 监察体制改革是实现党对反腐败工作集中统一领导的需要

监察体制改革的目的之一在于深入集中开展反腐败工作,这一目的与党和国家监督体系的建构具有高度一致性,可以说监察体制改革是党和国家监督体系在监察领域的具体展开。所以,监察体制改革首先必须充分体现党对反腐败工作的集中统一领导。

(一) 党的统一领导保障反腐败工作正确的政治方向

监察体制改革是在总结党的十五大以来权力制约与监督机制建设经验的基础上,以党的十八大、十八届四中全会的精神为指导,结合党的十九大提出的中华民族伟大复兴的战略目标而形成的具有深远意义的监督制度。通过加强党内监督形成对党员监督的全覆盖;通过深化监察体制改革形成对公职人员监督全覆盖的战略格局,其目的在于建立有权必有责、有责要担当、失责必追究的权力运行基本原则,从而强化不敢腐的震慑功能,扎牢不能腐的制度笼子,增强不想腐的思想自觉。以纪检监察合署为基本架构的监察制度是党和国家历史上最为系统、内涵最为丰富、体制机制最为完善、中国特色和话语体系最为鲜明的监督制度,其核心要义是党对监察工作的统一领导,即党对反腐败政治方向和政治建设的领导。

1. 符合党中央全面从严治党和全面依法治国的政治目标

监察体制改革编织了权力监督之网,通过党内纪律监督与监察监督的集成,真正实现了对公权力监督的全面覆盖,为建立干净担当的国家公职人员队伍奠定了制度基础。党内监督的加强是全面从严治党的体现,所有党员尤其是党员领导干部必须遵守党章和党的政治纪律与政治规矩,从而实现全面从严治党与全面依法治国的统一。中国共产党作为执政党,只有建立严密的权力监督制度才能保持党的纯洁性,防止公职人员腐败,才能实现长期执政的目标。党的二十大报告指出:"全党必须牢记,全面从严治党永远在路上,党的自我革命永远在路上,决不能有松劲歇脚、疲劳厌战的情绪,必须持之以恒推进全面从严治党,深入推进新时代党的建设新的伟大工程,以党的自我革命引领社会革命。"

可见，监察体制改革符合全面从严治党的要求，对推进全面依法治国具有重要意义。

2. 符合党的政治建设总体布局的要求

《监察法》赋予监察机关监督党的政治纪律和政治规矩的执行与实施的职权，这是监察机关作为监督专责机关的政治使命决定的。在党的建设历史上，思想建设和作风建设是长期以来我党极为重视的党的建设内容，党的十九大报告在强调思想与作风建党的同时，特别强调党的政治建设。为深入贯彻落实习近平新时代中国特色社会主义思想和党的十九大精神，切实加强党的政治建设，2019年1月31日印发《中共中央关于加强党的政治建设的意见》。该意见系统阐释了党的政治建设与党和国家监督体系的关系，明确新时期党的政治建设的总体要求是以习近平新时代中国特色社会主义思想为指导，增强"四个意识"，坚定"四个自信"，坚决维护习近平总书记党中央的核心、全党的核心地位，坚决维护党中央权威和集中统一领导，把准政治方向，坚持党的政治领导，确保我们党始终成为中国特色社会主义事业的坚强领导核心，为实现"两个一百年"奋斗目标和中华民族伟大复兴的中国梦提供坚强政治保证。党的二十大报告指出："加强党的政治建设，严明政治纪律和政治规矩，落实各级党委（党组）主体责任，提高各级党组织和党员干部政治判断力、政治领悟力、政治执行力。"发挥党的政治建设统领作用，把政治标准和政治要求贯穿党的思想建设、组织建设、作风建设、纪律建设、制度建设和反腐败斗争始终，以加强党的政治建设推动全面从严治党向纵深发展，全面提高党的建设质量。党的政治建设需要坚定党的政治信仰、坚持党的政治领导、提高党的政治能力、净化党内政治生态。而要落实党的政治领导要求，除加强各级党组织政治能力建设外，主要通过加强监督问责、严明党的政治纪律和政治规矩来监督各级党组织、党的领导干部和全体党员。党的各级组织、国家机关党组、各级党政机关是否真正落实党的政治建设，是否将政治建设融入国家机关的各项工作之中，关键是加强监督检查，对落实不力、执行不到位的党组织和党员领导干部追责问责。同时，党的政治建设必须涵养政治生态，为此，必须坚决反对腐败，建设廉洁政治，持续保持反腐败高压态势，健全党和国家监督体系，加强对权力运行的制约和监督，是涵养政治生态的制度保障。

（二）党的集中统一领导是监察机关开展反腐败工作的组织保障

监察机关监督公权力的运行，其监督对象包括党的领导干部和公职人员，同时还通过人民民主的各种形式将民主监督、群众监督和舆论监督相联系。因此，只有依靠党的领导才能推动监察机关反腐败工作的健康发展，体现我党总揽全局、协调各方的制度优势。中国共产党的执政地位决定了党对反腐败的集中统一领导，中国特色社会主义制度的最大优势是党的领导，党是最高政治领导力量。党的领导是党对一切工作的领导，在监察职权中，反腐败是重要的内容和监督的应有之义，《监察法》是反腐败专门立法，该法第二条明确规定，坚持中国共产党对国家监察工作的领导。即通过政治领导确保反腐败斗争正确的方向，并对反腐败工作提供组织机构保障。[①]

1. 加强反腐败工作的组织领导

《党内监督条例》规定，党内监督必须贯彻民主集中制，依规依纪进行，强化自上而下的组织监督，发挥同级相互监督作用。向纪检监察合署办公，党内监督是纪检监察机关的共同职责，党的各级组织应当履行全面从严治党主体责任，定期对分管部门、地方、领域党组织和领导班子成员进行监督；听取和审议落实中央八项规定精神情况汇报，加强作风建设情况监督检查；听取纪律检查委员会常务委员会工作汇报；听取巡视和巡察情况汇报，研究加强自身建设措施。各级国家机关以及国有企业和公办事业单位的党政领导班子对本机关、下级机关的全面从严治党工作、廉政建设情况进行监督检查，对存在的问题及时作出工作部署予以整改。党的二十大报告指出，要充分发挥政治巡视利剑作用，加强巡视整改和成果运用。落实全面从严治党政治责任，用好问责利器。

---

① 谢锋：《健全党和国家监督体系》，《中国领导科学》2018年第3期。

所以，严格根据中央的规定执行巡视和巡察工作全覆盖的要求，对巡视和巡察工作反映的问题及时要求整改，对管党治党不力的严肃追责。

通过加强对党内监督的组织领导，在全党范围内解决党的领导弱化、党的建设缺失、全面从严治党不力、管党治党宽松软问题。保证党的组织充分履行监督职能、发挥监督的核心作用。党的组织领导是党内监督的力量之源，通过各级党组织履行监督主体责任，使全面从严治党主体责任通过组织的力量得到落实。

2. 推动反腐败工作的进程

党的组织不仅可以通过党的组织体系推进党内监督和全面从严治党工作，而且还可以通过党的组织体系推动国家监督工作的深入开展。国家监督可以分为国家机关监督和人民监督两部分，国家机关的监督包括监察、人大、审计、司法等监督工作。国家机关的公职人员多数是党员，党组织在国家机关和人民团体设置党组，对国家机关的工作进行政治领导和组织保障，国家机关党组贯彻党的决策部署，履行全面从严治党主体责任。党组和国有企业、公办事业单位党委支持派驻、派出的纪检监察组开展日常监督和调查处置工作，为纪检监察工作提供工作条件。同时，党组和党委对本机关和单位违纪违法的公职人员应当依法移送纪检监察机关处理，或者依法对其给予处分。党组织还依法依规加强党员的廉政教育，通过党的建设活动，坚定共产党员的理想与信念，为制约与监督公权力，推进反腐败工作提供组织保障。

党的组织领导还通过设置在人民政协、媒体的党组织发挥作用。党组织支持人民政协、民主党派通过各种方式进行民主监督，为民主监督提供政治协商的场所和条件，遵守《中国共产党统一战线工作条例》（试行）的规定，及时就党的重要文件和重大决策征求政协和民主党派的意见，及时组织有民主党派和无党派民主人士参加的有关监督工作会议，充分听取他们的批评和建议。对于民主党派人士提出的批评意见和建议应当组织相关单位认真研究，提出整改方案，真正让民主监督发挥作用。

媒体是舆论监督的重要载体，我党非常重视舆论监督，但在当代互联网和智能化时代,舆论监督的作用凸显,但也存在舆论监督政治方向偏差、监督导向错误等严重问题,如果不能发挥党在舆论监督中的组织和引导作用,舆论监督难以真正发挥作用,甚至存在被敌对势力利用的可能性,因此从党的意识形态建设的高度来对待舆论监督,必须要加强对舆论监督的引导,这种引导主要是政治方向和监督工作立场的引导。舆论监督的目的在于完善党的领导和社会主义制度,对公职人员存在的腐败和渎职现象可以通过舆论予以揭露,但必须符合舆论监督的基本原则,不能攻击和诬蔑党的领导与社会主义制度,不能借舆论监督之名恶意攻击党和国家机关。要树立舆论正确的监督导向,重要媒体尤其是官方媒体的党组织要通过正确的舆论导向树立舆论监督的标尺。党的各级组织管理的报刊和其他宣传工具,必须宣传党的路线、方针、政策和决议。

党的组织领导还体现在群众监督方面,我党历来极为重视群众监督的作用,群众监督可以采取多种形式,一般来说有两种:第一种是群众可以依法向国家机关检举和揭发公职人员的违纪与违法行为,有关国家机关必须及时受理,并且查明问题线索,及时答复并予以了结;第二种是群众依法向党和国家机关提出批评、意见与建议,党政机关必须充分听取群众的意见与诉求。但是,群众监督受到信息不对称的影响,可能会存在事实偏差,为了积极引导群众监督,基层党组织要充分利用与人民群众联系广泛的优点,采取多种方式引导群众监督,对于群众依法依规提出的合理诉愿,应当推动有关党政机关或者事业单位查明问题,解决人民群众关心的问题。对于个别群众受到各种因素的影响而产生滥用监督权利的问题,及时通过思想政治工作和批评教育等方式,引导其回归到正确的监督轨道上来,真正发挥监督的作用。

三 监察体制改革是加强党的建设的需要

(一) 符合党的政治建设的客观要求

1. 提高党的政治能力

加强党的建设不仅是各级党委的职责,也是各级国家机关的职责,同时也是各级监察委员会的职责。《监察法》规定各级监察委员会对党的机关有权进行监察，将各级党的机关和党的干部纳入国家监督的范畴，充分体现了新时代治国必先治党的理念，同时也充分体现了监察机关通过对包括党的机关干部在内的一切公职人员进行监督的原则。监察体制改革对完善党的自我革命制度规范体系发挥重要的作用。

我党历来重视党的政治路线的保障，要求各级党组织和党员深入贯彻党的基本路线，将其作为政治建设的主要内容。在党的建设历史上，中华人民共和国成立初期至党的十四大，一直将党的作风建设作为党的政治建设的内容；党的十五大至党的十七大根据市场经济发展的需求，将反腐败以及提高党的执政能力建设作为党的政治建设的内容；党的十八大以来，以习近平同志为核心的党中央不仅进一步强调党风建设的重要性，认为党的作风是党生死存亡的关键问题，因此党的作风建设永远在路上，永远没有休止符。[①] 在此基础上，党的十九大重新确立了党的建设总体要求，监察体制改革适应了党的建设的要求，将监察制度建设落实到反腐败工作之中，《监察法》规定，国家监察工作坚持标本兼治，严厉惩治腐败；有效制约和监督权力；构建不敢腐、不能腐、不想腐的长效机制。通过监察监督推动党的政治建设规范化，并且服务于党的政治建设大局；纪检监察机关通过加强对各级党组织和党的领导干部把握政治方向、政治立场、政治大局的监督，提高党的政治能力。把保证全党服从中央、坚持党中央权威和集中统一领导作为政治建设的首要任务。

2. 监督党组织和党员遵守党的政治纪律和政治规矩

党的政治建设与政治纪律和政治规矩密切相关，可以通过纪律监督来检查党的政治建设的情况。因此，《中国共产党纪律处分条例》《中国共产党党内监督条例》《中国共产党纪律检查委员会工作条例》等党内法规赋予各级纪委监督党的领导干部遵守政治纪律和政治规矩的职

---

① 习近平：《在党的群众路线教育实践活动总结大会上的讲话》，《人民日报》2014年10月9日第2版。

责，如《中国共产党纪律检查委员会工作条例》规定，党的各级纪律检查委员会的主要任务是：维护党的章程和其他党内法规，检查党的理论和路线方针政策、党中央决策部署执行情况，协助党的委员会推进全面从严治党、加强党风建设和组织协调反腐败工作。由于纪检监察合署办公，都是反腐败的专责机关，所以通过监督执纪问责，加强政治巡视，监督检查党员、党员领导干部、各级党组织、党政机关遵守党的政治纪律和政治规矩的情况。其基本要求是：牢固树立"四个意识"，坚决维护以习近平同志为核心的党中央权威和集中统一领导；坚定执行党的政治路线，始终在政治立场、政治方向、政治原则、政治道路上同党中央保持高度一致；紧紧围绕保证全党服从中央、坚持党中央权威和集中统一领导这一党的政治建设首要任务，严格执行新形势下党内政治生活若干准则，坚决同危害党中央权威和集中统一领导的行为作斗争；坚决反对和纠正危害党的团结、破坏党的集中统一的行为。其目的在于全面净化党内政治生态。聚焦政治立场、政治原则、政治担当和政治纪律。[1] 据统计，全国纪检监察机关在2019年共立案审查违反政治纪律案件1.8万件，处分2万人，坚决纠正政治意识淡化、党的领导弱化、党建工作虚化、责任落实软化等突出问题。[2] 2020年，全国纪检监察机关共立案审查违反政治纪律案件8969件，处分1.2万人。2021年，全国纪检监察机关将政治监督的重点放到强化对"一把手"和领导班子的日常监督上。深入贯彻《中共中央关于加强对"一把手"和领导班子监督的意见》。全国纪检监察机关共约谈领导班子成员、重点岗位人员94.3万人次，处分县处级以上"一把手"7581人。可见，各级纪委监察机关的纪律监督对推进政治建设发挥了重要的作用。

---

[1] 赵乐际：《以习近平新时代中国特色社会主义思想为指导 坚定不移落实党的十九大全面从严治党战略部署——在中国共产党第十九届中央纪律检查委员会第二次全体会议上的工作报告》，《人民日报》2018年2月13日第2版。
[2] 赵乐际：《坚持和完善党和国家监督体系 为全面建成小康社会提供坚强保障——在中国共产党第十九届中央纪律检查委员会第四次全体会议上的工作报告》，《人民日报》2020年2月25日第3版。

（二）全面加强党的思想建设和纪律建设

思想建设是党的基础性建设。共产主义远大理想和中国特色社会主义共同理想，是中国共产党人的精神支柱和政治灵魂，是保持党的团结统一的思想基础。所以，党的思想建设虽然在政治建设之后，但它是党的建设的先导性因素。党的组织建设的核心是选好党的干部，坚持党管干部原则，坚持德才兼备、以德为先，建立政治素质和作风过硬的高素质专业化干部队伍。作风建设的核心是保持党同人民群众的血肉联系。党的纪律主要指已经由党内法规和党内一般性制度文件明文规定的党的各级组织和党员必须遵守的行为准则，根据《纪律处分条例》可以分为政治纪律、组织纪律、廉洁纪律、群众纪律、工作纪律、生活纪律六类。制度建设是全面从严治党的重要保障，健全完善制度，以党章为根本遵循的制度治党，实质就是要用法治思维和法治方式管党治党，善于运用制度法规处理党内矛盾、规范党员和党组织的行为。

党内监督对党的各项建设产生保障和推动作用。巡视和巡察工作虽然以政治巡视为主，但党的思想、作风、组织和纪律建设问题同样重要，巡视组要对党组织和主要领导干部是否遵守八项规定，是否坚定共产主义理想和信念、是否遵守党的干部选拔和任命规定，是否遵守党的纪律和法律进行检查，接受党员和群众的投诉与举报，对发现的思想和作风问题及时向同级党委和纪委汇报。事实证明，凡是严重违纪违法、贪污受贿的干部，尤其是高级干部，普遍存在违反政治纪律和政治规矩、丧失理想信念等共性问题。因此，中央纪委要求各级党政机关严明换届纪律，把好政治关和廉洁关。始终加强对选人用人情况的监督，全面督查和重点检查换届风气，从源头上净化党内政治生态。[①]

[①] 中央纪委向党的十八大的工作报告指出，五年来，各级纪检监察机关共查处违反中央八项规定精神问题 18.9 万起，处理党员干部 25.6 万人。2018 年全国各级纪委共查处发生在群众身边的腐败和作风问题 23.5 万件，处理 30.9 万人。参见赵乐际《忠实履行党章和宪法赋予的职责 努力实现新时代纪检监察工作高质量发展——在中国共产党第十九届中央纪律检查委员会第三次全体会议上的工作报告》，《人民日报》2019 年 2 月 21 日第 4 版。

四 监察体制改革是整合反腐败资源的需要

加强党对反腐败工作的统一领导,通过推进反腐败工作加强党的领导地位,实现反腐败工作与党的建设良性循环,这是制度反腐败的重要体现。反腐败制度优势要转化为治理效能,就必须整合反腐败资源,织密反腐败之网,实现党内监督与监察监督的贯通,充分发挥纪检机关与监察机关反腐败专责机关的作用,形成反腐败的合力。

(一) 加强党内监督资源的整合

党内监督在所有监督要素中居于主导地位,党内监督有权威则其监督就能够发挥作用。党的十八大以来,全面整合党内监督资源,一是党内监督形式的加强,如巡视监督常态化和全覆盖,派驻监督全覆盖、纪律监督全覆盖,并且将这些监督形式贯通,实现党内各监督主体之间信息互通、案件线索互相移送、查办案件互相配合。二是党内监督网络的加强和责任的明确,党委(党组)主体监督、纪委专责监督、党的工作部门日常监督、党的基层组织和党员民主监督。这些监督主体是权力与责任的统一体,党委(党组)的书记是第一责任人,班子其他成员在各自职责范围内负领导责任;纪委是党内纪律监督的专责机关,对纪律监督工作向党中央承担政治责任。如果党委、纪委存在从严治党不力,廉政建设缺失的情况应当被问责。党内监督资源的整合实现了党内监督的权威性,为树立国家监督的权威奠定基础。

(二) 加强监察监督资源的整合

监察体制改革以前,公务员职务违法由行政监察机关调查与处理,职务犯罪由人民检察院侦查。由于行政系统和司法系统所适用的法律和工作程序不同,两者之间难以实现资源的整合,反腐败效率不高。监察体制改革是健全党和国家监督体系的重大政治体制改革,改革的目标之一在于整合监察资源,一是职权整合,各级监察委员会统一行使对公职人员的监督、调查和处置职能。这三项职能的统一,避免了职务违法和职务犯罪由两个国家机关依不同程序行使调查权和侦查权的弊端,无论公职人员是职务违法还是职务犯罪，均由监察委员会适用同样的程序进行调查与处置，大大节约了办案资源，提高办案效率。二是监察力量整合，各级监察委员会整合原行政监察机关以及人民检察院反贪、反渎和职务犯罪预防的工作人员和专业人员，实现人员重组、力量聚合、程序衔接，大大提升了反腐败的能力。三是监察措施整合，监察机关拥有广泛的调查权限，可以采取十二种强制措施，包括留置、搜查、查封、扣押、冻结等对人身和财产的强制措施，在需要时还可以要求公安机关配合使用技术调查、通缉、限制出境等调查和强制措施。这些措施为监察机关办理职务犯罪案件提供了强有力的保障，用留置取代"双规"和"两指"，不仅大大提高了调查的效率，而且增加了合法性。

（三）党内监督与监察监督的资源整合

党内监督与监察监督的资源整合与贯通是加强反腐败权威与效率的重要方式，在监察体制改革过程中，党内监督与监察监督的资源整合是党和国家监督体系的核心命题。

1. 纪检与监察合署办公

纪检与监察合署，实行两块牌子、一套人马。不仅节约了办案资源，而且减少了办案环节，任何一个腐败案件，不管腐败的公职人员是否为党员均可以由纪检和监察管辖，而无需另案处理。如果腐败的公职人员是党员，则可以适用纪律审查和监察调查；而如果腐败的公职人员不是党员，则可以适用监察调查。纪检和监察合署还实行内设机构职能的整合，监督执纪部门与执纪审查、案件审理部门可以实行内部职能的合理分工与配合，大大提升了反腐败的工作效率。

2. 党内监督与监察监督全覆盖

反腐败必须实现对所有公职人员监督的全覆盖，没有不受监督的公权力，如果有党政领导干部和公职人员不受监督，表明反腐败的制度建设还存在漏洞，就不可能夺取反腐败斗争的压倒性胜利。从党的十八届三中全会开始，监督全覆盖成为健全党和国家监督体系的目标之一。党的十九大以来，监督全覆盖的任务已经基本完成，一是巡视巡察全覆盖，巡视巡察主要覆盖所有的党委、党组，因此，覆盖所有的党委（党组）领导班子成员，目前已经形成中央、省委巡视、市、县委巡察为主干，中央国家机关部委党组巡视、公办事业单位内部巡察为辅助的巡视巡察全覆盖网络。二是派驻监督全覆盖，目前已经实现所有各级纪委对下级党委（党组）派驻的覆盖，派驻机构发挥"探头"作用，其监督的效果不断增强。三是监察监督全覆盖，监察机关对所有行使公权力的公职人员实行监督，对公职人员遵守纪律、履行公职的情况进行监督检查，对职务违法和职务犯罪进行调查与处置，发挥了反腐败的"拳头"作用。四是审计全覆盖，审计机关在中央审计委员会的统一领导下，对所有国家机关、军队的财政收支和财务收支进行审计监督，凡使用公共资金和财政资金的单位均须接受审计监督，国家机关、团体、企业和事业单位的主要负责人应当接受经济责任审计。在上述四种覆盖中，巡视巡察监督、派驻监督主要覆盖党政机关及其主要领导班子成员，重点是监督检查全面从严治党和遵守政治纪律和政治规矩的情况。监察监督和审计监督则主要是监督公职人员，监察监督侧重监督公职人员渎职、职务违法和职务犯罪情况，审计监督则是监督公共资金和财政资金作用的合法性。

（四）党内监督与监察监督贯通

党内监督与监察监督的资源整合还表现在两者的贯通与衔接上，巡视发现的问题线索应当及时移送纪检监察机关立案核实、调查；巡视发现的苗头性、倾向性问题和轻微违法问题，应当将问题由纪检监察机关按照《纪律处分条例》《监察法》作出处理。巡视组在进驻被巡视单位前，应当与纪检监察机关进行信息交流与沟通，掌握被巡视单位的情况，突出巡视重点。监察机关对党政机关及其公职人员存在的严重违纪违法或者普遍性的问题可以提出加强制度建设的监察建议。监察机关对于严重违纪违法的党员公职人员应当由纪委先作出处分决定，再给予政务处分。

（五）党内监督与其他监督之间的贯通

党内监督与国家监督的贯通是反腐败资源整合，提升反腐败的权威性的重要手段。各级党委应当积极支持国家机关履行监督职责，尤其是要支持人大、检察、审计机关加强监督，对国家机关履职过程中发现的党员领导干部和公职人员存在的严重违纪违法问题线索，应当及时移送纪检监察机关初核或者立案调查；对纪检监察机关审查调查的案件予以配合，对于严重违纪、职务违法和职务犯罪的领导干部，如果属于人大、政协任免的工作人员，应当及时启动撤职程序。纪检监察机关在履职过程中发现公职人员存在应当由所在单位处理的违纪违法行为，应当要求所在单位依法处理。

总之，纪检监察机关通过覆盖与贯通，将党内监督与国家监督的职能整合到统一的反腐败制度体系中，充分发挥党内监督和国家监督的作用，实现党内监督与国家监督的有机衔接。

五 监察体制改革是推进反腐败国家立法的需要

（一）加快反腐败党内法规建设

反腐败既要靠教育，更要有严格的制度反腐机制；既要有党内法规的遵循，又要有法律依据，才能形成完善的反腐败法治体系。党的二十大报告明确提出完善党的自我革命制度规范体系，而监察体制改革是完善党的自我革命制度规范体系的重要内容，它包括党内法规制度与反腐败国家法律制度两个部分。党的十八大以来，党内法规制度建设已经上升到国家法治体系的战略高度，党内法规体系是法治体系的重要组成部分。因此，修订和新制定大量党内法规，这些党内法规均以党章为依据，规范党内政治生活和纪律，在 2020 年 6 月全国公开发布的 102 部中央党内法规中，《党内监督条例》《纪律处分条例》《巡视工作条例》《问责工作条例》等监督保障类法规有 12 部，《国有企业领导人员廉洁从业若干规定》《关于实行党风廉政建设责任制的规定》等反腐倡廉类党内法规 10 部。除此之外，中央还出台了一系列规范性文件，如《关于改进工作作风、密切联系群众的八项规定》《关于进一步规范党政领导干部在企业兼职（任职）问题的意见》《关于党政机关停止新建楼堂馆所和清理办公用房的通知》等等，这些党内法规和规范性文件全面规定了党员尤其是党员领导干部必须遵守的政治纪律、工作纪律、生活纪律和廉洁纪律，全面规范党员领导干部的职务行为，是反腐败国家立法的强大支撑。

（二）加快以《监察法》为中心的反腐败法律体系建设

国家监察体制改革是国家政治体制的重大改革，作为反腐败体制改革的最新成果，目的是整合分散的反腐败力量，建立集中统一、权威高效的监察体系，最终构建起以国家监察委员会为主导的反腐败监督体系。[①] 2018年3月宪法修正案确立了国家监察委员会的宪法地位，全国人大通过《监察法》，《监察法》是反腐败国家立法，也是反腐败的基本法律，它不仅明确规定了监察委员会的职权，而且规定了监察委员会的职责。为了推进反腐败国家立法，全国人大常委会于2020年6月通过《中华人民共和国政务处分法》，2021年8月，十三届全国人大常委会第三十次会议表决通过了《中华人民共和国监察官法》。2019年10月26日，第十三届全国人民代表大会常务委员会第十四次会议通过《全国人民代表大会常务委员会关于国家监察委员会制定监察法规的决定》，2021年9月20日，国家监察委员会发布公告，公布《中华人民共和国监察法实施条例》。全国人大及其常委会还修改《公务员法》《人民检察院组织法》《人民法院组织法》《刑事诉讼法》等重要的法律，使之与《监察法》衔接适用。这些法律规范公务员和其他公职人员的行为，是国家廉政法规的主干部分；同时，这些法律也配置监督权，建构以监察委员会为中心的国家反腐败权力体系。如《人民检察院组织法》和《刑事诉讼法》对人民检察院的监督权作出了明确规定，人民检察院对司法工作人员的部分职务犯罪行为仍然行使侦查权，通过审查起诉与监察委员会调查职务犯罪配合与衔接。国家机关、国有企业和公办事业单位都有全面从严治党和保障廉洁的主体责任，对本单位任免或者管理的公职人员的违法失职行为，必须依法给予处分或者根据监

[①] 秦强：《构建以监察委员会为主导的反腐败监督体系》，《人民法治》2018年Z1期。

察委员会的意见追责问责。建立党和国家机关反腐败之网，在实践中搞好反腐败斗争，不断巩固反腐败成果，① 完善惩治贪污贿赂犯罪法律制度建设。

党的十八大以来，党中央高度重视运用法治思维与法治方式反腐败，党的二十大对推进反腐败国家立法作出重新部署，推进反腐败国家立法的重点是加强监察委员会组织立法和完善反腐败刑事立法，而关键在于加强监察委员会组织立法。监察委员会组织立法符合新时代法治反腐的战略定位，体现在：第一，符合党的二十大反腐败工作的总体布局。党的二十大报告总结党的十八大以来国家反腐败法治建设的成功经验，形成新时代推进反腐败国家立法的战略布局，对反腐败国家立法做出创新性表述。新时代反腐败的战略可以表述为：从全面从严治党的高度出发，立足于完善党的自我革命制度与规范体系，以一体推进"三不腐"为总方针，通过推进反腐败国家立法，健全反腐败法律体系。第二，符合监察委员会反腐败专责机关的定位。《监察法》对监察委员会的职权只做出分散性的规定，这是可以理解的。宪法规定，监察委员会的组织和职权由法律规定，而《监察法》主要不是规定监察委员会组织与职权的法律。在反腐败实践中，诸多重要领域常常缺乏法律规定，产生法律规范供给与需求之间的矛盾，如何解决这一矛盾是落实反腐败国家战略的关键。全国人大常委会根据实践的需要，适时授权国家监察委员会制定监察法规；在《立法法》修正案中明确规定国家监察委员会向全国人大及其常委会提出法律案。这两项规定赋予国家监察委员会反腐败立法的职权，虽然反腐败的国家立法最终需要由全国人大及其常委会经过立法程序完成，但国家监察委员会提出法律案将成为反腐败国家立法的重要推动力。监察委员会组织法突出国家监察委员会的反腐败立法职权，必然会推动反腐败国家立法的常态化发展。

---

① 王勇：《论党内法规的政治属性》，《长白学刊》2020年第4期。

第二节 监察体制改革的制度逻辑

监察体制改革的目的在于建构党和国家监督体系、促进各种监督要素相互协调与配合，形成监督合力。党的十九届四中全会指出，中国特色社会主义制度是党和人民在长期实践探索中形成的科学制度体系，我国国家治理一切工作和活动都依照中国特色社会主义制度展开。改革开放以来，我党对中国特色社会主义理论与实践进行了长期的探索，到党的十九大形成了系统而完整的新时代中国特色社会主义理论。党的十九大对中国特色社会主义理论的指导思想、基本特点和科学内涵进行了深入而全面的阐释，中国特色社会主义制度是我国的根本制度，党的领导、人民当家作主等是国家的基本制度。党和国家监督体系也是中国特色社会主义制度的一部分，是中国特色社会主义制度在权力监督领域的体现，党和国家监督体系的政治基础是党的领导和中国特色社会主义制度。同时，它与人民代表大会制度、中国共产党领导的多党合作和政治协商制度、司法制度、中国特色社会主义行政体制等基本制度相适应。因此，中国特色社会主义根本制度、基本制度是党和国家监督体系的制度基础，这些制度决定党和国家监督体系的基本性质、主要构造、体制与机制。

一 党的集中统一领导是监察体制改革的基本特色与制度优势

（一）党对监督工作的集中统一领导与党内监督主导地位的基本要求

党对监督工作的集中统一领导表现为党对监督工作和反腐败工作统一指挥，加强党内监督，充分体现党内监督的主导地位。

1. 党的集中统一领导的含义

党的集中统一领导是党的全面领导在权力制约与监督和反腐败领域

的具体体现,所谓统一指挥是指党中央统一制定路线、方针与政策并监督其执行;党中央制定党内监督法规并且监督其执行;党的各级地方组织和基层组织具体落实并执行党中央有关监督工作的法规、政策,领导本级纪律检查委员会的工作;党中央协调国家机关的监督工作。所以,党集中统一领导是基本前提,强调党和国家监督机关必须在党中央直接领导下开展工作,从决策指挥、资源整合、制度建设、体制改革上,强化党的全方位、全过程领导。[①] 党的二十大报告指出,党的领导是全面的、系统的、整体的,必须全面、系统、整体加以落实。健全党总揽全局、协调各方的领导制度体系,完善党中央重大决策部署落实机制,确保全党在政治立场、政治方向、政治原则、政治道路上同党中央保持高度一致,确保党的团结统一。

2. 党内监督主导地位的含义

党的十九届四中全会报告明确提出党内监督的主导地位。所谓主导地位是指与其他监督相比较,党内监督是第一位、最基本的监督。它表现在党内监督是其他监督发挥作用的前提;党内监督确保党章党规党纪在全党有效执行,维护党的团结统一;确保党始终成为中国特色社会主义事业的坚强领导核心。促使党的领导干部做到有权必有责、有责要担当,用权受监督、失责必追究。

(二)坚持党对反腐败工作的统一领导决定了监察体制改革的性质

1. 加强党的执政能力建设是监察委员会的重要职责

中国共产党是以马克思主义为指导的无产阶级政党,中华人民共和国成立标志着中国共产党由革命党转化为执政党,执政党的地位表明,党是国家一切事务的领导者,即领导党;同时也是合法执掌国家政权的执政党。中国共产党自1949年执政以来,虽然经历挫折与失误,但所取得的成效为世界所瞩目,特别是改革开放以来,我党不断总结历史经验,实行经济体制改革和法治建设,不断实现社会主义制度的自我完

---

① 王希鹏:《坚持和完善党和国家监督体系:基本经验与推进路径》,《中国特色社会主义研究》2019年第6期。

善。如果说行政体制改革、经济体制改革、法治建设是社会主义制度的自我完善与发展，那么党的建设以及全面从严治党是执政党的领导制度自我完善与发展。加强党的建设，提高党的执政能力，是保证党长期执政的唯一选择。我党能够在纷繁复杂的国际国内环境下始终立于不败之地，其根本原因在于始终以人民为中心，为人民利益而谋，并且以密切联系群众作为党的作风建设的重点。而以人民为中心的执政理念，推动执政党不断坚定理想信念，产生强大的政治领导和自我修复能力。中国共产党具有使命型政党的典型特质，使命激励和责任担当是党长期执政体系的理论依据，使命型政党的治理体系和运作机制具有鲜明的中国特色，执政党的自我革命是能够长期执政的根本政治保证。[1]

从中国共产党七十多年执政经验来看，党的路线、方针和政策的科学性保证党的政治路线的正确性，但党长期执政需要获得人民的支持与拥护，才能具有政治合法性。因此，党的十八届三中全会以来，将健全权力制约与监督体系，加强党内监督作为我党长期执政的制度保障，是新时期加强党的政治建设、作风建设和组织建设的主要方式。从党的建设历史看，虽然我们党对自身建设一直高度重视，初步形成了完整的自我革命制度体系。监察体制改革就是通过加强对公职人员尤其是党政机关干部的监督，健全党的建设体系；通过监察全覆盖提升反腐败的效果，从而加强和改善党的全面领导，不断提高党的科学执政、民主执政和依法执政水平，增强党的执政能力，巩固党的执政地位。[2]

2. 监察监督的性质是党的自我革命与自我监督

西方国家的政党制度是其资本主义民主政治的产物，植根于西方宗教和哲学的政治学说是其存在与发展的理论基础。由于西方资本主义国家奉行分权与制衡学说，政党主要围绕选举而运行，各政党为了获得选民支持，不惜扩大虚假承诺，以博取选民好感。为了保障在选举中获

---

[1] 唐皇凤：《使命型政党：执政党建设的中国范式》，《浙江学刊》2020年第1期。
[2] 李晓刚：《自我革命与建设朝气蓬勃的马克思主义执政党》，《中共云南省委党校学报》2020年第2期。

胜,政党必须根据国际国内形势制定相应的政策,作为竞选的政治目标和执政的政策导向。为了保证在两党制或者多党制下,能够取得执政地位,不仅政党内部需要制定纪律规则以约束党员的行为,同时国家法律需要对政党的政治活动进行约束,还需要对政党约束党员的行为进行审查。所以,西方资本主义国家的政党内部监督和纪律约束一般比较松散,其纪律规则必须服从于国家法律,还须服从国家机关的裁决,属于典型的外部制约型和法律中心主义治理体制。较为普遍的做法是政党在议会内活动,以议会议事规则以及有关政党活动的法律作为其政治活动的依据。在此种体制下,西方资本主义呈现由几个大党轮流执政的局面,这些执政党受选举政治影响,常常产生强烈的功利主义和民粹主义政治观,以经济利益、意识形态对抗和武装侵略作为处理对内对外关系的基本政治主张,缺乏对国家与国际社会的使命感与责任感,其政党运作也常常受到国内经济利益集团的左右而呈现出明显的欺骗性。

我国的政党制度是中国特色社会主义政治制度的重要组成部分,它与西方资本主义国家的政党制度存在本质区别。中国共产党作为长期执政党,在其历史形成过程中受到全体人民的支持与拥护,成为党、国家和社会的领导者,它不仅领导全党,而且领导国家和社会,这是党的全面领导的科学内涵。[①] 党的执政地位需要从两个维度予以稳固:第一个维度是党的路线、方针、政策的正确性,实现国家强大和人民富裕,如改革开放以来我国经济建设方针、法治国家建设方略。党的十八大以来,习近平总书记提出新的发展理念和实现中华民族伟大复兴的梦想等均是符合中国国情、适应社会发展的方针和政策。第二个维度是全面从严治党,加强党的建设,建立以党内监督为主导、以监察监督为核心的权力制约与监督体系,建设清正廉洁的党政机关和公职人员队伍,从而形成纪律严明、作风过硬、有为担当、廉洁从政的执政党。所以,监察监督的性质是党的自我革命与监督的制度体系,是我党长期执政的制度

[①] 蒋清华:《党的领导法规之法理证成》,《上海政法学院学报》(法治论丛) 2020 年第 2 期。

保障。

我党的长期执政以及对国家和社会事务的领导，表明监察监督是坚持和完善中国特色社会主义制度的组成部分。首先，监察监督是党的自我监督的体现。这是因为我党长期执政，民主党派与执政党的关系不同于西方国家的执政党与在野党之间的制衡关系。民主党派接受中国共产党的领导，他们与中国共产党的关系是参政、议政、合作、监督的关系。中国共产党长期执政，面临理想信念淡化、脱离群众、腐败等严峻挑战，在长期执政条件下，必须建立一套完整的党内监督体系，通过加强党内监督，实现党对党员和领导干部遵守纪律的全方位监督，加强党的组织的团结，清除党员中的消极腐败分子，始终保持党的先进性和纯洁性，始终保持党与人民群众的血肉联系，始终保持党的使命感与执政能力。党的十八大以来，我党不断深化党内监督体制机制改革，党的十九大形成新时代中国特色社会主义下的党内监督体系，有力支撑党内监督的实践展开。党内监督体系趋于完善，形成党组织主体监督责任、纪检监察专责监督责任相结合，巡视监督、派驻监督、纪律监督三者协调一致的全方位监督体系，最大限度强化了党内监督和监察监督的效果。其次，中国共产党领导国家和社会事务，党的机关具有国家机关的职权与法律地位，但中国共产党的中央组织、地方组织均是国家事务的决策者，党组织设置在国家机关的党组也承担国家事务和社会事务的决策职能。宪法确立了党的领导地位，党的机关及其工作人员是公职人员。监察机关依法依规对党的机关工作人员进行监督，对其职务违法和职务犯罪行为进行调查和处置，是净化政治生态的重大战略举措。

（三）党的集中统一领导是贯通党内监督与监察监督的政治保障

从法律的角度来看，监察监督是国家监督的一部分。国家监督泛指国家机关对公权力以及公职人员的监督，一般来说，国家监督具有宪制性监督的特征，其监督的依据是宪法、法律和法规，监督的对象是国家机关及其公职人员，监督的方式则是追究法律责任。因此，国家监督是权力监督体系的重点。西方资本主义国家实行三权分立与制衡下的议会监督主导模式，即议会是国家监督的重心，议会有权制定监督和追究公职人员责任的法律，有权依宪法和法律追究政府高级官员的法律责任，有权启动调查程序实行问责。因此，议会的立法权、弹劾权、调查权和特别司法权构成监督公职人员的主要权限，行政机关和司法机关均受其监督与约束。各政党的运行及其活动也须遵守议会制定的法律并受司法机关监督。我国的政党制度不同于西方资本主义国家，中国共产党长期执政，统一行使对国家和社会事务的领导权，国家机关必须坚持党的领导，这是基本的宪法原则。党的十九届四中全会指出坚持党的集中统一领导，坚持党的科学理论，具有保持政治稳定，确保国家始终沿着社会主义方向前进的显著优势。因此，中国共产党作为执政党的地位，决定了党内监督对监察监督的主导关系。

1. 党内监督支持监察监督

党内监督的对象虽然只限于党员、党的干部和党组织，但党内监督对包括监察监督等国家监督而言具有决定性的作用。

第一，我国公职人员中党员占比达到80%以上，其中处级以上干部党员所占比例达到95%以上。因此，党内监督全覆盖，不仅覆盖全部党员，而且覆盖公职人员中的绝大多数。党的纪律处分适用于党员身份的公职人员，由于覆盖面较广，可以说党内监督不仅发挥了对党员的监督作用，而且发挥了对公职人员的监督作用，是对公权力的重要监督手段。

第二，党内监督的重点对象是党的领导机关和领导干部特别是主要领导干部。在实践中主要是各级领导班子成员和具有领导职务的干部这些"关键少数"，而人大、政府、监察、检察、法院的主要领导成员多数是党员，政协的领导干部也有一定数量的党员，他们均是本级党的领导机关和领导干部的组成部分。各级人民政府职能部门设置党组，这些部门的负责人均为党员，国有企业和公办事业单位的领导班子成员绝大多数是党员。因此，党内监督实际上也是对国家机关及其领导干部的监督。

第三章　新时代监察体制改革的实践逻辑与制度逻辑

第三，党的中央组织制定有关监督性质的党内法规以及廉政性质的党内法规，不仅适用于党的各级机关和党员，也适用于国家机关以及国有企业和公办事业单位的公职人员，这是因为各级国家机关均是党领导下行使公权力的机关，其组成人员主要是党员，国家机关落实党中央的重大决策和部署，努力实现党中央确定的战略目标，国家机关工作的成效直接体现党和人民群众的关系，是反映国家治理体系与治理能力的标志。因此，国家机关是党领导下的行使公权力的组织，纪检监察机关监督国家机关遵守政治纪律和政治规矩的情况、遵守党的群众纪律和生活作风纪律的情况以及廉洁自律、秉公用权情况，才能真正发挥党内监督的主导作用。

第四，党的执政地位决定了国家机关组成人员以及主要干部均由党组织依规遴选和推荐，这些干部的任用、调动与免职必须遵守党内法规，符合党管干部原则。如果不加强党内监督，国家机关及其组成人员的权力难以受到有效的控制，容易形成权力监督的真空，国家机关之间的相互监督就缺乏政治引领，不能发挥其监督效果。

2. 党内监督是监察监督发挥作用的前提

中华人民共和国成立以来，在不断完善党内监督的同时，我国建构并不断完善国家机关监督体系。20 世纪 50 年代，国家机关实行以人大监督为核心，以行政监察为重点的监督体制。20 世纪 80 年代初期至党的十八届六中全会，随着改革开放的不断深入，党内监督加强，国家机关的监督体系也适时进行调整，人大监督不断具体化，其权威性增强。自 20 世纪 90 年代初开始，人民检察院通过行使职务犯罪侦查权，以司法监督的方式强化对公职人员的监督。形成人大监督、行政监察监督、检察监督并行的反腐败体制。实践证明，在党内监督没有发挥主导作用，党内监督与国家机关监督未能实现贯通的条件下，国家机关的监督不能充分发挥作用，这是中国特色政党制度和中国共产党的执政地位决定的。虽然 1993 年即实现党的纪委与监察部合署办公，试图充分发挥党内监督在反腐败中的主导作用，但由于监督主体过于分散，反腐败难以形成合力。为此，党的十八届六中全会决定进行监察体制改革，改革的基本目标有二：一是加强党对监督工作和反腐败工作的统一领导，深化党内监督，全面从严治党，坚决压制腐败行为的蔓延。二是实现监督与反腐败职能的相对集中统一，形成党内监督与国家机关监督的内部、外部一体化体制与机制。党的统一领导、党内监督主导在推动国家机关监督方面发挥关键作用。这些作用表现在：

第一，纪委与监委实现工作程序、处置措施方面的衔接，加强监察监督的权威性，提升监察委员会反腐败的效能。监察监督实现对公职人员监督的全覆盖，党的机关、民主党派机关、人大机关、政协机关的公职人员均纳入监察监督的范围，监察机关之所以对上述国家机关公职人员实施监督，主要原因在于党的机关和民主党派机关均为行使公权力的机关，由国家财政负担办公经费，其工作人员具有行政机关编制并由国家财政承担工资福利。所以，监察机关作为行使监察职能的专责机关有权对一切行使公权力的公职人员进行监督。在监察体制改革过程中，为了提高监察效率，在纪检监察合署体制下，通过党内法规和《监察法》的衔接，在案件受理、立案审查调查、党纪政务处分等实现程序衔接，提高工作效率，对于全面从严治党具有重大意义。各级党组织以及纪检机关对监察监督的支持，是监察机关对所有公职人员行使监督、调查、处置职能的政治和组织保障，没有党内监督的强有力，监察监督就不能发挥应有的作用。

第二，党组织压实全面从严治党主体责任。党和国家监督体系是专责监督、一般监督和主体责任的结合，一般监督是指人大、一府两院依法行使的监督权，如人大监督宪法和法律的实施、监督一府一委两院的工作、监督国家机关活动的合法性，检察机关监督人民法院诉讼活动的合法性等等，这些监督既不属于党内监督的范畴，也不属于监察监督的范畴，而是由这些国家机关在履行职责过程中进行的监督活动。党组织履行监督主体责任，主要是支持国家机关依法及时、准确行使监督权，包括依照党内法规听取国家机关有关监督工作的汇报，研究全面从严治党、党内监督和廉政建设的工作，部署年度监督工作，解决国家机关履行监督职能过程中遇到的问题与困难。党组织对国家机关行使职能过程中发现的党员公职人员尤其是党员领导干部存在的违纪违法问题，应当及时支持国家机关依法行使监督权，对应当立案审查调查的果断决定审查调查，对纪检监察机关提出的处置意见及时研究并作出决定。对属于国家机关处分的案件或者追究刑事责任的案件，及时采取组织手段支持国家机关顺利开展调查工作。

第三，党组织支持国家机关落实监督主体责任。除各级党组织有全面从严治党主体责任外，国家机关也有监督主体责任，即各级国家机关有权依法对其职权范围内的事务行使监督权，依法调查与问责。如各级人民政府对本行政区域内发生的重大事件有权依法进行调查，如果事件产生重大损失且涉及到公职人员腐败、不履职、不正确履职等问题时，对涉及公职人员违法犯罪问题的移送纪检监察机关处理，对属于自己管理权限范围内的公职人员的违纪违法行为有权由任免机关给予处分，或者将案件移送纪检监察机关调查处置。国家机关在履行职责过程中发现公职人员有职务违法和职务犯罪线索的，应当及时将案件移送纪检监察机关，对于本机关、单位的公职人员的违纪违法行为应当依法给予处分。

（四）党组织支持民主监督、群众监督和舆论监督

1. 发挥民主监督、群众监督和舆论监督的功能

由于民主监督、群众监督和舆论监督的主体不是国家机关，因此，它具有人民监督的法律属性，在我党的文件中将其统一称之为"民主监督制度"。这是因为群众监督的主体是人民，是人民对国家权力的监督，属于宪法上公民民主权利的范畴；政协的民主监督本质上也是人民的监督，政治协商会议是这种监督的载体和组织形式。新中国成立以来，我党极为重视人民监督在国家监督中的作用，人民监督甚至是权力监督的主要力量。发挥民主监督、群众监督和舆论监督的作用，目的在于通过建构以人民为核心的民主监督制度，发挥以下三项重要功能：

第一，弥补党内监督和国家机关监督的不足。党内监督和国家机关监督都是体制内的监督，是公权力机关对公权力机关的监督，虽然党的十八大以来，党内监督和国家机关监督体系化和内部制约得到显著加强，但仍然存在同体监督不力的问题，有必要通过施加体制外监督以弥补可能出现的不足之处。

第二，为党内监督和国家机关监督提供动力。虽然党内监督和国家机关监督已经在制度上实现全覆盖，但覆盖不等于实际上受到监督。由于国家机关、公职人员履职行为的政治性和法律性，因此，内部监督可能失察或者流于形式，而外部监督可以在一定程度上形成监督压力，可以为内部监督提供动力，激活内部监督机制。

第三，实现监督渠道和监督形式的多样化，保障监督范围的不断扩大，实现对监督者的再监督。人民监督国家权力是社会主义民主政治的最大优势，是全过程人民民主的体现，人民通过各种方式对国家机关及公职人员的行为进行监督，能够最大限度保证人民的意见和建议得到国家机关的采纳。人民监督的形式多样化，既可以通过政协以协调民主的形式出现，也可以通过信访、检举揭发、控告等形式出现，还可以通过批评建议的形式出现。人民群众可以监督包括纪检监察机关在内的所有国家机关及公职人员，实现国家权力外部制约与监督的常态化，纪检监察机关也应当接受人民群众的监督，实现对监督者的再监督。

2. 形成党内监督与党外监督的协同效应

我党历来重视人民群众的监督作用，党的十三届六中全会提出，人民群众是我党的力量源泉和胜利之本，不仅党和国家的政策要以人民群众为中心，而且建立和完善党内监督与党外监督机制，自上而下的监督与自下而上的监督机制。党的十六届四中全会通过《关于加强党的执政能力建设的决定》，明确指出人民群众是我党执政之基和立国之本，因此，人民群众对国家权力的监督是社会主义制度自我完善的重要内容，指出加强对权力运行的制约和监督，保证把人民赋予的权力用来为人民谋利益。各级党组织和干部都要自觉接受党员和人民群众监督。拓宽和健全监督渠道，把权力运行置于有效的制约和监督之下。党的十八大报告指出，让人民监督权力，让权力在阳光下运行。党的十九大报告将民主监督分为人民的民主监督以及政协的民主监督两种，并且对这两种民主监督分别进行阐释。人民当家作主是社会主义民主政治的本质特征，因此，扩大人民政治参与，实现人民民主监督是权力运行机制的有力保障；而协商民主是实现党的领导的重要方式，是我国社会主义民主政治的特有形式和独特优势。加强人民政协民主监督，重点监督党和国家重大方针政策和重要决策部署的贯彻落实。

3. 体现社会主义协商民主的优势

党的十八大报告指出，支持和加强政协民主监督，通过加强社会主义核心价值观引导群众监督和舆论监督。党的十八届四中全会决定指出，保障人民群众参与司法。坚持人民司法为人民，依靠人民推进公正司法，通过公正司法维护人民权益。在司法调解、司法听证、涉诉信访等司法活动中保障人民群众参与。完善人民陪审员制度。规范媒体对案件的报道，防止舆论影响司法公正。党的十九大报告指出，人民政协是具有中国特色的制度安排，是社会主义协商民主的重要渠道和专门协商机构。人民政协工作要聚焦党和国家中心任务，把协商民主贯穿政治协商、民主监督、参政议政全过程，完善协商议政的内容和形式。加强人民政协民主监督，重点监督党和国家重大方针政策和重要决策部署的贯彻落实。党的二十大报告指出，全面发展协商民主。协商民主是实践全过程人民民主的重要形式。完善协商民主体系，统筹推进政党协商、人大协商、政府协商、政协协商、人民团体协商、基层协商以及社会组织协商。不断发挥专门协商机构的作用，完善协商程序机制，提升政治协商的制度化功能。

二 人民代表大会制度是监察体制改革的宪制基础

监察制度是中国特色社会主义制度的重要组成部分，它符合我国的政治制度，体现社会主义制度、党的领导以及人民代表大会制度的优势。监察制度与人民代表大会制度高度适应，其运行与人民代表大会制度吻合，表明人民代表大会制度是监察制度的宪制基础。监察制度建立在人民代表大会制度的基础之上，与宪法监督权的配置一体运行，人民代表大会具有承载党内监督、监察监督、行政监督与司法监督的制度优势，而监察监督则体现在以党内监督为主导，贯通人大监督、行政监督、司法监督和群众监督的体制优势。

（一）人民代表大会制度的宪制特征

1. 人民代表大会制度是全过程人民民主的制度载体

党的二十大报告指出，全过程人民民主是社会主义民主的本质属性，健全人民当家作主制度体系，扩大人民有序政治参与，保证人民依法实行民主选举、民主协商、民主决策、民主管理、民主监督是我国人民代表大会制度的重要任务。我国的人民代表大会制度不同于西方国家的议会制。西方国家的议会制度在国家层面与地方层面形成平行的国家议会和地方议会，两者的选举程序、名额分配、权限配置均不相同，且国家议会与地方议会之间并不存在工作上的联结与一致性，地方议会与国家议会之间也无工作上的指导关系。我国人民代表大会制度实现了中央统一领导与发挥地方积极性、主动性原则的高度统一，根据宪法的规定，我国人民代表大会是国家权力机关，统一行使国家权力。我国的人民代表大会分为乡镇、县（包括自治县、旗）、不设区的市、市辖区级人民代表大会，这是基层人民代表大会，由选民直接选举产生。设区的市、自治州级人民代表大会由基层人民代表大会间接选举产生，省、自治区、直辖市级人民代表大会由设区市、自治州的人民代表大会间接选举产生，全国人民代表大会由省、自治区、直辖市的人民代表大会间接选举产生（包括特别行政区和军队产生的全国人大代表）。这种直接选举与间接选举相结合，以直接选举的人民代表大会为基础的选举制度充分体现了我国社会主义制度的民主属性，体现民主集中制原则。通过由基层人大直接选举人大代表到逐级间接选举人大的转换，实现全国人民代表大会对地方各级人民代表大会的有机联系，形成地方各级人民代表大会既依照宪法独立行使国家权力,又依照宪法和法律的规定接受全国人大的工作指导,在审查法律、法规、规章和规范性文件的合法性和合宪性,监督一府一委两院的工作,监督宪法和法律实施,决定国家重大事务等方面表现出一致性,体现出人民代表大会的制度优势转化为治理效能。

2. 人民代表大会是国家权力机关,统一行使国家权力

西方国家的议会制度以三权分立与制衡原则作为国家机关运行的基本原则,议会与行政、司法平行且相互牵制,议会虽然在近代宪法制度中居于国家权力的重心,但第二次世界大战后,美国的总统制和法国的半总统制将行政权扩大到前所未有的地步,议会的制约权已经被严重削弱,议会的立法权和监督权往往听命于行政权,行政机关的行政命令和行政措施决定国家的政策走向。所谓法院制约议会与行政也言过其实,仅仅是西方宪法理论自诩而已,法院常常听命于行政执法机关,在多数的宪法诉讼、行政诉讼案件中,法院常常成为行政执法机关的帮凶,特别是在对待外国公民和企业的案件中,法院和法官的所谓中立性荡然无存。而议会的立法和监督权常常受到行政和司法的抑制,并且受到议会党派的左右而实际上不断处于政治选择过程中。我国的人民代表大会制度表明,全国人民代表大会和地方各级人民代表大会由选举产生,向人民负责、受人民监督。各级人民政府、监察委员会、人民法院、人民检察院由本级人民代表大会选举产生,向它负责、受它监督。人民代表大会制度表明,我国不实行三权分立与制衡,而实行民主集中制原则。国家权力由人民代表大会统一行使,全国人民代表大会之下,依照分工原则,分为行政权、武装力量统率权、监察权、审判权和检察权,这些权力均由人民代表大会依宪法和法律产生,全国人大及其常委会可依实际需要,通过立法、决议或者决定的形式授予或者调整行政、监察、审判、检察机关的权力范围。在人民代表大会制度下,国家权力的分工以协调为基础,有学者认为党的十九大确立的新时代中国特色社会主义理论,形成了"权力分工协调"理论,习近平新时代中国特色社会主义

思想，是马克思主义中国化的最新成果，其内涵十分丰富，包含一系列重大理论创新，"权力分工协调"理论是其中一个重要方面。习近平总书记以全新的视角论及中国人民代表大会制度所蕴含的权力结构，明确提出"权力分工协调"理论，强调国家机关实行决策权、执行权、监督权既合理分工又相互协调。① 可见，人民代表大会制度是这种权力分工与协调的基本制度，我国所有的国家机关都有监督权，也都有执行权，此种分工方式充分体现了人民代表大会是国家权力机关的性质。

（二）人民代表大会制度决定党内监督与监察监督的制度构造

如果说党对监督工作的集中统一领导以及党内监督的主导地位决定了监察制度的政治架构，那么人民代表大会制度决定党内监督与监察监督的制度架构。西方国家的权力监督以议会为中心展开，各政党在议会中的活动服从议会法或者议事规则的规定，议会对其他国家机关及其高级官员行使监督权，有权制定监督方面的法律，也有权通过特别调查与法律程序追究政府高级官员的法律责任。我国人民代表大会不是西方式的议会，而是国家权力机关，直接行使人民赋予的国家权力。我国人民代表大会也不是党派进行政治活动的机关，我国执政党与民主党派进行政治协商的机关是中国人民政治协商会议。因此，人民代表大会决定国家机关的组成及其职权配置，为此决定党和国家监督体系是党的领导、人民当家作主和依法治国有机结合的制度构造。

1. 党内监督与人大监督具有内在一致性

人民代表大会制度是党的领导、人民当家作主、依法治国有机统一的制度安排。因此，党内监督与人大监督具有内在一致性，两者之间的关系表现在：

第一，党中央支持各级人民代表大会依法履行监督职责。我党历来重视人大在国家监督体系中的核心地位与作用，通过不断完善宪法和法律规定，加强人大的监督职能。改革开放初期，鉴于人大监督权缺乏组

---

① 周叶中、胡爱斌：《中国特色的"权力分工协调"论》，《南京社会科学》2018年第6期。

织保障，八二宪法赋予全国人大常委会解释宪法、监督宪法实施的职责，并且赋予其撤销与宪法和法律相抵触的行政法规和地方性法规的权力；为了充分保障各级人大常委会发挥监督职能，2006年8月27日第十届全国人民代表大会常务委员会第二十三次会议通过《监督法》，明确规定人大常委会的监督方式为听取和审议专项工作报告等七种，通过立法完善人大的监督职能。党的十八大报告指出，党组织支持和保证人民通过人民代表大会行使国家权力，人民代表大会制度是保证人民当家作主的根本政治制度。支持人大及其常委会充分发挥国家权力机关作用，依法行使立法、监督、决定、任免等职权，加强对"一府两院"的监督。党的十八大以来，全国人大常委会通过常态化听取专项工作报告的方式对一府两院的工作进行监督，通过推进执法督导的方式监督行政机关依法履职。党的十九大后，根据中央的统一部署，将法律委员会更名为宪法和法律委员会，统一审议法律案并且加强合宪性审查工作，完善人大组织机构，体现我党支持人大行使监督权这一基本目标。

  第二，人大应当自觉落实党中央的决策部署和大政方针，围绕党中央的中心工作自觉履行监督职能，实现与党内监督的贯通与配合。党的十八届四中全会的决定指出："人大、政府、政协、审判机关、检察机关的党组织和党员干部要坚决贯彻党的理论和路线方针政策，贯彻党委决策部署。各级人大、政府、政协、审判机关、检察机关的党组织要领导和监督本单位模范遵守宪法法律，坚决查处执法犯法、违法用权等行为。"党的十八大后，全国人大常委会在党中央领导下全面加强各项工作，紧密围绕党的中心任务开展立法、监督和决定重大事项等工作，确保党中央的决策部署能够通过人大常委会的工作得到落实。全国人民代表大会常务委员会委员长栗战书于2020年5月25日在第十三届全国人民代表大会第三次会议上所作的全国人大常委会工作报告指出，全国人大常委会认真行使监督权，坚决贯彻党中央决策部署，依法履职，在一年多时间内听取审议39个报告，检查6部法律实施情况，开展3次专题询问、7项专题调研，连续3年听取审议备案审查工作情况报告，并向社会公开。2019年报送备案的行政法规、地方性法规、司法解释1995件，研究处理公民、组织提出的审查建议138件。经审查，督促制定机关纠正与宪法法律规定和精神相抵触、不符合、不适应的规范性文件506件，维护了国家法制的统一、尊严和权威。全国人大常委会法制工作委员会在2021年共收到公民、组织提出的审查建议6339件，其中以书面寄送形式提出的1274件，通过在线受理审查建议平台提出的5065件。经研究，属于全国人大常委会审查范围的有5741件，包括针对行政法规和国务院决定的60件，针对地方性法规、自治条例和单行条例、经济特区法规的5596件，针对司法解释的85件。接收其他备案审查工作机构移送的审查工作建议141件，包括司法部移送的地方性法规136件。我们对有关问题逐一审查研究，及时提出处理意见。对不属于全国人大常委会审查范围的598件审查建议，及时移送相关备案审查工作机构研究处理。其中，移送中央办公厅3件，移送司法部566件，移送省级地方人大常委会19件，移送最高人民法院5件，同时移送司法部和地方人大常委会4件，同时移送最高人民法院和省级地方人大常委会1件。2022年3月8日，全国人大常委会委员长栗战书在第十三届全国人大第五次会议上的工作报告指出，2021年全国人大及其常委会强化监督力度与实效，坚持正确监督、依法监督、有效监督，全国人大常委会听取、审议31个报告，检查6部法律实施情况，进行2次专题询问，开展7项专题调研，作出1项决议，有效监督一府两院的工作。

2. 人民代表大会制度决定监察制度的基本框架

第一，监察委员会是行使国家监察权的专责机关。国家机关的性质是指该机关在宪法上的地位以及其主要的职能，宪法和法律一般对国家机关的性质作出明确规定，如全国人民代表大会是最高国家权力机关，国务院是最高国家权力机关的执行机关，是中央人民政府。最高人民检察院是国家的法律监督机关，是行使检察权的国家机关。国家监察委员会则是行使监察权的专责机关，专责机关具有三重含义：一是监察权只能由监察委员会行使，任何其他国家机关均不能行使监察权；二是监察权是监察委员会行使的专门监督权,其性质是对所有公职人员的职务违法和职务犯罪的调查与处置权。三是各级监察委员会必须履行监督的职责,并且向党委和人大承担政治责任和法律责任。

第二,监察委员会的地位低于本级人大。国家机关的地位是指国家机关与其他国家机关的关系,我国实行人民代表大会制度,决定了所有国家机关均由人民代表大会产生,都应当受到本级人民代表大会的监督,表明国家权力机关的地位高于其他一切国家机关。《监察法》第8条规定,监察委员会由本级人民代表大会产生,向它负责、受它监督。监察委员会主任由本级人民代表大会选举产生,副主任和委员由主任提请本级人大常委会任免。本级人民代表大会及其常委会有权对监察委员会组成人员进行质询与罢免。本级人大常委会应当根据监督工作计划,听取和审议监察委员会的专项工作报告,支持监察委员会的监督工作并提出改进工作的意见和建议。全国人大常委会还应对国家监察委员会制定的监察法规进行备案审查。有学者认为,监察委员会有权对人大机关工作人员实行监督,因此与人大监督监察委员会的制度架构不符。这一观点值得商榷,因为监察委员会只监督人大机关的公职人员,虽然这些人员包括人大常委会的领导班子成员,但监察委员会的监督不是对人民代表大会的监督,而是对公职人员个人违纪违法行为的调查与处置,因此不是对人民代表大会的监督。而人大监督监察委员会主要是工作监督,包括人大常委会听取和审议本级监察委员会的专项工作报告,质询和罢免均主要指向监察委员会的工作是否合法,而不针对监察委员会领导班子的职务行为。所以,监察委员会对人大机关工作人员的监督并不损害人民代表大会的宪法地位,而是人民代表大会制度下国家监督权的合理配置。

三 中国共产党领导下的多党合作与政治协商制度是监察体制改革的民主基础

中国共产党领导下的多党合作和政治协商制度是宪法确认的政党制度,中国共产党作为执政党与民主党派长期共存与互相监督,中国人民政治协商会议是民主党派参政议政和民主监督的重要场所。我党极为重视政治协商和民主监督制度的运行，2005年《中共中央关于进一步加强中国共产党领导的多党合作和政治协商制度建设的意见》强调指出，民主党派"异体监督"的重要性，要求充分运用现有监督制度规定的各种监督形式，有效开展"事前""事中""事后"监督。① 党的十八大报告提出，健全社会主义协商民主制度，确认社会主义协商民主是我国人民民主的重要形式。坚持和完善中国共产党领导的多党合作和政治协商制度，推进政治协商、民主监督、参政议政制度建设。党的十九大报告将中国共产党领导的多党合作和政治协商制度作为人民当家作主的制度形式，明确提出人民政协是具有中国特色的制度安排，人民政协工作要聚焦党和国家中心任务，政治协商、民主监督、参政议政的目的在于增进共识、促进团结。人民政协民主监督的重点是监督党和国家重大方针政策和重要决策部署的贯彻落实。全国政协主席汪洋代表中国人民政治协商会议第十三届全国委员会常务委员会向全国政协第十三届三次会议作出工作报告并指出，在中共中央的坚强领导下，政协全国委员会及其常务委员会以习近平新时代中国特色社会主义思想为指导，政协民主监督围绕生态文明建设，开展发挥南水北调中线工程综合效益、将黄河生态带建设列入国家战略规划等重点提案督办调研，持续参与关注森林活动，跟踪研究华北地下水超采治理、气候变化对我国生态安全的影响，就建立生态补偿机制、国家生态文明试验区建设、白色污染防治、川藏铁路建设和草原生态环境保护等开展调研协商、民主监督，重要建议得到采纳。可见，党的十八大以来，政协民主监督取得了重要成效。

（一）党内监督与民主监督的一致性

党内监督虽然与民主监督主体不同，监督内容和监督方式也不同，但民主党派的民主监督对于加强和改善党的领导、发扬社会主义民主具有重要意义。与西方国家的执政党与在野党相互攻讦不同，中国共产党

---

① 田圣斌：《参政党履行民主监督工作研究》，《民主与科学》2017年第2期。

领导下的多党合作与政治协商制度，执政党与参政党之间是长期合作、肝胆相照、荣辱与共的关系。民主党派以强烈的政治责任心和义务感通过民主监督的机制平台协助执政党制定大政方针政策。① 因此，党内监督与民主监督具有内在一致性，表现在：

1. 党内监督和民主监督的目的都在于巩固与完善中国共产党领导的多党合作与政治协商制度

党内监督的目的在于加强执政党的建设，实现全面从严治党，把中国共产党建设成为清正廉洁、纪律严明的马克思主义执政党。因此，党内监督的显著特色是坚持党的领导，通过党的政治建设、组织建设、作风建设、纪律建设等提高党的执政能力，实现中国共产党长期执政的目标。党内监督只有坚持党的领导，才能明确工作的政治方向，贯彻党的监督政策和党内法规，完善中国特色社会主义政治制度。党内监督以中国共产党的组织、党员和党员领导干部为主要监督对象，但党内监督的内容包括巩固和完善中国共产党领导下的多党合作与政治协商制度，即党的领导干部应当执行党的多党合作与政治协商政策，依法依规支持政协和民主党派的工作，积极主动接受民主监督，特别是对政协委员在会议上提出的批评、意见和建议应当认真研究和采纳等。党的纪检部门以及监察机关对政协领导班子成员尤其是党员领导干部进行严格监督，监督的内容之一就是遵守党的多党合作与政治协商政策、决策的情况，拥护中国共产党的领导和社会主义制度的情况等等。

第一，政协的民主监督以中国共产党的领导为基础，既是人民民主的体现，又是中国特色社会主义政党制度的体现。习近平总书记指出："中国共产党的领导是包括各民主党派、各团体、各民族、各阶层、各界人士在内的全体中国人民的共同选择，是中国特色社会主义最本质的特征，也是人民政协事业发展进步的根本保证。人民政协事业要沿着正

---

① 张彩云：《全面从严治党视域下中国共产党党内监督与民主党派民主监督的关系研究》，《广东省社会主义学院学报》2018年第1期。

确方向发展,就必须毫不动摇坚持中国共产党的领导。"[①] 因此,民主监督的目的与党内监督一样,都是维护中国共产党的领导和执政地位,巩固与完善中国共产党领导的多党合作和政治协商制度。民主监督主要是对党的大政方针和政策进行论证,提出完善的建议举措,还可以通过法定方式监督中国共产党的干部以及公职人员履行职责的情况,提出批评意见。因此,民主监督是有效的党外监督,通过党外监督不仅可以推动党内监督,而且对于多党合作与政治协商制度的完善发挥关键作用。

第二,民主监督有利于促进党内监督的深化。中国共产党领导的多党合作与政治协商制度决定了中国共产党作为执政党不仅要搞好自身建设,也要在全面从严治党的背景下推动民主党派的建设和发展。一方面,民主党派通过民主监督的机制协助执政党制定大政方针,帮助执政党提升执政能力和水平;另一方面,中国共产党积极支持民主党派通过各种形式对其开展民主监督,提出改进和完善工作的意见建议。形成执政党与参政党真诚合作的政治氛围和工作机制,充分体现民主党派的职责作用,更好地推进多党合作事业和民主政治的发展。[②] 民主监督有利于党内监督的开展,通过外部监督为党内监督注入活力,促进党内监督的深化与不断完善。通过监督执政党的大政方针和政策,不断提高人民政协的地位与作用,推进中国共产党与民主党派真诚相见、长期合作、相互监督,共同维护中国共产党的领导,不断巩固多党合作与政治协商制度。

2. 党内监督与民主监督互补

党内监督是指中国共产党对各级组织、党员、干部遵守党的章程、执行党的政策、遵守党的纪律进行监督检查,对违纪违法行为给予处理的制度。人民政协的民主监督包含政协的民主监督和民主党派的民主监督两部分,民主党派的民主监督又不限于通过政协进行的监督。政协的

[①] 习近平:《中国共产党领导是中国特色社会主义最本质的特征》,《求是》2020年第14期。

[②] 张彩云:《全面从严治党视域下中国共产党党内监督与民主党派民主监督的关系研究》,《广东省社会主义学院学报》2018年第1期。

民主监督包含两个层面：一是民主党派通过政协组织进行的监督；二是政协其他界别通过政协组织进行的民主监督。而民主党派的民主监督也可以分为两个部分：一是通过政协组织进行的监督；二是通过国家机关实施的监督行为以及与执政党之间所开展的直接监督行为。[1] 这两种民主监督的共同特征是：

第一，民主监督以政策建议等柔性监督为主，党内监督则以政治监督和纪律监督等刚性监督为主。党内监督是中国共产党全面从严治党的一部分，也是党和国家机关监督的核心部分，在党和国家监督体系中居于主导地位，决定党和国家监督体系的制度形态与体制机制。党内监督有党组织的主体监督、纪委专责监督、巡视和派驻监督等，其监督的重心在于政治纪律、组织纪律、生活作风纪律和廉洁纪律。对党组织特别是党员领导干部存在的违纪违法、失职渎职和贪污腐败等立案审查调查并追究法律责任。当然，党内监督也有党员对党组织和党员领导干部的监督，这些监督一般也以批评、建议为主，但党内监督运用最多的还是刚性监督。政协的民主监督首先是政协委员对执政党的建设、决策和政策的合理性和合法性提出批评建议，其目的在于通过民主监督加强执政党的执政能力建设，完善执政党的重大决策与部署，维护国家法律实施的权威性，因此，民主监督也是以政治监督为主导向，2005年《关于进一步加强中国共产党领导的多党合作和政治协商制度建设的意见》指出，民主监督是在坚持四项基本原则的基础上通过提出意见、批评、建议的方式进行的政治监督，是我国社会主义监督体系的重要组成部分。民主党派主要在以下几个方面进行民主监督：国家宪法和法律法规的实施情况；中国共产党和政府重要方针政策的制定和贯彻执行情况；党委依法执政及党员领导干部履行职责、为政清廉等方面的情况。通过政治协商、大会发言和提案、书面意见等提出批评建议的方式开展监督活动。党的十八大以来，政协和民主党派的监督工作得到进一步的重视，

---

[1] 任世红、任士敏：《民主党派民主监督概念的内涵解析》，《重庆社会主义学院学报》2011年第5期。

监督工作更加深入与具体。2015年《中国共产党统一战线工作条例》（试行）确认民主党派的民主监督的形式有：民主党派在政治协商中、在党委主要负责人召开的专门会议上、对党委党风廉政建设和反腐败工作提出意见和建议，也可以参加各种监督工作和执法检查工作会议并提出批评意见，也可以通过党委组织的专项检查工作或者在政协的会议上对司法工作、法律实施工作等直接提出批评意见与建议。可见，政协和民主党派的监督并不直接针对执政党的组织、党员和干部违纪违法的具体问题，也不涉及贪污腐败案件的调查与审查，而是对反腐败体制机制建设、司法公正、法律法规的实施等提出批评与建议，这些批评与建议正是党内监督所需要的监督形式。政协和民主党派的监督可以弥补党内监督这一体制内监督的缺陷，通过体制外的监督，可以更好地发挥配合党内监督的作用。

第二，民主监督以协商式监督为主，党内监督则以管理式监督为主。党内监督常常以党的中央组织对地方各级组织、上级党组织对下级党组织的监督为主，巡视和派驻监督也体现出上级对下级党组织的监督，纪委监督必须按照干部管理权限对违纪违法的党员领导干部作出处置。所以，党内监督体现出党组织为加强党的建设、维护党的纪律而采取上级对下级的管理式监督，也体现出监督主体对监督对象的领导地位，从而使监督形式具有上下级领导与管理关系的特征。党的十八大以来，民主监督的内容和形式不断完善，政协和民主党派的协商式监督成为民主监督的基本方式，对于推动民主监督工作的发展产生重要影响。《中国共产党统一战线工作条例》（试行）明确规定，政党协商是中国共产党同民主党派的政治协商。政党协商主要包括下列内容：中国共产党全国和地方各级代表大会、中央和地方各级党委的有关重要文件；宪法的修改建议，有关重要法律的制定、修改建议，有关重要地方性法规的制定、修改建议；人大常委会、政府、政协领导班子成员和人民法院院长、人民检察院检察长建议人选；关系统一战线和多党合作的重大问题。政党协商主要采取会议协商、约谈协商、书面协商等形式。党的十九大报告将民主党派的政治协商与民主监督的关系定位为以协商为主要职能,把协商民主贯穿于政治协商、民主监督、参政议政全过程中,在突出政治协商的同时,完善民主监督,体现了人民政协三大主要职能的平衡与一体发展。在人民政协形成与发展的历史过程中,政治协商长期以来成为政协职能的主旋律,说明民主监督作用主要体现在政治协商职能中,这是将政协民主监督称之为"协商式监督"的历史依据。民主监督与政治协商、参政议政职能的主要关联在于以协商为方式,政协的民主监督在很大程度上可以利用已有的协商活动来实现。[①]

政协和民主党派的协商式监督有三大特征:一是中国共产党依照党内法规的规定主动履行协商民主的职能,邀请政协委员、民主党派人士参加有关会议,围绕党的大政方针和政策进行协商,认真听取政协委员和民主党派人士提出的批评意见和建议,不断完善党的政策。二是政协委员和民主党派在政协各种会议上对执政党的重大政策提出建议,对执政党的干部依法履职情况以及廉洁从政中存在的问题提出积极稳妥的政策主张,对存在的问题提出解决的建议。三是参加执政党召开的某些会议,对党的工作以及公正执法方面存在的问题提出批评意见,提出解决问题的方案,政协委员和民主党派人士的民主监督主要通过协商的方式和会议形式提出批评和建议。

(二) 政协民主监督的制度特色

1. 民主监督推动民主党派的自我监督

民主监督主要是指民主党派人士通过会议的方式进行协商式监督。但党的国家监督体系中,民主监督在广义上还可以包括民主党派自身的党内监督,这是因为民主党派是自觉接受中国共产党领导的参政党,民主党派的各级组织和成员除遵守其本党派的章程和纪律外,还要服从和遵守执政党的路线、政策以及有关公职人员履职和廉政的规定。民主党派机关工作人员具有行政编制、由国家财政负担工资福利,行使法律法

[①] 张锋:《论人民政协民主监督的协商式监督新定位》,《国家行政学院学报》2017年第6期。

规规定的权力，属于公务员的范畴，其职务行为受到法律法规的约束。所以，民主党派的民主监督应当包括民主党派自身的监督。民主党派自觉接受中国共产党的领导，遵守执政党的政治路线和政治纪律，并且依法接受监察机关的监督。这是民主党派的外部监督，民主党派的内部监督在性质上也是民主党派的自我监督、自我革新与自我完善。有学者认为，民主党派的党内监督是指民主党派内部对其领导班子、工作班子以及各级组织和所有成员的自我约束和制衡，其根本目的是保证民主党派的政治纲领、奋斗目标、重要任务、基本准则的贯彻实施，追究渎职、失职和不履行义务的责任。① 民主党派党内监督的历史也比较悠久，但真正建立党内监督制度是2007年各民主党派召开新一届全国代表大会，先后对各自章程作了修改，各民主党派中央相继在2008年建立了中央监督委员会，以后又相继在省一级设立监督委员会。在中国共产党领导的多党合作和政治协商制度指导下，各民主党派的章程和党内监督条例是开展党内监督的行为规范。民主党派的党内监督主要是对各级组织和党员遵守本党章程的情况进行监督，重点监督各级领导班子及其成员履行党内领导职责情况。② 由于民主党派参政党的特征，必须在执政党的领导下，对担任政府实职的党员领导干部进行监督。近年来，各党派注重加强与中国共产党各级监督机构的沟通，了解实职党员的履职廉政情况，对苗头性、倾向性问题提前介入处理，收到良好效果。可以借鉴中国共产党党内监督的经验，结合党和国家监督体系的基本要求，进一步加强民主党派党内规章制度建设，健全监督体制与机制、尝试建立巡视制度、充分发扬党内民主等方式予以加强。③

2. 民主监督推动执政党与参政党的互相监督

在党和国家监督体系中，民主监督是党外监督的重要形式，民主监

---

① 陈大明、孙基志、曾昭富、刘金先：《民主党派党内监督论探》，《湖北省社会主义学院学报》2010年第5期。
② 杜黎明：《关于民主党派党内监督的几点思考——以中国农工民主党为例》，《前进论坛》2011年第5期。
③ 张亚娟：《借鉴执政党成功经验，加强参政党内部监督》，《前进论坛》2016年第10期。

督从狭义上讲是以政协为主要场所的监督形式，但由于中国共产党领导的多党合作与政治协商制度的特点，民主党派的参政党特征，决定了民主监督主要是体制外的监督和党外监督。民主党派首先必须接受中国共产党的领导，将中国共产党的政治领导和党内监督转化为对民主党派的自我监督。

第一，政治监督基础上的相互监督。中国共产党是执政党，在全面从严治党的背景下，党内监督得到前所未有的加强，目前党内监督的制度体系、规范体系、运行体系以及责任体系都已经较为完善，随着《纪律处分条例》《党内监督条例》《监察法》《政务处分法》等一批党内法规和法律的实施，党内监督的刚性更加凸显，权力的笼子越扎越紧，实现了公权力监督的全覆盖。党的十九大后，党内监督的重点是政治监督，即党组织和党员领导干部的政治纪律和政治规矩执行情况，特别重要的是增强"四个意识"、坚定"四个自信"、做到"两个维护"的情况。通过严密的党内监督维护党的团结，提高党的执政能力。同时，通过党内监督带动并支持国家监督，形成党内监督的主导地位。但党内监督必须要有国家监督相配合，才能健全党和国家监督体系，才能深化党内监督。党内监督与民主监督的目的一致性和互补性表明，党内监督与民主监督首先都是政治监督，民主党派的政治监督也是其监督职能的主体内容，政治监督的内容有二：一是监督遵守执政党领导原则、执政党路线方针政策的执行情况；二是遵守本党派章程以及党员干部履职廉政情况。所以，民主党派的政治监督与执政党内政治监督的方向完全一致，体现出两种监督的政治方向和目标的统一，这是民主监督的最大优势。民主监督作为党外监督，属于国家监督的一部分，但并不属于国家机关监督，而是民主协商基础上的监督。体现出党外监督和异体监督的制度特色，充分体现中国共产党领导的多党合作和政治协商制度的特色。

第二，民主监督可以转化为党内监督。民主监督是全过程人民民主的组成部分。我国的人民民主是宪法确立的基本原则，人民民主既可以通过人民代表大会实现，也可以通过民主监督实现。所以，人大监督是体制内监督，是国家机关的监督。而政协和民主党派的民主监督则是体制外的监督，是民主党派的外部监督，虽然两者在监督范围和方式上不同，但并不影响两者实现人民民主的共性。民主监督是群众监督、舆论监督的核心，发挥党外监督与体制外监督的核心作用。群众监督可以通过民主监督来实现，政协本身具有联系民主人士和人民群众的天然优势，而政协和民主党派具有实现监督的法定组织形式和监督方式，可以在一定程度上反映人群众的要求，集中反映人民群众关心的问题，引起党和政府对监督事项的高度重视。舆论监督也是人民监督的一种，在传统媒体与现代互联网并存的格局下，人民可以通过多种媒体表达自己的批评和建议，这些批评和建议往往能够引起党和国家机关的重视，转化为党和国家机关的监督行为。同时，民主监督可以引导舆论监督，政协和民主党派人士在社会上产生广泛的联系，而且部分政协委员还是有重大影响的社会知名人士，对舆论反映的问题可以通过自己的专业判断提出自己的意见和见解，从而加强舆论监督的权威性。对于不正确甚至是违法的舆论，政协委员和民主党派人士可以运用自己的社会影响力予以批评和揭露，消除其危害和消极影响。两者均对舆论监督发挥引导功能。可见，民主监督在党和国家监督体系中发挥不可替代的重要作用。

第四章　纪检监察监督的一体化运行

习近平总书记指出："党的执政地位，决定了党内监督在党和国家各种监督形式中是最基本的、第一位的。只有以党内监督带动其他监督、完善监督体系，才能为全面从严治党提供有力制度保障。"[1] 党的十九大明确提出健全党内监督体系以来，巡视监督、派驻监督、纪律监督得到了显著的增强，发挥了党内监督主导作用，产生了反腐败的震慑效果。党的十九届四中全会的报告对健全党和国家监督体系重新进行表述，不仅将纪检监察制度并提，而且将纪律监督、监察监督、派驻监督、巡视监督统筹衔接作为党内监督体系的重要组成部分，彰显监察委员会在党内监督和国家监督中的双重职责。因此，监察监督虽然在机构性质上定位为国家机关监督，但在党和国家监督体系上则是党内监督主导下运用法治方式反腐败的政治机关，由于纪检监察合署，纪委的纪律监督与监委的监察监督是公权力监督的两个面向，主体具有同一性。在党内监督方式中，纪检与监察派出或者派驻纪检监察组，同时承担纪律监督与监察监督的职责；巡视与巡察由各级党委负责，但其办公机构设置在各级纪委与监委内，而且对巡视与巡察单位的整改由纪委负责监督执行，巡视与巡察发现的问题线索是职务违法、职务犯罪案件的主要来

---

[1] 中共中央文献研究室编：《习近平关于全面从严治党论述摘编》，中央文献出版社2016年版，第213页。

源之一。可见，监察监督既不能脱离纪律监督运行，也不能脱离派驻监督、巡视巡察监督运行。纪检监察监督一体运行是监察制度运行的基本特征。党的二十大报告深化和发展了党的十八大以来党和国家监督体系的理论，将党内监督、监察监督均作为党的自我革命制度规范体系的重要组成部分，二者均是对公权力的制约与监督。所以，党内监督的运行实际上是纪律监督、监察监督、派驻监督和巡视巡察监督的一体推进，其实质是纪检监察监督一体运行。为了突出监察监督在监察制度运行中的地位与作用，本章只讨论纪律监督、派驻监督与巡视巡察监督，而在第五章再系统讨论监察监督。

第一节 党委（党组）的监督主体责任

一 党内监督主体责任的涵义

（一）党内监督主体责任的党规依据

纪检监察监督以及其他权力监督都以党内监督为主导，党内监督则以党的各级组织履行监督职责、行使监督职权、支持纪检监察监督作为基本任务，因此，主体责任是党内监督的核心。党内监督主体责任的概念始于2003年《党内监督条例》（试行），该试行条例明确党的各级委员会领导党内监督工作并对下级党组织与领导班子成员进行监督。十八届中央纪委三次会议不仅明确党组织的监督是主体监督，而且明确强调，各级党委（党组）要切实担负党风廉政建设主体责任，各级纪委（纪检组）要承担监督责任，从而区分主体责任与监督责任。党的十八届六中全会通过的《党内监督条例》第九条规定党中央统一领导，党委（党组）全面监督，纪律检查机关专责监督。第十五条规定党委（党组）在党内监督中负主体责任，书记是第一责任人，党委常委会委员（党组成员）和党委委员在职责范围内履行监督职责。第九条和第十五条的规定在内涵和精神实质上具有一致性，但全面负责包括两层含义,一是指包括党的中央组织在内的各级党组织对自身以及下级党组织的监督;二是党的各级组织应当加强对本级巡视巡察、纪检监察监督以及下级党组织监督工作的领导。

(二) 党内监督主体责任的概念

党内监督主体责任是在党中央统一领导和部署下,落实党委(党组)监督工作责任的制度。党委(党组)主体责任主要体现在五个方面。一是加强领导,选好用好干部,防止出现选人用人上的不正之风和腐败问题;二是坚决纠正损害群众利益的行为;三是强化对权力运行的制约和监督,从源头上防治腐败;四是领导和支持执纪执法机关查处违纪违法问题;五是党委(党组)主要负责同志要管好班子、带好队伍、管好自己,当好廉洁从政的表率。① 可见,党内监督主体责任的落实是健全纪律监督、监察监督、派驻监督和巡视监督的政治保障。

二 党内监督主体责任的内容

(一) 党的中央组织在党内监督中发挥领导作用与监督作用

党的十八届六中全会以前,党内法规规定党的组织要发挥监督作用,但并没有明确党的各级组织在党内监督中的地位,也没有确立党的中央组织的监督职责与监督形式。党的十八届六中全会通过的《党内监督条例》将党的中央委员会、中央政治局和中央政治局常务委员会在党内监督中的地位和责任予以明确,党的中央组织既是全党党内监督的领导机关,又是党内监督机关;是党的全面监督和各级党委(党组)监督主体责任的领导机关和协调机关。党的中央组织的全面监督具有以下特征:一是党的中央组织全面领导党内监督工作,部署加强党内监督的重大任务。这是全面从严治党、实现党的全面领导、维护党中央权威的必然要求,也是党内监督坚持正确的政治方向、加强组织领导与制度建设、完善党内监督机制的必然要求。二是党的中央组织的领导职责与监

---

① 王胜南、胡小君:《党内监督"两个责任"的关系与机制构建》,《唯实》(现代管理) 2018 年第 2 期。

督职责显性存在，两者缺一不可。理论界曾有一种观点，认为党的领导职责是显性的，而监督职责是领导职责的部分内容，这种观点并不完全符合《党内监督条例》的规定。党的中央组织不仅领导党内监督工作，而且通过听取有关八项规定执行情况、廉政建设工作情况的汇报，听取中央纪委国家监委、中央巡视组工作情况的汇报，全面行使监督职责。三是党的中央组织监督与中央组织领导干部相互监督相结合。党的中央组织对下级党的组织和领导班子成员进行监督，体现党中央全面领导的原则与精神。同时，中央委员会必须严格遵守党的政治纪律和政治规矩，发现中央委员会组成人员有违反党章、破坏党的纪律、危害党的团结统一的行为应当坚决抵制，并及时向党中央或者中央纪委报告。这一规定体现党中央领导成员自我监督以及相互监督的观念与制度，集中体现任何公权力都必须受到制约与监督的理念，也体现用权必担责的监督逻辑。

（二）党委（党组）在同级各种组织中发挥总揽全局、协调各方的领导核心作用

党委（党组）的主体责任体现在发挥党组织的领导优势，全面落实党的十八大以来的路线、方针和政策，发挥党委在全面从严治党方面的组织实施作用，具体表现在三个方面：一是领导责任，即对本地区本部门本单位党内监督工作，组织实施各项监督制度，加强对同级纪委和所辖范围内纪律检查工作的领导。[①] 二是监督责任，即党委（党组）加强对党委常委会委员（党组成员）、党委委员，同级纪委、党的工作部门和直接领导的党组织领导班子及其成员进行监督；同时，通过提出建议意见的方式监督下级党委和纪委。三是党委（党组）加强对本单位本部门干部和公职人员的日常管理与监督，运用批评与自我批评、通过谈话等方式对他们存在的问题进行批评教育，帮助他们改正错误，提高政治觉悟和认识。按照党内法规的要求，加强对巡视工作的领导，对巡视巡察工作中发现的问题要求下级党委认真整改，对不落实整改措施的

---

① 颜晓峰：《充分发挥党内监督体系管党治党的威力》，《行政管理改革》2016年第12期。

严肃追责问责。

(三) 党委(党组)承担从严治党不力的主体责任

党的十八大以来,全面从严治党、加强党的政治建设成为主旋律,党的十九大报告将党的政治建设作为党的建设的首要任务,党的十九届四中全会将党的政治建设作为党长期执政的战略任务,是发挥党的领导制度优势的前提与基础。《党内监督条例》和《纪律处分条例》《问责条例》等党内法规对党委(党组)党内监督主体责任的内容以及责任追究作出了明确规定。党委(党组)主要加强政治监督,确保党章党规党纪在全党有效执行,维护党的团结统一,重点解决党的领导弱化、党的建设缺失、全面从严治党不力,党的观念淡漠、组织涣散、纪律松弛,管党治党宽松软问题,保证党的组织充分履行职能、发挥核心作用。巡视巡察监督也以政治监督为主导,纪委以监督党的领导干部遵守政治纪律和政治规矩为首要任务。如果党委(党组)在党的政治建设和政治纪律监督方面没有履行职责,给党的事业造成严重损害的,应当依照《问责条例》的规定追究责任。制定《问责条例》的指导思想是坚持党的领导,加强党的建设,全面从严治党,做到有权必有责、有责要担当、失责必追究,落实党组织管党治党政治责任。可见,《问责条例》的主要目的在于追究从严治党不力的政治责任。对党的领导弱化,党的建设缺失,全面从严治党不力,主体责任、监督责任落实不到位,管党治党失之于宽松软,维护政治纪律和政治规矩失职的党组织和主要领导干部依规追究政治责任。

三 确立党委(党组)党内监督主体责任的必要性

党委(党组)在党内监督中的主体责任是由中国共产党作为执政党和领导党的地位决定的,也是新形势下加强党内监督、深化全面从严治党的战略目标决定的。

(一) 党章是确立党委(党组)主体责任的依据

党章是党组织和党员的根本遵循,党的政治建设和纪律建设必须以党章为依据。党章确立了党的指导思想与宗旨，明确规定强化各级党组织在党内监督中的主体责任和监督责任，这些规定是确立党委（党组）主体责任的根本依据。党章将全面从严治党作为党的建设必须实现的五项基本要求之一。明确规定坚持党要管党、全面从严治党，以党的政治建设为统领，全面推进党的政治建设、纪律建设，强化管党治党主体责任和监督责任，加强对党的领导机关和党员领导干部特别是主要领导干部的监督，不断完善党内监督体系。党章规定地方各级党组织领导本地区和本部门的工作，发挥领导核心作用。2015 年修订的《纪律处分条例》，明确各级党组织在全面从严治党中负有主体责任。从党风廉政建设主体责任到全面从严治党主体责任，是实践的发展，更是认识的深化，体现了我党对管党治党规律的深刻把握，[1] 也体现了对党委（党组）监督工作的基本要求。所以，党委（党组）对党的建设全面负责，对党内监督负主体责任既是职责，又是义务。只有各级党委认真履行监督职责，全面从严治党的任务才能真正实现。

（二）反腐败是确立党委（党组）主体责任的必然要求

从党的十三大开始，党的历次代表大会工作报告均提出反腐败的任务。由此可见，反腐败是全党各级组织和党员的重大政治任务。党的十九大对夺取反腐败斗争的压倒性胜利进行了战略部署，通过强化党的政治建设，加强党的政治监督从根本上解决腐败问题。党的十八大以来，以习近平同志为核心的党中央在全面从严治党实践中，将解决党内各种问题高度上升到党的政治建设上来，强调全面从严治党首先要从政治上看，不能只讲腐败问题、不讲政治问题。党中央专门印发《关于加强党的政治建设的意见》，对加强党的政治建设，强化政治监督作出重大决策部署并推动落实。[2] 这是党对反腐败工作经验的总结，也是对党的建设规律的重新认识。党委（党组）是反腐败工作的重要领导力量和监

---

[1] 张国栋：《为何强调党委（党组）在党内监督中负主体责任？党内监督最关键的是党委（党组）监督》，《中国纪检监察》2016 年第 21 期。

[2] 钟君：《强化政治监督的时代价值和实践内容》，《中国纪检监察》2020 年第 7 期。

督力量，处于反腐败工作前沿，党的政治建设既要靠党中央的集中统一领导，又要靠党委（党组）的全面部署、统筹协调、真抓实干，还要靠全体党员共同努力。党委（党组）在政治建设和政治监督方面居于重要地位，既是落实党中央反腐败决策部署的中枢，又是本地区本部门反腐败力量的领导者。通过加强巡视巡察、支持纪委专责监督、强化日常监督、建立并完善党内监督机制等制度性手段，解决下级党组织和党的领导干部党的领导弱化、党的建设不力、管党治党宽松软、监督不到位等主体责任缺失的问题。

（三）落实"一岗双责"是党委（党组）主体责任的目标

党的政治建设是具体的，而不是抽象的。党的组织和党员必须遵守党章党规，遵守党的政治纪律与政治规矩，严格执行民主集中制，遵守选人任人准则，严肃党内政治生活。党委（党组）在政治建设、反腐败工作、党内监督工作方面负有领导责任，《党内问责条例》对于全面从严治党不力、党的领导弱化的党委（党组）及主要领导干部规定问责。其目的在于实现主体责任和监督责任在全面从严治党过程中的内在统一，落实到具体工作中，就要求党的领导干部必须承担"一岗双责"，即在具体工作中，党的领导干部既要履行好主体责任，又要履行好监督责任；既要抓好党的建设工作，又要抓好业务工作。[1] 党委的主体责任不是承担所有的监督责任，而是承担领导责任和加强政治责任，为单位营造良好的政治环境，为纪委创造良好的监督条件。[2]

党委（党组）在党内监督中负主体责任，书记是第一责任人。党委（党组）"履行好"四个主体责任，即履行好本地区、本部门、本单位党内监督制度落实工作的主体责任；履行好领导同级纪委工作的主体责任；履行好对党委常委会委员（党组成员）、党委委员，同级纪委、党的工作部门和直接领导的党组织领导班子及其成员进行监督的主体责

---

[1] 何海涛：《主体责任与监督责任的一体性及其践行》，《中南民族大学学报》（人文社会科学版）2016年第6期。

[2] 王胜南、胡小君：《党内监督"两个责任"的关系与机制构建》，《唯实》2018年第2期。

任；履行好对上级党委、纪委工作提出意见和建议，以及开展监督的主体责任。[①] 由于党委（党组）是本地区、本部门和本单位党的政治领导和党内监督工作的领导力量，因此，《党内问责条例》规定，对不履行或者不正确履行职责的党组织和领导干部进行问责，问责的形式多种，有通报、诫勉、组织处理和纪律处分等。

四 加强党委（党组）党内监督主体责任的具体措施

党的十八大以来，党内监督主体责任落实不到位的问题不同程度地存在，从巡视巡察发现和反馈的问题来看，党的领导弱化、全面从严治党不力的问题还没有从根本上解决，个别地区和部门的腐败现象仍然没有从根本上得到遏制。产生这一现象的原因是党委（党组）主体责任有待进一步加强，关键是形成党委落实主体责任的具体措施：

（一）形成牢固的正确责任观

党委（党组）监督主体责任缺失的原因之一就是没有形成牢固的正确责任观，对党的十八大以来党内监督的指导思想、基本原则、目标任务还缺乏深入理解，对党的十九大以来全面从严治党、加强党的政治建设、强化党内政治监督的战略布局认识有待提高。第一，党委（党组）主要负责人对主体责任与纪委监督责任理解偏颇，认为监督就是纪委纪律监督，就是纪委立案审查调查。出现"口号喊在党委，工作还在纪委"的现象。第二，认为党委（党组）的主要工作是业务工作，有的地方党委只抓权力，不抓监督，认为监督责任在纪委。第三，有的党委对主体责任认识不清，对党风廉政建设落实不力。通过开会、讲话或签个监督责任书就万事大吉，没有具体落实的主体责任；有的对错误思想和作风放弃了批评和斗争，搞无原则的一团和气，疏于教育，疏于管理和监督。[②]

针对部分党组织和党的干部思想上不重视党内监督工作，对监督主

---

① 赵连稳：《新时代党的权力监督思想和实践创新》，《安康学院学报》2018年第4期。
② 严宗泽、王春玺：《当前地方党委"一把手"权力监督面临的困境及其根源分析》，《理论月刊》2017年第5期。

体责任的理解不准确的问题，有必要进一步深入加强党的组织和主要领导干部对党的十九大精神的学习，特别需要加强对《中共中央关于党的政治建设的意见》的学习，认真领会其精神实质、基本内容与总体要求。通过学习树立主体责任观，一是必须坚定政治信仰，全面贯彻必须坚持马克思主义指导地位，坚持用习近平新时代中国特色社会主义思想武装全党、教育人民，夯实思想根基，牢记初心使命。这是树立正确主体责任感的前提与思想基础。二是必须明确党委在党内监督体系中的政治责任和使命。党章和《党内监督条例》对党的各级组织在党的建设和党内监督中的地位和作用均有原则规定，党委对本地区和本部门的党的建设工作有领导、组织、推进、监督的职责，对党内监督和反腐败工作统一协调指挥。《中国共产党关于党的政治建设的意见》明确规定党组织必须加强政治领导，承担执政兴国的政治责任；加强政治建设提高各级各类组织和党员干部的政治能力，不断提高党员干部特别是领导干部政治本领。可见，党的政治建设与党内监督责任重大，应当成为各级党组织头等重要的工作。除了提高党组织尤其是主要领导干部的政治意识和政治站位外，还有必要通过改进工作方式全面提升党委的主体责任意识。党中央在适当的时候可以召集地方党委主要领导干部召开党的建设和反腐败工作经验交流会，由党委（党组）书记对本地区、本部门和本单位全面从严治党和加强党内监督工作的经验进行总结交流，对存在的问题查找思想根源，从思想深处提高认识。对于全面从严治党、加强党的政治建设的经验和做法予以推广，对全面从严治党不力、党的领导弱化的典型案例和事例进行通报，吸取教训。党中央和上级党组织把下级党组织落实巡视巡察工作的情况作为重要工作来抓，对巡视巡察发现政治建设不力的整改方案要抓好具体落实工作，从具体工作中解决主体责任缺失、组织监督弱化的问题。

（二）进一步加强党委（党组）领导班子成员和主要领导干部相互监督

从党委（党组）主体责任缺失的表现形式来看，党委（党组）的组织监督不力，监督工作流于形式是主要问题。一般来说，党委党内监督的方式有八种：批评与自我批评，巡视与巡察，组织生活会与民主生活会，提醒与诫勉，干部考察考核，领导干部述责述廉、个人有关事项报告、插手干预重大事项记录和向上级党组织报告。[①] 这八种监督形式可以分为主要领导干部相互监督、上级组织对下级组织的监督、领导监督工作三类。主要领导干部相互监督包括批评与自我批评、组织生活会与民主生活会、述责述廉三种方式。

批评与自我批评是我党的优良传统与作风，通过批评与自我批评形成良好的党内政治生态和氛围。但是，在领导班子成员和主要领导干部之间，还没有形成勇于政治担当、自我革新的精神境界。虽然领导班子成员和主要领导干部定期召开民主生活会或者组织生活会，但在会上往往一团和气，对领导干部存在的主要问题往往视而不见、轻描淡写。在会议上，下级对上级领导干部存在敬畏感，加上信息不对称，往往对上级领导干部存在的问题不敢提出，而对成绩往往持表扬态度；领导干部对自己的工作业绩讲得很具体，对存在的问题特别是全面从严治党方面存在的问题往往宏观地、原则地讲讲。个别领导干部甚至认为，班子成员之间以及上下级领导干部之间进行批评会损坏同事之间的工作氛围，容易得罪人，因此不愿意直面问题。所以，要充分发挥批评与自我批评的作用，必须改进工作方式，可以采取会议上以学习党的政治建设、政治监督工作优秀事迹或者吸取反面教训等为主要内容；会后可以以书面形式向党组织报告本人及班子成员在全面从严治党、政治建设和领导监督工作方面存在的不足，提出解决问题的建议。党组织应当向班子成员反馈这些问题，使之不断改进工作。

组织生活会和民主生活会是《关于新形势下党内政治生活的若干准则》（以下简称《准则》）规定的党员组织活动形式，组织生活会每季度或半年召开一次，党支部党员参加，而民主生活会一般每年召开一

[①] 万纪耀：《党委和纪委在党内监督中的责任及其方式》，《理论与当代》2017年第2期。

次，党委班子成员参加。组织生活会一般以学习为主，也有开展党员批评与自我批评的内容，但形式较为单一。民主生活会一般需要党委领导班子成员述责述廉，"述责"主要是领导干部履行职责特别是管党治党责任的情况；"述廉"是廉洁从政的情况。述责述廉体现了自上而下的组织监督、自下而上的民主监督以及同级之间相互监督相结合。述责述廉发挥了组织监督的作用，但由于个别领导干部述责述廉材料内容不够具体，尤其是党政一把手的材料不容易受到监督，尽管该制度在实践中发挥了一定的作用，但对主要领导干部的监督仍然有限。可以在公开述责述廉材料的基础上，与巡视巡察工作相结合，发挥舆论监督的作用，对于述责述廉材料造假的领导干部依法问责。对于上级组织对下级组织疏于监督，该提醒的不提醒，该警示的轻描淡写，该查处的拖而不决，[1] 此类主体责任缺失的领导干部，必要时给予组织处理或党纪处分，造成严重后果的要严肃追责。[2]

（三）完善党内谈话制度

《党内监督条例》第二十一条规定："坚持党内谈话制度，认真开展提醒谈话、诫勉谈话。"这是党内法规首次将党内谈话作为正式的监督方式并且制度化。党的十八大以来，在全面从严治党原则的指引下，党组织的主体责任主要是领导责任和监督责任，纪委也将监督作为第一位的职责。党组织和纪委的监督职责不仅仅是查办腐败大案要案，更多的是将监督关口前移，加强对党员和领导干部的日常管理与监督，及时发现问题，及时进行监督，实现抓早抓小、防微杜渐，对于苗头性、倾向性的问题通过谈话的方式予以警示和告诫，避免因轻微违法得不到及时纠正而演变为重大违纪违法问题。所以，党委和纪委都要做好监督工作，既监督关键少数，又管住绝大多数。

为了实现这一转变，《党内监督条例》规定建立党内谈话制度。党

---

[1] 完颜平：《当前党内监督的重音是"自上而下"》，《中国纪检监察》2017年第4期。
[2] 修远：《中央纪委通报六起问责典型案例有何深意》，《中国纪检监察》2017年第5期。

内谈话可以分为工作日常谈话和监督谈话两类,日常工作谈话是指党组织在发展党员、干部任免以及日常管理等工作中委派专人代表党组织以谈话形式与相关党员干部进行沟通交流的一种工作方法,适用于选派党政干部的任职前谈话或者对党的干部的工作提出要求和警示等,其目的在于通过沟通掌握公职人员的思想动态,激励公职人员做好本职工作,因此,日常谈话主要是为了推进工作。而监督谈话是《党内监督条例》规定的谈话制度,包括提醒谈话和诫勉谈话两种,发现领导干部有思想、作风、纪律等方面苗头性、倾向性问题的,有关党组织负责人应当及时对其提醒谈话;可见,提醒谈话的对象较为广泛,只要是党员和党的干部均可以适用,只要党员干部存在思想作风方面的问题倾向或者可能存在违纪风险的,均可以进行提醒谈话,其目的在于提醒风险、警示教育,让党员干部严格自律、保持清醒。在实践中,党组织还发展出廉政谈话、约谈等谈话方式,这些方式也是提醒谈话的一种,其目的有二:一是要求党的干部廉洁自律,严格要求自己,通过加强理想信念,自觉抵制诱惑。二是因下级党政机关或其工作部门的工作存在失误,造成一定的消极影响,上级党组织对其主要领导干部进行谈话,要求其认识错误,及时整改,并且将整改情况报告上级党组织,以减少工作失误产生的危害。诫勉谈话则是针对已经发生的轻微违纪问题,及时对被谈话人批评教育,通过红脸出汗督促其在今后的工作中切实改正。① 诫勉谈话虽然不是党纪处分,但可以发挥党纪处分的作用。

党内谈话制度取得了一定的成效,但还存在谈话问题导向不够明确、谈话指向不够精准、谈话理论高度不够等问题。提醒谈话存在不重视、不实在、不深入、不整改的难题,需要进一步提升谈话的质量。② 而诫勉谈话的对象在6个月内不能提拔,与警告处分具有相同的纪律处分效果,需要进一步完善诫勉谈话程序,诫勉谈话对象认为事实不清或

---

① 陈振:《完善党内谈话制度的体系性思考》,《理论建设》2017年第3期。
② 李娅:《党内谈话制度在落实监督责任中的应用机制研究》,《党史博采》2018年第1期。

者认为不存在违纪行为的,可以书面提出申诉,党组织应当派人核实材料,对申诉进行审查,如果认为理由成立的,应当接受并且撤销处理决定。

(四) 认真落实主体监督责任

《党内监督条例》明确党委(党组)的主体责任,并且规定党委(党组)书记是第一责任人,从而形成组织责任与领导干部个人责任相结合的体制。然而,由于责任制的规定并没有完全落实,导致党委(党组)的主体责任在实践中出现了一些问题,表现在:一是少数党员领导干部包括主要领导干部理想信念不坚定、对党不忠诚,不严格执行党章党规党纪,漠视政治纪律、无视组织原则,导致党组织的主体责任虚置;① 二是通过巡视和巡察反馈的意见,个别党政主要领导干部存在"管党治党责任担当不够",党委领导班子特别是一把手的责任不明,分管领导失职失察的情形。② 要压实主体责任就必须要从以下几个方面全面落实主体监督责任:

1. 落实党委工作部门的责任

根据《党内监督条例》的规定,党委工作部门本身即具有职能监督职责,但对党委工作部门如何进行职能监督并没有作出详细规定。从理论上来讲,工作部门主要从本身日常工作中发现本部门工作人员以及下级党委职能部门工作人员有违反政治纪律和政治规矩、违反党的纪律的情形时,对于苗头性、倾向性的问题可以采取提醒谈话的方式处理,对于轻微违法的移送纪委诫勉谈话,对职务犯罪的应当将线索移送有管辖权的纪委监委审查调查。工作部门的主要领导人对本部门党的政治建设负责。但是,工作部门受同级党委领导,如果党委主要领导全面从严治党不力,缺乏压力传导机制,工作部门的监督积极性和效能就会下降。为此,有必要细化工作部门职能监督的责任,增强职能部门的监督

---

① 苗庆旺:《准确理解党内监督的目的、任务和内容——紧紧围绕加强党的领导强化党内监督》,《中国纪检监察》2016 年第 21 期。

② 李蕲:《政治巡视"体检报告"关注哪些指标——十八届中央第十轮巡视反馈情况盘点》,《中国纪检监察》2016 年第 20 期。

意识，强化职能部门负责人的监督职能。

2. 上级党组织和纪委的定期检查和考核

上级党组织和纪委要定期考核下级党组织和主要领导干部在政治建设、廉政建设方面的情况，建立考核档案。首先，检查考核党组织和主要领导干部在廉政建设方面建章立制的情况，党的政治建设有明确的目标与任务，各级党组织要根据本地区、本部门和本单位的实际情况，在组织生活、党员发展、选人任人、巡视巡察和纪律监督方面制定相应的规范性文件执行党中央的决定。只有建章立制才能全面履行管党治党职责。其次，党组织和主要领导干部必须层层细化责任，层层落实责任。建立健全督查、考核制度，实行督查考核计划管理，使考核工作制度化、规范化、科学化。①

第二节　加强纪律监督与派驻监督

在党内监督体系中，纪委专责监督是党内监督的重心，纪委是纪律监督的专责机关，这是由纪委在党内的政治地位、政治责任和政治使命决定的。与党组织的巡视巡察监督不同，纪委实现监督全覆盖的重要组织手段是向中央国家机关、人民团体、国有企业和事业组织派驻纪检组进行监督，党的十八大后，随着监察体制改革的深入，纪委与监委共同派驻纪检监察组，对派驻单位党组织班子成员进行监督，实现纪检监察全覆盖。因此，派驻监督是纪委监委专责监督的延伸，是纪委监委专责监督的一部分。

一　从执纪监督到专门监督再到专责监督

纪委专责监督不仅仅是一个纪检监察监督上的概念，而且是纪委职责与地位的标志。所谓专责监督是指党的各级纪委是专责监督机关，履

---

① 祝灵君：《坚持和加强党的全面领导》，《党建研究》2019年第3期。

行监督执纪问责职能。《党内监督条例》第26条规定，党的各级纪律检查委员会是党内监督的专责机关，履行监督执纪问责职责。对纪委职责的定位是党的十八大以来全面从严治党条件下，党内监督权重新配置的结果。党的十八大以来，党内监督形成了各级党组织主体责任与巡视监督、纪委专责监督与派驻监督，基层党组织和党员民主监督三维立体式体系，纪委是党统一领导下履行监督职责的专责机构，这一定位是党内监督实践经验的总结，也是纪委监督职责发展的结果。纪委监督职责的形成大体经历了执纪监督、专门监督和专责监督三个阶段。

（一）执纪监督阶段

纪委是执行党的纪律的机关，即对党组织、党的干部和党员违反党的纪律的行为进行调查并给予处分的机关，其主要职责是执纪。党的八大党章即规定党的监察委员会是对党员违反党章和党纪的行为进行立案调查并决定处分的机构。党的十一大决定恢复设立党的纪律检查机构，党的十一大党章规定各级纪委负责检查党员和党员干部执行纪律的情况。党的十二大党章规定纪委检查、处理党的组织和党员违反党章党纪与国家法律法令的比较重要或复杂的案件，决定或取消对这些案件中的党员的处分，并且协助党委整顿党风。党的十三大、十四大、十五大和十六大党章均对党的纪律检查委员会的职责做出大致相同的规定，只有党的十六大党章规定纪委协助党的委员会加强党风建设和组织协调反腐败工作。

（二）专门监督阶段

这一阶段将纪委的主要职责定义为专门监督。2003年《党内监督条例》（试行）将纪委定位为党内监督的专门机关，履行党内监督的专门职责，纪委已经不只是执纪监督的机构，其职能拓展到对党组织和党员领导干部的经常性监督，并且主导腐败案件的查处，成为党内专门从事监督的机构：一是纪委协助同级党委组织协调党内监督工作，组织开展对党内监督工作的督促检查；二是对党员领导干部履行职责和行使权力情况进行监督；三是处理党员违纪案件，对党员进行纪律处分。十七大党章对纪委的职责作出规定,吸收了《党内监督条例》(试行)的关于纪委专门监督职责的规定,将纪委的职责界定为维护党纪、组织协调反腐败工作、监督党员领导干部行使权力、检查和处理违纪案件并决定党纪处分。其职责主要是监督、执纪两个方面。

(三) 专责监督阶段

党的十八大以来,以习近平同志为核心的党中央提出全面从严治党的战略,明确提出加强党的纪律、坚定推进反腐败进程,完善党内监督体制与机制。党的十八届三中全会通过的《中共中央关于全面深化改革若干重大问题的决定》对纪委的职能作出明确规定:加强和改进对主要领导干部行使权力的制约和监督,加强反腐败体制机制创新和制度保障。加强党对党风廉政建设和反腐败工作统一领导。落实党风廉政建设责任制,党委负主体责任,纪委负监督责任,制定实施切实可行的责任追究制度。为此,各级纪委要履行协助党委加强党风建设和组织协调反腐败工作的职责,加强对同级党委特别是常委会成员的监督,更好发挥党内监督专门机关作用。这一规定从两个维度阐释纪委专门监督的性质:一是纪委的监督不仅是一种专门监督也是一种监督责任,突出纪委监督职权的同时,突出纪委的监督责任,使之区别于党委的主体责任;二是纪委的职责可以概括为监督执纪问责,是以监督为主线,以执纪问责为保障的职权体系。《党内监督条例》为将纪委定位为党内监督的专责机关奠定基础。党的十八届三中全会后,习近平总书记对党内监督以及纪委的职责作出了精辟论述,他在党的十八届中央纪委第六次全体会议上指出:全面从严治党永远在路上。不能只顾抓权力,不去抓监督。无数案例证明,党员"破法",无不始于"破纪"。只有把纪律挺在前面,坚持纪严于法、纪在法前,才能克服"违纪只是小节、违法才去处理"的不正常状况,用纪律管住全体党员。因此,各级纪委要担负起监督责任,敢于瞪眼黑脸,勇于执纪问责,狠抓执纪监督。[①] 习近平总书

---

① 参见习近平《在第十八届中央纪律检查委员会第六次全体会议上的讲话》2016 年 1 月 12 日,《人民日报》2016 年 5 月 3 日第 2 版。

记的论述是制定《党内监督条例》的指导思想和根本遵循。2016年《党内监督条例》规定，党的各级纪律检查委员会是党内监督的专责机关，履行监督执纪问责职责。党的十九大作出了与《党内监督条例》相同的规定，并且对监督执纪问责的具体内容作出规定，特别是对纪委日常监督和问责作出了明确规定，从而完善纪委的职责体系。有效解决了纪委工作发散、责任不清、职能错位问题，使纪委的工作聚焦于监督执纪问责，全面提高了履职能力。[1]

二 纪委专责监督的体制创新

（一）纪委专责监督的理论依据

中国共产党作为长期执政党，拥有九千万党员，国家公职人员中的大多数为中共党员。因此，加强党内监督不仅是马克思主义政党先进性的要求，而且也是权力制约与监督的要求。

首先，作为马克思主义政党，必须始终将共产主义理想和信念作为党组织和党员坚定不移的指导思想。历史证明，执政党必须加强党的建设，尤其是党的政治建设和纪律建设，使党永葆青春，成为坚强的马克思主义政党，因此，只有通过党内监督，强化党的政治纪律与政治规矩，加强党的纪律检查与监督，净化党内政治生态，才能保持马克思主义政党的纯洁性和战斗力，才能使中国共产党成为中国特色社会主义事业的领导核心。

其次，中国共产党作为执政党，必须对党的干部进行监督，构建科学合理的权力制约与监督体系。通过党内监督实现党的自我监督与自我净化，形成党内监督与党外监督相结合的监督机制，保障公权力在严密监督下运行，建设廉洁高效的公职人员队伍。只有通过党内监督，清除党内腐败分子，建构纪律严明、合法履职、恪尽职守、敢于奉献的党员干部队伍，党和政府才会得到人民的支持与拥护，党的执政地位才会越来越巩固。

---

[1] 师长青：《纪委履行监督执纪问责职责》，《中国纪检监察》2016年第24期。

最后，中国共产党作为马克思主义政党和使命型政党，必须加强党内监督以实现其先进性，进而实现中华民族伟大复兴的历史使命。从历史实践来看，党组织和党员的监督是党的建设的基础与保障，设立纪律检查机关专门负责纪律监督，是党内监督的组织保障，如果没有专门的纪律检查监督机关来维护党的纪律，对违纪违法的党员和党组织进行调查并给予处分，党内监督就没有权威性，党的纪律就得不到尊崇。第四，设立纪律监督机构有利于维护党的团结，有利于实现党的目标。党的十八大以来，习近平总书记从全面从严治党的战略高度论述党内监督责任体系，他在党的十八届六中全会第二次全体会议上的讲话中指出："全党要深刻认识到，党内监督是永葆党的肌体健康的生命之源。""各级纪委是党内监督专责机关，履行监督执纪问责职责，要把维护政治纪律和政治规矩放在首位，加强对所辖范围内遵守党章党规党纪情况的监督，检查党的路线方针政策和决议的执行情况。"[①] 纪委专责监督地位的形成与发展表明，纪委履行监督执纪问责是全面从严治党的体现，是党内监督理论创新和制度创新的结果。

（二）监督执纪问责的内在逻辑

1. 纪委专责监督是权力与责任的有机统一

2016 年新修订的《党内监督条例》将 2003 年《党内监督条例》（试行）中纪委是党内监督的专门机关修改为党内监督的专责机关，虽然在纪委的定位上只有一字之差，但突出了纪委在党内监督中的责任。其内涵表现在两个方面：一方面，纪委是党内专门从事监督工作的机构，突出监督的专门性。这是因为在相当长的时间里纪检机关的工作出现错位，从而导致监督工作缺位的现象，纪委常常参与经济管理、协调行政与司法事务，或者临时处理一些党委指派的其他行政事务，导致党内监督和党风廉政建设主业并没有真正做好。即使 2003 年《党内监督条例》（试行）规定纪委是专门监督机关，也没有彻底改变这一现象，

[①] 习近平：《全面落实党内监督责任》，《习近平谈治国理政》第二卷，外文出版社 2017 年版，第 185—186 页。

纪委不愿监督、不敢监督等现象不同程度地存在。习近平总书记指出："党内监督缺位，必然导致党的领导弱化，党的建设缺失，全面从严治党不力。"[①] 党的十八大以来，全面从严治党和强化党内监督理论的形成，我们党对纪律检查体制进行了一系列改革，优化了党内监督体系，重构党内监督体制与机制，强化党内监督责任体系。党委监督、纪委专责监督、基层组织日常监督的责任明确。纪委专责监督聚焦到监督执纪领域，不仅增强纪委纪律监督的独立性，而且优化监督专责机关的职能，使纪委善于监督、敢于监督，真正履行其日常监督和长期监督的职责。[②] 通过将纪律挺在前面，运用监督执纪四种形态，将绝大多数违纪问题在没有发生重大违法行为之前受到纪委的监督，让"红脸出汗、咬耳扯袖"成为常态，通过监督净化党内政治生态。另一方面，纪委的专责监督突出监督的责任。与党委的全面监督相对应的是纪委的专责监督，纪委是党委全面监督的一环，是党委履行全面监督职责的组成部分，党委对本级纪委的监督工作进行领导和检查。同时，纪委在党中央统一领导和部署下，依照党内法规独立行使监督执纪问责的职权，履行监督执纪问责的职责，承担党内监督专责机关的政治责任，体现纪委权力与责任的统一，突出其政治责任和使命担当。真正成为党章党规党纪的维护者、党的路线方针政策的捍卫者、党风廉政建设和反腐败斗争的推进者。[③]

2. 监督执纪问责相互联系与促进

纪委专责监督是党章赋予的职责，监督执纪问责三者之间相互联系并且相互促进，统一于全面从严治党、强化党内监督的制度体系之中。纪委的职责始于纪律监督，从党的五大产生监察委员会作为党的纪律监督机关开始，在党的建设史上，纪律检查机关的名称虽然发生变化，但监督党章和党规的执行、执行党的纪律的职责一直没变，维护党的团

---

① 习近平：《全面落实党内监督责任》，《习近平谈治国理政》第二卷，外文出版社2017年版，第185页。
② 罗星：《新中国70年来党内监督理论与实践的发展》，《广西社会科学》2020年第3期。
③ 师长青：《纪委履行监督执纪问责职责》，《中国纪检监察》2016年第24期。

结、净化党内政治生态的任务始终没有变。从党的十一届三中全会决定恢复党的纪律检查委员会的设置以来，历次修改党章均将执行党的纪律、检查和处理党员违反纪律的行为作为纪律检查委员会的基本职责。20世纪90年代以来，随着社会主义市场经济的建立与发展，在新的历史条件下，出现了较为严重的权力腐败现象，少数党员干部理想信念缺失，党的领导受到削弱，因此，加强党内监督成为必然选择。在党的十三届六中全会上，党内监督开始受到重视，不仅纪委的地位得到提升，纪委的职责也随之开始拓展。党的十八大以来，全面从严治党成为党内监督的主旋律，纪委在全面从严治党和党内监督方面的作用越来越受到重视，党的十八届三中全会提出，落实党风廉政建设责任制，党委负主体责任，纪委负监督责任。从制度层面厘清了党委、纪委在监督职责上的分工，目的在于进一步发挥纪委的专门监督作用。2016年通过的《党内监督条例》明确纪委是党内监督专责机关，并且对纪委在党内监督中的监督执纪问责作出了系统的规定。

　　从《党内监督条例》和《纪律处分条例》的规定来看，纪委的纪律监督职责是首要职责，也是基础性的职责。党的十九大党章总结历史经验，对纪委的纪律监督职责重新进行定位，显示出党的十八大以来新时代全面从严治党和加强党内监督的发展趋势。党的十九大党章规定党的纪律为六种，《纪律处分条例》将这六种纪律的适用作出了非常详细的规定。《党内监督条例》把维护党章作为根本任务，坚定地维护党的领导核心和党中央的集中统一领导，检查党的路线方针政策执行情况，保证党的团结统一。纪委履行监督职责可以采取监督派驻机构履行职责、认真处理信访举报、评价干部廉洁情况、对一般违纪党员谈话提醒和约谈函询等多样化的监督手段与方式，使监督工作常态化。执纪是纪委履行监督职责的重要手段，要把纪律挺在前面，就要对监督中发现的违纪问题进行处理，以《纪律处分条例》为依据对党员的违纪行为进行审查，对发现的问题分类处置、督促整改。重点审查党的十八大以来不收敛不收手，问题线索反映集中、群众反映强烈的领导干部。执纪审查应当查清违纪事实，让审查对象从学习党章党规入手，从理想信念宗旨、党性原则、作风纪律等方面深刻检查剖析自己的行为，提高审查对象的思想认识水平。问责是监督执纪的保证，监督执纪需要问责来保障，没有问责，监督执纪就没有权威。根据《问责条例》的规定，纪委应当对维护党的纪律不力、违规违纪行为多发，特别是维护政治纪律和政治规矩失职的党组织与领导干部严肃问责，或者提出问责建议。监督执纪问责，构成了党内监督从发现问题到执行纪律再到责任追究的全部环节。[①] 监督是前提，执纪是关键，问责是保障。监督执纪问责三者之间相互联系、相互促进。[②]

3. 将纪律挺在前面，实现纪律责任、行政责任和刑事责任追究的有机衔接

将纪律挺在前面是党内监督与国家监督关系的明确表述，也是党纪严于法律的体现，符合党内监督主导地位的制度逻辑。

第一，将纪律挺在前面，是全面从严治党和加强党内监督的需要。党的十八大以前，党内监督制度虽然已经形成，党的纪律监督也成为党的建设的重要内容。但是，党内监督主要聚焦于端正党风，纪委的纪律监督主要是调查违纪违法案件，重点查办党的领导干部腐败案件，在强势反腐的同时将党员干部的思想作风建设作为反腐败的关键环节。党的十八大以来，党中央总结党内监督和反腐败工作的经验教训，深刻认识到领导干部产生腐败的思想根源是政治理想与信念动摇。所以，党的十九大报告明确提出加强党的政治建设，聚焦政治纪律和政治规矩的监督，明确党的政治纪律和政治规矩是党的最根本的纪律。各级纪委应当以党的组织和党员遵守党的政治纪律和政治规矩作为监督的重点，不仅抓住了党的纪律建设的根本，而且将党的政治建设作为纪委制度建设的重要任务和历史使命。这一重大决策表明，党的政治建设是制度反腐的

[①] 肖培：《纪委要全面履行监督执纪问责职责》，《中国纪检监察》2016年第23期。
[②] 丁俊萍、许春涛：《中国共产党纪律检查机关的职责演变及其特点、启示》，《探索》2018年第3期。

保障，只有对政治纪律和政治规矩常抓不懈，才能从根本上解决反腐败问题。从巡视巡察的情况来看，领导干部的严重腐败都存在政治立场不坚定、理想信念动摇、违反政治纪律和政治规矩的情况。腐败问题和政治问题往往相伴而生，政治信仰动摇必然会引起思想不坚定，导致腐败滋生。所以，加强政治建设是反腐败的根本保障。加强党内监督，特别需要加强对党的政治纪律和政治规矩执行情况的监督，如此才能确保党能够以更大的政治勇气进行自我革命，承担起所肩负的历史使命。①

第二，将纪律挺在前面是党内监督体系化与制度化的需要。党员尤其是党的领导干部必须遵守党的纪律，从党的领导干部职务违法和职务犯罪的原因来分析，首先是部分领导干部纪律观念淡化，不遵守党的纪律而产生职务违法。所以，违纪得不到及时的纠正和处理，必然会诱发职务违法与职务犯罪。职务犯罪往往会经历从轻微违纪到严重违纪再到违法犯罪的过程。所以，将纪律挺在前面就是要将纪委监督的关口前移，既打击极少数职务犯罪的腐败分子，又管住大多数党员干部，通过管住大多数，做到违纪必纠，违法必查，形成震慑。纪委通过受理举报、查明其他国家机关移送的案件线索、检查党员领导干部和公职人员遵守八项规定的情况，运用"四种形态"对存在违纪违法的党员领导干部与公职人员进行处置。所以，把纪律挺在前面，就是坚持党要管党、全面从严治党。加强对党的各级组织和全体党员的教育、管理和监督，注重抓早抓小、防微杜渐。通过加强日常监督，对违纪问题早发现、早防治，可以有效加强党员和党的干部思想道德水平和政治纪律，减少发生重大违法犯罪的机率。

第三，把纪律挺在前面是纪律责任和法律责任有机衔接的需要。党员尤其是党的干部发生违纪违法行为，必须先追究其纪律责任，这是因为中国共产党是执政党，是马克思主义政党，党的先进性和历史使命决定了对党员的要求必然高于对普通群众的要求，党的纪律严于国家法律，党员违纪必须先由纪律检查机关进行纪律审查，通过纪律审查查明

---

① 张昕欣：《新时代党内监督的理论创新》，《中共南昌市委党校学报》2020年第2期。

其违纪事实与情节,对其违法事实由监察委员会进行调查,如果构成职务犯罪的,需要在作出党纪、政务处分之后,将案件移送人民检察院审查起诉。所以,纪律处分是政务处分的基础,一般来说,违纪必然产生违法,纪律处分与政务处分的严重程度必须相当,不能畸轻畸重。如果严重违纪违法,构成职务犯罪,则必须追究其刑事责任。实现纪律责任、法律责任追究的有机衔接。

三 将派驻监督的制度优势转化为治理效能

派驻监督是纪检监察机关根据党内法规或者法律的规定,依照管理权限向国家机关、人民团体、国有企业和公办事业单位派出纪检监察组,对派驻单位的党组织和公职人员进行监督的专门活动。由于派驻监督是纪委对派驻单位的直接监督,因此发挥了监督的"探头"作用,对推进党内监督体系的完善,深化党和国家监督制度改革具有重要的意义。党和国家监督体系是提升党和国家治理体系和治理能力的重要内容,派驻监督作为健全党内监督体系、完善反腐败体制机制的一环,体现在监督党和国家公职人员的制度优势,通过发挥这一制度优势可以有力推动中国特色权力监督体系与反腐败体系的现代化。

(一)实现派驻监督全覆盖,完善监督网络

1. 派驻监督的产生与发展

新中国成立后,派驻制度开始萌芽。1951年9月,政务院决定在财政部等七个部门内设监察机构,受人民监察委员会指导。以后,国务院又要求在省级人民政府和其他部委设立监察室。[①] 1962年9月,党的八届十中全会作出了《关于加强党的监察机关的决定》,首次在党的文件中确认派驻监督,明确规定:党的中央监察委员会可以派出监察组常驻国务院所属各部门。1982年,党的十二大党章再次提出派驻监督:"党的中央纪律检查委员会根据工作需要,可以向中央一级党和国家机

[①] 郑智超、赵绪生:《新中国成立七十年来派驻监督的历程、经验与启示》,《理论导刊》2019年第11期。

关派驻党的纪律检查组或纪律检查员。"1983年中央纪委开始向对外贸易部等11个单位派驻纪检组，这是改革开放以来首批设立的派驻机构。从1983年到1987年，中央纪委先后向21个部委派驻了纪检组。截至1992年，中央纪委和监察部向中央和国家机关派驻的纪检和监察机构一共有66个。① 1993年纪检监察合署办公后，派驻监督工作稳步推进，但由于派驻工作涉及到编制、人员和管理体制等深层次问题，党的十八大之前，中央纪委派驻机构设置并没有实现全覆盖，在140多家中央一级党和国家机关中，只有52家设置了派驻机构。党的十八大以来，中央要求派驻机构全覆盖，将其作为监督全覆盖的组成部分。党的十八届三中全会提出"全面落实中央纪委向中央一级党和国家机关派驻纪检机构"全覆盖的要求。2015年1月，十八届中央纪委五次全会又提出，中央纪委要实现对140多家中央一级党和国家机关的全面派驻。2015年11月，明确中央纪委设置47家派驻机构，实现对139家中央一级党和国家机关派驻纪检机构全覆盖。② 与此同时，党的十八届中央纪委五次全会提出"省区市要加强派驻机构建设，逐步实现全面派驻"，各省区市也明显加快了派驻机构建设全覆盖的步伐。2015年5月，北京市新设7家市纪委派驻机构。至2016年，全国绝大多数省区市完成了省一级派驻机构全覆盖任务。2018年，监察体制改革顺利推进，省、市、县三级纪检监察部门基本上实现对下级党政机关和各部门派驻的全覆盖。③

2. 派驻监督的实质是监督全覆盖

派驻监督包括纪委对本级党政机关、政府部门、人民团体、国有企业和公办事业单位的派驻，实现监督执纪无死角、无禁区、无空白。形成纪检监察机关直接监督的网络，不仅有利于监督党的"一把手"，而且有利于充分发挥纪律挺在前面的作用，将监督关口前移，是完善党和

---

① 罗星、郭芷材：《新中国成立以来派驻监督的历史沿革、内在逻辑与现实启迪》，《中共杭州市委党校学报》2020年第5期。
② 梅丽红：《党的十八大以来派驻监督的改革创新》，《党政论坛》2017年第10期。
③ 梅丽红：《党的十八大以来派驻监督的改革创新》，《党政论坛》2017年第10期。

国家监督体系的重要举措。在实践中，派驻监督发挥了重要的作用，但也存在诸多问题，主要是派驻纪检监察组编制紧张、人员不够；综合性派驻机构需要监督几个党政机关或者部门，需要参加驻在单位许多重要会议，① 很少有时间和精力深入监督工作一线，发现苗头性、倾向性的问题较为困难等等。随着派驻工作的全面铺开，需要从实际出发来解决派驻人员不足、发现问题较为困难的问题。可以从国家机关和事业单位中选派部分政治过硬、业务较好、作风正派、经验丰富的党员干部，通过培训后参加派驻纪检组的工作，也可以从退休的干部中通过自愿原则选择政治过硬、身体条件较好的干部参加派驻工作，以解决派驻工作人员不足的问题。

（二）深化派驻监督体制改革，发挥派驻监督的优势

派驻监督体制改革的目的之一就在于加强纪检监察机关对纪律监督工作的统一领导，提升派驻机构的权威性和独立性。

1. 派驻监督领导体制的发展

派驻监督体制的改革与派驻工作相伴随，大致经历了部门领导体制，双重领导体制，直接领导、统一管理体制三个阶段。

第一，部门领导体制。新中国成立初期行政系统设置的监察机构，实行部门领导体制，即由设立监察机构的政府部门提供编制、人员并对该机构行使领导权。党的十二大党章并没有确定中央纪委派驻机构的领导体制。实践证明，部门领导体制虽然在人员和经费上能够得到充分的保障，但监督的独立性和权威性受到影响。

第二，双重领导体制。1991年4月，中央纪委颁布《关于中央纪委派驻纪检组和各部门党组纪检组（纪委）若干问题的规定》（试行）明确规定中央纪委派驻纪检组、各部门党组纪检组（纪委）受中央纪委和所在部门党组（党委）的双重领导。1993年5月，中央纪委、监察部联合发布《关于中央直属机关和中央国家机关纪检、监察机构设置

---

① 十九大将党章对派驻监督的相关条文进行修改，将原来的"可以派驻"改为"全面派驻"，将原来"可以列席"驻在机关及其党组（党委）的有关会议改为"参加"。

的意见》，明确规定，派驻纪检、监察机构实行中央纪委、监察部和所驻在部门党组、行政领导的双重领导，纪检、监察业务以中央纪委、监察部领导为主。双重领导体制在一定程度上提高了派驻机构的独立性与权威性，但其监督工作的推进，尤其是对驻在单位领导班子成员的监督仍然受到限制。

第三，直接领导、统一管理体制。2001年9月，党的十五届六中全会通过的《中共中央关于加强和改进党的作风建设的决定》指出："纪律检查机关对派出机构实行统一管理。"2004年1月，十六届中央纪委三次全会决定，中央纪委监察部对派驻机构全面实行统一管理。[1] 党的十八大以来，习近平总书记治党治国思想中最具战略意义、最核心的一句话，就是"把权力关进制度的笼子里"。[2] 为了提升派驻监督的独立性与权威性，2013年11月，党的十八届三中全会通过的《中共中央关于全面深化改革若干重大问题的决定》规定："全面落实中央纪委向中央一级党和国家机关派驻纪检机构，实行统一名称、统一管理。派驻机构对派出机关负责，履行监督职责。"该决定明确派出机关与派驻纪检监察机构是领导与被领导的关系，派驻纪检监察机构同驻在部门是监督与被监督的关系，派驻监督的实质是上级纪委的专责监督。

2. 派驻监督的优势

派驻监督具有两方面的优势，一是派驻机构由纪委直接领导，有利于提高监督的独立性和权威性，有利于加强对驻在单位领导班子的监督。二是有利于就近监督和提高监督的针对性，有利于及时监督。[3] 但是，派驻人员在编制和人事上由派出纪委负责，但人员工资以及工作地点在驻在单位，派驻纪检组组长是驻在部门的党组成员，要尽可能地融

---

[1] 郑智超、赵绪生：《新中国成立70年来派驻监督的历程、经验与启示》，《理论导刊》2019年第11期。

[2] 李永忠：《监督的关口如何有效前移——三十多年纪检监察体制改革的思考》，《同舟共进》2014年第2期。

[3] 蒋来用：《把派驻监督的权威和优势充分发挥出来》，《中国纪检监察》2015年第11期。

入派驻单位，便于展开日常监督工作。部分驻在部门领导班子把派驻机构视为单位的组成机构，让其承担与监督无关的事项。导致派驻机构"角色认知偏差，监督者与被监督者身份混同"。[1] 派驻监督体制机制虽然已经理顺，但地方纪委少数派驻机构仍然存在关系定位不准的问题，严重影响派驻监督的权威性。有必要继续解决归属感和存在感不强的问题，加强纪检组长与纪委分管领导主动沟通汇报工作的意识，将直接领导压实、细化，体现在具体工作中，如何让派驻机构真正融入派出机构的体制之内。[2]

(三) 不断提高派驻监督的实效

党内监督的基础是党组织和党员的监督，但党内监督的权威首先来自上级对下级的监督，党内监督的成效则来自监督主体的工作实效。一般来说，权力监督以组织监督和上级对下级的监督最为严厉，也最有权威。全面从严管党治党，必须加强自上而下的组织监督，如果组织监督乏力，就算同级监督、下级监督发现的问题再多，监督也会流于形式。[3] 党的十八大以来，派驻监督得到党中央的高度重视，是实现党内监督全覆盖的重要制度安排。派驻机构在实际工作中发挥了监督作用。[4] 但是，从全国派驻监督的情况来看，离党中央对派驻工作的要求还有较大差距，派驻监督的作用还没有充分发挥，在体制机制已经完备的情况下，派驻监督需要突出解决提高监督实效的问题。为此，必须在工作重点、工作方式、工作程序上进行改革，不断提升监督效果。

---

[1] 李德全、蒋礼文、宋畅、杨正强：《纪检监察派驻机构对驻在部门领导班子及其成员监督工作的再思考》，《重庆文理学院学报》（社会科学版）2017年第6期。
[2] 黄月：《深化派驻机构改革必须健全领导体制》，《中国纪检监察》2018年第22期。
[3] 完颜平：《当前党内监督的重音是"自上而下"》，《中国纪检监察》2017年第4期。
[4] 如驻农业农村部纪检监察组从严从快查处违反中央八项规定精神问题。2018年1月至8月，查处"四风"问题23起，给予15名司局级干部党纪处分、11名司局级和4名处级干部组织处理，先后对综合监督单位13起24人"四风"问题予以通报，形成有力震慑。驻国家税务总局纪检监察组加大对反映税务系统处级及以下干部违反作风建设规定问题的举报件督办力度，2017年以来共重点督办41件处级及以下干部举报件，其中经核查后作出处理21件，共处理48人。参见张国栋《增强派驻监督实效，更好发挥"探头"作用——党的十九大以来中央纪委国家监委派驻监督工作综述》，《中国纪检监察》2018年第22期。

1. 以监督执纪问责为主业。

习近平总书记在 2015 年 1 月 13 日在十八届中央纪委第五次全体会议上的讲话中指出:"所有派驻机构都要聚焦党风廉政建设和反腐败主业,强化监督执纪问责,瞪大眼睛,发现问题。纪检组长要一心一意履行监督职责,不要分管其他业务。""对党风廉政方面的问题,该发现没有发现就是失职,发现问题不报告、不处理就是渎职,那就要严肃问责查处。"① 派驻机构充分发挥"派"的权威和"驻"的优势,发挥与监督对象面对面、监督渠道多、能及时发现问题的优势,发现苗头性、倾向性问题,应早纠正、早处理、防微杜渐。妥善处理好派驻机构监督与融入驻在单位之间的关系。② 派驻机构融入驻在单位的目的在于更好地发挥监督作用,更多地发现问题线索。派驻机构要在观念上实现转变,不能以驻在单位工作人员的思想来对待派驻监督工作,而应当以上级纪检机关的身份从事监督主业。

2. 以政治监督为根本

派驻机构将驻在单位领导班子成员以及主要领导干部是否遵守党的政治纪律、政治规矩作为监督的重点,只有这样才能抓住监督工作的根本。政治纪律和政治规矩是规范党员干部政治方向、政治立场、政治言论、政治行动的纪律和规则。党员干部纪律意识淡漠,政治纪律松弛,就会发生不履职或者不正确履职的情况,就会发生违纪或者职务违法的现象。③ 所以,派驻机构充分发挥日常监督的优势,帮助驻在单位建立与其单位工作性质相符合的规章制度,尤其需要重点关注与民生相关的权力领域,包括医药卫生、教育、扶贫、环保等人民群众生活密切相关的领域建章立制,防止腐败问题的发生。重点关注违反中央八项规定的情况,对顶风违纪、变相腐败的公职人员严肃作出纪律处分。时刻以党的纪律和国家法律为标尺,对照日常监督工作,检查领导班子成员和党

---

① 参见《习近平论加强派驻机构建设》,《中国纪检监察》2015 年第 24 期。
② 喻红秋:《聚焦主业主责 强化派驻监督》,《中国纪检监察》2016 年第 2 期。
③ 吕周林:《违反政治纪律和政治规矩的主要表现和治理路径选择》,《重庆行政》2017 年第 1 期。

员领导干部是否遵循党章、是否坚决做到"两个维护"。对于全面从严治党不力，造成严重损害的，应当及时向派出机关报告，坚决从严追责问责。

3. 以创新监督工作方式为目标

派驻机构根据党内监督和反腐败工作的实际情况，定期制定廉政风险防范措施，检查八项规定落实情况，规范党政干部述责述廉、民主生活会等制度，加强对班子成员落实主体责任、执行民主集中制、廉洁自律等情况的监督与检查，定期向派出机关报告驻在单位政治建设和廉政建设的情况以及处置违纪违法行为的情况。运用大数据和互联网建立驻在单位公职人员违纪违法、选人用人、工作态度、工作业绩、投诉举报情况的内部信息监控系统，对出现苗头性、倾向性问题的公职人员，及时采取谈话提醒、批评教育、责令整改等措施。对举报及时进行核实，并且运行函询等方式进行监督。对出现严重违纪违法情况的案件线索及时报告上级纪委立案调查。派驻纪检监察人员要敢于监督，敢于亮剑，对于存在问题的干部，在提拔时敢于予以否决，坚守监督执纪问责职责不动摇。①

四 进一步完善纪检监察专责监督职权

纪律监督居于党内"四大监督"之首，在党内监督中居于核心地位，发挥监督的引领作用。健全党内监督体系，重点在于完善党组织的全面监督和纪委的纪律监督。党的十八大以来，纪委的纪律监督取得了明确的成效，充分发挥全面从严治党、强化权力制约与监督的功能，使反腐败斗争取得压倒性胜利。但是，党内监督是一个长期的工程，只有不断适应党内监督与反腐败工作的新形势，不断改革体制机制，才能健全纪律监督体系。

---

① 党的十八大以来派驻纪检组聚焦监督执纪问责，取得较大成就。2016 年，中央纪委派驻纪检组共谈话函询 2600 件次，立案 780 件，给予纪律处分 730 人，分别增长 134%、38%、56%。参见梅丽红《党的十八大以来派驻监督的改革创新》，《党政论坛》2017 年第 10 期。

（一）加强同级监督和对"一把手"的监督

我党不断总结党内监督实践经验，通过加强党的纪律检查机关的监督职权，实现党内监督专门化、制度化和法制化。而纪律检查委员会的领导体制是制约其监督权行使的重要因素，特别是纪委对同级党委和党委书记的监督受到领导体制明显的制约，成为纪委监督执纪问责的短板。所以，从党的十二大开始，我党不断探索适应中国国情的纪委领导体制。党的十八大以来，全面从严治党、加强党的政治建设的党内监督理论体系形成，随着纪委领导班子产生机制的调整以及纪委与同级党委监督关系的确立，派驻机构的全面覆盖以及派驻体制的最终形成，纪委领导体制趋向稳定。目前的问题是如何将纪委领导体制的制度优势转化为治理效能，充分发挥体制优势，加强对同级党委和"一把手"的监督。

1. 纪委双重领导体制的形成与发展

双重领导体制是我国党政机关领导体制的基本模式，具有广泛的适应性，有利于充分发挥上级领导机关与本级党委的领导作用。党的十一大党章确立纪委由同级党委产生并由同级党委领导的体制，各级纪律检查委员会由同级党的委员会选举产生，受同级党委领导，但这一体制显然不利于监督同级党委。党的十二大党章对纪委领导体制进行了较大的修改，主要体现在三个方面：一是将纪委由同级党的委员会产生改为由本级党的代表大会产生。这一规定的目的在于加强纪委的权威性和独立性，纪委虽然受本级党委领导，但由党的代表机关产生，显著加强了纪委在党内的政治地位。二是确立了地方各级纪委受同级党委和上级纪委双重领导、以同级党委领导为主的体制。确立这一体制的目的在于维护纪委对同级党委的有效监督。三是规定中央纪委对地方各级纪委、上级纪委对下级纪委在案件处理上的指导关系，并且规定中央纪委对中央委员会成员违反纪律的行为有权向中央委员会检举，地方各级纪委对同级党委处理案件的决定不服的，有权向上级纪委请求复查。中央和地方各级纪律检查委员会，要把处理特别重要或复杂的案件中的问题和处理的结果，向同级党的委员会报告。党的地方各级纪律检查委员会要同时向上级纪律检查委员会报告。上级纪律检查委员会有权检查下级纪律检查委员会的工作，并且有权批准和改变下级纪律检查委员会对于案件所作的决定。如果所要改变的该下级纪律检查委员会的决定，已经得到它的同级党的委员会的批准，这种改变必须经过它的上一级党的委员会批准。这一规定的目的在于加强纪委对同级党委的监督。党的十二大党章有关纪委领导体制的规定为双重领导体制的改革与发展奠定了基础，以后党的纪委领导体制的改革主要是对党的十二大党章规定的具体化、程序化和制度化，总体趋势是不断深化双重领导体制改革，加强纪委监督的权威性、独立性和实效性。党的十二大党章确立双重领导体制，但实际中同级党委领导为主，同级党委决定纪委成员的提名、任命和调动，这势必限制纪委对同级党委的监督。

党的十四大以后，中央纪委落实党的十二大和十三届六中全会精神，推动中央纪委和上级纪委对下级纪委主要领导提名、任免的权力，中央纪委进一步要求，各级纪检监察机关领导干部的提名、任免、兼职、调动，必须事先征得上级纪检监察机关的同意，强化其考察和监督的权力。党的十八大前，中央纪委逐渐上收省级纪委书记的提名权，这对于削弱地方党委对地方纪委重大人事安排的影响、强化纪委监督权具有积极作用。[1]

党的十八届三中全会通过的《中共中央关于全面深化改革若干重大问题的决定》提出，推动党的纪律检查工作双重领导体制具体化、程序化、制度化，强化上级纪委对下级纪委的领导。查办腐败案件以上级纪委领导为主，线索处置和案件查办在向同级党委报告的同时必须向上级纪委报告。各级纪委书记、副书记的提名和考察以上级纪委会同组织部门为主。这就为各级纪委协助党委加强党风廉政建设和组织协调反腐败工作，更好行使党内监督权，提供了更有力的体制保障。[2] 党的十九大

---

[1] 田桥：《改革开放四十年中国共产党纪律检查领导体制的发展》，《山东社会科学》2018年第10期。

[2] 唐勤：《中国共产党党内监督制度建设的历史回顾与思考》，《扬州大学学报》（人文社会科学版）2014年第4期。

党章明确了上级纪委对下级纪委的领导关系，而不是业务领导或者指导关系。并且明确各级纪律检查委员会发现同级党的委员会委员有违反党的纪律的行为，可以先进行初步核实，如果需要立案审查的，应当在向同级党的委员会报告的同时向上一级纪律检查委员会报告；涉及常务委员的，报告上一级纪委，由上一级纪委进行初步核实，需要审查的，由上一级纪委报它的同级党的委员会批准。十九大党章对纪委双重领导体制的具体规定，其目的在于通过加强纪委的独立性以及上级纪委对下级纪委的领导，强化其对同级党委的监督。

2021年12月24日，党中央发布了《中国共产党纪律检查委员会工作条例》，首次以党内法规的形式确立各级纪律检查委员会的地位、任务、职责、管理体制与工作程序，是一部规范纪委履职的重要法规。该工作条例在党章的基础上对纪委的双重领导体制进一步具体化，其特点有二：一是明确中央纪委在党中央领导下进行工作，履行党的最高纪律检查机关（国家最高监察机关）职责。党的中央纪律检查委员会及时向中央政治局、中央政治局常务委员会请示汇报工作，研究重大事项、重要问题以及作出立案审查决定、给予党纪处分等事项向党中央请示报告。二是地方各级纪委实行双重领导体制，党的地方各级纪委和基层纪委在同级党的委员会和上级纪委双重领导下进行工作。工作条例对党的地方各级纪委和基层纪委在下列事项上接受同级党委的领导作出规定：推进全面从严治党、加强党风廉政建设和反腐败工作的部署，执行同级党委作出的决定，及时向同级党委汇报工作，按照规定请示报告重大事项。同时，该工作条例对上级党的纪委如何加强对下级纪委的领导也作出具体规定：对下级纪委的工作作出部署、提出要求；督促指导和支持下级纪委开展同级监督，检查下级纪委的工作，定期听取工作汇报，开展政治和业务培训；坚持查办腐败案件以上级纪委领导为主，按照规定审议和批准下级纪委关于线索处置、立案审查、纪律处分等的请示报告，按照程序改变下级纪委作出的错误或者不当的决定，必要时直接审查或者组织、指挥审查下级纪委管辖范围内有重大影响或者复杂的案件。可见，该工作条例的创新之处在于细化了同级党委对纪委、上级纪委对下级纪委的领导事项，使双重领导体制真正发挥作用。

2. 如何在双重领导体制下提高对"一把手"监督的实效

"一把手"主要是指党委书记或者党组书记，由于党委书记权力很大，在某种程度上对一个地方和部门的政治生态产生重要影响，因此，在党内监督中，对党委书记的监督一直都是重中之重。但实践中，党委书记权力腐败问题比较突出，尤其是个别地方党委书记滥用职权现象比较严重。从纪委查办的案件看，领导干部违纪违法问题大多发生在担任"一把手"期间。"一把手"之所以成为腐败重灾区，主要原因有：一是地方和部门党组织的权力过分集中到书记。领导班子成员害怕得罪书记，不敢提出不同意见，导致书记的权力过大，难以受到有效的制约与监督。二是民主集中制和集体领导原则没有严格执行。党委集体领导事实上变成了个人领导，民主生活会、党委常委会的程序性功能大于其实质作用。三是对地方和单位的党委书记监督机制与问责机制不健全。巡视巡察发现问题线索不力、聚焦主体责任不明的情况，纪委主动执纪问责不够。各监督主体各自为战难以形成监督党委"一把手"的合力。[①]四是同级纪委对党委书记存在的问题难以发现并实施有效监督。党委书记调动频繁，在任上的问题往往因书记是地方党委的最高领导而不容易被同级纪委发现。党委主体责任也无法落实。纪委双重领导体制是难以监督"一把手"的原因之一。[②] 纪委双重领导体制是党内监督和同体监督的结果，如果不实行双重领导体制，地方党委的主体责任就不会落实，不能将所有的党内监督职责全面由中央纪委来承担。经过对双重领导体制的改革，上级纪委对下级纪委主要领导的提名权和任免权均已经加大了控制力度，因此，双重领导体制不应当再成为同级监督和对"一把手"监督难的原因。从实践经验来看，纪委对同级党委以及党委书记

---

① 严宗泽、王春玺：《当前地方党委"一把手"权力监督面临的困境及其根源分析》，《理论月刊》2017年第5期。

② 李景平、曹阳：《新中国成立70年来党内监督体系的历史嬗变与现实启示》，《北京行政学院学报》2019年第5期。

不敢监督和不善于监督是真正的原因,① 纪委专责监督的意识有待加强,监督主体性有待提高,监督手段与方式有待创新。

第一,进一步强调民主集中制在党委决策过程中的运用。民主集中制是国家机关权力运行的基本原则,它要发挥作用就必须在党委决策过程中具体化。党委的重大决策,尤其是涉及政治建设、巡视巡察、干部提拔、工程与基本建设项目、政府重大支出项目等重要事项,都需要由党委常委会或者党委会通过会议的形式来决定,禁止"一把手"个人说了算。党委常委会或者党委讨论和决定重大事项,党委领导成员分别发表意见,并作出详细记录。会议表决结果记录在案,供巡视巡察查阅。党委书记如果不同意多数常委会或者党委会成员的意见,需要说明理由。从而将民主集中制与党委书记的个人决定权结合起来,形成常态化权力制约机制。

第二,运用现代科技手段进行监督。纪委可以运用现代网络技术和大数据,尝试建立同级党委领导班子成员和主要领导干部监督网络,接受国家机关工作人员、民主党派、社会各界人士的投诉、举报信息,还可以将巡视巡察发现的问题以及纪委日常监督中发现的问题线索加入到数据中,由纪委常委会进行研判,对有关问题线索进行初核,并向上级纪委汇报,由上级纪委决定是否决定谈话提醒、责令改正、诫勉或者给予党纪政务处分,对于构成犯罪的依法追究刑事责任。

第三,加强巡视巡察与纪检监察专责监督衔接。巡视巡察是上一级党组织的监督,其基本定位是政治巡视,通过巡视发现问题线索是主要目的。因此,巡视巡察发现的问题线索应当通过上级党组织和纪委推动整改,对于违纪违法的"一把手"和班子成员应当追究纪律责任并且严厉问责。纪委对同级党委一把手和班子成员存在的问题,应当通过组织生活和民主生活会等方式进行沟通与反馈,并且提出改正的建议,促

---

① 2016 年底,驻国资委纪检组对中煤地质总局原党委书记侯慎建、原纪委书记郭守光落实"两个责任"不力问题严肃问责。2017 年 2 月和 6 月,民政部党组、驻民政部纪检组组长也因管党治党不力、发现问题不报告不处置被严肃问责,原党组书记、派驻纪检组组长受到责任追究。参见梅丽红《党的十八大以来派驻监督的改革创新》,《党政论坛》2017 年第 10 期。

进党委批评与自我批评的规范化。

(二) 加强对纪委监委自身的监督

纪委监委是专责监督机构,但是,任何权力都有可能被滥用的风险。因此,纪委监委自身的监督也同样重要。在实践中,纪委监委领导干部出现重大违纪违法问题的并不多见,但也存在个别干部理想信念缺失、思想意识不坚定等问题,从而出现"灯下黑"的情况。习近平总书记指出:打铁必须自身硬。办好中国的事情,关键在党,关键在坚持党要管党、全面从严治党。[①] 第十八届中央纪委第三次全体会议提出警惕"灯下黑"以后,中央纪委通过制度建设和严厉打击清除纪委内部的少数腐败分子,通过强化自我监督,纯洁纪检监察队伍。

1. 严肃查办纪委内部腐败案件

2014年,各级纪委处分违纪违法纪检监察干部1575人,包括魏健、曹立新等人的违法案件;而党的十八大至2015年初,中央纪委已分4次公开通报19起纪检监察干部违纪违法典型案例。[②] 2017年4月17日,中央第十一巡视组长张化为涉嫌严重违纪违法被审查调查,并被开除党籍、取消退休待遇、判处有期徒刑十二年,成为党的十八大以来首位落马的中央巡视组组长。2018年,接受审查调查的纪检监察干部有8人,其中已经被公布处分通报的有3人。2018年12月20日,中央纪委国家监委对吉林省纪委原副书记、省监委原副主任邱大明严重违纪违法问题进行了立案审查调查。2020年10月2日,据中央纪委国家监委消息,中央巡视组原副部级巡视专员董宏涉嫌严重违纪违法,接受纪委审查和监察调查。2021年,中央纪委全面加强纪检监察队伍的规范化、法治化、正规化建设,严格监督约束执纪执法权,全国共谈话函询纪检监察干部9562人,采取组织措施9685人,处分2985人,移送检察机关111人。这一系列案件的公布,显示中央纪委加强内部监督的决心与勇气。随着纪委监委监

[①] 习近平:《改革开放四十年积累的宝贵经验》,载《习近平谈治国理政》第三卷,外文出版社2020年版,第188页。

[②] 参见《中央纪委持续发力严防"灯下黑"》,《中国纪检监察报》2015年2月15日第3版。

督权的扩大，少数领导干部为了躲避组织审查调查，试图腐蚀巡视巡察人员和纪委干部，导致纪委监委干部泄露中央巡视移交线索处置情况，或者隐瞒问题线索，或者违规干预、插手违纪违法案件查处并跑风漏气，或者对抗组织审查，接受影响纪委监委公正履行职务的礼品礼金，甚至构成受贿、渎职等职务犯罪。为了防止纪委监委干部思想意识不坚定而走上违纪违法的道路，有必要经常加强纪委干部的思想教育，警钟长鸣。在查办纪委干部违纪违法案件时，需要对拉拢腐蚀纪检干部的公职人员进行审查调查，作出严肃处理。

2. 充分发挥纪检监察干部监督室的监督作用

为了加强对纪检监察干部的监督，各级纪委监委设立干部监督室，其目的在于建构内部自我监督机制。干部监督室虽然是内设机构，但它在纪委常委会领导下可以发挥更大的作用。首先，干部监督室要将监督工作与纪检监察工作同步推进，纪委监委的行使权力的地方都有干部监督工作相伴随，没有不受监督和约束的权力同样适用于纪委监委，保障干部监督在纪委全覆盖。其次，建立本级和下级纪检监察干部监督制度。包括建立干部履职情况报告制度，办理案件保守秘密制度。凡有公职人员或者公职人员委托的其他人员向纪委监委干部打听消息和案件情况的，一律应当向干部监督室报告，未向监督室报告的，视为违纪行为。建立巡视巡察工作、查办案件以及案件处置工作纪委监委干部履职情况登记表，实行一案一登记和一事一登记制度，确保办案不受影响。纪委常委会定期听取干部监督室的报告，对发现的问题及时处理，实现监督不缺位。再次，纪检监察室专门建立纪检监察干部违纪违法举报信箱或者举报电话，接受国家机关和人民群众的监督，对于重要的举报线索要通过各种方式予以查证或者初核，凡查明违纪违法事实的，应当依法依规立案审查调查。

（三）实现精准问责

1. 党内问责制度的形成

第一，行政问责的形成。问责是指党内法规确认的问责主体依规对下级党组织及其主要领导干部不履行或者不正确履行职责的行为追究纪律责任的制度。我国的问责制度起源于1998年党中央发布的《关于实行党风廉政建设责任制的规定》，该规定的目的在于确立党政领导班子和领导干部对党风廉政建设应负的责任，实行谁主管，谁负责的原则，党委（党组）、政府以及党委和政府的职能部门领导班子的正职对职责范围内的党风廉政建设负总责；领导班子其他成员根据工作分工，对职责范围内的党风廉政建设负直接领导责任，责任形式为组织处理和党纪处分。2003年《突发公共卫生条例》和《行政许可法》规定建立行政问责制，由法律规定的问责主体对下级政府和公务员超越职权和滥用职权行为追究法律责任。2004年3月，《全面推进依法行政实施纲要》明确提出权责统一原则，即行政机关违法或者不当行使职权，应当依法承担法律责任，实现权力和责任的统一。依法做到执法有保障、有权必有责、用权受监督、违法受追究、侵权须赔偿。对行政机关主要领导人和负有直接责任的公务员在行政决策、行政执法、行政复议等方面的责任作了明确的规定，并且提出加强对行政机关的法律监督、民主监督和司法监督。2006年1月1日，《公务员法》明确规定进一步将行政问责法制化和规范化。[①]

第二，党内问责制的产生。《党内监督条例》（试行）首次建立正式党内问责制，即党委依规追究下级党组织主要负责人在廉政建设、重大事项报告方面的责任，责任形式包括谈话、诫勉、组织处理、党纪处分等等。2009年中央发布《关于党政领导干部问责的暂行规定》，该规定是第一部专门问责的党内法规，对党政领导干部决策严重失误，工作失职，管理、监督不力，滥用职权，对群体性、突发性事件处置失当、用人失察、失误等造成重大损失和恶劣影响的行为责令公开道歉、停职检查、引咎辞职、责令辞职、免职、党纪处分。从而初步建立了党内问责制度体系。

[①] 在实践中，法律法规规定行政责任的方式主要有公开道歉、责令书面检查、通报批评、公开谴责、诫勉、引咎辞职、撤职、免职、责令辞职、行政处分等。

第三，党的十八大后党内问责制度的完善。党的十八大后，在全面从严治党的引领下，党内问责制度得到发展并趋于完善。其标志是2016年党的十八届六中全会通过的《中国共产党党内问责条例》，2019年9月4日，中央修订该条例，这是党的历史上第一部系统规定问责的正式党内法规，明确党组织、纪委和党的工作部门按照职责权限进行问责。问责的事由是党的领导弱化、党的建设缺失、全面从严治党不力、维护党的纪律不力、推进党风廉政建设和反腐败工作不坚决、履行监督职责不力等不履行或者不正确履行职责的行为。该条例还明确规定问责的方式和程序，规定终身问责原则，即对失职失责性质恶劣、后果严重的，不论其责任人是否调离转岗、提拔或者退休，都应当严肃问责。而行政问责制随着监察体制改革和《监察法》的实施而成为监察问责的补充，《监察法》规定，监察委员会对履行职责不力、失职失责的领导人员进行问责；对不履行或者不正确履行职责负有责任的领导人员，按照管理权限对其直接作出问责决定，或者向有权作出问责决定的机关提出问责建议。而问责的依据既包括《党内问责条例》，也包括《公务员法》等法律法规。

2. 党内问责制度的发展

党的十八大以来，问责制度的发展表明党内问责和监察问责制度走向完善，表现在：

第一，党内问责与监察问责双轨运行并且党内问责发挥主导作用。党内问责是以党内法规为核心的问责规范体系，以党组织和党组织主要领导干部为问责对象，以组织处理和党纪处分为责任形式的制度架构。监察问责是以法律、法规为核心的问责规范体系，以党政机关、公办企业和事业组织的主要负责人和公职人员为问责对象，以组织调整、政务处分和处分为责任形式的制度架构。党内问责的主体主要是党组织，党内政治问责已经成为重要的问责内容，所以党内问责在国家问责体系中占据主导地位。

第二，在加强同体问责的同时发挥异体问责的作用。党内问责制是同体监督的体现，问责主体和问责对象均为党的组织和党的干部；监察问责制既有同体问责又有异体问责，监察同体问责是上级监察机关对下级监察机关的问责，监察异体问责是指监察机关对其他国家机关及其公职人员的问责。在我国的法律体系中，人大问责也属于异体问责的形式。从问责制的发展来看，随着监察体制改革的推进，在加强同体问责的同时，异体问责的作用在不断上升。

第三，党内问责由廉政问责以及重大事件报告方面的问责为主转化为政治问责为主。不论是党内问责还是监察问责，首先就是政治问责，主要追究领导班子及其成员管党治党不力、党的领导弱化、违反党的政治纪律和政治规矩的失职失责的责任。在政治问责的制度设计中，纪检监察机关是问责的重要主体，不仅可以依规问责，而且还有权提出问责建议。党内问责取得了明显的成效，纪委和监委依规对党政机关主要负责人与公职人员的失职失责行为实施严厉问责，形成震慑。[①] 党内问责是党内监督的重要组成部分，为了最大限度发挥党内问责的作用，必须推动党内问责的精准化，只有精准问责，才能为党内监督提供强有力的制度保证，有助于提高党内监督的实效。[②]

3. 纪委如何加强精准问责

所谓精准问责是指问责机关依规对不履行或者不正确履行职责的党组织、党的领导干部和公职人员追究纪律责任和法律责任的行为。精准问责体现在以下几个方面：

第一，坚持失责必问、问责必严和权责一致、错责相当的原则。《党内问责条例》确认该原则的目的在于分清责任，将职权与责任放在一起考量。凡是上级党委对下级党委问责的，必须同时对负有责任的领导班子成员问责。

第二，党内问责首先是追究党组织和党的领导干部的政治责任。重

[①] 如2020年7月14日，福建省纪检监察机关对泉州欣佳酒店发生坍塌事故中存在失职失责问题的41名公职人员给予党纪政务处分，1人予以诫勉。

[②] 郑继汤：《依规治党背景下党内问责精准化研究——以中国共产党问责条例为视角》，《理论与改革》2016年第6期。

点是对党的领导弱化、党的建设缺失、从严治党责任落实不到位，对维护党的政治纪律和政治规矩失责、贯彻中央八项规定精神不力、选人用人问题突出、腐败问题严重、不作为乱作为的，必须坚决实施问责。①

第三，严肃问责。纪检机关必须坚守职责定位，强化监督、铁面执纪、严肃问责。保证党的组织充分履行职能、发挥核心作用，保证全体党员发挥先锋模范作用，保证领导干部忠诚干净担当。② 2018年，纪检监察机关充分发挥问责职能，用好追责问责利器。对落实全面从严治党主体责任、监督责任不到位，维护党的政治纪律和政治规矩不力，在推进重大改革、重点工作中推诿应付等不担当不作为问题，坚决追责问责。③

第四，避免问责泛化。虽然失责必问、问责必严成为常态，但是不能将问责泛化。个别地方纪委对《党内问责条例》的理解不准确，对问责原则的适用过于宽泛，从而将轻微的违纪现象或者苗头性、倾向性的问题通过问责来处理，如公职人员在上班时间用手机在朋友圈发了无关工作的信息，包括转发和点赞的人都受到诫勉处理。某技术产业开发区办公室工作人员上班期间喝牛奶被处理；某学校老师放假后到酒店聚餐被通报批评；某扶贫干部因洗澡错过巡查组电话而受到党内警告处分等。这些问题都属于公职人员轻微的纪律问题，并没有造成严重的失职失责，也没有产生严重的损害后果，不属于《党内问责条例》规定的问责范畴。为了解决这些问题，中央和省级纪委应当下文予以纠正，通过培训、印发学习资料等方式，加强对问责制度的学习，重点掌握如何

---

① 胡静：《以强有力问责督促责任落实》，《中国纪检监察》2017年第5期。
② 邵景均：《党的十八大以来反腐败的基本经验》，《中国党政干部论坛》2018年第2期。
③ 2019年全国共有1.3万个单位党委（党组）、党总支、党支部、237个纪委（纪检组），6.1万名党员领导干部被问责，失责必问、问责必严成为常态。2019年，纪检监察机关既防止问责不力，又防止泛化、简单化。中央纪委国家监委对江苏响水天嘉宜化工有限公司"3·21"特别重大爆炸事故、吉林长白山国际旅游度假区项目违规问题等严肃问责。全国共有8194个党组织、108个纪委（纪检组）和4.5万名党员领导干部被问责。参见赵乐际《坚持和完善党和国家监督体系 为全面建成小康社会提供坚强保障——在中国共产党第十九届中央纪律检查委员会第四次全体会议上的工作报告》，《人民日报》2020年2月25日第3版。

判断问责以及精准问责方面的专业知识。同时规定，地方纪委在作出问责决定时应当进行集体研究，必要时向上级纪委报告问责的事由和问责依据，由本级纪委常委会和上级纪委共同把关，保障问责的精准运用。

第三节 持续发挥巡视巡察的监督作用

党内巡视制度是指中央和县级以上地方党委，通过建立专门巡视巡察机构，按照党中央有关规定精神和部署，根据《党内监督条例》《巡视工作条例》等党内法规的规定，对下级党组织领导班子及其成员定期进行监督检查的制度。《党内监督条例》规定，巡视巡察是重要的监督方式，也是党委（党组）监督主体责任的一部分。在党内监督体系中，巡视巡察是监督体系中的重要组成部分，发挥监督的利剑和震慑作用。党的十八大以来，以习近平同志为核心的党中央从全面从严治党的大局出发，把巡视提到了前所未有的新高度。巡视成为党风廉政建设和反腐败斗争的重要平台，是党内监督与群众监督结合的重要方式，是上级党组织对下级党组织监督的重要措施，为全面从严治党提供了有力支撑。习近平总书记关于巡视工作的重要论述是治国理政新理念新思想新战略的重要组成部分，为巡视工作深入开展提供了根本遵循。[1]

一 巡视巡察演进的特点

巡视在我国有悠久的历史，中国共产党成立后不久，就开始在党内开展巡视工作，并在实践中形成了一系列的制度。改革开放以后特别是党的十三届四中全会以后，随着党自身建设方面的新情况、新问题的不断出现，该制度又因党内监督和反腐败斗争的需要逐步得到恢复、发展并日益完善。[2] 在其历史发展过程中呈现出以下特点：

---

[1] 朱伯兰：《巡视监督的创新发展及启示》，《重庆社会科学》2017年第10期。
[2] 唐勤：《党内巡视制度的历史演进》，《重庆社会科学》2014年第4期。

（一） 由部分巡视到巡视巡察全覆盖

所谓巡视巡察全覆盖是指巡视工作主体扩大、巡视巡察对象全覆盖和在一届任期内巡视工作全覆盖三个方面。

1. 巡视主体扩大

巡视主体是指负责组织巡视工作的党组织，从党的十三届六中全会开始启动新的巡视制度以来，巡视主体经历了党中央巡视，党中央和省、自治区、直辖市党委巡视，市县巡察三个阶段。市县巡察制度的建立以及全面运行，表明党的县级以上党组织全部建立巡视巡察制度，并且确立了巡视监督的上下联动体制机制，巡视主体扩大大致经历了三个阶段：

第一，从党的十三届六中全会到党的十五届六中全会是党中央建立巡视制度阶段。党的十三届六中全会通过的《中共中央关于加强党同人民群众联系的决定》是我党历史上具有重大战略意义的文件，该决定不仅提出党内监督的概念，而且提出要制定党内监督条例和建立巡视制度。实践证明，这些顶层设计符合党内监督的理论逻辑和实践逻辑。该决定指出中央和各省、自治区、直辖市党委，可根据需要向各地、各部门派出巡视工作小组。1996年4月至1998年8月，中央纪委先后派出7批巡视组，对全国18个省（区）和部委进行了巡视。2000年，中央决定由中央纪委和中央组织部联合成立巡视办公室，派出巡视组，对省级党政领导班子特别是主要负责人的工作情况进行监督检查。

第二，从党的十五届六中全会至党的十八届六中全会是党中央和省、自治区、直辖市建立巡视制度阶段。2001年9月，党的十五届六中全会通过的《中共中央关于加强和改进党的作风建设的决定》明确要求，中央和各省、自治区、直辖市党委要逐步建立巡视制度，并开始个别省区党委进行巡视工作试点。2003年2月，中央纪委二次全会对巡视工作作出了具体部署，讨论通过了《关于加强和改进巡视工作的意见》。[①] 2003年12月，党中央颁布《党内监督条例》（试行），明确规

[①] 唐勤：《党内巡视制度的历史演进》，《重庆社会科学》2014年第4期。

定中央和省（自治区和直辖市）设立巡视组，2004年，根据中央纪委、中央组织部、中央机构编制委员会办公室《关于省、自治区、直辖市党委设立巡视机构有关问题的通知》要求，各省（区、市）党委先后组建了巡视工作办公室和巡视组，作为省级巡视工作机构，部分中央国家机关在系统内部探索开展巡视工作。

第三，党的十八届六中全会至党的十九大是全面建立市县巡察制度阶段。党的十八大迅速推进省、自治区和直辖市巡视工作，2016年10月27日，十八届六中全会审议通过的《中国共产党党内监督条例》规定，中央和省区市党委一届任期内实现巡视全覆盖，省区市党委应当推动市县党委建立巡察制度，推动全面从严治党向基层延伸。2017年6月修改后的《中国共产党巡视工作条例》规定 党的市（地、州、盟）和县（市、区、旗）委员会建立巡察制度，设立巡察机构，对所管理的党组织进行巡察监督。党的十九大报告指出，在市县党委建立巡察制度，加大整治群众身边腐败问题力度。市县一级党委建立巡察制度，开展常态化专项巡察，是深化纪检监察"三转"的具体体现，是实现巡视无空白、监督无例外的创新举措，有利于填补市县以下巡视监督的空白，精准整治发生在老百姓身边的腐败问题，构建起完整的巡视巡察全覆盖监督体系。[①]

2. 巡视巡察对象全覆盖

巡视巡察对象是巡视监督的重要内容，也是党内监督需要从制度上掌握的关键环节，巡视巡察与一般的党内监督方式不同，纪委专责监督既包括对党组织的监督，又包括对党员和党的干部的监督，而重点是对党的干部的监督。巡视巡察则主要是对党的各级领导班子及其成员进行监督检查。从巡视巡察发展的历史来看，其监督检查的对象从两个方向覆盖：一是从中央国家机关向地方国家机关延伸覆盖，二是从国家机关向事业单位和国有企业延伸覆盖，进而实现巡视巡察对象的全覆盖。

---

① 李逢春：《把政治巡视要求贯穿巡察监督全过程》，《实践》（思想理论版）2016年第9期。

第一，从党的十三届六中全会到2003年《巡视工作条例》（试行）实施之前，巡视的对象限于省级及部委领导班子及其成员。党的十三届六中全会的决定指出，为了加强对权力的监督，中央和各省、自治区、直辖市党委，可根据需要向各地、各部门派出巡视工作小组。该规定并没有明确巡视的对象。1996年4月至1998年8月，中央纪委先后派出7批巡视组，对全国18个省（区）和部委进行了巡视。这是在实践中形成的做法，即中央巡视组对省部级领导班子及其成员进行巡视监督。

第二，2003年《巡视工作条例》（试行）将巡视对象明确规定为三类：省、自治区、直辖市党委和同级政府党组领导班子及其成员；省、自治区、直辖市人大常委会、政协委员会党组领导班子及其成员；党中央要求巡视的其他单位的党组织领导班子及其成员。第三类巡视对象在实践中主要是指中央国家机关各部委党组。省、自治区、直辖市党委设立的巡视组主要巡视市（地、州、盟）、县（市、区、旗）党委和同级政府党组领导班子及其成员；市（地、州、盟）、县（市、区、旗）人大常委会、政协委员会党组领导班子及其成员；省、自治区、直辖市党委要求巡视的其他单位的党组织领导班子及其成员。2004年，省级党委成立了121个巡视组，部分中央国家机关在系统内部探索开展巡视工作。2005年8月，在中央纪委内设立中央巡视工作领导小组办公室，并陆续设立了11个巡视组。除原有的5个地方巡视组外，还有1个金融巡视组、3个企业巡视组和两个国家机关巡视组。这是党中央首次设立国有企业巡视组。

2015年通过的《巡视工作条例》在总结巡视工作经验的基础上，为落实党的十八大巡视全覆盖的要求，将中央巡视对象明确扩大到副省级领导班子及其主要负责人、中央各部委党组及其成员、中管国有企业和事业单位党委领导班子及其成员；省、自治区、直辖市高级人民法院、人民检察院党组主要负责人，副省级城市党委和人大常委会、政府、政协党组主要负责人；中央部委领导班子及其成员，中央国家机关部委、人民团体党组（党委）领导班子及其成员；中央管理的国有重要骨干企业、金融企业、事业单位党委（党组）领导班子及其成员。

省级巡视组则将巡视对象扩大到市县人民法院、检察院党组领导班子及其成员、省、自治区和直辖市党委工作部门领导班子及其成员,政府部门、人民团体党组(党委、党工委)领导班子及其成员,管理的国有企业、事业单位党委(党组)领导班子及其成员。

2017年《巡视工作条例》规定市县设立巡察制度,实践中,市县将乡镇党政领导班子及其成员、市县党委工作部门领导班子及其成员、政府部门、人民团体党组领导班子及其成员,市县管理的国有企业事业单位党委领导班子及其成员纳入巡察对象。从而实现巡视巡察对所有党委、党组领导班子及其成员或者主要负责人的全覆盖。

3. 巡视工作全覆盖

巡视工作全覆盖是指巡视巡察组织在一定期限内对巡视巡察对象进行监督检查,并且要求巡视巡察对象根据反馈的意见认真整改。

党的十八届三中全会以前,巡视工作不断推进,党中央和省级党委均设立了巡视工作领导机构,对下级党政领导班子及其成员进行巡视,但并没有规定在多长时间内定期开展巡视工作。2013年11月12日,党的十八届三中全会通过《中共中央关于全面深化改革若干重大问题的决定》,明确提出"改进中央和省区市巡视制度,做到对地方、部门、企事业单位全覆盖。"这是党中央首次明确巡视全覆盖,其意涵是对巡视对象全覆盖。2016年10月27日,党的十八届六中全会审议通过《党内监督条例》,该条例规定中央和省区市党委一届任期内实现巡视全覆盖,省区市党委应当推动市县党委建立巡察制度,推动全面从严治党向基层延伸。该条例增加一届任期内实现对巡视对象全覆盖的规定。2017年6月21日,十八届中央第十二轮巡视如期完成对地方、部门、企事业单位的巡视全覆盖,实现了党的历史上首次一届任期内中央巡视全覆盖。截至2017年4月底,顺利完成对8362个地方、部门、企事业单位党组织全面巡视任务,实现巡视在一届任期内全覆盖的目标。[1]

---

[1] 郭英、吕永红:《新时代巡视制度在监察体制中的地位和作用》,《新疆社科论坛》2018年第1期。

2019年全国各市县均开展巡察工作，覆盖1.1万个乡镇、5.9万个部门和企事业单位、22.5万个村级党组织。基本上实现了巡察全覆盖。

(二) 巡视工作由党的工作部门领导到党组织统一领导的转型

巡视工作领导体制彰显巡视监督的政治地位。巡视工作领导体制在历史发展过程中经历了三个发展阶段。

1. 纪委领导阶段

党的十三届六中全会明确建立巡视制度，但并没有规定巡视工作领导体制。由于巡视机构具有监督职责，因此实践中将巡视机构归口纪委统一领导与管理。1996年3月，中央纪委制定并下发《中共中央纪律检查委员会关于建立巡视制度的试行办法》，该办法规定，中央纪委巡视组对省部级班子及其成员执行政治纪律和廉政建设的情况进行监督检查，巡视情况直接报告中央纪委，重要情况由中央纪委报告党中央。

2. 纪委与组织部门共同领导、以纪委领导为主的阶段

2000年，党中央决定由中央纪委和中央组织部联合成立巡视办公室，派出巡视组，对省级党政领导班子特别是主要负责人的工作情况进行监督检查。2003年8月，中央纪委、中央组织部建立了巡视工作联席会议制度，下设巡视工作办公室，作为联席会议的日常办事机构。

3. 中央和省委（自治区、直辖市委员会）统一领导、分级负责阶段

2009年7月《中央巡视工作条例》（试行）为了加强巡视监督工作，对巡视工作领导体制进行改革。明确规定党的中央和省、自治区、直辖市委员会实行巡视制度，建立专门巡视机构；党的中央和省、自治区、直辖市委员会成立巡视工作领导小组，分别向中央和省、自治区、直辖市委员会负责并报告工作。巡视工作领导小组下设办公室，为其日常办事机构，办公室设在同级党的纪律检查委员会。2009年11月，党中央作出了成立中央巡视工作领导小组的决定，将中央纪委、中央组织部巡视工作办公室和巡视组更名为中央巡视工作领导小组办公室和中央巡视组的决定，进一步加强了对巡视工作的组织领导。随后，各省

（区、市）党委及部分中央和国家机关、中央企业、中管金融企业党委（党组）也按照中央要求分别成立了由党委（党组）主要负责同志或纪委书记（纪检组长）任组长的巡视工作领导小组，设立了领导小组办公室。党的十八大后，党中央强调巡视是党委（党组）领导下的巡视，不是纪委的巡视，也不是组织部门的巡视，是上级党组织对下级党组织进行监督。因此，党委（党组）是巡视工作的责任主体，党委（党组）书记是第一责任人。① 中央巡视工作领导小组对省级巡视工作由原"指导"关系改变为"领导"关系。强化了中央巡视工作领导小组的集中统一领导，为加强中央对省级党委和巡视机构落实巡视工作主体责任和监督责任，执行党中央关于巡视工作的决策部署提供了制度依据。②

（三）巡视由一般监督、党风廉政建设转化为政治巡视

巡视制度定位为党内监督形式，因此，巡视监督的事项随着党内监督理论与实践的发展而不断发展，大致经历了从一般监督到政治监督的发展过程，这一过程也与党的十九大加强党的政治建设、完善党内政治监督体系的战略目标与任务保持一致。

1. 一般监督阶段

一般监督主要是指巡视指向的对象是各级领导班子成员和主要领导干部，巡视工作的重点是对领导班子成员贯彻党的路线、方针和政策，执行廉政建设的情况进行监督检查。这一定位主要适用于20世纪90年代末至《党内监督条例》（试行）阶段，与当时党内监督重点在作风建设以及反腐败工作相关。党的十三届六中全会的决定指出，为了加强对权力的监督，中央和各省、自治区、直辖市党委，可根据需要向各地、各部门派出巡视工作小组，对有关问题进行督促检查。1996年1月，中央纪委明确巡视工作小组的任务是了解省、自治区、直辖市和中央、国家机关部委领导班子及其成员贯彻执行党的路线、方针、政策以及廉

---

① 刘诗林：《十八大以来巡视制度的改革与创新》，《廉政文化建设》2018年第1期。
② 王峰：《新时代加强巡视工作的理论逻辑、历史逻辑和实践逻辑》，《新视野》2019年第4期。

政情况，1996年3月，中央纪委在《关于建立巡视制度的试行办法》中规定，中央纪委巡视组对省部级班子及其成员执行政治纪律和廉政建设的情况进行监督检查。2001年9月，党的十五届六中全会通过的《中共中央关于加强和改进党的作风建设的决定》明确要求，中央和各省、自治区、直辖市党委建立巡视制度，把下一级领导班子特别是主要负责人的廉政勤政情况作为重要内容，进行监督检查。

2. 党风廉政阶段

《巡视工作条例》（试行）规定，巡视组对党组织领导班子及其成员贯彻执行党的路线方针政策和决议、决定的情况，特别是贯彻落实邓小平理论、"三个代表"重要思想以及科学发展观的情况，执行民主集中制的情况，执行党风廉政建设责任制和自身廉政勤政的情况，开展作风建设的情况，选拔任用干部的情况等进行监督检查。2013年5月中旬召开的中央巡视工作动员暨培训会议提出，巡视应当突出"四个着力"，即着力发现领导干部是否存在权钱交易、以权谋私、贪污贿赂、腐化堕落等违纪违法问题；着力发现是否存在形式主义、官僚主义、享乐主义和奢靡之风等违反中央八项规定精神的问题；着力发现是否存在对涉及党的理论和路线方针政策等重大政治问题公开发表反对意见、搞"上有政策、下有对策"等违反政治纪律的问题；着力发现是否存在买官卖官、拉票贿选、违规提拔干部等选人用人上的不正之风和腐败问题，重点巡视违纪违法的线索。① 突出巡视监督的"四个着力"，表明巡视监督开始以反腐败工作为重点，以问题为导向，聚焦贪污贿赂等违纪违法案件。

3. 政治巡视阶段

党的十八届三中全会对加强党组织党内监督主体责任作出了规定，因此巡视工作贯彻党的十八届三中全会精神，将政治监督作为巡视监督首要内容，2015年6月26日通过的《巡视工作条例》，明确巡视监督

---

① 周淑真：《巡视工作的历史沿革、现实成就和制度创新》，《中国党政干部论坛》2014年第3期。

的主要内容是遵守党的纪律，落实党风廉政建设主体责任和监督责任等情况进行监督，重点监督违反政治纪律和政治规矩，存在违背党的路线方针政策的言行，有令不行、有禁不止，阳奉阴违，拉帮结派等问题；违反廉洁纪律，以权谋私、贪污贿赂、腐化堕落等问题；违反组织纪律，违规用人、拉票贿选、买官卖官，以及独断专行、软弱涣散、严重不团结等问题；违反群众纪律、工作纪律、生活纪律，搞形式主义、官僚主义、享乐主义和奢靡之风等问题。2015年10月23日，王岐山同志出席十八届中央第八轮巡视工作动员部署会并讲话，强调巡视是对党组织和党员领导干部的巡视，是政治巡视不是业务巡视。2017年1月6日至8日，习近平总书记在十八届中央纪委七次全会上强调，巡视作为加强党内监督的战略性制度安排，从聚焦党风廉政建设和反腐败斗争到聚焦全面从严治党，再到突出坚持党的领导、加强党的建设，检查党的路线方针政策落实情况，重点发现违反政治纪律和政治规矩、违规选人用人等问题，巡视定位越来越准确，任务越来越清晰。2017年5月26日，中央政治局会议审议通过的《巡视工作条例》，根据习近平总书记讲话精神和党的建设实际情况，增加了政治巡视工作的内容。将遵守党的纪律，落实全面从严治党主体责任和监督责任等情况进行监督，着力发现党的领导弱化、党的建设缺失、全面从严治党不力，党的观念淡漠、组织涣散、纪律松弛，管党治党宽松软问题作为巡视监督的重点。并且将落实意识形态工作责任制不到位的问题作为政治纪律和政治规矩问题对待，显示巡视向政治巡视的转化。

巡视工作由一般监督和党风廉政监督向政治巡视的转变，是全面从严治党的体现，政治巡视的定位并不否定巡视在党风廉政建设方面的关键作用，而是通过政治巡视从本源上解决党风廉政建设问题。

二　巡视监督的优势

（一）巡视监督是党组织全面从严治党主体责任和监督责任的体现

从2009年开始，巡视工作由纪委和组织部门领导转化为党组织统一领导的体制，巡视成为上级党组织对下级党组织进行监督的重要形式。党委（党组）是巡视工作的责任主体，党委（党组）书记是第一责任人。彰显党组织对下级党组织领导班子及其成员的监督之责。党章将加强党的建设、全面从严治党的责任赋予各级党组织和全体党员，为了保障党组织全面从严管党治党，各级党组织必须承担主体责任和监督责任。只有党的组织对党的建设承担主体责任，党内监督才能取得成效，反腐败工作才能深入并制度化。

从实践层面来看，党内监督是我国权力监督体系中最为核心也最为关键的监督，任何权力制约与监督的机制都不能取代党内监督的地位。中国共产党作为长期执政的党，必须接受群众监督和民主党派的监督，并且通过主动接受党外监督来不断提升党的执政能力。但是，党外监督不可能取代党内监督，党内监督是最为有效的监督制度。在长期的政治实践中，我党以马克思主义权力监督理论为指导，不断创新和发展中国特色社会主义权力监督理论体系，并且运用中国特色社会主义思想指导党内监督实践，形成党内监督体系的三大支柱：党组织的全面从严治党主体责任、纪委纪律专责监督责任、党的基层组织和党员的民主监督。只有建立党内监督体系，实现巡视、监察、派驻监督的全覆盖，才能形成科学的权力监督体制与机制，才能实现对公权力的全面制约与监督。而党内监督体系的三大支柱，均由相应的监督方式予以支撑，党组织主体责任主要由巡视工作体现，纪委专责监督由派驻监督延伸、党员的民主监督由党的基层组织予以保障。

巡视监督是党组织和主要领导干部主体责任的体现。巡视监督是党内监督十项制度之一，党的十七大首次将巡视制度写入党章，并且将其作为党的建设和党内监督的重要手段与方式。巡视制度是党内上级对下级的监督制度，是一种自上而下和涵盖广泛的全方位监督，具有针对性强和监督关口前移的预防性监督效果，对于防止"关键少数"权力腐败的特殊作用十分明显。[①] 党组织和主要领导干部领导开展巡视工作是

---

① 周力：《党内巡视工作的实践与创新》，《党政干部学刊》2015年第9期。

其基本政治责任。《党内监督条例》规定，省、自治区、直辖市党委一届任期内，对所管理的地方、部门、企事业单位党组织全面巡视。巡视党的组织和党的领导干部尊崇党章，遵守党的领导，落实党的建设和党的路线方针政策，履行全面从严治党责任、执行党的纪律、落实中央八项规定精神、党风廉政建设和反腐败工作以及选人用人情况。这一规定明确党组织及主要干部的职责。《巡视工作条例》规定，开展巡视巡察工作的党组织承担巡视巡察工作的主体责任。上级党组织通过组织和领导巡视工作，监督下级领导班子及其成员全面从严管党治党、遵守政治纪律和政治规矩以及廉政建设的情况，对于巡视组发现的问题要及时采取措施要求下级党组织整改，对于重要的问题线索应当认真研究并且依规移送纪检监察机关处理。对于巡视反馈的廉政纪律制度建设存在的问题，应当认真研究并且配合下级党组织做好建章立制工作，将全面从严治党提升到新的高度。党内监督既是中国共产党自身建设的重要内容，也是重要保障。全面从严治党，必须从根本上解决主体责任缺失、监督责任缺位、管党治党宽松软的问题。[①] 对于下级党组织主体责任缺失、监督责任缺位的问题，通过巡视监督予以纠正，这是全面从严治党的需要，也是加强党内政治监督的主要方式。

（二）巡视是民主监督的体现

在我国党和国家权力监督形式上，民主监督通常是指政协和民主党派对执政党进行监督。但是，党员和群众监督也常常被称为民主监督，巡视虽然属于党内监督的形式，但巡视监督在党和国家监督体系中具有开放式监督的特征。巡视监督的对象是各级党组织领导班子及其成员，巡视组要了解和掌握主要领导干部遵守政治纪律、廉政纪律、生活纪律、群众纪律方面存在的问题，要掌握党组织领导班子及其成员履行党的政治建设主体责任的情况，必须在巡视过程中通过各种方式跟党员、干部和群众沟通，了解实际情况，干部群众参与巡视全过程即具有民主监督的外部表现形式。

[①] 赵银平：《从六中全会公报看习近平的治党思路》，《理论导报》2016年第10期。

第一，密切联系群众。巡视组要与被巡视单位的干部与群众进行信息交流，通过会议和网络的方式向干部群众介绍巡视工作的情况、总体要求、指导思想等，并且设置邮箱、举报箱以及举报平台，接受巡视单位干部与群众反映情况、提供线索。充分发动干部群众的监督热情、自觉与群众建立密切联系是巡视工作成功与否的重要标志之一。在巡视实践中，巡视巡察工作开始之前，巡视巡察组将多方面收集情况和线索，掌握巡视巡察对象的基本情况，尤其需要了解审计、派驻纪检监察、督察机构对被巡视单位进行监督的情况，对发现的重要情况和线索通过与干部群众沟通交流进行初步核实。在巡视过程中，注意收集群众反映强烈的问题，2019年，仅中央巡视组受理群众信访举报9万余件次，让干部群众参与到巡视工作中来，成为巡视工作的重要力量。

第二，体现人民民主。巡视工作结束后，通过巡视反馈、巡视"回头看"等方式体现人民民主。巡视工作反馈意见，将人民群众的批评和诉求以及上级党组织的要求结合起来，以问题的形式传递给被巡视单位。通过督促整改，促使被巡视单位解决群众身边的问题、维护群众利益。巡视期间以及被巡视单位整改阶段，群众均可以通过反映意见、提出建议、举报违纪违法行为等方式继续参与巡视工作，加入到巡视整改过程中，从而使巡视工作不仅在被巡视单位内部实现干部群众的民主参与，还可以通过巡视工作的开放性实现群众对巡视单位的监督。群众监督还可以通过媒体和舆论的正确参与而实现，群众反映比较集中的问题，是人民群众利益密切相关的问题，有可能是违纪违法现象产生的领域。因此，巡视工作对媒体和舆论反映出来的严重问题，需要采取切实可靠的措施进行核实，对于存在重大违纪违法嫌疑的党政领导班子成员，将线索移送纪检监察机关立案审查调查；对于人民群众反映强烈的问题要及时排查线索，将人民群众的监督转化为组织监督。

（三）巡视是组织监督的有效形式

党组织在党内监督中的主体责任可以通过多种方式来实现，包括民主生活会和述责述廉，组织领导党的建设工作，支持纪检监察工作等等，但最有效的形式是巡视。巡视是党中央监督地方党委（党组）的重要方式，是组织监督的有效形式。首先，通过巡视，重点监督检查党委领导班子及其成员是否存在违反政治纪律的情况，包括违反民主集中制原则、主要领导干部违反党内法规和党的组织原则、未经班子成员集体讨论作出决定等给党和政府的事业造成重大损害的情况。其次，通过巡视，重点监督党组织领导班子及其成员做到"两个维护"的情况，包括贯彻党中央的统一领导和重大决策部署、执行上级党组织重大决定的情况。最后，通过巡视，重点监督党组织领导班子及其成员违反选人任人规定的情况，《党政领导干部选拔任用工作条例》对选拔任用领导干部的原则、条件和程序作出专门规定，是各级党政机关选拔干部的根本准则和行为规范，违法任用干部是对党的事业不忠诚的体现，如果用人失察失误造成严重后果的，本地区本部门用人上的不正之风严重的，应当追究党委（党组）主要领导成员的责任。

巡视监督的上述功能表明，公权力是党和人民赋予的，领导干部用权须规范，需要接受党内监督和人民群众的监督。只有发挥巡视制度的监督作用，才能为人民群众掌好权，用好权。[1]

三 完善巡视巡察监督制度

党中央把巡视监督作为加强党内监督的战略性制度安排，纳入全面从严治党总体部署，建构符合中国国情的巡视体制，不断推动巡视监督工作的开展，深入推进巡视工作理论创新、实践创新、制度创新；不断赋予巡视制度新的活力，探索了一条实现党自我革命与自我净化的有效路径，彰显了中国特色社会主义民主监督制度优势。作为中国特色的民主监督形式，巡视将自上而下的组织监督与自下而上的民主监督有机结合，使党内监督和群众监督、舆论监督等其他监督形式有效衔接，体现

---

[1] 王美清：《党内巡视与党的建设研究——学习习近平总书记关于巡视工作重要论述的体会》，《山西高等学校社会科学学报》2016年第9期。

出中国特色权力监督制度的独特优势。① 但巡视工作仍然需要进一步健全与完善，充分发挥其监督功能。

（一）持续发扬巡视巡察监督发现违纪违法问题线索的优势

巡察工作的全覆盖以及政治巡视的推进，凸显巡视的"利剑"作用，形成震慑。数据显示，十八届中央纪委立案审查的中管干部案件中，超过60%的问题线索来自巡视。② 但是，在巡视工作取得重大成就的同时，制约巡视作用发挥的因素仍然存在，需要在实践中不断总结经验，才能让巡视监督持续发力。

1. 必须进一步明确巡视定位，深化政治巡视，聚焦发现问题

政治巡视是巡视工作的根本，③ 深化政治巡视要推进政治监督具体化、常态化，将政治巡视与全面从严管党治党的具体工作联系起来。④ 同时，查找问题必须深入细致，巡视工作需要从整体上掌握被巡视党委主体责任的落实情况，不能只掌握表面情况。在巡视工作中，巡视组通过参加被巡视单位的工作会议、调阅相关文件资料、召开座谈会和调研会、个别谈话等方式，综合运用相关信息进行研判，真正发现被巡视单位存在的问题。一般来说，巡视对象如果存在较为严重的主体责任缺失、管党治党不力、形式主义与官僚主义严重的情况，往往会出现贪污腐化、失职渎职等违纪违法问题。所以，从政治巡视的高度着手，从细

---

① 余哲西：《巡视是中国特色的民主监督形式》，《中国纪检监察》2017年第7期。

② 2018年中央巡视组受理群众信访举报49万件次，中央纪委国家监委根据巡视移交线索查处了蒲波、曾志权、吴浈等案件，巡视利剑作用充分彰显。全国市、县两级共巡察12.6万个党组织，发现各类问题97.5万个，涉及党员干部违规违纪问题线索19万件，推动查处3.6万人。参见赵乐际《坚持和完善党和国家监督体系　为全面建成小康社会提供坚强保障——在中国共产党第十九届中央纪律检查委员会第四次全体会议上的工作报告》，《人民日报》2020年2月25日第3版。

③ 只有加强政治巡视，才能抓住巡视工作的"根"和"魂"，忽视、弱化政治巡视，巡视工作就会迷失方向。参见徐鸣华《发挥巡视在党内监督中的利剑作用》，《中国党政干部论坛》2020年第2期。

④ 重点查找党的观念淡漠，组织涣散、纪律松弛，管党治党宽、松、软的问题，发现领导干部的不正之风和腐败现象，掌握党的领导弱化、主体责任缺失、从严治党不力等问题，才能找出"老虎"和"苍蝇"，让利剑高悬、震慑常在。参见王岐山《发挥巡视监督作用 助力全面从严治党》，《中国纪检监察》2015年第16期。

处查找，才能持续发现问题。

2. 进一步完善巡视巡察与纪检监察、审计、信访等部门的贯通机制

党内监督与国家监督形成合力是提高监督效率的重要手段，也是党的十九大报告提出健全党和国家监督体系的依据之一。要充分发挥巡视巡察监督的效果。首先，必须完善巡视巡察监督与纪检监察监督的贯通机制。巡视巡察组进驻被巡视单位之前应当与纪检监察机关建立信息交流与互动机制，听取纪检监察机关对巡视巡察对象的意见，查阅纪检监察机关对巡视对象日常监督的相关信息。同时还可以听取审计机关对巡视巡察对象审计结果的相关信息。其次，必须建立重点问题线索相互通报制度。巡视巡察组通过提请纪检监察机构协助、纪检监察机构派员参加巡视、巡视巡察移交问题线索优先办理等方式，补强巡视巡察制度机制。不断完善巡视巡察与组织、司法、审计、信访等协作配合机制，实现信息互通、监督互动，形成合力。①

（二）完善巡视巡察组人员配置体制，实现精准巡视

巡视巡察监督与纪检专责监督、派驻监督相比具有监督工作短期性的特点，《巡视工作条例》对巡视组提出了较高的要求，如果巡视组对存在的问题没有发现，属于失职失察，要承担政治责任。这一特点要求巡视巡察组对巡视对象存在的问题必须进行全面深入的查找。但是，从巡视巡察组的组成与相关工作方式来看，难以胜任此种重任，需要从巡视巡察组人员配置机制和工作机制两个角度进行改革与完善。

1. 配置调查经验丰富的领导人员

巡视巡察组的领导层虽然具有丰富的政治经验和工作经验，但整体来看，巡视工作组的力量配置上缺乏具有司法背景和案件线索调查经验的领导人员。巡视在方向上是政治巡视，需要对巡视对象全面从严治党、履行党内监督主体责任的情况进行检查，但政治巡视是具体的，重点需要查找领导班子成员理想信念动摇而产生的生活作风问题和腐败问

---

① 徐鸣华：《发挥巡视在党内监督中的利剑作用》，《中国党政干部论坛》2020 年第 2 期。

题。由于巡视组缺乏案件线索处理方面的人员，常常难以通过自身的工作发现真实的线索。① 同时，巡视巡察组工作人员获取线索的专业能力有限，尤其是一些巡察机构缺乏必要的专业配备，人员临时调配，缺乏专业培训，工作较为粗糙，难以发现问题线索。因此，有必要在巡视和巡察组内配置相关的纪检监察部门具有调查工作经验的人员，必要时可以配备公安、检察机关侦查工作人员和会计审计工作人员。对纪检监察和审计部门发现的问题信息以及案件线索进行初步判断和分析，必要时可以采取适当的核实方法，对于严重违纪违法的线索，由巡视组研判并报纪检部门同意后，移送纪检监察机关审查调查。避免巡视组撤离后，案件线索中断或者灭失。

2. 提高问题线索的可靠性

巡视巡察组发现问题线索的方式较为单一，且可靠性不强。巡视巡察组发现问题的方式主要是座谈、个别谈话、接受举报等方式。但由于信息不对称，被巡视巡察单位的干部群众可能仅仅是从工作面上对领导班子成员的工作作风、工作业绩进行判断，对领导干部的腐败问题不能提供有价值的线索。况且，本单位干部群众虽然对班子成员不满，可能也了解一些腐败问题或者其他违纪违法问题的内部情况，但害怕不实而不敢说真话，有些干部群众则害怕说真话受到打击报复。因此，座谈会和个别谈话只能掌握极少量信息，有必要创新发现问题线索的方式，由巡视巡察组在掌握领导班子成员部分线索的基础上，有针对性地进行专门谈话，而且谈话对象必须对被巡视单位保密，通过多种方式让干部群众能够真实和全面地反映情况，从而拓展线索。同时，可以通过查阅相关媒体的信息、查阅巡视单位重要会计资料、查阅领导干部相关联系信息等方式发现新的问题线索；也可以通过网络平台或者邮件等方式征求社会公众批评意见，从而获得有价值的线索。

---

① 如江西省人大常委会原副主任、赣州市委书记史文清，涉嫌严重违纪违法于2020年接受中央纪委国家监委审查和监察调查。史文清在担任赣州市委书记期间生活作风腐化，索贿受贿数额巨大。但巡视组未能发现，后因数位企业家联名向中央纪委举报其索贿事实，中央纪委经核实后立案查处。

(三) 创新巡视方式与方法

巡视工作应当与时俱进，这是因为社会生活方式的不断变化，违法违纪、腐败的方式也会发生变化。巡视工作应当适时调整巡视方式与方法，不断发挥震慑作用。

巡视工作存在覆盖面广、巡视间隔时间过长、不了解被巡视单位业务情况等弊端，需要在实践中通过创新巡视方式与方法，以提高巡视工作的质量与效果。

1. 实行专项巡视与交叉巡视

党的十八大以来，巡视工作在严肃党内政治生活、净化党内政治生态、夯实党执政的政治基础方面发挥了不可替代的作用。为了落实《中央巡视工作五年规划》（2018—2022），巡视工作不能松懈，更不能打折扣。在不影响常规巡视的前提下，可以有选择性地加强专项巡视和交叉巡视工作。首先，加强专项巡视工作。专项巡视的范围很广，既可以是政治建设主体责任和意识形态建设方面的巡视，也可以是执法领域、环境保护领域、重大建设项目领域等等。一般来说，围绕党的中心工作和全面从严治党的实际情况组织专项巡视较为妥当。专项巡视的优势：一是弥补常规巡视工作间隔过长的弊端。常规巡视每五年一次，在如此长的时间内可能滋生腐败而难以通过巡视发现问题。专项巡视虽然不能对所有巡视单位在一定时间内实现覆盖，但专项巡视本身并不固定，此种不确定性足以形成压力。二是专项巡视直面问题，以问题为导向，巡视组内具有一定数量的专业人员，容易发现问题线索，对专项巡视的权威性和巡视效果产生显著的影响。其次，交叉巡视。省级巡视组之间进行交叉巡视可以避免省内巡视产生的熟人太多，因碍于情面而不敢于亮剑的情况。同时，交叉巡视也可以优化巡视组人员配置，为了达到查找问题线索的目的，巡视组必须配备精干人员和专业人员，实现省级巡视组之间的优势互补。中央巡视工作领导层可以指导交叉巡视，至少可以在省委巡视组内配置外省巡视工作人员，实行人员交叉，产生较好的巡视效果。

2. 建立巡视巡察上下联动机制

巡视巡察是两个层面的巡视工作，但巡视和巡察目的相同、性质相同、任务相同，均体现上级党组织对下级党组织的监督。然而，巡察的主要对象是地方县级以上党委领导班子及其成员，按照干部管理权限，只有中管干部和省管干部才能纳入巡视对象，市县管理的干部纳入巡察对象。因此，巡察对象主要是市县职能部门党组班子成员以及乡镇党委领导班子成员，但这些党组织是直接管理公共事务的干部，与人民群众产生直接联系，是人民群众能够直接感觉到的国家权力。基层干部的腐败是发生在群众身边的腐败，对人民群众的切身利益产生严重损害。因此，巡察在巡视制度中具有重要的地位，对于解决人民群众身边的腐败问题具有重要的战略意义。巡察发现的问题必须引起上级党组织的高度重视，必须从全面从严治党、净化政治生态的战略高度来认识巡察工作。反腐败是全党的中心工作和战略安排，只有加强顶层设计，制定建立巡视巡察上下联动机制，探索巡视巡察与其他监督贯通融合的有效路径，推动形成系统集成、协同高效的监督工作机制才能使巡视巡察发挥应有的监督作用。可以尝试建立党内巡视巡察信息共享系统，由中央纪委组织，将巡视巡察的基本情况、违纪违法线索及其处理方法、巡视巡察反馈的意见、巡视巡察单位整改情况形成具体信息实现共享。以问题线索为中心，如果巡察发现的问题线索涉及巡视对象的，巡察组应当将线索移送省级以上纪委监委，由纪委监委报请本级党委决定是否立案审查调查。巡视发现的问题线索与巡察对象有关的，可以将问题线索移送下级党组织或者由纪委监委决定是否立案审查调查。党的十八大以来，习近平总书记在提出扩大巡视面、实现巡视全覆盖的同时，进一步提出巡视工作上下联动、全国一盘棋的战略思想，要求做到"横向全覆盖、纵向全链接、全国一盘棋，上下联动遏制腐败现象蔓延势头"。这不仅是巡视监督理论和实践的重大创新，而且也有利于提升巡视监督的效果。[①]

[①] 中共中央党校厅局班党建课题组：《在新起点上推进巡视监督向纵深发展》，《中国党政干部论坛》2018年第9期。

（四）突出抓好巡视巡察整改落实，做好巡视巡察工作"后半篇文章"

巡视之所以能够发挥党内监督的"利剑"和震慑作用，不仅在于发现问题，掌握违纪违法线索。而且突出抓好巡视巡察整改落实，按照巡视强化整改主体责任，完善整改情况报告制度，健全整改公开机制和日常监督机制。综合用好巡视巡察成果，精准处置巡视巡察移交线索，推动深化改革，完善体制机制，堵塞制度漏洞。发现问题是巡视工作的生命线，推动解决问题是巡视工作的落脚点。在落实巡视整改方面，由于各级党组织极为重视，取得了明显的成效。尤其是部分巡察单位的党委与党组织以积极的态度面对巡视反馈的意见，通过具体工作做好巡察工作"后半篇文章"。① 但在实践中也存在较多的问题，需要通过创新体制机制予以解决。

首先，部分巡视反馈意见较为宏观，有些结论不够具体，难以落实。如巡视反馈意见中多数都有主体责任不到位、全面从严治党不够有力等较为宏观的表达，但对于巡视对象的哪些工作不到位，尤其是意识形态建设的哪些工作不到位缺乏明确的事实认定，导致巡视单位往往以增加会议、加强集体学习等较为一般的方式作为整改工作方案。事实上，加强党的基层组织建设确实是党的建设的重要组成部分，但全面从严治党和履行党内监督主体责任不是通过一般的支部活动可以解决的，而是要根据《党内监督条例》的规定全面加强政治建设。

其次，被巡视单位存在重巡视、轻整改的问题。实践中被巡视单位对巡视组进驻期间的工作予以重点支持，但巡视组离开后，觉得巡视工作已经结束，在思想上对巡视工作的重要性认识不足，忽视巡视反馈意

---

① 稷山县委巡察工作领导组对巡察中发现的问题着力抓好责任落实、督查落实、问责落实"三落实"，促进巡察工作取得了明显成效，受到上级主管部门的好评。市县巡察工作开展以来，稷山县巡察工作始终坚持"三落实"，着力做好巡察工作的后半篇文章，促进全县巡察整改条条有着落、事事有回音、件件有落实。截至目前，该县先后巡察的36个单位中，共发现问题557个，先后落实整改454个，正在整改103个，较好地实现巡察工作预期目标，充分发挥了巡察"利剑"的作用，受到普遍好评。参见薛建《责任落实、督查落实、问责落实——稷山县着力做好巡察工作后半篇文章》，《支部建设》2018年第18期。

见的落实以及巡视成果的运用。巡视过程中发现的苗头性、倾向性问题，巡视单位往往不够重视，觉得是小问题，可管可不管，即使采纳巡视意见，也往往轻描淡写，这种情况尤其是在国有企业和事业单位中较为常见。所以，上一轮巡视发现的问题，在下一轮巡视中仍然出现，而且还有发展的趋势。因此，巡视相关责任缺乏，在一定程度上影响了巡视的公信力。① 为此，需要通过创新体制机制，抓好巡视反馈问题的整改落实，精准处置巡视巡察移交线索。

最后，少数部门和单位对巡视中发现的问题缺乏解决的具体措施。强化巡视巡察整改责任意识，明确被巡视党组织的整改主体责任，建立巡视反馈意见落实整改清单，做到条条有整改，件件有落实。健全整改情况报告制度，建立整改公开机制，通过加大巡视"回头看"的力度，对巡视整改落实情况进行再监督，对不整改或者整改不力的部门和单位党组织严肃问责。

第四节　加强党员民主监督

一　党员民主监督权利的形成与发展

(一) 党员民主监督权利的形成

党员民主监督也是党内监督的重要组成部分，党的八大至十二大是党员民主监督权的形成阶段。党的八大党章在党员一章中明确规定党员的监督权利。党内监督主要是上级组织对下级党组织的监督，在政党监督体制中，组织监督尤其是上级组织对下级组织的监督往往最为权威，也最有效果。但是，上级组织对下级组织监督也存在缺陷，主要是上级组织并不能够经常性地监督下级组织，并且出于管理与领导体制的原因，而对下级党的干部的日常活动并不全面掌握与了解，从而削弱了监督的效果。因此，我党全面深刻地总结党内监督的经验与教训，从党的

---

① 谭鹏：《巡视制度定位、问题与完善路径研究综述》，《岭南学刊》2016 年第 5 期。

八大党章开始，历次党章的修订均重视基层组织的日常监督和党员的民主监督。党的十二大以来，党的文件和党内法规多次提出加强基层组织监督和党员民主监督，并且将民主监督作为我党监督制度的重要优势和党内监督体系的组成部分。党的八大党章明确规定，党的基层组织执行党的纪律、进行批评与自我批评、监督党员的思想政治情况。党员有批评与自我批评的义务，对党组织和党员领导干部的工作有批评权和建议权，并且将基层党组织的监督权与党员的民主监督权结合起来，基层党组织是党员行使民主监督权的组织形式，党员的批评与自我批评是基层党组织日常监督的主要内容。党的十二大党章将党员的监督权作为权利对待，明确规定党员对党的工作有提出建议和倡议权；向党的上级组织直至中央提出请求、申诉和控告；在党的会议上有根据地批评党的任何组织和任何党员，向党负责地揭发、检举党的任何组织和任何党员违法乱纪的事实。党的基层组织应当开展批评和自我批评，揭露、改正工作中的缺点和错误，教育和监督党员干部和其他任何工作人员严格遵守国法政纪。以后，历次修订党章都明确规定党员的监督权。

（二）党员民主监督权利的发展

2003年《党内监督条例》（试行）首次在党内法规中全面规定党员的监督权利，包括提出意见和要求、向党中央反映意见、批评党的组织与党员、检举权和参与评议权等。它的颁布实施标志着党员民主监督权利的发展。表现在由党章规定党员的民主监督权利与党内法规规定党员民主监督的地位相结合，党章的规定与党内法规的规定相互衔接。党的十八大党章进一步加强了对党员监督权的规定：上下级组织之间要互通情报、互相支持和互相监督。党的各级组织要按规定实行党务公开，使党员对党内事务有更多的了解和参与。党的十八届六中全会通过的《党内监督条例》提升了党员民主监督的地位：党员民主监督是党内监督体系的重要组成部分，党员是独立的监督主体。

二 加强党员民主监督制度建设

党员的民主监督虽然是党内监督的重要内容，但党员民主监督在实践中的作用没有得到充分发挥，党内监督主要依靠组织监督，尤其是上级组织对下级组织的监督。然而，只有依靠党员才能使党内监督具备坚实的民主基础，只有充分发扬党内民主，调动九千万党员的监督积极性和主动性，才能充分发挥组织监督的威力，才能形成党内监督的良好氛围。

（一）培养和提高党员的监督意识

在党内监督中，部分党员的监督意识不强，主要表现在三个方面：一是监督观念淡薄，对监督存在误解。认为党内监督是党组织和纪委的职责，与党员本人关系不大，从而在思想上没有形成监督意识。少数党员认为，党员的监督对党的领导干部作用不大，不仅不能发挥监督作用，而且还得罪其他党员干部，受到打击报复，因此害怕监督，哪怕是批评建议的话也不愿意多说。二是少数党员干部轻视党员监督的重要性和作用。认为党员的民主监督在党内监督中的作用不明显，甚至认为党内监督会影响党组织内部的团结和同事关系，认为党员民主生活会就是轻描淡写，走走形式，不要影响工作。三是个别领导干部官本位和家长制作风抬头，公仆意识淡化，不愿接受监督。针对这一现状，有必要通过教育和制度建设培养党员的监督意识，加强党员对监督权的正确理解。

首先，党的各级组织通过学习党章树立监督意识。在党的教育制度中，形势教育和文件学习是主要形式，但缺乏对党章的学习，尤其是党的主要干部缺乏对党章和党内法规的系统教育。通过党章学习，培养党员的权利意识和对党组织的监督意识。

其次，加强民主监督制度建设，拓宽党员行使民主权利的渠道。通过党员考核和民主评议领导干部，健全党员民主监督机制。在干部考核和评议过程中，党员的参与度至关重要，只有党员参与到干部的考核和评议过程中，监督才会有效，党员才会真正意识到监督既是党员的权利，又是党员应尽的义务。不仅会提高党员的监督意识，而且也会对党的干部形成民主监督的气氛。必须在全党范围内反对家长制作风和官僚主义，形成党员平等参加党的政治生活、平等行使党员权利的民主作风。通过加强支部组织生活会等方式，形成党的干部与党员之间的良性互动，形成民主监督的环境。

(二) 完善党员民主监督形式

虽然党内法规对党员的民主监督作用予以高度肯定，但是由于监督形式不适宜或者不符合党内监督制度发展的要求，导致党员民主监督的效果较差。因此，有必要在新形势下优化党员民主监督形式。

首先，拓宽民主监督形式。民主监督不仅仅是在支部大会或者组织生活会上面对面批评和自我批评，而是要在平常的工作和学习中深刻理解监督的必要性，可以通过向党组织书面反映情况、书面提出批评和建议的方式进行监督。这种监督方式可以常态化，而且书面反映可以写得较为详细与具体，监督信息量较大。上级党委和纪委，可以从党员反映较多的问题中获得大量信息，这些信息可以反映某些领导干部在主体责任和监督责任方面存在的问题，可以发现苗头性和倾向性的问题，从而发挥党员与纪委共同监督的制度优势。同时，还可以运用网络，提供举报平台，对于党员干部的违纪违法行为，尤其是违反八项规定的行为进行监督。

其次，完善党员权利保障与救济机制。从党内法治的思路出发，树立党章权威，严格按照党章办事，严肃党内纪律，对于打击报复党员批评建议、举报行为的党员和干部，要坚决予以批评教育，必要时给予纪律处分，保护党员权利神圣不可侵犯。[1] 党员民主监督的目的在于确立广大党员在党内监督体系中的主导地位。使得党员对党内事务、党的工作以及党员领导干部所存在的问题及时监督，这种监督不仅有事后的，也有事前和事中的，有利于提高党内监督效率，形成党内监督网络，降低党内监督成本。[2] 党员民主监督表明我党坚定地推进党内监督体系建设，走出一条具有中国特色的执政党自我革命、拒腐防变的新路。[3]

---

[1] 杜楠：《中国共产党党内监督制度建设的历史考察与经验启示》，《实事求是》2017年第5期。

[2] 唐勤：《中国共产党党内监督制度建设的历史回顾与思考》，《扬州大学学报》(人文社会科学版) 2014年第4期。

[3] 朱旭东：《中国共产党自我监督的历史性探索》，《中国纪检监察报》2018年6月7日第5版。

第五章　深化监察体制改革，实现监察监督全覆盖

国家监察体制改革是重大政治体制改革，是我党探索党和国家监督制度建构与运行的历史经验，充分考虑党和国家监督面临的新形势与新任务，全面推进从严治党、深入开展反腐败工作的重要制度安排。深化国家监察体制改革，实现对所有行使公权力的公职人员监察全覆盖，是推动全面从严治党向纵深发展的重大战略举措，对于健全中国特色国家监察体制，强化党和国家监督体系具有重大意义。

第一节　监察体制改革与监察立法的实践动因

党的十八大以来，中国特色社会主义建设事业进入了新的历史阶段，全面从严治党、加强党的政治建设成为党和国家的重大战略任务。《监察法》是反腐败国家立法，作为深化监察体制改革的成果，是党对反腐败工作统一领导、实现对公职人员监督的全覆盖、纪法衔接和法法衔接的法律。《监察法》吸收监察体制改革的试点经验，通过法律将党集中领导反腐败工作的经验和机制固定下来，实现党内监督与国家监督、纪律审查与监察调查的有机结合，建构具有中国特色的社会主义监察制度。[①]

[①] 谢超：《监察法对中国特色反腐败工作的法治影响》，《法学杂志》2018年第5期。

一　监察体制改革实现党对监察工作的统一领导

党的领导是《监察法》确立的基本原则,《监察法》第二条规定,坚持中国共产党对国家监察工作的领导。该规定确立了党在监察工作中的领导地位,在中国特色社会主义法治语境下,监察制度改革要与党的领导和人民当家作主相结合,实现与中国政党制度的合理衔接。[1] 党的十九大报告确立了党的全面领导原则,即党对国家事务和社会事务统一行使领导权。这是中国共产党作为执政党要团结带领人民进行伟大斗争、推进伟大事业、实现伟大梦想的必由之路,必须毫不动摇坚持和完善党的领导,是深化监察体制改革并制定监察法的指导原则。

改革开放四十多年来纪检监察工作的经验表明,只有坚持党的领导,监察工作才能取得成效。如果削弱党的领导,监察工作就会失去方向。党的十九大报告指出,监察体制改革的目标是构建党统一指挥、全面覆盖、权威高效的监督体系,因此,党对监察工作的统一领导是深化监察体制改革的关键。

(一)分散型监察体制已经不能适应新形势下反腐败工作的需要

改革开放初期建立的监察体制是行政监察体制,其基本特征有:一是监察机关属于本级人民政府的职能部门,受本级人民政府领导,其独立性和权威性受到限制。虽然《行政监察法》对监察机关的监督和调查职能作出规定,监察机关行使调查权时不受其他国家机关干涉。但从实践来看,行政监察机关的经费、人员和工作均受到政府的控制,其独立性和权威性得不到保障。二是行政监察机关的监察对象只能是公务员以及行政机关任命的工作人员,因此,其他国家机关的公职人员以及依法行使公权力的公职人员均不属于行政监察的范围,公权力的行使并没有受到全面的监督。三是公务员的违纪、违法和职务犯罪由三个机关分别管辖,形成分散的监察体制。党员和党的干部的违纪问题由纪委负责调查与处置,公务员的职务违法由行政监察机关负责调查与处置,公务

---

[1] 参见秦前红、叶海波等《国家监察制度改革研究》,法律出版社2018年版,第14页。

员和其他国家工作人员的职务犯罪由人民检察院侦查与起诉。纪委、行政监察、检察三机关虽然分工明确，但存在相互独立办案，纪法不衔接、办案信息不畅等体制性弊端。这些弊端的存在，表明党组织在党和国家监督体系中的领导地位没有确立，党组织缺乏对反腐败工作的统一指挥。各办案机关各行其是，纪委办案缺乏法律手段，而监察和检察办案需要遵守干部管理权限，三机关在工作中常常不能有效地配合与协调，导致工作效率低下。随着市场经济的推进，腐败问题随之呈现快速增长趋势，而反腐败的体制机制不能适应这一趋势。解决体制机制问题的必由之路就是改革纪检监察体制，而改革纪检监察体制的重点就是实现党对监察工作和反腐败工作的统一领导，将纪检、监察、执法机关的监督职能和反腐败职权统一在党的领导之下，由党中央全面统一指挥，提高反腐败的效果。

（二）监察体制改革和监察立法必须体现党的统一领导

习近平总书记在党的十九大报告上指出，深刻认识党面临的精神懈怠危险、能力不足危险、脱离群众危险、消极腐败危险的尖锐性和严峻性，坚持问题导向，保持战略定力，推动全面从严治党向纵深发展。党的十八大以来，以习近平同志为核心的党中央领导监察体制改革与监察立法，从党的十八大至党的十九大间的五年内，迅速扭转党内监督不力、监察监督不到位的被动局面。以全面从严治党为总体思路，以党对国家事务和社会事务的领导为统领，以健全党内监督体系为主导，深入推进监察体制改革，建构与党内监督配合贯通的国家监察体系。

党的十八届六中全会统筹部署监察体制改革，将监察体制改革与监察立法作为全面从严治党和坚定推进反腐败工作的关键。监察体制改革是全面从严治党、实现党内监督与人民监督有机结合的需要。[1] 党中央作出监察体制改革试点工作的决定，试点地方的党委落实中央的决策部署，在人员转隶、职能调整、合署办公等重大问题上进行政策支持和组

---

[1] 马怀德：《国家监察体制改革的重要意义和主要任务》，《国家行政学院学报》2016年第6期。

织领导，保障试点工作顺利有序进行。党的十九大报告总结监察体制改革的试点经验，确立了监察机关的政治地位与法律地位，明确监察委员会的职能，确立监察立法的性质是反腐败国家立法。与此同时，党的十八届六中全会通过《党内监督条例》和《纪律处分条例》等党内法规，这些党内法规不仅为监察立法奠定基础，而且为纪法衔接确立了基本准则。《监察法》与党内法规共同组成党和国家监督的规范体系，监察委员会对职务违法行为的调查与纪委对违反党纪的审查同步进行，严格执行监督与问责，通过履行监督职责，与纪委共同履行维护政治纪律与政治规矩，检查党组织落实主体责任和监督责任的情况。监察委员会对职务违法的公职人员，在纪委作出党纪处分后，依法作出政务处分，对职务违法构成犯罪的公职人员依法移送人民检察院审查起诉。可见，监察体制改革和监察立法的目的之一就是在党的集中统一领导下，落实全面从严治党责任、执行党的政治纪律与政治规矩，使党内监督与国家监察贯通，纪律审查与监察调查衔接，形成权威高效的国家监督体系。

二　监察体制改革实现对公职人员监督全覆盖

（一）监察监督全覆盖的含义

监察监督全覆盖是指监察机关对所有行使公权力的公职人员进行监督，在监察体制改革之前，虽然纪检监察机关依法依规进行监督，但是存在部分行使公权力的公职人员既不受纪委监督，又不受监察监督的情况。如国有大中型企业的领导人员尤其是国有金融机构的领导人员与管理人员、公办事业单位的管理人员、法律法规授权行使公权力的公职人员、国家权力机关和政协机关的部分干部与管理人员。这些管理人员行使公权力，如果他不是党员或者不属于公务员，则纪检监察机关不能对其实施日常监督，从而出现权力的真空地带，许多腐败案件就发生在这些领域。为了弥补传统监督体制的不足，有必要通过监察体制改革实现监督的全覆盖。《监察法》第一条规定，加强对所有行使公权力的公职人员的监督，实现国家监察全面覆盖，深入开展反腐败工作，推进国家治理体系和治理能力现代化。因此，监察全覆盖是指监察委员会的监督、调查和处置对象及于所有公职人员，凡是行使公权力的公职人员均属于监督对象。这一规定不仅是国家设立独立监察权与监察机构所必需，而且不使用宪法上的国家工作人员的概念，其目的在于规范所有行使公权力的人员。[①]

(二) 监察监督全覆盖的内容

监察监督全覆盖主要是指对公职人员的监督全覆盖，即监察对象全覆盖。具体来讲是指，监察机关对《监察法》第十五条规定的六类公职人员进行监察：中国共产党机关、人民代表大会及其常务委员会机关、人民政府、监察委员会、人民法院、人民检察院、中国人民政治协商会议各级委员会机关、民主党派机关和工商业联合会机关的公务员，以及参照《中华人民共和国公务员法》管理的人员；法律、法规授权或者受国家机关依法委托管理公共事务的组织中从事公务的人员；国有企业管理人员；公办的教育、科研、文化、医疗卫生、体育等单位中从事管理的人员；基层群众性自治组织中从事管理的人员；其他依法履行公职的人员。根据《监察法实施条例》的规定，各级人大代表、各级政协委员、人民陪审员和人民监督员属于履行公职的人员，其职务行为应受《监察法》约束。

《监察法》主要根据两个基本标准来确定监察对象的范围，一是人员标准，即法律法规规定属于公职人员的，均属于监察的对象；二是职权标准，即法律法规并没有明确规定其属于公职人员的范畴，但行使的是公权力，应当属于监察对象的范围。所以，《监察法》第十五条并没有使用公务员或者国家机关工作人员的概念，而是使用公务员、参公管理人员、从事公务的人员、管理人员、履行公职的人员等多种概念，这些概念将公职人员分为公务员、管理人员和履行公职的人员三种，其共同点是行使公权力的公职人员。

在监察监督对象全覆盖的前提下，监察事项的范围也扩大。监察事

[①] 屠凯：《公职人员：监察法的独特概念》，《新文科教育研究》2022年第2期。

项是指监察机关对监察对象的职务行为或者与职务行为相关的行为实施监察。依《监察法》之规定，监察机关只对监察对象的职务违法和职务犯罪行为行使监察权。但是，《监察法》同时规定，监察委员会行使监督职能，而且监察委员会的监督职能是第一位的和基础性的职能。所以，监察事项包括两部分：一部分是对公职人员日常履职行为的监督，即对依法履职、秉公用权、廉洁从政从业以及道德操守情况进行监督检查。覆盖公职人员的职务行为以及与其公职人员身份相关的道德与个人生活行为。第二部分是对公职人员涉嫌贪污贿赂、滥用职权、玩忽职守、权力寻租、利益输送、徇私舞弊以及浪费国家资财等职务违法和职务犯罪进行调查。

监察全覆盖对于完善党和国家监督体系、加强对公职人员的监督，深入推进反腐败具有重大意义。在监察体制改革试点过程中，监察对象均较改革前大幅提高，如北京市监察对象达到99.7万人，较改革前增加78.7万人；山西省监察对象达到131.5万人，较改革前增加53万人；浙江省监察对象达到70.1万人，较改革前增加31.8万人，福建省监察对象从22.48万人，在改革后增加到74.21万人，吉林省监察对象由20.6万人，在改革后增加至67.95万人，均使得监察对象明显"扩容"，表明监察体制改革实现对公职人员的全覆盖。2019年全国各级纪检监察机关全面实施监督执纪问责，深化运用"四种形态"。批评教育帮助和处理184.9万人次；约谈函询、批评教育124.6万人次；给予轻处分、组织调整46.3万人次；给予重处分、重大职务调整7.2万人次；处理严重违纪违法涉嫌职务犯罪以及给予因其他犯罪被判刑人员开除党籍、开除公职共计6.8万人次。[①] 2021年，全国纪检监察机关共接收信访举报386.2万件次，其中检举控告类135万件次。运用"四种形态"批评教育帮助和处理212.5万人次，其中，运用第一种形态谈话函询、

---

① 赵乐际：《坚持和完善党和国家监督体系　为全面建成小康社会提供坚强保障——在中国共产党第十九届中央纪律检查委员会第四次全体会议上的工作报告》，《人民日报》2020年2月25日第3版。

提醒批评 148.7 万人次，占总人次的 70%；运用第二种形态给予轻处分、组织调整 49.4 万人次，占 23.2%；运用第三种形态给予重处分、职务调整 7 万人次，占 3.3%；运用第四种形态处理严重违纪违法、触犯刑律的 7.4 万人次，占 3.5%，其中涉嫌职务犯罪、移送检察机关的 1.8 万人，因其他犯罪被开除党籍、开除公职的 5.6 万人。充分显示了监察全覆盖的监督效果。

三 监察体制改革有利于提高反腐败效率

（一）反腐败斗争的严峻形势

监察体制改革的政治目标即在于实现反腐败斗争的压倒性胜利，虽然自改革开放以来，纪检监察机关不断加大查办违纪违法和职务犯罪案件的力度，但是腐败问题并没有从根本上得到遏制，而且呈现出不断蔓延的趋势。1992 年 10 月至 1997 年 6 月间，全国纪检监察机关立案 731000 多件，37000 多人被开除党籍并受到刑事处分。1997 年 10 月到 2002 年 9 月间，全国纪检监察机关立案 861917 件，37790 人被开除党籍并受到刑事处分。2007 年 11 月至 2012 年 6 月全国纪检监察机关立案 643759 件，涉嫌犯罪移送司法机关的 24584 人。2012 年至 2017 年全国纪检监察机关立案 1540000 件，涉嫌犯罪移送司法机关的 58000 人。从上述数据可以看出，党员领导干部和公务员的职务违法和职务犯罪情况极为严重，其间虽然有少数年份出现过回落，但主要是纪检监察机关处理职务违法的标准不同，导致统计口径不同产生的，并不表明职务违法和职务犯罪人数下降。党的十八大至十九大期间，经党中央批准立案审查的省部级以上干部 440 人，厅局级干部 8900 人，县处级干部 63000 人。可见，反腐败的形势仍然严峻。

（二）《监察法》建构新的反腐败体制机制

监察体制改革以前，原行政监察体制存在诸多弊端，主要是党纪监督、行政监察和职务犯罪侦查三项反腐败职能分别由不同的国家机关行使，这种分散型体制导致反腐败资源分散，不同的国家机关反腐败职能不同，适用的依据不同，处置程序不同，导致一个腐败案件经过多机关依照不同程序进行处理，严重影响反腐败的效率。《监察法》的制定在于构建集中统一、权威高效的中国特色国家监察体制，在党统一指挥原则的引领下，各级党组织发挥党的建设的主体责任与监督责任，反腐败工作在党的统一领导下推进，这是建构反腐败体制与机制的政治基础。在此基础上，通过反腐败职能的重新整合以及机制的优化，实现反腐败的权威高效。

1. 监察委员会集中统一行使反腐败职权

所谓集中统一是指反腐败的职权由监察机关统一行使，包括违纪违法和职务犯罪的立案调查与处置。监察体制改革将反腐败作为主基调，其目的在于调整反腐败体制机制、整合反腐败资源。[1] 通过党的纪检部门、行政监察机关和人民检察院的反贪、反渎和职务犯罪预防部门整合，组成与一府两院平行的国家监察委员会，国家监察委员会的建立，标志着集中统一的监察体制形成。

监察委员会的监察权本质上是宪法和法律赋予的监督公职人员合法行使职权的权力，其基础性和第一位的职权是监督权，但其核心是反腐败。监察委员会监督公职人员是其日常职能和经常性行使权力的形式，此种监督权具有两种作用：一是通过监督发现公职人员的腐败线索，对于有证据证明存在部分犯罪事实的，应当依规依法进行初核并立案审查调查。二是通过对苗头性、倾向性的问题以及轻微职务违法的公职人员依法予以处理，扎牢不能腐的笼子，实现防微杜渐。所以，监督是制度反腐的体现。监察体制改革后，监察机关的监督对象明显扩大，实现对公职人员监督的全覆盖。在监察体制改革之前，行政监察机关虽然有调查权，但仅仅是职务违法的调查权，职务犯罪的侦查权属于人民检察院。监察体制改革后，职务违法和职务犯罪的调查权统一由监察委员会行使，有利于提高监察委员会调查的权威与高效。监察委员会对涉嫌职务违法和职务犯罪的公职人员进行调查后，有权依法依规作出处置，包

---

[1] 于安：《反腐败是构建新国家监察体制的主基调》，《中国法律评论》2017年第2期。

括组织处理、政务处分和移送人民检察院审查起诉。

2. 监察委员会反腐败工作的权威高效

所谓权威高效是指监察机关行使监察职能具有权威性，并且能够在监督、调查和处置过程中提高效率，提升反腐败工作的效果。

第一，监察委员会反腐败的权威性。监察委员会反腐败的权威性来自于三个方面：一是监察委员会是党中央领导下的反腐败政治机关，党对监察工作的统一指挥提高了监察机关办理案件的权威性。二是纪检监察合署办公，党内监督主导与监察监督贯通，纪法衔接，纪律挺在前面，在严肃党纪的同时，加强监察机关反腐败的权威，是监察机关权威性的制度保障。中国共产党是执政党，拥有九千万党员，百分之八十以上的公职人员是中国共产党党员，党的纪检监督部门对党员以及党的组织的监督同时可以覆盖多数公职人员，因此，党内监督的刚性同时加强监察监督的权威性。三是监察机关为宪法设置的独立监督机构，各级监察委员会由本级人民代表大会产生，向本级人民代表大会及其常委会负责，受其监督。监察委员会宪法地位的确立是其权威性的重要制度保障。

第二，监察委员会反腐败的效率。监察体制改革的目的之一即在于提升反腐败的效率，在监察体制试点期间，监察委员会办理职务违法和职务犯罪案件的调查、处置以及人民法院审理案件的效率大幅度提高，监察委员会与其他国家机关分工合作、高效运转，推动职务违法和职务犯罪案件能够及时办理，从而在保障案件质量的前提下，极大提高案件办理的效率。其原因有二：一是监察机关建立问题线索处置、调查、审理各部门相互协调、相互制约的工作机制，内部各承办案件的业务部门权限分工明确，办事流程合理。监察机关内部工作程序的优化对提高监督的效率发挥了重要的作用。二是监察委员会在办理职务违法和职务犯罪案件过程中与其他国家机关相互配合。监察体制改革过程中，明确提出宪法上的配合与制约原则应当适用于监察机关与司法机关之间的关系。[①] 监察制度入宪后，

---

① 参见朱福惠、张晋邦《监察体制改革与宪法修改之学理阐释》，《四川师范大学学报》（社会科学版）2017年第3期。

《宪法》第一百二十七条规定，监察机关办理职务违法和职务犯罪案件，应当与审判机关、检察机关、执法部门互相配合，互相制约。实践中金融、证券机构对监察机关查询、冻结涉案单位和个人的存款、汇款、债券、股票、基金份额等财产予以配合。公安机关配合监察机关进行搜查、采取技术调查措施、采取限制出境等强制措施。人民检察院对监察委员会移送起诉的案件，依法及时进行审查起诉，人民法院依法及时审判。大大提高了监察委员会反腐败的效率。[1] 这是因为监察体制改革使监察委员会聚焦反腐败主责主业，采取多种方式履行监督执纪问责，监督执纪环境和氛围得以改变，反腐败成效迅速提高。[2]

第二节 监察委员会的政治属性与法律属性

在我国的国家机构设置中，由于国家机关依照宪法和法律产生，而且国家机关的职权通常由法律作出规定，因此，国家机关被定义为宪法和法律机关。而党的机关依据党章产生，其职权由党章作出规定，所以属于政治机关。监察体制改革后产生新的监察委员会，关于监察委员会的性质，理论界大体上形成了三种代表性的观点，第一种观点认为，监察机关是反腐败的专门政治机关，监察权是反腐败职权。反腐败斗争的政治性，决定了监察机关作为"政治机关"的性质定位。[3] 第二种观点认为，国家监察权作为新型复合性国家权力的本质属性。它具有反腐败

---

[1] 如2018年2月22日，丹东市纪委监委对群众反映丹东市委宣传部副部长，抗美援朝纪念馆党组书记、馆长杨光收受贿赂等问题线索进行初核；4月23日，市纪委监委对杨光进行纪律审查和监察调查并采取留置措施；10月，杨光因犯滥用职权罪、受贿罪被依法判处有期徒刑11年。从案件初核到法院判决只用了10个月时间。参见王诗雨、李晓阳《杨光落马"阳光"重回》，《中国纪检监察》2019年第5期。

[2] 蒋来用：《国家监察体制改革的史鉴与对策》，《国家行政学院学报》2017年第2期。

[3] 吴建雄：《国家监察体制改革若干问题探析》，《新疆师范大学学报》（哲学社会科学版）2019年第5期。

专门性和地位独特性等特征。[①] 第三种观点认为，监察机关是国家专门监督机关，[②] 因为监察机关的监督和检察机关的监督一样，都属于国家专门监督体系的组成部分，监察机关监督的对象不是国家机关，而是所有行使公权力的公职人员，监督的重点是公职人员的职务违法和职务犯罪，这种监督同时包含党纪监察、行政监察和刑事监察等。[③] 上述三种主要观点均从某个方面揭示监察委员会以及监察权的性质，客观地反映监察权在国家权力体系中的地位以及在国家反腐败法制中的关键作用。虽然对监察权性质的表述不尽相同，尤其是对监察机关是否适用政治机关这一表述存在较大分歧，但将监督职能视为监察机关的重要职能是一致的。从监察体制改革的目标以及《监察法》的规定来看，监察权是宪法创设的国家权力，相应地监察机关的性质是行使国家监督权的机关。

然而，监察委员会的监督不能视为一般意义上的法律监督，这是因为监察委员会监督公职人员的职务行为，公职人员既要遵守国家法律，又要遵守执政党为公权力机关设定的纪律规则和行为准则，况且公职人员还要执行执政党的政策。因此，监察委员会的监督权与人大和检察的监督权相比，政治性更加明显，是政治性与法律性的统一，以政治性为主。监察委员会的这一特性表明其既是政治机关又是法律机关。

一 监察委员会的政治属性

监察委员会作为党的政治机关，是在监察体制改革过程中形成的。从监察体制改革的指导思想、目的、任务以及《监察法》的规定来看，监察委员会作为政治机关，政治属性是第一属性和根本属性，必须始终把讲政治放在第一位。这是监察委员会的使命决定的，研究监察机关的专家指出，监察委员会的政治机关性质主要表现在三个方面，即党的工

[①] 徐汉明：《国家监察权的属性探究》，《法学评论》2018年第1期。
[②] 侯志山：《党和国家监督制度40年重构与转型》，《中国党政干部论坛》2018年第12期。
[③] 陈瑞华：《论国家监察权的性质》，《比较法研究》2019年第1期。

作机构、工作的政治性、工作的政治效果。① 另有研究者认为，监察机关的政治机关性质主要表现在四个方面：监察机关与纪检合署办公、监察机关是党的工作机构、监察机关有廉政教育的职责、监察机关完成党的政治建设的根本任务。② 从监察体制改革以及监察立法的指导思想和根本任务来看，监察委员会的政治机关属性表现在以下几个方面：

（一）监察委员会是党领导下的反腐败工作机构

监察委员会是党的工作机构，但与党的组织、宣传、统战等工作机构相比，监察委员会具有独特性。党的职能部门由同级党委产生，受党委领导、向党委负责。而监察委员会在法律上由同级人大产生，但是这种产生方式不同，并不影响其党领导下的政治机关的定位。监察体制改革是我党总结反腐败工作经验而进行的顶层设计，是在党中央统一领导和直接指挥下，通过调整监察、检察以及其他执法机关的职权而形成的具有新的权能的国家机关，监察委员会不仅直接承担原行政监察机关的职能、而且承担检察机关、公安机关的职务犯罪侦查职能。但监察委员会的性质不能仅仅从刑事诉讼法的角度来解释，而应当从反腐败的政治任务和政治使命的角度来认识。③ 而且在此基础上扩大了监督对象的范

---

① 监察委员会不设党组、不决定人事事项，本质上就是党的工作机构。还应注意，监察委员会的工作具有很强的政治性，在履行职责过程中既要加强日常监督、查清职务违法犯罪事实，进行相应处置，还要开展严肃的思想政治工作，进行理想信念宗旨教育，做到惩前毖后、治病救人，努力取得良好的政治效果、法纪效果和社会效果。参见闫鸣《监察委员会是政治机关》，《中国纪检监察报》2018年3有8日第3版。

② 监察委员会是实现党和国家自我监督的政治机关，不是行政机关，也不是司法机关。在党的统一领导下，监察机关与纪检机关合署办公，实现对所有行使公权力的公职人员监察全覆盖，实现党内监督和国家监督的有机统一。本质上，监察机关就是党的工作机构。监察机关既查处职务违法犯罪行为，还要"对公职人员开展廉政教育"，对公职人员依法履职、秉公用权以及廉洁情况、道德操守情况进行监督检查。监察机关把党对政治建设的要求，全面贯彻到党和国家机构权力运行的各个环节，确保权力运行不仅仅是在防止违法、腐败的底线上被"关进笼子"，更是在认真履职、廉洁从政、理想信念等方面充分体现权力的本质内涵。持续的自我净化能力，从根本上体现了以人民为中心，体现了不忘初心和全心全意为人民服务的宗旨意识。我是谁，为了谁，依靠谁，这个核心命题，是我们解决权力监督问题的根本出发点。把人民摆在至高无上的位置，权力监督便有着根本的指向性。参见杨于泽《监察机关本质上是政治机关》，《长江日报》2018年3月27日第6版。

③ 莫纪宏：《准确把握监察法的属性》，《中国纪检监察》2018年第7期。

围，将所有公职人员纳入监察对象，职务犯罪的侦查也由原刑事诉讼侦查模式转化为监察调查模式。这种权力的调整与配置，其目的在于发挥监察委员会反腐败的权威与效率。为实现党的反腐败目标，纯洁党的组织而履行职责。

党的十三届六中全会以来，为了巩固党的长期执政地位，必须坚定地反腐败，而反腐败必须加强纪检监察机关的建设。党的十八大以来将反腐败提升到党和国家生死存亡的战略高度来认识，强调制度反腐和法治反腐，为此，必须加强党对反腐败工作的统一领导，推进党的政治建设。党的十九大报告提出实现反腐败的制度创新，将健全党和国家监督体系作为制度反腐和法治反腐的根本保障，提出以政治建设作为党的建设的长远目标，将党组织和党的领导干部遵守政治纪律与政治规矩作为党内监督的重点内容，作为各级党组织是否履行主体责任和监督责任的标准，作为巡视、派驻、纪律监督的重点。党的十八大以来围绕党的政治建设以及全面从严治党这一中心任务，健全党内监督体系，实现巡视、派驻全覆盖，取得良好的效果，彰显党内监督的主导地位。但是，党内监督不能代替其他监督，党内反腐败机制不能代替国家反腐败机制，党内政治建设不能代替国家机关和公职人员的政治建设。有学者认为，反腐败斗争的政治性，决定了监察机关作为"政治机关"的性质定位，这与"国家监察机关"的职能定位并不矛盾。[①] 中国共产党作为执政党，公职人员中的绝大多数是中国共产党党员，党内监督可以有效地约束党员干部的职务行为，但是党内监督存在一定的限度，一是不能监督不是中国共产党党员的公职人员，二是党内监督主体不能行使职务违法和职务犯罪调查与处置权。监察体制改革的目的即在于加强党对反腐败工作统一领导、集中反腐败资源，提升反腐败的效果，监察委员会可以依法对所有公职人员进行监督，有权依法对涉嫌职务违法和职务犯罪的公职人员进行立案调查并进行处置。监察委员会的这些职权直接衔

---

① 吴建雄：《国家监察体制改革若干问题探析》，《新疆师范大学学报》（哲学社会科学版）2019 年第 5 期。

接纪委的纪律审查,是反腐败链条上的一个环节。因此,监察委员会是党内监督在国家监察方面的体现,也是党内监督与国家监察的衔接与结合,监察委员会是党统一领导下的反腐败机构。

(二)纪检监察合署体现政治机关的组织特征

监察体制改革的任务之一是实现党对反腐败工作的统一领导,从监察职能的角度探讨纪委与监察反腐败职能的衔接,是监察委员会政治机关的重要特征。如果从监察委员会的组织角度探讨其政治机关的地位,纪检与监察合署办公是其政治机关的组织特征。

监察体制改革试点期间,新组建的监察委员会除行使监督、调查与处置职责外,在组织上与纪委合署办公。党的十九大报告总结试点工作经验,对纪检监察合署办公予以肯定:"深化国家监察体制改革,将试点工作在全国推开,组建国家、省、市、县监察委员会,同党的纪律检查机关合署办公。"《深化党和国家机构改革方案》也提出推进职责相近的党政机关合并设立或合署办公。2020年10月颁布实施的《中国共产党中央委员会工作条例》规定,在党中央领导下,中央纪律检查委员会(国家监察委员会)履行党的最高纪律检查机关(国家最高监察机关)职责。这是党内法规对纪检监察合署更高层面的确认。明确监察委员会是党中央领导下的机关,虽然监察委员会与党的职能部门产生依据与方式不同,但其反腐败的职权配置与运行来看,属于党直接领导下的反腐败工作机构。除此之外,纪检监察合署从另一个方面体现监察委员会作为政治机关的组织特征,《中国共产党纪律检查委员会工作条例》规定党的各级纪委与监委合署办公,实现纪委监委领导体制和工作机制的统一融合。

我国国家机构依照宪法和法律的规定设置,执政党采用四种方式领导国家机关,第一种方式是组织领导,即由党组织依照宪法和法律并按照干部管理权限向本级人大及其常委会推荐领导干部,由人大、政府、政协等根据党组织的推荐依法产生。第二种方式是在国家机关、人民团体、经济组织、文化组织的领导机关中设置党组,党组发挥领导核心作用并受批准它成立的党组织领导。党组的任务，主要是负责贯彻执行党的路线、方针、政策；讨论和决定本单位的重大问题；做好干部管理工作；团结党外干部和群众，完成党和国家交给的任务；指导机关和直属单位党组织的工作。第三种方式是国家机关在履行职责规定的过程中执行党的重大决策部署、加强党的政治建设、落实党内法规和党的文件精神，体现执政党的政治领导和思想引领。第四种方式是党政合署，根据职能相关性原理，将党的职能部门与国家机关合署办公，形成两块牌子一套人马。中央军事委员会是最早实行党政合署的机关，中央军事委员会既是党统一领导下的军事机关，又是全国人大产生的国家武装力量统率机关，两个机关名称相同、职能相同、领导体制相同。国家监察委员会与中央纪委合署，中央纪委是党中央领导下的纪律检查机关，国家监察委员会则是全国人大选举产生的行使国家监察权的专责机关，两个机关名称不同，职能不同，但机关性质和领导体制相同。纪检监察合署实现党对反对腐败工作的组织领导。

纪检监察合署办公是新时代党和国家机构改革的创新性命题。它不仅吸收了党政合署的历史经验，而且根据新时代全面从严治党的实际需要，对纪检监察合署进行新的顶层设计，使纪检监察合署成为党政合署的新形态。首先，纪检监察合署并不是纪检职能与监察职能的合一，而是纪检监察都是专责监督机关这一共性成为合署的前提。纪委专责监督与监察专责监督的职能并不完全相同，纪检机关对党员和党的干部进行日常纪律监督，对严重违纪构成职务违法和职务犯罪的干部进行纪律审查，并且依照《纪律处分条例》给予相应的党纪处分。监察机关对公职人员进行日常监督，由于公职人员大部分是党员，所以监察监督与纪委的纪律监督在监督对象上存在交叉，如果公职人员存在职务违法和职务犯罪，则在纪委纪律审查的同时，由监委进行监察调查。纪检监察合署使日常监督、纪律审查与监察调查能够同步推进。其次，纪检监察合署使监察委员会能够有效监督党的机关的公务员。中国共产党是执政党，中国共产党各级领导机关的领导干部行使公权力，属于《公务员法》上的公务员，作为党员，党的机关公务员应当受到纪委纪律监督；作为公务员应当受到监察委员会的监督。但依照党管干部的原则，党的领导干部受到党内法规的约束，监察委员会对其职务违法和职务犯罪行为的调查与处置需要由纪委履行批准手续，所以纪检监察合署为监察监督提供组织保障，不仅使监察委员会对党的机关公务员监督成为可能，而且在调查和处置方面更加权威高效。最后，纪检监察合署与党的历史上的任何一种合署均不相同，合署的目的在于加强党对反腐败工作的统一领导，实现纪律审查和监察调查的同步展开，整合反腐败资源。1993年的纪检监察合署，是两块牌子两套人马，合署的目的在于实现纪律监督与行政监察监督的程序衔接和强制措施的合理运用。党的十九大以来的纪律监察合署，实行两块牌子一套人马，但两块牌子并不相同，是党的纪律检查委员会和国家监察委员会，两者虽然都是专责监督机关，但其职能并不相同。合署实现了党对反腐败工作的直接领导和组织领导，体现党内法规与监察立法的价值统一，体现党内监督与监察监督的一体推进。

(三) 监察委员会的监督本质上是政治监督

监督是监察委员会第一职责，也是重要的职责。通过监督发现职务违法和职务犯罪是监督的第一要义，这就决定了纪检监察监督本质上是政治监督。[1] 可见，监察委员会具有履行政治建设的职责，《监察法》对监察委员会政治建设责任作出了概括性的规定，[2] 结合党的十九大报告以及监察体制改革的目标，监察委员会履职过程就是维护增强"四个意识"、坚定"四个自信"、做到"两个维护"的过程。监察委员会作为行使监察职能的专责机关，主要表现为政治建设和政治监督的责任。

1. 监察监督的重点是政治监督

监察委员会对公职人员的日常监督，主要体现在对公职人员是否遵

---

[1] 徐伟：《以有力政治监督保障党中央决策部署落地》，《中国纪检监察》2020年第1期。
[2] 《监察法》第六条规定，国家监察工作坚持标本兼治、综合治理，强化监督问责，严厉惩治腐败；深化改革、健全法治，有效制约和监督权力；加强法治教育和道德教育，弘扬中华优秀传统文化，构建不敢腐、不能腐、不想腐的长效机制。

守法律、法规,是否正确、规范履职进行监督。但监督工作的重点首先应当是政治监督,即监督公职人员尤其是党政班子成员是否执行党中央重大决策部署以及落实习近平总书记指示精神的情况。党的十八大以来,做到"两个维护"是全体党员领导干部首要政治任务,也是判断领导干部是否遵守政治纪律和政治规矩的重要标准。纪检监察机关在维护以习近平同志为核心的党中央权威和集中统一领导方面担负特殊使命和重大责任,不仅需要自觉维护政治纪律和政治规矩,而且要通过严密的监督,对各级党政机关公职人员践行"两个维护"的情况进行监督检查,确保党的路线方针政策和党中央决策部署贯彻落实。通过监督党政机关公职人员遵守党的民主集中制原则、严格执行干部选拔政策,净化政治生态。①

2. 监察委员会监督党组织主体责任的落实

《党内监督条例》明确规定党委对党内监督负主体责任。在从严治党背景下,党委的主体责任是党内监督的关键环节,只有党委承担主体责任才能做好监督工作。监察委员会对党政机关主要领导干部依法履职、秉公用权、廉洁从政从业以及道德操守情况进行监督检查。其中,依法履职即包括对党委主要负责人履行监督主体责任的职责,包括对党委领导班子成员建立并检查各项监督制度的工作情况、督促同级纪委监委监督执纪问责的情况、对党委班子成员进行监督的情况等等。主体责任的落实是各地区和各部门廉政建设的重点内容,巡视巡察工作重点监督的领域,特别是党委落实意识形态主体责任以及党中央路线、方针和政策的执行。在监察委员会的日常监督中,必须与巡视巡察密切配合,对发现的苗头性和倾向性问题及时纠正处理。综合运用《监察法》规定的谈话提醒、批评教育、责令检查,或者予以诫勉的处理方式对主体责任落实不到位的党政领导干部作出处置,对职务违法的公职人员依法作出政务处分或者问责。通过监委监督可以与纪委监督衔接配合,推动政治监督和主体责任的落实,履行党中央赋予的政治职责。

---

① 庹道中:《十八大以来党的纪检监察体制特点》,《学理论》2015年第10期。

二 监察委员会的法律属性

监察委员会是党领导下的政治机关,但它与任何政治机关和党政合署机关不同,它不仅是政治机关,而且也是法律机关,是执行宪法与法律并受法治原则支配的机关。这是因为,在中国共产党领导和社会主义制度下,社会主义法治是党的主张与人民意志的内在统一,"党与人民、党与国家、党与法不是矛盾对立的关系,而是和谐一致、高度统一的关系。"[①]

(一)监察权和监察机关均由宪法创设

国家机关作为法律机关的重要特征之一即在于其性质与法律地位由宪法创设或者根据宪法的授权由法律创设。只有宪法可以确立中央国家机关性质与地位,其他任何法律与法规均无权创设中央国家机关。监察体制改革是党领导下的重大政治体制改革,为执行党中央的决定,由全国人大常委会依照宪法规定的程序对监察体制改革试点作出具有宪法效力的决定,使试点地方的监察机关能够正常运行并合法履职。第十三届全国人大第一次会议通过宪法修正案,增加监察委员会一节,对监察委员会的性质和地位作出了明确规定。

1. 监察委员会是行使国家监察权的国家机关

国家机关的地位由宪法确定,这是宪法配置国家权力的重要功能之一。监察委员会是行使监察权的国家机关,宪法创设的监察权,是指监察委员会对公职人员行使的专门监督权,以区别于其他国家机关的监督权。第一,监察监督的对象主要是公职人员和领导干部,而主要不是国家机关、国有企业和公办事业单位。它表明监察监督主要是对人的监督而不是对机关和单位的监督。第二,监察监督的主要内容是公职人员的职务违法和职务犯罪行为,而不涉及国家机关行为的合法性、适用法律的准确性和合理性。第三,监察监督的方式主要是对公职人员的职务违法和职务犯罪进行调查和处置,通过组织处理、政务处分、问责、职务

[①] 李林:《论党与法的高度统一》,《法制与社会发展》2015年第3期。

犯罪调查与处置等追究公职人员的纪律责任和刑事责任。

2. 监察委员会是独立行使监察权的国家机关

监察委员会的法律地位与一府两院相同，但低于本级人民代表大会及其常务委员会。宪法规定，监察委员会由本级人民代大会产生，向本级人民代表大会及其常务委员会负责，应当向本级人大常委会作出专项工作报告，接受本级人民代表大会及其常务委员会的监督。各级监察委员会均由主任、副主任和委员组成，每届任期同本级人民代表大会每届任期相同。国家监察委员会主任连续任职不得超过两届。宪法规定，地方各级监察委员会应当受上级监察委员会的领导，国家监察委员会作为最高监察机关，领导地方各级监察委员会；它表明我国国家监察机关实行双重领导体制，各级监察机关都是国家的监察机关。地方各级监察委员会要向本级人民代表大会及其常务委员会和上级监察机关负责。宪法还规定监察机关独立行使职能，不受行政机关、社会团体和个人的干涉；监察机关办理职务违法和职务犯罪案件，与审判机关、检察机关和执法部门相互配合、相互制约。

(二) 监察机关的组织、职权和工作程序由法律规定

1. 监察组织由法律规定

在宪法创设国家监察权的基础上，根据宪法的规定，由《监察法》确定监察委员会的组织与职权。《监察法》规定，监察机关分为四级，国家监察委员会是最高监察机关，统一领导地方各级监察委员会，县级以上地方各级监察机关受上级监察委员会的领导。监察机关办理案件实行区域管辖原则，但上级监察机关可以将自己的案件交给下级监察机关管辖，上级监察机关也可以管辖下级监察机关的案件，下级监察机关可以根据情况将案件请求上级监察机关管辖。对于管辖异议的，可以向其共同上级监察机关提出管辖权请求。

虽然《监察法》没有对监察机关的内部机构作出明确规定，但监察机关在与纪委合署中建立以纪委内部工作部门为核心的体系，实践中，监察机关设立案件管理室、执纪监督室、案件审理室等业务部门，

履行《监察法》赋予的调查与处置职责。《监察法》规定要建立监察官制度，依法确定监察官的等级设置、任免、考评和晋升等制度，从监察实践来看，由于纪检监察合署，监察官首先必须具有很高的政治素质，政治过硬是监察官的首要资格。其次，监察官必须具备三方面的专业知识：一是监督、调查与处置方面的专门知识；二是刑法和刑事诉讼方面的专业知识；三是党内法规方面的专门知识。这些专业知识在监察官履行职能过程中发挥决定性作用。

2. 监察职权由法律规定

监察机关的职权主要由《监察法》规定的监督、调查与处置的职权以及全国人大通过决定授予的其他职权两大部分。

监察委员会的职权主要由《监察法》《立法法》等法律法规做出规定，监察委员会的职权有五个方面：第一，对公职人员依法履职、秉公用权、廉洁从政和道德操守的情况进行监督和检查。第二，对公职人员的职务违法和职务犯罪进行调查；监察委员会的调查是集党纪调查、职务违法调查和职务犯罪调查于一体的单轨调查体制。[1] 第三，监察委员会有权对公职人员的轻微违法行为通过谈话、通报批评等方式作出处理，对职务违法的公职人员作出政务处分，对构成职务犯罪的公职人员移送人民检察院审查起诉。第四，开展廉政建设和反腐败工作，维护宪法和法律的尊严。从《监察法》的规定来看，监察委员会是行使监察职能的专责机关，也是反腐败的专门机关。第五，国家监察委员会依《立法法》的规定向全国人大及其常委会提出法律案，并且根据全国人大常委会的决定以及《立法法》的规定制定监察法规。2019年10月26日第十三届全国人民代表大会常务委员会第十四次会议通过了《全国人民代表大会常务委员会关于国家监察委员会制定监察法规的决定》，为了保障国家监察委员会依法履行最高监察机关职责，根据监察工作实际需要，可以就下列事项作出规定：为执行法律的规定需要制定监察法规的事项；为履行领导地方各级监察委员会工作的职责需要制定监察法规

---

[1] 参见陈瑞华《论监察委员会的调查权》，《中国人民大学学报》2018年第4期。

的事项。这是全国人大常委会首次以决定的形式授予国家监察委员会职权。从我国授权立法的实践来看，国家监察委员会既可以为执行监察法律单独或者联合其他国家机关进行执行性法规，也可以在遵守法律保留原则的前提下，就领导性管理事项进行创制性立法，还可以基于全国人大常委会的专门授权，就法律的相对保留事项和监督性管理事项进行授权性立法，从而完善监察委员会的职权。[①]

3. 监察权限由法律规定

监察权限是指监察机关行使职权的方式，包括行使职权的程序和调查措施两部分。《监察法》专章规定了监察权限，即监察机关在监督和调查过程中，有权依法向有关单位和个人了解情况，收集、调取证据，询问证人；有权对监察对象的苗头性、倾向性问题进行谈话或者要求其说明情况。除此之外，监察委员会调查职务犯罪还有十二项调查措施，有权要求涉嫌职务违法的被调查人作出陈述；对涉嫌职务犯罪的被调查人，有权进行讯问，并要求其如实供述；根据《监察法》第二十二条规定的情形和条件，将被调查人留置于特定场所；根据《监察法》的有关规定，对涉案单位和个人的财产进行查询、冻结，对被调查人的身体、物品和住处进行搜查，有权采取勘验检查、鉴定、通缉、限制出境和技术调查措施。这些调查措施对于监察委员会办理职务违法和职务犯罪案件发挥非常重要的作用。[②]

4. 监察程序由法律规定

监察机关的组织、职权以及权限均须遵守法律的规定，除此之外，监察程序也须遵守法律的规定。监察程序是指监察机关履行监督、调查和处置职能应当遵守的工作程序。《监察法》对监察程序作出了明确的规定，为监察机关履行职能提供合法性保障。

《监察法》规定监察机关通过各种方式收集到公职人员违纪、职务

[①] 聂辛东：《国家监察委员会的监察法规制定权限：三步确界与修法方略》，《政治与法律》2020年第1期。

[②] 秦前红主编：《监察法学教程》，法律出版社2019年版，第34页。

违法和职务犯罪的线索,应当对这些线索依法及时处理。对于需要初步核实的,应当经过监察委员会批准后成立核查组予以核实,初核结束后,要写出初步核实情况报告并提出处理建议。经过初核后,认为被调查人构成职务违法和职务犯罪的,应当依法办理批准手续并作出调查决定。调查决定作出后,应当制定调查方案,根据调查方案依法行使调查权限,对被调查人员采取留置措施必须报请上级监察机关批准,调查终结后,根据违法犯罪情节作出相应的处置。为了保障监察机关依法履行职权,防止违法侵犯被调查人的权利,《监察法》对监察机关办理职务犯罪调查案件规定了合理的期限。如《监察法》规定留置的期限为三个月,特殊情况下可以延长一次,延长时间不得超过三个月。监察机关对被调查人采取留置措施以后,应当在二十四小时内通知其家属和所在单位。

(三) 监察机关办理案件充分保障当事人的合法权益

人权保障是法治的基本原则,也是法治的目的。我国宪法第三十三条规定,国家尊重和保障人权,确立了人权保障的原则。国家尊重和保障人权同样适用于监察机关,《监察法》第五条充分体现了人权保障原则:国家监察工作严格遵照宪法和法律,以事实为根据,以法律为准绳;在适用法律上一律平等,保障当事人的合法权益。该规定所指的当事人是指参加监察活动的参与人,包括受到监督的公职人员、被调查人、职务违法和职务犯罪嫌疑人、证人、见证人、监察机关工作人员等等。由于监察措施对公民的人身、财产构成限制或剥夺,必须对当事人的权利予以保障,实现惩治腐败与保障人权的结合。[1]

1. 保障被调查人的人身自由权

为了体现人权保障原则,《监察法》对被调查人的人身权作出较为详细的规定。人身自由是宪法赋予公民的基本权利,我国宪法第三十七条规定了公民的人身自由不受非法侵犯。监察委员会对被调查人采取强

---

[1] 参见陈光中、兰哲《监察制度改革的重大成就与完善期待》,《行政法学研究》2018年第4期。

制措施必须具有合法性并依法保障被调查人的人身权。《监察法》对被调查人人身自由也作出了明确规定，主要表现在：第一，对于不需要继续采取技术调查措施的，应当及时解除。第二，对于不需要继续采取限制出境措施的，应当及时解除。如监察机关调查的职务违法和职务犯罪嫌疑人，符合法律法规规定的限制出境情形，应当限制出境，但出现撤销案件或者其他不需要限制的情形，应当及时解除限制出境的措施。

2. 保障被调查人的人格尊严和财产权

人格尊严是一项独立的基本权利，它不同于名誉权、荣誉权等人格权，也不属于人身自由的范畴。[①] 人格尊严是个人基本权利的核心价值，人格尊严兼有消极和积极两个方面的功能，而且消极功能居于主导的地位。[②] 我国法律对人格尊严的保障作出明确规定，《监察法》也对被调查人人格尊严的保护作出具体的规定。第一，《监察法》规定，监察机关应当保障被留置人员的饮食、休息和安全，提供医疗服务。第二，《监察法》规定禁止疲劳讯问，体现对人权的尊重。讯问被留置人员应当合理安排讯问时间和时长。第三，严禁侮辱、打骂、虐待、体罚或者变相体罚被调查人和涉案人员。第四，明确规定搜查女性身体，应当由女性工作人员进行。财产权是宪法确认的基本权利，受到宪法和法律的严格保护。《监察法》对被职务犯罪被调查人财产权的保护作出了规定：第一，查封、扣押的财物、文件经查明与案件无关的，应当在查明后三日内解除查封、扣押，予以退还。第二，监察机关冻结的财产经查明与案件无关的，应当在查明后三日内解除冻结，予以退还。

3. 保障被调查人的刑事诉讼基本权利

刑事基本权利是指宪法确认的公民在刑事侦查、起诉和审判过程中所享有的权利，虽然《监察法》不是《刑事诉讼法》，但是《监察法》对被调查人在调查阶段享有刑事基本权利作出了具体规定。第一，不受刑讯逼供权。严禁以威胁、引诱、欺骗及其他非法方式收集证据，以非

[①] 上官丕亮：《论宪法上的人格尊严》，《江苏社会科学》2008年第2期。
[②] 刘志刚：《人格尊严的宪法意义》，《中国法学》2007年第1期。

法方法收集的证据应当依法予以排除，不得作为案件处置的依据。第二，知情权。立案调查决定应当向被调查人宣布，并通报相关组织。涉嫌严重职务违法或者职务犯罪的，应当通知被调查人家属，并向社会公开发布。第三，终止调查权。监察机关经调查，对没有证据证明被调查人存在违法犯罪行为的，应当撤销案件。

4.保障被调查人的申诉权

监察机关是国家专责监督机关，既不是行政机关，也不是司法机关，而是党统一领导下的反腐败机关，因此，监察机关对监察对象的处置不受司法审查。但是，监察机关依法对监察对象的组织处理和政务处分，可以依法向监察机关提出申诉，这是公民申诉权在监察法领域的体现。第一，保障复审请求权。监察对象对监察机关作出的涉及本人的处理决定不服的，可以在收到处理决定之日起一个月内，向作出决定的监察机关申请复审，复审机关应当在一个月内作出复审决定；监察对象对复审决定仍不服的，可以在收到复审决定之日起一个月内，向上一级监察机关申请复核，复核机关应当在两个月内作出复核决定。复审、复核期间，不停止原处理决定的执行。复核机关经审查，认定处理决定有错误的，原处理机关应当及时予以纠正。第二，申请复查权。如果监察机关及其工作人员有《监察法》第六十条规定的行为之一，被调查人及其近亲属有权向该机关申诉。《监察法》规定，受理申诉的监察机关应当在受理申诉之日起一个月内作出处理决定。申诉人对处理决定不服的，可以在收到处理决定之日起一个月内向上一级监察机关申请复查，上一级监察机关应当在收到复查申请之日起两个月内作出处理决定，情况属实的，及时予以纠正。

第三节　监察监督的基本特征

监察监督是党内法规和国家法律对监察委员会性质的确定，它既是监察委员会政治机关性质的体现，也是监察委员会法律特征的体现。从党和国家监督体系来看，党内监督是由党组织、纪委、巡视机关以及党员行使的权力，属于党的自我净化功能。从国家权力的角度来看，监督权是指国家机关、政党、社会组织、公民等依照宪法和法律的规定行使对公权力的监督。监察监督是国家监督权的组成部分，是指监察委员会依照宪法和法律行使对公职人员的监督职能。我国宪法在配置国家权力时通常采用两种方式，第一种方式是将国家机关的职权和国家机关的性质分别作出规定。如宪法规定全国人大及其常委会的职权，同时规定全国人大及其常委会是最高国家权力机关；宪法规定国务院的职权，同时规定国务院是最高国家权力机关的执行机关，是最高国家行政机关；宪法规定人民检察院是国家的法律监督机关依照法律规定独立行使检察权。第二种方式是只规定国家机关的职能并不明确规定其性质，如宪法规定人民法院是国家的审判机关，依照法律规定独立行使审判权；中央军事委员会领导全国武装力量。因此，学术界根据宪法配置的权力对这些国家机关予以定性，将人民法院定性为审判机关，将中央军事委员会定性为武装力量统率机关。宪法对监察权的规定采用第二种方式，即规定监察委员会是独立行使监察职能的机关，但并没有明确规定监察委员会属于何种性质。从监察体制改革的目标以及《监察法》的规定来看，监察权是宪法创设的国家监督权，相应地监察机关的性质是行使国家监督权的专责机关。监督权是监察委员会第一位的和基础性的职权，监察委员会的其他职权均与监督权的行使或者是监督权的延伸。监察委员会的监督权是一种专门监督权，即专门监督公职人员违纪违法的国家机关，而且通过对公职人员的监督履行反腐败的政治责任。

一　监察机关的主要职权是监督

（一）党的十九大报告将监察机关的基本职权定位为监督

监察权的核心是监督权，监察权是指监察机关依法对行使公权力的公职人员是否依法依规履职进行检查调查，对公职人员的职务违法和职务犯罪行为进行调查、处置并依法问责的权力。因此，监察机关履行监督、调查和处置的权力，其核心是对公职人员的监督。监察机关主要通过监督公职人员来管住大多数，并且通过监督发现职务犯罪。同时，监察机关通过组织处理、政务处分、问责等方式行使广泛的监督权。

由于监督权是基础性权力，而且监察委员会设立的目的在于实现党对反腐败工作的统一领导、提升反腐败工作的效率，所以将监察权定位为国家监督权，较为客观地反映监察体制改革的目标以及监察权运行的实际状况。宪法对监察权的创设表明我国的政治体制改革深入到国家权力监督制度层面，充分体现党的十九大健全党和国家监督制度的基本精神。党的十八大报告从体系化的角度提出健全权力运行制约和监督体系，将党内监督置于权力制约和监督体系的首位，但还没有系统提出解决党内监督与国家机关监督的关系问题。党的十八届四中全会《关于全面推进依法治国若干重大问题的决定》指出，强化对权力的制约和监督，形成科学有效的权力运行制约和监督体系。党的十八届六中全会决议在提出建立党和国家监督制度的同时，不仅将监察机关定位为国家监督机关，而且首次将监察机关监督作为国家监督体系中的单独监督形式，明确指出要加强党内监督，提出建立人大、政府、监察机关、司法机关等对国家机关及公职人员依法进行监督的体系。党的十九大报告首次将监察机关的监督称之为"监察监督"，实现党内监督为主，党内监督与监察监督衔接贯通的机制。

(二) 宪法上的监察权是专门监督权

监察体制改革是中国宪法体制下的监察制度传统的恢复和回归，是权力制约形式的新探索、新发展。[①] 监察权作为监督权符合我国宪法配置国家权力的一般原理。我国宪法从两个层面对监督权进行配置，首先是宪制层面上的配置，即在宪法设置的国家机关之间包括监督权在内的各种职权，如宪法规定全国人大常委会有权监督宪法和法律的实施，审查法规、条例是否合法。其次是在法律层面上配置，即通过法律具体化

---

① 韩大元：《论国家监察体制改革中的若干宪法问题》，《法学评论》2017年第3期。

宪法上的监督权，如《监督法》规定县级以上各级人大常委会有权审议一府两院的专项工作报告，有权审议质询。监察体制改革之前，宪法并未在宪制层面设置专门的国家机关监督权，只有检察机关的法律监督，宪法明确规定人民检察院行使检察权，检察机关是国家的法律监督机关。除此之外，监督权在人大、政府和人民法院之间分配。

根据党的十九大对健全党和国家监督体系的制度设计，2018年修改后的宪法对监督权进行调整。首先，在宪制层面创设监察权并组建各级监察委员会，监察委员会监督所有行使公权力的公职人员，形成人民代表大会制度下，行政、监察、检察和审判四种权力的分工与配合体制，建构具有中国特色的权力监督制度。其次，《监察法》将宪制层面的国家监督权予以具体化，将监察委员会的职能定位于对公职人员的监督、调查与处置权，并且将监督作为监察委员会的基础性职能。监察体制改革后，宪法上的国家监督权及其运行机制发生了较大的变化，形成以人大监督为核心、以监察监督为专责、以行政监督和司法监督为配合的监督体制。其宪制架构体现以下基本原理：第一，设立监察委员会行使国家监督权，在宪制层面形成监察和检察两种国家监督权。监察体制改革之前，宪法只设置人民检察院的法律监督权，行政监察机关设立于县级以上各级人民政府内，作为各级人民政府的职能部门行使监察职能。第二，党内监督与国家监督在程序和规范上衔接并相互贯通。在党对国家机关全面领导下，党内监督在党和国家监督制度内居于主导地位，决定国家监督的基本方向。纪检与监察合署，党内监督与监察监督在国家机关内部实现工作机制的一体化，提高监督的权威性与效率。第三，对公职人员的监督与对国家机关的监督分开。监督公职人员的职务行为属于监察委员会的职责，而监督国家机关的合法性则主要属于人大监督、行政监督和检察监督的范围。人大、政府和检察机关也有部分监督国家机关公务员的职权，但须遵守《监察法》对公职人员监督的管辖规定并与监察委员会衔接与配合。第四，公职人员的职务违法和职务犯罪调查权由监察委员会统一行使。将职务违法和职务犯罪调查权整合至监察委员会的监督权之中,提高监察委员会的监督权威和反腐败的工作效率。

二 监察权是国家专责监督的体现

监察权是宪制层面的国家监督权,因此,监察委员会是行使国家监督权的机关。然而,从《监察法》对监察委员会职权的规定来看,监察权不是一般意义上的监督权,而是国家的专门监督权,因此,监察委员会是行使国家监督权的专门机关和专责机关,从而使其区别于人民检察院的法律监督权和其他国家机关的复合监督权。这一原理包含两个相互联系的命题:一是监督权是监察委员会的基础性职权,监察委员会的其他权力均是监督职能的延伸和发展。二是监察委员会是宪制层面上专司监督的机关,除专门监督外没有其他与之平行的宪法权力。三是监察监督突出监督的政治责任和政治使命。

(一)监督权是监察委员会的启动性职权

《监察法》第一条简要规定监察委员会的职权及其法律地位,监察委员会加强对所有行使公权力的公职人员的监督,实现国家监察全面覆盖,深入开展反腐败工作。所以,监察监督是实现监察全覆盖和开展反腐败工作的前提与基础,因为腐败的本质是权力滥用、以权谋私,反腐败必须强化监督,管住权力。[①] 监察工作的原则是标本兼治,监督是治本、调查和处置是治标。至于监察委员会开展廉政建设,制定监察法规和规范性文件,都是监督职权的体现,其目的在于强化监督问责、有效制约与监督权力。也就是说,监察委员会的调查、处置、廉政建设、制定监察法规等职权是监察监督在程序上和实体上的延伸。

监察程序从监督权的运行开始启动,根据监察对象职务违法的程度和情节而渐次向调查与处置发展。监察监督程序分为两种,一是对检查监督、投诉举报以及移送的职务违法线索进行初步核实,如果发现监察对象没有严重的违法事实,只是轻微违法,监察委员会无需启动调查程

---

① 杨晓渡:《坚持和完善党和国家监督体系》,《党建研究》2019年第11期。

序，只对公职人员作出监察处理即可。① 二是在初步核实过程中发现公职人员存在严重职务违法事实，应当依法立案并启动职务违法和职务犯罪调查程序，调查终结后，如果被调查人的职务违法没有达到职务犯罪的标准，应当作出政务处分；如果被调查人严重违法已经达到职务犯罪的标准，应当作出政务处分后移送人民检察院审查起诉。可见，监察监督是启动调查、处置程序的前提，监督—调查—处置具有程序上的递进关系。在实体上，监察监督需要适用党内法规、监察法规以及相关法律，对监察对象和被调查人的职务违法和职务犯罪作出判断，从监察实践来看，监察委员会的工作重点是对公职人员展开经常监督。2018年全国纪检监察机关处理173.7万人次，适用监察处理、党纪和政务处分的占96.8%，涉嫌职务犯罪的只占3.2%。② 2019年全国纪检监察机关适用监察处理、党纪和政务处分的占96.3%，涉嫌职务犯罪的只占3.7%。③ 2020年全国纪检监察机关运用第一种形态谈话函询、提醒批评133万人次，占总人次的68.1%；运用第二种形态给予轻处分、组织调整48.5万人次，占24.8%；运用第三种形态给予重处分、职务调整7.1万人次，占3.6%；运用第四种形态处理严重违纪违法、触犯刑律的6.8万人次，占3.5%，其中涉嫌职务犯罪、移送检察机关的1.7万人次，因其他犯罪被开除党籍、开除公职的5.1万人次。④ 2021年，全国纪检监察机关运用第一种形态谈话函询、提醒批评148.7万人次，占

---

① 笔者认为，监察处理是指《监察法》第四十五条第一款以及《公职人员政务处分法》第12条规定的对有职务违法行为但情节较轻的公职人员适用谈话提醒、批评教育、责令检查、予以诫勉等处理措施。
② 参见赵乐际《忠实履行党章和宪法赋予的职责 努力实现新时代纪检监察工作高质量发展——在中国共产党第十九届中央纪律检查委员会第三次全体会议上的工作报告》，参见《人民日报》2019年2月21日第4版。
③ 参见赵乐际《坚持和完善党和国家监督体系 为全面建成小康社会提供坚强保障——在中国共产党第十九届中央纪律检查委员会第四次全体会议上的工作报告》，《中国纪检监察报》2020年2月25日第1版。
④ 参见赵乐际《推动新时代纪检监察工作高质量发展 以优异成绩庆祝中国共产党成立100周年——在中国共产党第十九届中央纪律检查委员会第五次全体会议上的工作报告》，《中国纪检监察》2021年第7期。

总人次的70%；运用第二种形态给予轻处分、组织调整49.4万人次，占23.2%；运用第三种形态给予重处分、职务调整7万人次，占3.3%；运用第四种形态处理严重违纪违法、触犯刑律的7.4万人次，占3.5%，其中涉嫌职务犯罪、移送检察机关的1.8万人，因其他犯罪被开除党籍、开除公职的5.6万人。[1] 由此可见，监察机关对公职人员经常性地主动监督是其主要职权，通过对公职人员的监督，从源头上抑制腐败，形成良好的政治生态，维护国家机关及公职人员公正廉洁的形象，真正发挥对公权力的约束与监督作用。

监察机关的监督权区别于人民检察院的法律监督，人民检察院也是宪法上的国家监督机关，行使法律监督职能。但是，人民检察院的法律监督仅限于《人民检察院组织法》以及《刑事诉讼法》规定的诉讼活动和与诉讼活动相关的行政执法活动。人民检察院的基础性职权有检察权和法律监督权两种，这两种检察职能处于平行的法律地位，法律监督并非审查起诉和公诉的基础性权力，同样，审查起诉与公诉也不是法律监督的延伸与发展。人民检察院作为法律监督机关主要监督人民法院的诉讼活动、公安机关的刑事侦查以及部分行政机关的执法活动，从而构成司法系统办理案件的制约与监督机制，尤其是人民检察院对法院诉讼活动和行政机关执法活动的监督彰显司法监督制度的中国特色。可见，人民检察院的法律监督使之具有司法机关的性质以及与人民政府和人民法院处于同等的宪法地位。

（二）监督权是监察委员会的基础职权

我国宪法设置的国家机关分为基础职权机关和复合职权机关两种，基础职权的机关主要是中央军事委员会，人民法院、国家监察委员会。复合职权机关是人大及县级以上人大常委会、国务院及地方各级人民政府和人民检察院。

---

[1] 参见赵乐际《运用党的百年奋斗历史经验推动纪检监察工作高质量发展　迎接党的二十大胜利召开——在中国共产党第十九届中央纪律检查委员会第六次全体会议上的工作报告》，《中国纪检监察》2022年第5期。

宪法上的基础职权机关是指宪法授予国家机关只有一种主要的职权，该国家机关的其他职权是该主要职权的派生职权。如宪法授予人民法院审判权，所以，审判权是人民法院的主要职权，人民法院的执行权、审查权和解释权均由审判权派生或者是审判权在程序上的延伸。宪法上的复合职权机关是指宪法授予国家机关两种以上平行职能，如人民检察院在宪法上有检察权和法律监督权两种主要职权，侦查、审查起诉和提起公诉是检察权的体现，而抗诉、公益诉讼、提出检察建议等则是法律监督权的体现。从宪法对监察权的规定来看，监察委员会的监督权是单一职能，宪法授予监察权，实质上是国家监督权，监察委员会的调查、处置权均由监督权派生并且是监督权在程序上的延伸。它表明监察委员会专司监督之职，对所有公职人员进行经常性监督，并对其职务违法和职务犯罪进行调查和处置。而人大是复合职权机关，其监督权是多项主要职权中的一项。如全国人大在宪法上有十六项主要职权，全国人大常委会有二十二项主要职权。在这些职权中，既有制定、修改和解释宪法的权力，也有立法权、重大事项决定权、监督权、人事任免权、财政权等。

三　监察监督对象和事项的特定性

宪法依照分工与合作原则对监督权进行配置，其目的在于实现对一切国家机关以及公职人员监督。为了达到这一目标，宪法首先必须对国家机关的监督对象和监督事项进行划分，避免不同国家机关对同一监督对象或者监督事项进行重复管辖，保障不同国家机关各司其职且相互贯通。宪法和《公务员法》《监察法》《监督法》《人民检察院组织法》等宪制性法律确立了监督对象和监督事项划分的原则：将对公职人员的监督和对公权力机关的监督作为划分监督对象的基本标准，再根据这一标准决定监督事项，如果不同国家机关在监督对象和监督事项上存在部分重复，则以国家机关事权为基础进一步细化监督对象和监督事项的分工。

第五章 深化监察体制改革，实现监察监督全覆盖

(一) 监察监督对象限于公职人员

根据对公职人员的监督与对公权力机关监督分工的原则，《监察法》将监督公职人员的权力赋予监察委员会，《监督法》和《人民检察院组织法》等法律将监督公权力机关的权力赋予人大以及人民检察院。

1. 监察监督对象与监察对象

《监察法》第十一条规定，监察委员会监督所有行使公权力的公职人员。《监察法》第十五条规定监察委员会的监察对象是公职人员和有关人员。这是因为监察委员会的监督对象并不完全等同于监察对象，监察对象包括公职人员以及与职务违法和职务犯罪相关的人员，这些相关人员包括腐败案件中的行贿人，职务违法和职务犯罪共犯等，他们可能不是公职人员，因参与职务犯罪，依法由监察委员会调查并采取强制措施，这是查明职务犯罪事实的需要。所以，监察委员会的监督对象比监察对象范围要略窄。

2. 监察法上公职人员的特征

第一，公职人员行使的公权力属于国家权力，它包括国家机关依照宪法和法律行使的权力，也包括法律法规授权或者国家机关委托国有企业、事业单位行使的国家权力。只有将所有公职人员纳入监督范围，才能从根本上解决国家权力的制约与监督问题，因此，《监察法》将中国共产党机关的公务员、受委托行使公权力的公职人员以及基层群众自治组织中的管理人员纳入监察监督范围，覆盖所有公权力领域。

第二，强调公职人员的管理职能，即监察委员会的监督对象必须是行使行政管理职权的人员。人大代表、政协委员以及国有企业和事业单位中的从事管理工作的人员行使公权力，对管理和服务事项拥有决定权，因此属于监察委员会监督对象之列。监察委员会不对公职人员所在单位的工作进行监督，如果公职人员违法和不履职现象较为严重和普遍，需要对该机关和单位进行监督，监察委员会除发出监察建议外，还可以对不履行或者不正确履行职责负有责任的领导人员，按照管理权限对其直接作出问责决定，或者向有权作出问责决定的机关提出问责建

议，最终仍然将监督对象限定在公职人员的范围之内。宪法和法律规定人大以及人民检察院监督特定公职人员的权力，如人大监督由其选举或者决定产生的国家机关组成人员，但其监督范围较小，有权对违法和不履职的国家机关组成人员予以撤职。在实践中，对国家机关组成人员的撤职需要与监察委员会的监督相配合。人民检察院也对司法工作人员行使监督权，《刑事诉讼法》规定人民检察院在对诉讼活动实行法律监督中发现的司法工作人员利用职权实施的非法拘禁、刑讯逼供、非法搜查等侵犯公民权利、损害司法公正的犯罪，可以由人民检察院立案侦查。但人民检察院对司法工作人员的监督权受到两种限制：一是只能在行使法律监督职能时发现的司法工作人员法定犯罪行为时启动侦查权，司法工作人员的违纪和其他职务违法行为仍然由监察委员会行使调查权。二是司法工作人员损害司法公正的犯罪一般由人民检察院侦查，但如果监察委员会认为不宜由人民检察院侦查的，可以由监察委员会调查，或者以监察委员会调查为主，人民检察院协助。此外，人民检察院在行政检察过程中发现行政机关工作人员有职务违法和职务犯罪的线索，应当及时移送有管辖权的监察委员会调查，行政机关公务员对检察机关收集证据、复制材料等调查核实工作不予配合，人民检察院可以将问题线索移送监察机关监督处置。

3. 监察监督对象与人大监督和检察监督对象的区别

人大监督和检察监督的对象主要是国家机关，包括国家机关的工作效能和合法性。人大对一府一委两院工作及其合法性进行监督。合法性监督主要是国家机关履行宪法和法律职责的检查与督促，全国人大常委会对法律、法规、条例、司法解释是否抵触宪法和法律进行审查，有权要求制定主体予以纠正。市、县级地方人大常委会依照宪法和法律的规定，有权对本级和下级人民政府的规范性文件的合法性进行审查。人民检察院的监督对象也主要是国家机关的工作，检察机关对人民法院诉讼活动的监督，以抗诉作为监督方式，但抗诉针对的是法院的判决而不是法官的审判活动。检察机关认为行政机关没有履行法定义务，有权依法发出检察建议,如果行政机关拒不执行检察建议,人民检察院有权向人民法院提起行政公益诉讼。检察机关提起行政公益诉讼的监督对象是行政机关而非公务员。人民检察院对公安机关立案侦查、提请逮捕的监督,针对的是公安机关侦查活动的合法性而非侦查人员的侦查行为。

(二) 监察监督事项主要是公职人员的职务行为

1. 《监察法》对监察监督事项的一般规定

国家机关监督事项是宪法和法律配置监督权的重要内容,从宪法和法律的规定来看。监察委员会的监督事项主要是公职人员的职务违法和职务犯罪行为,但基于公职人员身份而产生的社会公德要求也属于监察监督事项的范围。《监察法》并没有以列举方式规定监督事项,也没有明确界定监督公职人员的哪些职务行为,只是第十一条第一款规定监察委员会对公职人员依法履职、秉公用权、廉洁从政从业以及道德操守情况进行监督检查;第十一条第二款规定监察委员会对涉嫌贪污贿赂、滥用职权、玩忽职守、权力寻租、利益输送、徇私舞弊以及浪费国家资财等职务违法和职务犯罪进行立案调查。从这两款规定的比较来看,第 2 款列举的事项同时也是监察委员会监督的事项,属于秉公用权、廉洁从政从业的具体化,是贪污贿赂、渎职两大类职务犯罪的表现形态。

2. 监察监督的具体事项

第一,公职人员职务行为的合法性。所谓合法性是指法律法规规定公职人员必须依法履行职责,其职务行为具有法律依据并遵守法定程序。包括《公务员法》《法官法》《检察官法》《人民警察法》规定的行使职权的纪律规范,也包括《行政处罚法》《刑事诉讼法》等法律规定的工作程序;既不能越权行使权力,也不能违反法定程序。

第二,公职人员职务行为的廉洁性。所谓廉洁性是指公职人员秉公用权、清正廉洁、正确行使人民赋予的权力。公职人员的贪腐行为主要包括:滥用职权和谋求私利;利用职权或者职务上的影响为他人、近亲属或者其他特定关系人谋取利益;收受可能影响公正执行公务的财物;利用职权或者职务上的影响侵占公私财物或者变相收受财物等等。公职人员行使的公权力是国家权力,国家权力来自人民,不能成为公职人员以权谋私的手段,监察体制改革的目标即在于将监察监督覆盖所有公职人员,没有不受监督的权力;同时通过监督从根源上治理腐败,通过调查追究腐败行为的法律责任,使监察委员会成为反腐败的专门机关。

第三,公职人员勤勉履职。所谓勤勉履职是指公职人员依法履职并恪尽职守。忠于职守勤勉尽责是公职人员履职的基本特征,公职人员必须有责任感和使命感,对于自己职责范围内的工作必须敢于作为,主动履职。

第四,公职人员遵守社会公德和职业伦理规范。《监察法》上的道德操守是指公职人员的行为必须符合道德准则,不能在办公场所、公共场所从事有损公职人员和政府形象的行为,法律、法规和规范性文件对公职人员的道德操守作出了规定,如《人民警察法》第二十条规定,人民警察执行公务必须文明执勤、遵守社会公德和风俗习惯。《公务员法》第十二条规定,公务员必须恪守职业道德,模范遵守社会公德;清正廉洁,公道正派。可见,道德操守是公职人员应当履行的义务。

3. 监察监督事项与人大、人民检察院监督事项的区别

人大和检察院主要监督国家机关。人大监督国家机关的工作是否合法、适用法律法规是否合理,国家机关的工作是否有成效。因此,监督国家机关及国家机关工作人员行使职权的合法性、合理性和工作绩效是人大监督的重要事项。这是因为宪法规定国家机关由人民代表大会产生、向它负责、受它监督。全国人大及其常委会监督国家机关的行为是否遵守宪法和法律,全国人大常委会对法律法规以及司法解释进行合宪性和合法性审查,审查法律法规的内容和基本精神是否抵触宪法。县级以上人大及其常委会监督一府一委两院的工作,对其工作合法性、工作绩效进行审议并作出相应的决议。同时,人大及其常委会有权根据宪法和法律向一府一委两院提出需要解决的问题,必要时可以提出质询,一府一委两院必须负责答复并将解决问题的情况报告人大及其常委会。

人民检察院的监督也以合法性为主,但同时又有合理性审查。如人

民检察院监督公安机关的侦查活动是否合法、监督人民法院的审判活动是否遵守法定程序，监督行政执法机关是否履行法定职责，此均为合法性监督。但人民检察院的监督还有合理性监督，如《民事诉讼法》规定人民检察院认为人民法院审判人员审理案件时有违法行为、民事判决有适用法律错误或者损害社会利益和公共利益的，有权依法抗诉。《刑事诉讼法》规定人民检察院的抗诉事由包括对审判机关适用法律的正确性、量刑的适当性以及证据是否充分与确凿，这些均是对人民法院适用法律裁决案件是否准确的审查，具有司法监督的性质。

四　监察监督的主动性和责任追究方式的具体化

（一）监察监督的主动性

1. 监察监督主要以事前监督和事中监督为主

在法学理论上，通常将国家机关行使监督权的方式分为事前监督、事中监督和事后监督三种。事前监督是指国家机关在监督对象履职之前进行监督，包括建章立制和检查督促，对发现的问题及时进行警示和提醒，其目的在于预防违法。事中监督是指国家机关对监督对象履职过程进行直接监督，对发现的违法和犯罪行为立案调查并作出处理。事后监督则是指国家机关对监督对象的履职行为已经发生了违法的后果，再启动监督程序的活动。由于监察机关对监督对象和监督事项具有排他管辖权，而且根据《监察法》的规定属于行使国家监察权的专责机关，它表明监察委员会对公职人员的履职行为，无论是公职人员的违法还是不作为均须进行监督，并且对是否及时有效行使监督权承担法律责任，如果监察委员会监督不力或者失职、失察，不仅要受到被上级监察机关问责，而且还要受到本级人大及其常委会的监督。监察监督的专责性和反腐败的政治属性决定了其监督方式以事前监督与事中监督为主。

在事前监督方面，《监察法》规定监察委员会加强廉政建设，预防公职人员违法犯罪。同时通过监督检查和处理问题线索等方式，监控公职人员履职情况，对轻微职务违法作出处理。在事中监督方面，监察委员会配合党中央、国务院的中心工作,加强对中央重大决策部署贯彻落实情况的监督。① 主要监督公职人员尤其是党员领导干部是否合法履职和正确履职,2018年全国纪检监察机关为了落实党中央和全国人大关于加强生态环境保护的决定,对中央环境保护督察移交生态环境损害责任追究问题进行核实问责,对党员领导干部和公职人员在环境保护管理工作滞后或者不正确履职问题,给予党纪政务处分。各级监察委员会在2020年新冠防控工作中加强对公职人员的监督,对违法履职、不作为或者不正确履职的公职人员启动问责,充分体现监察委员会事中监督的特征。2021年全国纪检监察机关对民生领域腐败和作风问题专项治理,重点监督安全生产、教育医疗、食品药品安全、执法司法、生态环保等重点领域,严肃查处贪污侵占、失职渎职等行为。共查处民生领域腐败和作风问题12.5万件,批评教育帮助和处理17.9万人,其中给予党纪政务处分11.5万人。监察委员会也有事后监督,即调查公职人员职务违法和职务犯罪,因公职人员实施职务违法和职务犯罪已经有较长时间,或者公职人员的职务违法和职务犯罪并没有被监察委员会及时发现,只能通过立案启动调查程序,追究法律责任。

2. 监察监督方式与人大和检察机关监督方式的区别

人大和检察机关并不具有监察监督的专责性,因此其监督方式主要是事后监督。人大对一府一委两院的工作监督、质询与询问、特定问题调查、法律法规的合法性和合宪性审查等大多属于事后监督的范畴。这与人大作为国家权力机关的性质与地位相符,人大以会议方式工作,而且人大是代表机关,其全体会议每年只召开一次,县级以上人大常委会会议通常一至两个月召开一次,因此,不可能也没有必要对国家机关的工作和国家机关组成人员的履职情况进行事前监督。同时,全国人大常委会对法规、条例和司法解释的审查,省级人大常委会对法规、规章的审查多数只能采取事后审查的方式。

---

① 闫鸣:《旗帜鲜明讲政治 切实加强政治监督》,《中国纪检监察报》2019年3月1日第2版。

检察监督也主要以事后监督为主，检察机关对诉讼活动、行政机关执法活动的监督大多为事后监督。除侦查监督具有事中监督的特征外，诉讼监督、行政公益诉讼、监所监督均须出现违法或者不合理的事实才能依照法律规定启动监督程序。当然，人大和检察机关的监督也有事前监督和事中监督的情形，如人大常委会审查和批准决算、法律法规实施情况检查，人民检察院审查逮捕、要求公安机关立案侦查等具有事前监督的特征，但一般来说不是人大和检察机关监督的主要形式。

(二) 监察机关责任追究的具体化

国家机关行使监督权，需要追究监督对象的法律责任，由于不同国家机关的监督对象和监督权限不同，其追究责任的形式也存在较大差异。

1. 监察机关主要追究监督对象的法律责任

监察监督的对象是公职人员，而公职人员的职务违法和职务犯罪行为必须受到监察委员会的调查与处置，因此监察监督追究责任的形式是相应的法律责任，而且针对的是公职人员，监察监督是具体的监督，以追究公职人员法律责任为基本目标。为保障监察机关履行监督和反腐败的职责，《监察法》对监察监督规定了多层级的梯度法律责任适用体系。该责任体系由监察处理、政务处分和移送人民检察院审查起诉三种性质不同的法律责任组成。对于公职人员的轻微违纪违法行为以及苗头性、倾向性问题，一般不作政务处分，只适用监察处理，即通过谈话提醒、批评教育、责令改正、诫勉谈话或者组织调整进行处置。而对违法的公职人员必须作出政务处分，职务违法情节严重构成犯罪的，监察机关调查终结后移送人民检察院审查起诉。

2. 监察机关责任追究与人大和检察机关责任追究的区别

由于人大监督的对象主要是国家机关工作的有效性和合法性。因此，人大监督产生的责任主要是政治责任而较少有法律责任的追究。如人大对一府一委两院工作报告不满意的，可以要求其改正工作；对人大及其常委会监督的专项工作，可以向国务院相关部门提出质询案；对法规规章和规范性文件抵触宪法与法律的，可以要求制定机关纠正或者撤销。所以，人大监督主要的追究责任是政治责任，包括要求纠正、提出质询、撤销法规规章和规范性文件，这些责任的追究与公职人员个人的职务行为无关，主要针对国家机关的工作绩效与合法性。至于人大及其常委会也有权提出罢免、撤职案，但一般是在监察机关需要对公职人员进行职务违法和职务犯罪调查时向人大及其常委会提出建议时适用。

人民检察院行使法律监督职权时，其追究责任的方式主要包括纠正违法行为、提出检察建议、不批准逮捕、抗诉等等。虽然人民检察院的监督属于具体监督，但检察机关的监督主要针对诉讼活动、刑事侦查活动和行政执法活动的合法性，除了对司法不公的司法机关工作人员进行立案侦查外，一般不追究公职人员个人的法律责任。

第四节 完善监察监督

监察体制改革是党领导下的重大政治体制改革，通过监察体制改革实现党对反腐败工作的统一领导，形成权威高效的党和国家机关权力监督体系。实践证明，监察体制改革取得反腐败工作的明显成效，凸显纪检监察合署、监察监督全覆盖以及监察专责监督的制度优势。但是，深化监察体制改革是长期而艰巨的任务，需要不断探索完善监察监督体系的路径。

一 通过立法进一步明确监察监督事项

《监察法》将监察委员会的职责定位为监督、调查与处置，而且监督职责是监察委员会第一位的和基础性的职责。《监察法》《政务处分法》等法律法规对调查和处置均作出了较为明确的规定，但对监督的规定不够明确，尤其是对监督事项的规定不明确，导致监察机关行使监督职能时难以明确其界限。在监督职能的规定方面，《监察法》对监督主体的规定较为明确，监察机关只能对公职人员进行监督。但对监督事项、监督程序的规定较为原则和模糊,《监察法实施条例》对《监察法》上的监督职能作出了某些具体化的规定,如规定监察委员会监督公职人员政治品行,监督公职人员特别是领导人员坚持党的领导、坚持中国特色社会主义制度,贯彻落实党和国家路线方针政策、重大决策部署情况。但总体来看,监察监督事项仍然较为宏观,需要通过立法不断予以明确。

(一)监察监督事项的特征

监督事项是指监察委员会对公职人员的哪些事项行使监督检查权。从法律的一般原理来看,监察机关对公职人员职务违法和职务犯罪进行调查与处置,但对公职人员的监督事项并不限于职务行为,而是包括公职人员的道德和个人生活准则。《监察法》第十一条概括性地规定了监察监督事项:对公职人员依法履职、秉公用权、廉洁从政从业以及道德操守情况进行监督检查。除此之外,《监察法》没有对监督事项作出更加具体的规定。由于监察委员会对公职人员的职务违法行为给予政务处分,因此,《政务处分法》在规定政务处分的适用情节时,间接地规定了监督事项,主要是指公职人员的违法行为,具体包括:公职人员的政治纪律、[①] 工作纪律、组织纪律、外事纪律、廉洁纪律、群众纪律、社会公德等。从该法的规定来看,它与《纪律处分条例》有相同之处,表现为政治纪律、组织纪律、廉洁纪律的规定大致相同。它表明监察机关对公职人员的要求与纪委对党的干部的要求相同。

监察委员会监督的对象为公职人员,虽然公职人员中的多数为党员,但也有少数公职人员不是党员。党章和《纪律处分条例》适用的对象是党员和党的干部,这势必与监察委员会的监督对象存在重复交

[①] 《公职人员政务处分法》第二十八条规定,公职人员有下列行为应当受到政务处分:(一)散布有损宪法权威、中国共产党领导和国家声誉的言论的;(二)参加旨在反对宪法、中国共产党领导和国家的集会、游行、示威等活动的;(三)拒不执行或者变相不执行中国共产党和国家的路线方针政策、重大决策部署的;(四)参加非法组织、非法活动的;(五)挑拨、破坏民族关系,或者参加民族分裂活动的;(六)利用宗教活动破坏民族团结和社会稳定的;(七)在对外交往中损害国家荣誉和利益的。

叉，但却实现了监督全覆盖。有学者认为纪律处分适用于党员和党的干部，导致非党员身份的公职人员缺乏纪律监督，形成监督死角。所以，纪委监督党员、监委监督公职人员，两者合署即实现监督全覆盖。这一观点虽然符合纪检监察原理，但并不能完全解释监察监督事项与纪委监督事项之间的关联性。

监察监督事项的确定需要从理论上明确党内法规的适用范围，有学者从法律渊源的角度证成党内法规是行政法的渊源，因为在全面依法治国背景下，政党参与行政过程的方式从"幕后"走向"前台"。[①] 在这一视域下可以从两个方面讨论党内法规与法律的适用问题：一是公职人员与党的干部是否适用于同样的行为规范。公职人员与党的干部可以适用同样的行为准则，但党的纪律适用全体党员，如政治纪律、生活纪律、群众纪律等等，而廉洁纪律、工作纪律等主要适用于普通党员。根据党管干部原则，公职人员中的领导干部尤其是各级国家机关的领导成员，即使不是党员，也是党组织按照法律和党内法规的规定向国家机关推荐干部的结果。中国共产党作为执政党，对国家机关的活动和工作承担监督之职责，这是党的任务与历史使命。公职人员的职务行为必须遵守执政党制定的政治、廉洁纪律和组织原则，自觉接受党的领导。所以，党的干部和公职人员，既要受党内法规约束，又要受法律法规约束。公职人员中的非党员，同样需要受到党内法规对国家机关公职人员的纪律约束。在多数情况下，通过党政联合发文或者通过立法等方式将部分党内法规适用于公职人员。二是有关公职人员与党的干部的行为规范是否可以相互适用。公职人员首先必须遵守法律，同时党员身份的公职人员需要遵守党内法规。法律对公职人员的要求同样适用于党的干部，这是因为党的干部在《公务员法》和《监察法》上属于公务员。非党员身份的公职人员也需要遵守部分党内法规的规定，如《中国共产党监督执纪工作规则》将纪检监察的工作程序作出统一规定，中央八项

[①] 欧爱民、李政洋：《党内法规构成行政法渊源——以新时代二元法治规范体系为分析视角》，《上海政法学院学报》（法治论丛）2020年第5期。

规定适用于所有党政机关、国有企业和公办事业单位及其公职人员。但是，并非所有的党内法规均适用于公职人员，只有约束党的干部以及党政机关公职人员的党内法规才能直接或者间接适用于公职人员。三是党内法规和国家法律互补。党内法规既可以约束党员和党政机关，也可以约束公职人员。但是，党内监督性法规需要从党纪的角度覆盖所有党员的违纪行为，适用于党员的部分纪律规则并不能适用于非党员身份的公职人员，而纪律处分规则完全不适用于非党员。国家法律必须制定适用于所有公职人员的行为规则，这些行为规则需要直接体现执政党的意志，同时还需要与部分党内法规的规定保持一致。除此之外，法律法规对公职人员的纪律要求和纪律处分规则符合公职人员的职务和身份，对于党的纪律处分规则不能涉及的职务违法处置问题作出规定，从而实现党内法规与法律的互补，织密党和国家监督之网。

（二）通过立法规定监察监督事项

1.通过立法规定监察事项的必要性

监察体制改革的目的在于实现党对反腐败工作的统一领导，《监察法》实质上是反腐败国家立法。在反腐败的观念和制度形态上，《监察法》均实现了重大突破：一是拓宽腐败的范围，腐败不仅是贪污受贿，而且包括政治信仰缺失、违反政治纪律与政治规矩、生活方式腐化等职务违法行为。二是在反腐败制度方面，从源头上治理腐败。党的十八大以来，从源头上治理腐败，构建制度反腐败体系是党内监督的重点。《党内监督条例》《纪律处分条例》等党内法规明确对党的领导干部的一般违纪违法行为作出处理，将监督关口前移，其目的在于抓早抓小、防微杜渐。监察机关作为反腐败的专责机关，对公职人员进行日常监督是从源头上反腐败的制度性安排，这与党内监督的理念与制度架构完全相同。通过监察机关的日常监督与处置，实现惩前毖后、治病救人。防止公职人员因违纪走向严重违法，甚至走向职务犯罪的渊薮。所以，在监督职能成为监察委员会基础性和第一位职权的前提下，虽然《监察法》《政务处分法》《监察法实施条例》以及党内法规对监察委员会的监督事项作出了规定，但仍然有通过未来修改《监察法》增加监督事项或者通过制定《监察法实施条例》具体化监督事项的必要。这是因为：第一，《监察法》对监察委员会的调查与处置职能均规定得较为详细，特别是对调查事项和调查程序规定得极为详尽，充分体现了监察委员会调查职务违法职务犯罪的反腐败职能。但对监察委员会的监督事项与监督程序规定得极为概括与宏观，并没有全面突出监察委员会的监督职能，这与监察机关从源头上遏制腐败的目标不符。第二，《政务处分法》虽然列举了职务违法行为的处分规定，但其侧重点在政务处分的情节与处分适用的规则方面，虽然涉及监察委员会的监督事项，但并不全面。第三，党内法规对纪委监督事项作出了明确而具体的规定，这些规定虽然可以部分适用于公职人员，但并不能完全涵盖公职人员的职务行为，而且监察委员会的监督需要遵守法定程序，需要法律对监督事项作出规定。

2. 监察委员会的监督事项

监察委员会的监督事项本质上是公职人员应当遵守的纪律规则，由于这些纪律规则由法律法规作出规定。所以，公职人员违反这些规则构成职务违法，如果情节轻微，且认错态度较好，真心改正的，可以不予党纪、政务处分；如果情节较重，依法给予党纪、政务处分或者组织处理；情节严重构成职务犯罪的，依法开除党籍与公职，移送人民检察院审查起诉。所以，监察委员会的监督事项构成其职权范围，可以根据《监察法》《政务处分法》以及党内法规的规定，从以下四个方面作出具体规定：

第一，政治纪律。公职人员无论其是否为党员都必须遵守政治纪律和政治规矩，这是由中国共产党的领导是中国特色社会主义的本质特征决定的，也是由公职人员的身份和地位决定的。中国共产党的领导是宪法和法律确认的原则，对一切国家机关和公职人员均有效力，各民主党派和人民团体均须自觉接受党的领导，所以党的政治纪律和政治规矩是所有公职人员必须遵守的准则。当然，从法律的角度确定所有公职人员的政治纪律和政治规矩,并不能全盘照搬党章和《党内监督条例》《纪律处分条例》等党内法规对党的组织和党员的政治纪律的规定,因为全面从严治党和加强党的政治建设的责任主要由党委、党的干部来承担。但是,其他有关政治纪律的条款可以通过法律的规定适用于公职人员,《政务处分法》第二十八条对政治纪律作出了规定,可以在此基础上进一步完善,主要增加维护政治意识形态、增强"四个意识"、坚定"四个自信"、做到"两个维护"等内容。

第二,组织纪律。民主集中制既是党的组织原则,也是宪法确立的国家机关的组织与活动原则。公职人员尤其是领导干部必须遵守民主集中制,维护国家机关运行秩序。除此之外,公职人员必须遵守《党政领导干部选拔任用工作条例》,该条例虽然是党内法规,同时适用于所有党政机关。该条例对党政干部选拔任用的原则以及程序均作出规定,而且规定了纪律与监督。这些纪律规则在《政务处分法》第三十二条第一款中有部分规定:选拔任用、录用、聘用、考核、晋升、评选等干部人事工作中违反有关规定的应当受到政务处分。有关规定包括但不限于《党政领导干部选拔任用工作条例》的规定,可以通过法律的规定成为监察委员会监督的事项,并且在《政务处分法》第三十二条的基础上进一步完善。

第三,中央八项规定精神和工作纪律。中央八项规定是党在新时期加强党政机关、公职人员工作作风建设的具体举措,其目的在于改进工作作风、密切联系群众。八项规定的内容明确提出密切联系群众,反对形式主义和官僚主义;明确提出改进会风与文风;明确提出勤俭节约、廉洁从政的原则。八项规定体现了党中央端正党风和政风,全面从严治党的决心,为党政机关和公职人员的工作作风划定了底线,凡是违反八项规定精神的一律进行处理,党的十八大至十九大的五年间,各级纪检监察机关共查处违反中央八项规定精神问题18.9万起,处理党员干部25.6万人。可见,党的八项规定已经成为规范公职人员的重要准则,《政务处分法》第三十五条、第三十六条和第三十九条体现了党的八项规定的要求,但规定较为分散而且不够完善,尤其是对形式主义、官僚主义等缺乏具体的可操作性的规定,需要以后在立法中具体化。

第四,廉洁纪律。廉洁从政从业是《监察法》对公职人员的基本要求,也是监察监督的重点。但《监察法》并没有对廉洁从政从业的具体事项作出规定,《政务处分法》第三十三条和第三十四条对公职人员廉洁纪律作出具体规定,但并不全面,尤其是对经常发生的影响公正执行公务的事项没有作出规定,如公职人员借用管理和服务对象的钱款、住房、车辆,通过民间借贷等金融活动获取大额回报等没有纳入政务处分的范围。应当在以后的立法中以《政务处分法》的规定为基础,充分吸收《纪律处分条例》的相关规定,予以完善。

二 发挥异体监督作用

监察体制改革实现对公职人员的全覆盖,形成以人大监督为核心、以监察监督为专责、以行政监督和司法监督为补充的国家机关监督体系。这一监督体系的核心是监察监督,监察监督是国家机关监督的重心,通过对公职人员的日常监督和职务犯罪调查与处置,实现对国家公权力的权威监督。因此,监察体制改革是由同体监督转向异体监督、由权力反腐转向制度反腐的重大转变。[①] 监察监督不仅衔接党内监督,而且在国家机关内部建立起异体监督体系,形成国家机关相互之间的制约与监督机制,实现党内监督与国家机关监督的衔接。

(一)异体监督的优点

中华人民共和国成立以来,我国国家权力的监督主要以同体监督为主,异体监督缺乏。同体监督的优点在于可以实现上级对下级的监督,监督主体对监督对象的情况较为清楚,监督的权威性较强。但不足之处在于,一是监督主体与监督对象在同一系统内,由于主客观方面的原因,影响监督主体的严格执法,产生监督不及时或者监督不到位的情况。二是监督主体受到本机关和本部门的领导,其编制、人员和经费均

[①] 李永忠:《制度监督与设立监察委员会》,《中国党政干部论坛》2017年第2期。

依赖本机关和本部门,因此其监督权缺乏独立性,容易受到本机关和部门的影响,难以开展监督工作。三是监督权的运行缺乏权力制约机制的支撑,决策权、执行权和监督权的相互关系没有理顺,决策权和执行权处于强势地位,权力的分工与制约不清晰,监督权处于弱势地位,难以制约决策权与执行权。所以,监察体制改革以前,国家权力机关、行政机关和司法机关的监督不能有效发挥反腐败功能,而纪检行政监察机关的合署办公又缺乏法律依据,导致监督权弱化。党的十八大以来,党中央从监督权运行的有效性以及制度化反腐败出发,加强党内监督体系建设,强化党内监督。监察体制改革使监察委员会的地位与一府两院平行,在纪检监察合署下,党内监督与国家监察一体化,不仅保障监察监督的权威,而且推动纪检监察异体监督的实现。

(二)监察委员会对党和国家机关公职人员的异体监督

监察委员会虽然由本级人大产生,但宪法规定监察委员会独立行使监察权,所以监察委员会有权对包括最高国家权力机关在内的各级国家权力机关的公职人员进行监督,这在我国国家监督制度的运行中具有重要创新意义。监察体制改革以前,只有通过纪委的纪律审查权才能对国家权力机关组成人员以及其他公职人员进行立案审查,如果认为违反党纪的公职人员构成职务犯罪,应当将案件移送检察机关侦查。对于国家权力机关组成人员或者公职人员中的非党员,如果涉嫌职务犯罪的,通过党组织批准,由人民检察院侦查。而人大代表的资格问题以及履职问题概由本级人大依法律审查与监督。这些监督手段虽然具有异体监督的形式,但本质上来讲并不是异体监督的典型形态,因为人民检察院的侦查属于犯罪侦查,并不是日常监督;而纪委的监督是党纪监督,其他国家机关对国家权力机关没有监督权。

1. 监察委员会对人大的监督

有一种观点认为,监察委员会对人大机关的监督会损害国家权力机关的地位,导致人民代表大会制度受到损害,这种观点值得商榷。首先,监察委员会对人大机关的监督并不是对人民代表大会的监督。如上文所述，监察委员会只监督公职人员而不监督国家机关行为的合法性。而监察委员会监督公职人员往往需要通过立案调查的方式而展开，因此监察委员会对人大的监督只针对人大代表、县级以上人大常委会组成人员以及人大机关工作人员，而不针对人大本身。其次，监察委员会对人大机关的监督只针对公职人员的职务违法和职务犯罪活动，而不针对人大机关公职人员的工作绩效和合法性。所以，监察机关对人大的监督是一种异体监督，它与纪委对人大党组的监督分工、配合和互补，实现对公权力的全覆盖，这是我国人民代表大会制度下公权力监督的基本特色与制度安排。

2. 监察委员会对行政机关和司法机关的监督

监察体制改革以前，行政监察机关是本级人民政府的职能部门。行政监察机关对政府公务员、参公管理人员以及行政机关任命的工作人员的监督是同体监督。其独立性和监督的权威性常常受到影响。监察体制改革后，监察委员会与政府平行，都由本级人民代表大会产生。因此，监察委员会对政府公务员的监督属于异体监督，监察委员会对公务员的监督具有行政监督的效果，既适用《监察法》，又适用《公务员法》；《公务员法》对公务员纪律和职责的规定可以成为政务处分的直接依据。同时，监察委员会对公务员的政务处分具有内部性，在监察法律关系上，公务员与监察机关的关系属于内部监督关系。此种内部监督关系导致受到政务处分的公务员不能通过行政诉讼获得救济，而只能依照《监察法》和《公务员法》的规定进行复审与申诉。有学者认为，监察委员会监督公职人员具有外部性，因为监督主体与监督对象不在同一国家机关系统之内，监察委员会的政务处分可以纳入行政诉讼的范畴。此种观点虽然有其合理性，但在监察体制改革中仅仅改变了监察机关与其他国家机关之间的关系，但并没有改变公职人员与国家机关之间的身份关系。所以，政务处分的性质与其他纪律处分一样均具有内部性，法院对政务处分没有合法地审查的管辖权。

3. 监察委员会对司法机关的监督

监察委员会对司法机关的监督，其性质与监察委员会监督政府公务员相同。但司法工作人员的工作性质和任务与公务员不尽相同，司法工作人员受《法官法》和《检察官法》的约束与保障，这些法律有关法官、检察官的纪律和职责成为政务处分的直接依据。不过法官和检察官的职业特点决定了他们仍然要受到同体监督，法官惩戒委员会和检察官惩戒委员会依法对其是否公正司法的裁决，成为监察委员会政务处分和立案调查的前置条件。但法官和检察官的职务违法和职务犯罪仍然由监察委员会调查与处置，显示其异体监督的特征。

（三）进一步深化改革，充分发挥监察委员会异体监督的优势

在监察实践中，监察委员会对其他国家机关公职人员的监督发挥了异体监督的作用，这从每年纪检监察机关通过谈话提醒、责令改正、批评教育、诫勉、政务处分等方式处置违纪违法公职人员的数量不断上升中可见一斑。但是，监察委员会对公职人员的监督也存在不少问题，突出的问题有四：第一，监察委员会只能通过派驻方式对其他国家机关公职人员进行直接监督，但由于派驻人员有限，会议较多，导致派驻人员较少掌握派驻单位公职人员的实际状况，对发生的苗头性、倾向性问题不易全面掌控。因此，监督工作仍然存在不到位的问题。第二，监察委员会对公职人员的处置在适用法律上缺乏确定的原则和规则。虽然《监察法》和《政务处分法》对监察机关的处置尤其是处分权确立了法治、实事求是、过罚相当原则，但是在实务中公职人员的政务处分存在同一违纪违法行为，处分轻重不一的情形。第三，政务处分与党纪处分的单独适用与一并适用的问题。在纪检监察机关处置的职务犯罪案件中，党员身份的公职人员职务犯罪受到"双开"处置，在党员公职人员职务犯罪情节严重时，才能党纪处分和政务处分一并适用。在大多数情况下，党纪处分和政务处分可以单独适用。但无论是《纪律处分条例》还是《政务处分法》都没有对单独适用和一并适用的情形作出明确规定，导致实践中自由裁量权过大，出现只需要单独适用的却采用一并适用，而应当一并适用的却单独适用的情形。所以，有必要在以后修订《纪律处分条例》《监察法》《政务处分法》时对党纪处分与政务处分如

何一并适用问题作出专门规定，以规范纪检监察机关的适用法律法规的活动。第四，监察委员会对发现的违纪违法问题处理不及时或者作出轻重不一的处分。监察委员会虽然对公职人员的违纪违法行为有权根据情节轻重和损害后果进行自由裁量，但实践中也存在对公职人员的苗头性、倾向性问题视而不见，或者不作处理，或者对违纪违法行为"降一档处理"的少数情形，损害监察委员会执法活动的公正性，不利于发挥异体监督权威性的优势。有必要进一步完善监察委员会监督执纪、审查调查和案件审理的职责体系，监察委员会定期抽查已经办理的政务处分案件，对存在的问题及时改正。

三 加强对监察机关自身的监督

监察委员会是行使监察职能的专责机关，也是专门监督机关。根据一切权力都必须受到监督的原则，监察委员会的权力也应当受到监督。在监察体制改革过程中，监察委员会应当受到监督已经成为共识，有学者认为，我国现行法律上的监督制约方式都可以成为监督监察委员会的法定手段，而公民基本权利的保障也可以制约监察委员会。① 《监察法》对监察机关的自我监督和自我约束作出了规定，同时也对党委监督、人大监督、群众监督作出规定，形成相对完整的监察权监督体系。

（一）充分发挥人大对监察委员会的监督作用

1. 人大监督监察委员会的意义

我国实行人民代表大会制度，人大对由其产生的国家机关进行监督是我国国家监督制度的基本特征。有学者从监察委员会与人民代表大会关系的角度讨论对"监督者"的再监督问题，认为将地方人大监督地方监察委员会的制度纳入到法治监督体系，是解决监察委员会难以监督自身难题的最好方法。② 在党和国家监督体系不断完善的条件

---

① 童之伟：《对监察委员会自身的监督制约何以强化》，《法学评论》2017年第1期。
② 周佑勇：《对监督权的再监督——地方人大监督地方监察委员会的法治路径》，《中外法学》2020年第2期。

下，公权力受到严格的监督，在全面发挥纪检监察机关专责监督的同时，充分发挥人大在国家机关监督方面的作用具有重要的意义。一是人大监督有利于完善党和国家监督体系。人大监督本身是国家机关监督的一部分，而且人大监督是国家机关监督的核心。人大监督与党内监督、监察监督、审计监督和司法监督相互衔接与配合，共同构成党和国家监督制度。二是人大监督的对象与范围由宪法规定，与纪检监察机关对国家机关和公职人员进行监督并不冲突。人大主要是对一府一委两院工作的监督，通过审议工作报告、提出质询、特定问题调查、合法性审查等方式行使监督权，这些监督不属于纪检监察监督权的范围。所以，人大监督与监察监督互补。三是人大为监督监察委员会的主要机关。在人民代表大会制度下，人大依照宪法和法律监督监察委员会合法有效地行使权力，是我国国家监督制度的重要特色。人大监督具有民主性、权威性的特点。人大由人民选举产生的代表组成，具有广泛的民主基础，人大对监察委员会工作的监督反映了人民群众对监察工作和反腐败的诉求，是对监察委员会工作的支持与推动；人大对监察委员会工作中存在的问题提出改正建议，有利于推动监察监督工作的健康发展。人大监督的依据是宪法和法律，因此，人大监督是宪法监督，具有最高权威性。

2. 人大监督监察委员会的方式

第一，全国人大常委会审查国家监察委员会拟定的法律草案以及通过的监察法规是否符合宪法和法律。国家监察委员会起草有关监察立法的文本，需要按照《立法法》和《全国人大常委会议事规则》的要求由全国人大专门委员会审议，并且由宪法和法律委员会进行统一审议，审议机关对法律文本草案具体条款的合宪性和合法性提出问题，国家监察委员会应当按照审议机关的意见进行修改、补充与完善。国家监察委员会根据全国人大常委会的决定行使监察法规的制定权，但国家监察委员会制定的监察法规需要报请全国人大常委会备案，全国人大常委会法制工作委员会对监察法规进行合法性审查，提出审查意见，对法制工作委员会提出的意见，国家监察委员会应当充分听取并予以修改。全国人大常委会的备案审查有利于提高监察立法的质量，从而深入推进监察体制改革。

第二，各级人大常委会听取本级监察委员会的专项工作报告。现行宪法规定，各级人大听取本级人民政府、人民法院、人民检察院的工作报告。工作报告是对一府两院全面履行宪法和法律职责的报告，是对一府两院工作的全面监督。但是，工作报告涉及的工作问题比较全面和宏观，不能充分反映某些中心工作以及社会普遍关注的问题，为了充分发挥人大常委会的监督职能，《监督法》第八条对人大常委会听取专项工作报告作出规定，通过选择党中央重大决策部署落实情况或者人民普遍关注的问题作为专项报告的事项，加强人大常委会的监督职能。[1]《监察法》规定人大常委会听取本级监察委员会的专项工作报告，既体现监察工作的保密原则，又体现监察委员会向本级人民代表大会及其常委会负责的原则。2018年9月27日，山西省人大常委会即在全国率先听取省监察委员会的专项工作报告。2020年8月10日十三届全国人大常委会第二十一次会议听取了国家监察委员会主任杨晓渡关于开展反腐败国际追逃追赃工作情况的报告，这是全国人大常委会首次听取国家监委专项工作报告。[2] 国家监察委员会的专项报告表明，监察委员会自成立以

---

[1] 《各级人大常委会监督法》第八条规定：各级人民代表大会常务委员会每年选择若干关系改革发展稳定大局和群众切身利益、社会普遍关注的重大问题，有计划地安排听取和审议本级人民政府、人民法院和人民检察院的专项工作报告。

[2] 根据中央纪委相关报告显示，2014年至2020年6月，共从120多个国家和地区追回外逃人员7831人，包括党员和国家工作人员2075人、"红通人员"348人、"百名红通人员"60人，追回赃款196.54亿元，有效削减了外逃人员存量；其中，国家监委成立以来，共追回外逃人员3848人，包括党员和国家工作人员1306人、"红通人员"116人、"百名红通人员"8人，追回赃款99.11亿元，追回人数、追赃金额同比均大幅增长。2021年，全国纪检监察机关完善追逃防逃追赃机制，"天网2021"行动追回外逃人员1273人，其中"红通人员"22人、监察对象318人，追回赃款167.4亿元。改革形成的制度优势进一步转化为追逃追赃领域治理效能；新增外逃党员和国家工作人员明显减少，从2014年的101人降至2015年31人，2016年19人、2017年4人、2018年9人、2019年4人，有力遏制住外逃蔓延势头。参见朱基钗、孙少龙《首次！全国人大常委会听取国家监委专项工作报告》，《光明日报》2020年8月11日第3版。

来，充分发挥国家监察机关反腐败的作用，在外交、公安、司法等国家机关的协助与配合下，在追逃工作中取得重大进展，有力地遏制了腐败分子外逃的势头，取得举世瞩目的重大成就，彰显党统一指挥反腐败的强大威力。

第三，县级以上人大及其常委会通过组织执法检查、询问或者质询的方式对监察工作进行监督。《监察法》第五十三条规定，县级以上各级人民代表大会及其常务委员会举行会议时，人民代表大会代表或者常务委员会组成人员可以依照法律规定的程序，就监察工作中的有关问题提出询问或者质询。目前，此种监督方式主要在地方各级人大常委会中运用，如山西省人大常委会于2018年即开始对省监察委员会的执法检查与询问，围绕推动《监察法》实施和打好污染防治攻坚战，综合运用听取审议专项工作报告、执法检查、专题询问等方式，形成监督"组合拳"。《监察法》颁布实施后，在全国率先听取审议省监察委员会纪法贯通、法法衔接制度建设工作报告；随后以内部监督制约为重点开展执法检查，听取审议执法检查报告并开展询问。[①] 为了保障人大对监察委员会的监督，有必要将监察委员会自身监督制度的建设纳入询问的范围，其次是要实现执法检查和询问的常态化，完善监察委员会询问答复的方式。

(二) 加强党组织对监察委员会的监督

根据党章和《党内监督条例》的规定，党委对党政机关及其班子成员履行监督职责。《党内监督条例》规定，党的中央委员会听取中央纪律检查委员会常务委员会工作汇报和中央巡视情况汇报。党委（党组）加强对同级纪委和所辖范围内纪律检查工作的领导，检查其监督执纪问责工作情况；对同级纪委领导班子及其成员进行监督。在党内监督主导下，党委的监督是对监察委员会的组织监督，各级党委通过工作检查、个人重大事项报告制度、民主生活会等方式对监察委员会领导班子

---

① 2019年1月27日山西省第十三届人民代表大会第二次会议通过的《山西省人民代表大会常务委员会工作报告》，《山西日报》2019年1月28日第2版。

成员进行日常监督，对发现的问题及时进行谈话警示和批评教育。对其他国家机关、党员、群众反映的监察工作人员工作中存在的问题，要及时督促监察委员会调查核实并作出相应的处理或组织调整。党委还要建立廉洁从政制度并且督促监察委员会遵守这些制度，对存在问题涉及违法和职务犯罪的监察工作人员要依规调查处理。

（三）完善监察委员会的内部监督

各级监察委员会在习近平总书记打铁还须自身硬的重要指示精神统领下，不断完善监察委员会的内部监督机制，主要体现在以下三个方面：

1. 加强监察队伍建设

各级纪检监察机关加强党的政治建设，加强思想淬炼、政治历练、实践锻炼，打造思想纯洁、政治过硬的监察工作队伍。维护以习近平同志为核心的党中央权威和集中统一领导，深入学习贯彻习近平新时代中国特色社会主义思想，自觉地同党中央保持高度一致。全面贯彻落实党中央有关监督工作的各项决策部署，从严要求自己。各级监察委员会要定期对监察工作人员进行培训，培训的重点有二：一是政治素质提升教育，主要是深入理解和领会习近平新时代中国特色社会主义思想，掌握习近平总书记关于党和国家监督制度重要论述的内涵。二是加大业务培训力度，重点学习相关法律和党内法规的知识，提升办案能力，掌握监督执纪问责的本领。监察干部的选拔和任用必须坚持政治标准和业务标准的统一，侧重对政治思想、纪律观念的考核，将政治表现优秀、对党忠诚的干部充实到监察干部队伍中，始终保持监察干部队伍的纯洁性。

2. 充分发挥纪委内部专门监督机构和机关党委的监督作用

加强干部监督室建设，发挥其内部监督功能，赋予干部监督室定期排查反映纪检监察干部问题线索、检查监察工作人员廉洁从政的权力。[①] 干部监督室对存在问题的监察机关工作人员及时进行处理，必要

[①] 曹亘平：《对监察委的监督制约严密而有效——多把"连环锁"确保监察权良性运行》，《人民论坛》2018年第1期。

的时候可以建议上级机关作出组织调整。监察委员会对本级职能部门工作人员以及下级监察机关工作人员担当不力、失职渎职的监察工作人员提出严肃问责的建议。充分发挥举报平台的作用，对人民群众和媒体反映比较强烈的问题，要及时关注和查明，对反映属实的监察工作人员职务违法和职务犯罪行为立案审查调查。

四 完善《政务处分法》与其他法律法规之间的衔接

纪法衔接和法法衔接问题是监察体制改革和监察立法过程中的重要问题，理论界对此作了许多研究，取得重要成果并且将其应用于实践。《监察法》颁布实施后，《监察法》与《纪律处分条例》之间的衔接问题已经基本上解决，实践中存在的问题主要是政务处分与党纪处分单独适用和一并适用的条件与界限问题，上文已经对此作了专门论述，此处不再赘述。随着《人民检察院刑事诉讼规则》的修改与实施，监察与检察之间的衔接问题也得到有效的解决，尤其是留置与刑事强制措施之间的衔接、监察机关移送起诉与检察机关受理案件之间的衔接都有相应的规定。但是《政务处分法》颁布实施以后，其与《公务员法》以及相关法律法规之间在政务处分与处分的适用上存在冲突，需要在适当时候通过修改法律法规使之与《政务处分法》衔接。

监察体制改革导致我国纪律处分体制的变革。监察体制改革前，我国的纪律处分体制是党纪处分与政纪处分分散适用的体制。监察体制改革后，由于纪检监察机关合署，形成党纪处分与政务处分一体适用体制，《监察法》和《政务处分法》确立了监察机关政务处分与任免机关、单位处分的双轨制，但《政务处分法》统一了公职人员纪律处分的种类、适用规则，从而通过确立政务处分的主导地位，实现监察机关专责监督与任免机关、单位主体监督责任的衔接与协同。[1] 其特点有二：一是政务处分的种类、情形适用于所有公职人员。二是党纪处分、

---

[1] 邹开红：《完善党和国家监督体系，推进政务处分工作规范化法治化》，《中国纪检监察》2020年第13期。

政务处分和处分衔接适用，公职人员中的党员违纪违法，首先需要由纪委给予党纪处分，再由监察机关给予政务处分，或者由其他国家机关、单位给予处分。为了规范各种处分行为，《政务处分法》不仅明确规定政务处分和处分应当遵循党管干部原则和党对监察工作统一领导原则，而且《政务处分法》在第三章规定公职人员违法行为及处分规则时，适当整合《纪律处分条例》与相关法律、法规和规章有关公职人员纪律要求，对公职人员应当遵守的政治纪律、组织纪律、廉洁纪律、群众纪律、生活纪律等作出了较为具体的规定。但是，我国有关纪律处分的法律法规均在《政务处分法》制定之前已经颁布实施，《公务员法》《法官法》《检察官法》《企业国有资产法》《事业单位工作人员处分暂行规定》等法律法规有关处分的规定与《政务处分法》的规定产生不一致的情形，需要以后修改这些法律、法规时，使其有关处分的规定与《政务处分法》保持内在一致性。其目的在于在宪法秩序下，在已经制定并实施《监察法》《政务处分法》的基础上，对相应法律法规予以统筹修改，[①]维护纪律处分双轨制的协调运行。

（一）职务违法情形以及处分适用规则需要调整

《政务处分法》颁布实施以前，我国法律法规对公职人员尤其是公务员的法律责任的规定较为原则，特别是对违法行为和处分适用规则的规定缺乏可操作性，导致国家机关和单位对公职人员追责不到位。[②]《政务处分法》有关政务处分种类、违法情形以及适用规则的规定适用于所有公职人员，然而其他法律法规对公职人员处分的种类、违法情形有不同的规定，在法律的适用上可以通过后法优于前法的原则，优先适用《政务处分法》。但其他法律法规对公务员、单位的管理人员和受委托从事公务的人员在纪律处分种类、违法情形有不同规定的，是否应当保留这些不同规定，从法律体系化的角度来看，相关法律法规对职务违

---

① 刘艳红、刘浩：《政务处分法对监察体制改革的法治化推进》，《南京师大学报》（社会科学版）2020年第1期。

② 刘赫哲：《行政处分在行政责任追究中的落实——以行政主体责任追究与行政处分的衔接为切入点》，《东岳论丛》2018年第6期。

法情形以及适用规则应当作出新的规定。

1. 修改职务违法情形的规定

违法情形是指违反法律规定的行为，由于监督对象的地位、职权、职务、工作性质的不同，公职人员、非管理类工作人员和管理对象的违法行为是不相同的。所以，法律法规往往对特定的监督对象规定相应的纪律规则，使不同性质、不同类型的监督对象适用不同的纪律规则。监察体制改革以来，为了实现对行使公权力的公职人员监督全覆盖，《监察法》将公职人员作为一个整体纳入监察对象。然而，《监察法》上的公务员、从事管理的人员和公务人员各应遵守不同法律法规为其设定的纪律规则，如《公务员法》《法官法》《检察官法》《企业国有资产法》《事业单位工作人员处分暂行规定》等法律法规分别规定公务员、法官、检察官、国有企业管理人员、事业单位管理人员应当遵守的纪律，《公务员法》的规定适用于所有公务员，但法官、检察官和单位的管理人员还应当同时遵守相关法律法规的专门纪律规定。这是公职人员不同职业和不同职责而产生的，不能对其作出统一规定，尤其是有关法律法规规定国有企业和公办事业单位工作人员的纪律规定，既约束本单位的管理人员，又约束非管理人员。但这些法律上的纪律规定均较为原则，多数都是宏观规定。《政务处分法》规定公职人员遵守的纪律与《公务员法》上的纪律规定在范围上大致相同，涵盖政治纪律、工作纪律、组织纪律、廉洁纪律和生活纪律的规定，对这些纪律的规定更加具体，但缺少对法官、检察官、人民警察等司法机关公务员以及单位管理人员的专门纪律规定。由于监察机关、任免机关、单位公职人员给予纪律处分时，适用《政务处分法》有关违法行为的规定，但同时适用其他法律法规有关纪律的规定。所以，在以后修改《公务员法》《法官法》《检察官法》等法律时，可以增加"监察机关、任免机关和单位对公务员（包括法官或者检察官）给予政务处分或者处分时，适用《政务处分法》和本法有关违法行为的规定"，使这些法律与《政务处分法》的规定既保持各自的特征，但在适用上保持统一。

2. 修改纪律处分适用规则的某些规定

所谓适用规则是指公职人员的违法行为需要按照法定的情形和情节适用不同等级的纪律处分。《政务处分法》对所有类型的违法行为设定不同情节并具体化为几种情形，从而规范政务处分的标准。如该法规定公职人员的廉洁纪律有两个条文，第三十三条将公职人员违反廉洁纪律具体化为三种情形：贪污贿赂；利用职权或者职务上的影响为本人或者他人谋取私利；纵容、默许特定关系人利用本人职权或者职务上的影响谋取私利。公职人员有上述职务违法行为的，根据情节予以相应的政务处分。第三十四条规定，公职人员收受可能影响公正行使公权力的礼品、礼金、有价证券等财物的，同样根据情节给予相应的政务处分。《公务员法》修改后，原《行政机关公务员纪律处分条例》并没有修改，公务员的违法行为以及适用规则已不适应监察体制发展的需要，并且与《政务处分法》的规定不一致，应当修改或者废止。① 《事业单位工作人员处分暂行规定》对事业单位工作人员的违法行为具体化为不同情形和情节，该暂行规定第十八条规定廉洁纪律，将工作人员贪污、受贿的情形规定为七种，而且在违法情节上也有情节较重和情节严重的规定，② 明确根据不同违法情节给予相应处分。然而，这些规定将贪污、受贿、侵占国有资产的所有情形均在同一个条文中表述，显然与《政务处分法》上廉洁纪律的划分标准并不相同，有必要进行修改，使之保持一致。然而该暂行规定中的其它纪律条款大多以事业单位工作人员的标

---

① 《行政机关公务员纪律处分条例》第二十三条对公务员廉洁纪律的规定是："有贪污、索贿、受贿、行贿、介绍贿赂、挪用公款、利用职务之便为自己或者他人谋取私利、巨额财产来源不明等违反廉政纪律行为的，给予记过或者记大过处分；情节较重的，给予降级或者撤职处分；情节严重的，给予开除处分。"

② 这七种违法行为情形是：违反国家财政收入上缴有关规定的；违反规定使用、骗取财政资金或者社会保险基金的；擅自设定收费项目或者擅自改变收费项目的范围、标准和对象的；挥霍、浪费国家资财或者造成国有资产流失的；违反国有资产管理规定，擅自占有、使用、处置国有资产的；在招标投标和物资采购工作中违反有关规定，造成不良影响或者损失的；其他违反财经纪律的行为。

准来设定，符合事业单位的性质与特点，如第二十条有关违反职业道德行为的规定适合事业单位的教师与专业技术人员。① 这些违法行为、情形以及情节的规定显然并不完全适合单位的管理人员，但事业单位需要适用这些规定对非管理类工作人员的违法行为给予处分，所以，不仅要保留这些规定，而且要根据监察体制改革的需要修改相关规定，尤其是要增加有关廉洁从业、遵守师德方面的内容，使之趋于完善。

（二）纪律处分种类的整合

在监察体制改革之前，国有企业和公办事业单位的管理人员并不属于行政监察对象，他们的违纪违法行为并不由行政监察机关给予政纪处分，而是根据相关法律、法规给予处分。因此，处分的种类和程序不仅与《公务员法》上的处分不同，而且与《行政监察法》也不相同。监察体制改革之后，国有企业和公办事业单位从事管理的人员属于公职人员，《政务处分法》规定，这些公职人员适用政务处分。但政务处分的种类与处分的种类并不完全相同，这是因为相关法律、法规设定的处分种类具有企业和事业单位的特征，与《监察法》对公职人员的定性不符。

1. 明确国有企业管理人员处分种类

《企业国有资产法》规定，国家出资企业的董事、监事和高级管理人员的违纪违法行为应当受到处分，《国有企业领导人员廉洁从业若干规定》将国有企业领导人员和对国有资产负有经营管理责任的其他人员纳入处分的范畴，这些管理人员的违纪违法行为应当给予警示谈话、调离岗位、降职、免职处理。在这四种处分中，只有降级、免职属于纪律处分，警示谈话和调离岗位属于组织处理，因此，国有企业管理人员的

---

① 第二十条列举了以下违反职业道德的行为：利用专业技术或者技能实施违法违纪行为的；有抄袭、剽窃、侵吞他人学术成果，伪造、篡改数据文献，或者捏造事实等学术不端行为的；利用职业身份进行利诱、威胁或者误导，损害他人合法权益的；利用权威、地位或者掌控的资源，压制不同观点，限制学术自由，造成重大损失或者不良影响的；在申报岗位、项目、荣誉等过程中弄虚作假的；工作态度恶劣，造成不良社会影响的；其他严重违反职业道德的行为。

处分种类中没有申诫类和资格类处分。国有企业的管理人员中由行政机关任免的人员适用政务处分，即使相关法律法规规定的处分种类不完整，也不影响给予其处分。但其他管理人员，包括单位任命的管理人员以及聘任的工作人员不宜适用政务处分，需要根据相关法律法规予以处分时，可以作出符合公职人员身份的纪律处分。从国有企业的性质以及管理人员的公职人员特征来看，将处分分为警告、记过、降级或者免职、开除四种较为适宜，通过增加申诫类处分完善法定纪律处分种类。

2. 事业单位工作人员的处分种类体系化

事业单位工作人员的处分种类相对较为完善，但也存在不足。主要是事业单位管理人员与非管理类工作人员适用同样的处分，而事业单位管理人员的纪律处分适用《政务处分法》上有关处分种类的规定，但无论是管理人员还是非管理类工作人员，都具有事业单位工作人员的特征。所以，《事业单位工作人员处分暂行规定》中有撤职处分的规定，明确规定撤职只适用于行政机关任命的事业单位管理人员，这显然不符合公办事业单位管理人员行政职位与职级对应的现状，因为公办事业单位不由行政机关任命的管理人员也有相应的行政职务与行政级别，而行政职务和级别决定其职员职级，如果不适用撤职处分显然不符合公办事业单位管理人员的实际情况。同时，公办事业单位不断深化聘任制改革，单位对违纪违法的非管理职务工作人员适用解聘处理，而解聘可以是非管理类工作人员本人提出，也可以是事业单位强制解聘，如公办高校教师的聘任是双方在平等基础上充分协商达成的一致，具有民事法律关系的特性。[①] 所以，只有非管理类工作人员严重违纪违法才由单位适用强制解聘处理。考虑到非管理类工作人员并不是政务处分的对象，而适用开除与聘任制产生冲突，可以考虑将强制解聘作为公办事业单位的处分较为妥当。公办事业单位的处分可以设定为警告、记过、降低岗位等级或者撤职、强制解聘、开除五种，这样既考虑到公办事业单位不同

---

① 叶必丰、周佑勇：《论教师职称授予行为的法律性质》，《江西社会科学》1998年第12期。

于国家机关的特性,又使事业单位的处分能够有效覆盖所有工作人员。

3. 统一处分对象的表述

监察体制改革以前,行政监察机关的政纪处分只适用于公务员和行政机关任命的工作人员,政纪处分与处分之间的冲突问题并不明显。因此,法律法规对处分对象的表述不一致并不会严重影响法律的适用。监察体制改革后,《监察法》对监察对象使用公职人员这一概念,而这一概念的内涵与外延与我国现行法律的规定存在较大差异。宪法使用国家机关工作人员这一概念;刑法使用国家工作人员的概念,并且将国家工作人员界定为国家机关、国有企业和事业组织以及依法律规定从事公务的人员。《公务员法》并没有使用国家工作人员的概念,而是运用列举方式,使用公务员、参公管理人员、领导成员、事业单位中从事公务的人员以及工作人员等多种概念。《监察法》和《政务处分法》也不使用国家工作人员和国家机关工作人员的概念,而使用公职人员的概念。由于处分主体和处分对象不同,赋予国家机关和单位处分权的法律、法规对处分对象的表述也不尽相同,从而造成概念混乱。如《事业单位人事管理条例》和《事业单位工作人员处分暂行规定》使用事业单位工作人员的概念,它泛指事业单位编制内的所有工作人员,并不区分从事管理的人员和非管理类工作人员,在监察体制改革以前统一适用《事业单位工作人员处分暂行规定》确定的处分种类。《监察法》和《政务处分法》将管理人员纳入政务处分对象后,该暂行规定的处分种类和情形主要适用于非管理类工作人员,管理人员属于公职人员,不再适用暂行规定。《国有企业领导人员廉洁从业若干规定》使用国有企业领导班子成员以及对国有资产负有经营管理责任的其他人员的概念,但领导班子成员的概念较为笼统且其范围也不明确,而负有经营管理责任的人员与《监察法》上的管理人员在外延上也并不一致。国有企业和公办事业单位的管理人员已经纳入监察对象,既适用《政务处分法》的相关规定,又适用相关法律法规规定的处分程序。因此,有必要以《监察法》第十五条为参照修改这些法律法规,将国有企业处分的对象划分为领导成员和管理人员两种；而将公办事业单位的处分对象划分为领导班子成员、管理人员和非管理类工作人员三种。法律法规对纪律处分对象表述的统一有利于完善监察立法：一是与《监察法》上的公职人员概念对应，将国有企业和公办事业单位从事管理的公职人员单独列出，使之区别于其他工作人员。二是与《政务处分法》规定保持一致，将公职人员从单位工作人员剥离出来，为任免机关、单位给予公职人员处分适用《政务处分法》奠定基础。

监察体制改革和监察立法是一项系统工程，除全国人大及其常委会制定法律外，有必要适时修改相关法律法规，并且通过国家监察委员会制定监察法规形成内容协调一致的监察法规范体系。①

---

① 聂辛东：《国家监察委员会的监察法规制定权限：三步确界与修法方略》，《政治与法律》2020年第1期。

第六章 监察监督与其他国家机关监督的贯通

监察体制改革后，国家机关监督权的配置发生了变化，宪法创设监察权，监察委员会是行使监察权的专责机关。因此，监察机关是党领导下行使反腐败职能的专责机关。本章重点讨论监察监督以外其他国家机关的监督，探讨完善国家机关监督体制与机制，实现党内监督、监察监督与国家机关监督的贯通与衔接。

第一节 监察监督与人大监督的贯通

一 人大监督的含义与特征

（一）人大监督的含义

人大监督是指我国各级人民代表大会以及县级以上各级人大常务委员会对由其产生的国家机关及其工作人员依法进行的监督。按照宪法第三条之规定，人大产生"一府一委两院"，并对其工作进行监督。[①] 人大监督具有推进法治进程、保障人民意志落实、维护人民利益的作

---

① 《宪法》第三条规定："国家行政机关、监察机关、审判机关、检察机关都由人民代表大会产生，对它负责，受它监督。"

用。① 作为人民当家作主的具体方式，主要是在监督过程中体现人民的意志，人大监督是国家机关监督的核心。

1. 人大监督的主体是各级人民代表大会以及县级以上各级人大常委会

人大作为代表制机关，监督权是最重要的职能之一，各级人民代表大会以及县级以上人大常委会都是宪法确立的监督主体。人大监督不是人大代表的监督，而是人大作为国家机关的监督，人大代表只有在人大会议上以法定形式提出议案，或者依照法律规定提出质询和罢免案，才能行使人大的监督权，但最终由人大以投票或者其他表决方式来决定。所以，监督权的主体限定为人民代表大会及其常委会，人大代表以及常委会委员是人民代表大会的组成人员。

2. 人大监督的对象是由其产生的其他国家机关及其工作人员

人大监督的对象主要可分为国家机关和人员两部分。一方面，以民主集中制为基本原则建构的国家机关体系，不同于西方资本主义国家的国家权力体系。② 人大作为国家机构体系的核心，监督由其选举产生的"一府一委两院"。另一方面，由人大选举或决定产生的各机关组成人员也必须向其负责、受其监督。

3. 人大监督的内容是国家机关工作绩效、合宪性和合法性

人大监督主要表现为宪法和法律监督。根据我国宪法对国家监督权的配置，监察委员会主要履行职务违法和职务犯罪的专责监督职责，而诉讼监督由人民检察院行使。人大监督主要是对国家机关工作的监督，包括一府一委两院工作绩效、合宪性和合法性的监督。国家机关的工作绩效是指一府一委两院依法履职的情况，如国务院作为最高国家行政机关，领导地方各级人民政府，除依法管理经济活动外，管理民政、外交、司法行政、国防、教育、文化、科技等行政工作。这些行政管理工作在推动国家经济发展和社会进步方面的作用极为明显。司法机关及时

---

① 蔡定剑：《国家监督制度》，中国法制出版社1991年版，第148页。
② 朱福惠：《"五四宪法"与国家机构体系的形成与创新》，《中国法学》2014年第4期。

办理案件、司法效能也成为国家机关绩效的一部分。

合宪性和合法性是国家机关行使职权的基本准则，行政法规和地方性法规必须报请全国人大常委会备案审查，全国人大常委会对报送备案的法规是否抵触宪法进行书面审查，如果认为法规的内容与宪法的规定、原则和精神相抵触，可以要求制定主体修改或者废止。当然，全国人大及其常委会在制定法律时，在法律草案审议过程中，依法由全国人大宪法与法律委员会进行合宪性和合法性审查，对存在的合宪性和合法性问题由起草机关负责修改。

4. 人大监督方式呈现多样性

根据宪法和《监督法》的规定，人大的监督方式多样化，各级人大听取和审议一府两院的工作报告，各级人大常委会听取一府一委两院的专项工作报告，这是各级人大运用监督权的重要方式，通过审议工作报告提出批评、意见和建议。审查和批准决算，听取和审议国民经济和社会发展计划、预算的执行情况报告，听取和审议审计工作报告。有计划地对有关法律、法规实施情况组织执法检查，提出执法中存在的问题和改进执法工作的建议，对有关法律、法规提出修改完善的建议。人大还可以对发生在本行政区域内的重要事件展开特定问题调查，并且根据调查报告要求相关国家机关履行管理职责。人大还可以在会议期间依法对由其任命的国家机关工作人员予以罢免和撤职，还可以在会议期间向国家机关提出质询等。

(二) 人大监督的特征

1. 人大监督在国家机关监督体系中居于核心地位

人民代表大会制度是我国的根本政治制度，是党的领导、人民当家作主、依法治国的制度安排。[①] 人大监督作为人民代表大会的主要职能，是国家监督体系的核心。人民代表大会制度在我国宪制框架中的地位决定了其监督职能的根本性。人大和"一府一委两院"的权力都来

---

① 习近平：《在庆祝全国人民代表大会成立60周年大会上的讲话》，《人民日报》2014年9月6日第2版。

自人民，都要对人民负责，受人民监督。而人大作为国家制度中集中体现人民意志的机关行使国家监督权，就是为了保证权为民所谋。在一定程度上讲，人大监督决定着其他国家机关监督的范围与方式，决定国家监督权的配置与运行。

2. 监督权的整体行使

民主集中制是人大开展监督工作的基本原则。我国国家机关的权力包括监督权必须集体行使，人大常委会行使监督权必须通过集体讨论、集体研究、集体决定的方式开展。人大对一府两院工作报告的决议，在充分发扬民主的基础上，严格采取"一人一票"的表决方式，少数服从多数，对审议的相关报告等事项作出决定。人大提出罢免、质询或者撤职案，都需要人大代表表决，集体作出决定。

3. 间接性和事后性

人大监督权的性质与运行机制决定了其具有间接性和事后性的特征。有学者认为，人大监督通常不能对违法情况予以直接调整、修正，而是通过间接措施督促国家机关依法开展相关工作。[1] 人大有权撤销违反宪法及法律的行政法规和地方性法规，但通常情况下人大将此类情况告知相关部门，由相关部门自行采取措施、改正错误。在监督的实现方式上，人大监督更侧重于工作绩效或者合法性评价，对一府两院工作中存在的问题较多采取提出批评意见或者改进工作的建议，督促相关国家机关改正，通过人大监督的权威性确保达到监督目的的实现。此外，人大监督在多数情况下为事后监督，充分保证其他国家机关正常履职尽责。人大有权对重大问题事先作出决定，当然也有权进行事前监督，但事前监督应限定在特定范围内，如法律草案审议过程中的合宪性和合法性审查；通过会议审议方式对国家机关组成人员任命前的工作进行评价等等。但是人大的事后监督是代表制机关行使监督权的通常方式，事后监督有利于充分发挥人大监督的优势，将人大监督的权威性与监督效果结合起来，实现人大监督的法律效果与社会效果的统一。

---

[1] 蔡定剑：《国家监督制度》，中国法制出版社1991年版，第151页。

二 人大监督存在的主要问题

随着中国特色社会主义建设新时代的到来以及社会经济文化的发展，国家机关推动经济发展与管理公共事务的方式与方法必须创新，人大监督的内涵和形式也应不断健全。改革开放以来，党中央和全国人大不仅重视人大监督职能的完善以及监督手段的强化。党的十八届四中全会以来，全国人大常委会党组根据党中央的要求，不断深化人大监督体制的改革，尤其重视宪法的监督实施以及监督程序的建构，取得了较大成就。但由于党和国家权力制约与监督体制尚处于不断完善之中，人大监督也面临着一些体制机制方面的问题，需要在实践中不断创新与发展。

（一）人大监督的法律法规体系存在缺陷

人大行使监督权具有明确的宪法依据，但监督权运行的法律规范依据存在缺失与不足。健全人大监督程序，提升人大监督的实效，实现人大监督的法治化是依法治国的应有之义，但需要配套法律法规支撑监督权的运行。2006年《监督法》颁布，作为我国人大监督领域的第一部专门性立法，虽对人大监督的形式和程序等相关内容作出规范，但也存在可操作性不强和监督标准不统一等问题。一方面，该部法律原则性规定较多，对监督的范围、监督的法律后果等未作明确具体的规定，影响可操作性。从各级人大常委会监督程序的建构来看，该法对于各级人大常委会开展各项监督活动的程序启动、监督主体以及监督后果等规定较为欠缺。[1] 另一方面，地方各级人大配套立法导致监督形式不统一。《监督法》第四十七条规定，省、自治区、直辖市人大常委会可以根据本法和有关法律，结合本地实际情况，制定实施办法。省级人大常委会可以通过制定实施办法的方式对监督权的运行具体化。据此，省一级人大及其常委会开展配套立法，省级以下的县级人大及其常委会也制定了实施办法，但县级以上地方各级人大及其常委会对监督权运行的相应配套措施的规定存在较大差异，监督的具体事项及所涉及的权限范围、内

---

[1] 谢安民：《人大监督程序建设现状及建议》，《人大研究》2011年第7期。

容和形式也不尽一致。例如,个别地方立法设置"法律责任条款""述职评议条款""个案监督条款"等,这些条款与该法规定的监督形式存在差异。①

(二)人大监督权运行的专门化程度有待提高

党的十八届四中全会的决定以及十九大报告提出实施全面依法治国战略的总目标与任务,国家机关的监督必须实现法治化,这是提高国家治理体系与治理能力现代化的必然要求,人大监督的法治化具体表现在机构和人员两个层面。专门机构、专业人员负责专项事宜,将更有助于提升监督的针对性和规范性。从机构层面来看,存在内部体系不明晰和外部体系不连贯的问题。一方面,各级人大内部监督体系不明确,专门委员会、工作委员会等机构的具体职权不够清晰,影响了监督职能的发挥。实践中,主任会议、专门委员会或工作委员会有无独立的监督职能存在不同见解。人大专门委员会和工作机构在工作中涉及监督事宜,但没有专门的监督机构负责和开展监督工作,影响了监督效果。另一方面,立法层面未对上下级人大之间具体工作关系做出明晰规定,这导致履行监督职能的各级人大不能形成监督体系,开展监督工作的合作力度不足。② 例如,执法检查工作没有全国通盘统筹,各级人大分别各自开展有关工作。在人员层面,我国的人大代表大部分属于兼职,部分人大代表履行监督职责受限于本职工作及时间精力,无法全程参与到监督工作中来。而人大监督遵从民主集中制原则,代表参与度直接影响到监督的效率。此外,由于代表运用法律知识的差异较大,代表履行监督职能的能力也成为制约因素之一。

(三)人大监督实效有待加强

受监督理念、主观认知和运行机制等多方面因素的影响,人大的监督实效还需进一步提升。人大对监督过程中发现的问题,督促纠错力度

---

① 参见张义清《人大监督的立法轨迹:〈监督法〉配套立法(2006—2018年)考》,法律出版社2020年版,第4—5页。
② 李凤军:《论人大的监督权》,中国政法大学出版社2015年版,第155页。

有待加强。如全国人大代表提出并办理的质询案较少;[1] 地方各级人大的质询案多数在市级或县级,而自1980年至2010年长达三十年间,总数不超过80件,相比我国地方各级人大上百万的人大代表而言数量偏少。[2] 在主观认知上,人大监督工作是对其他国家机关"找麻烦""挑刺"等错误观点长期存在,[3] 影响了人大监督工作主观能动性的发挥。认为监督工作是走程序的思想在各级人大代表中不同程度地存在,导致监督工作主动性和积极性不足;少数人大代表对监督工作存在顾虑,担心影响人大与行政部门的关系,对监督工作重视不够。运行机制上,人大监督形式丰富,但有些重要的监督工作受到客观条件的制约而影响监督效果。例如,全国人民代表大会审查计划和预算案的时间设置为约3至4天,地方各级人大约1至2天,但相关工作的专业要求较高,代表审查时间相对较短,难以确保监督的效果。[4]

三 加强和改进人大监督

新时代人大监督的地位不断提升,人大监督工作不断发展并持续创新。党的十八届四中全会的决定、党的十九大报告、党的十九届四中全会的决定均对人大监督的地位、作用和内涵做出高度概括和阐释。[5] 人大监督的形式

---

[1] 这两项质询案分别是1980年宝钢工程建设问题质询冶金部案和2000年烟台"11·24"特大海难事故质询交通部案。

[2] 李凤军:《论人大的监督权》,中国政法大学出版社2015年版,第148页。

[3] 参见蔡定剑《国家监督制度》,中国法制出版社1991年版,第185页。

[4] 李凤军:《论人大的监督权》,中国政法大学出版社2015年版,第156页。

[5] 党的十八届四中全会《决定》提出,"完善全国人大及其常委会宪法监督制度,健全宪法解释程序机制。加强备案审查制度和能力建设,把所有规范性文件纳入备案审查范围,依法撤销和纠正违宪违法的规范性文件,禁止地方制发带有立法性质的文件。""建立宪法宣誓制度,凡经人大及其常委会选举或者决定任命的国家工作人员正式就职时公开向宪法宣誓。"党的十九大报告提出,"发挥人大及其常委会在立法工作中的主导作用,健全人大组织制度和工作制度,支持和保证人大依法行使立法权、监督权、决定权、任免权,更好发挥人大代表作用,使各级人大及其常委会成为全面担负起宪法法律赋予的各项职责的工作机关,成为同人民群众保持密切联系的代表机关。""加强宪法实施和监督,推进合宪性审查工作,维护宪法权威。"党的十九届四中全会《决定》指出,"支持和保证人民通过人民代表大会行使国家权力,保证各级人大都由民主选举产生、对人民负责、受人民监督,保证各级国家机关都由人大产生、对人大负责、受人大监督。支持和保证人大及其常委会依法行使职权,健全人大对'一府一委两院'监督制度。"

和内容进一步明确,主要包括以下几个方面:

(一)强化对宪法实施的监督

宪法实施的监督工作稳步推进,不断深化。2018年3月宪法修正案将全国人大法律委员会更名全国人大宪法和法律委员会。2018年6月22日,全国人大常委会对调整设立的宪法和法律委员会职责作出决定,增加宪法实施和监督、宪法解释等工作职责,加强了宪法实施的工作力量和组织保障。在合宪性审查工作中坚持"有件必备、有备必审、有错必纠",对报送备案的各类法律法规进行审查,严格予以监督纠正。2019年,全国人大常委会制定关于推进合宪性审查工作的实施意见,该年度中审查督促制定机关纠正与宪法法律相冲突、相违背的规范性文件共506件,保证宪法得到切实遵守和执行。① 2021年,全国人大常委会依法主动审查行政法规16件、监察法规1件、地方性法规1467件、自治条例和单行条例87件、经济特区法规40件、司法解释251件、香港特别行政区法律42件、澳门特别行政区法律17件;研究处理公民、组织提出的审查建议6339件;审查研究有关部门移送的141件审查工作建议。此外,国家机关内部组织开展宪法宣誓工作,进一步强化对宪法实施的监督,维护宪法权威。

(二)完善国有资产管理情况报告制度和预算审查监督机制

党的十八大以来,监督国有资产管理、防止国有资产流失成为人大监督的重要议题。全国人大常委会推进国有资产管理监督与预算审查监督机制的建立,引导相关工作有序开展。2017年,建立国务院向全国人大常委会报告国有资产管理情况的制度,并在实践中持续完善。② 通过人大监督,在摸清国有资产家底的基础上,了解和掌握各类国有资产

---

① 粟战书:《全国人民代表大会常务委员会工作报告——2020年5月25日在第十三届全国人民代表大会第三次会议上》,《中国人大》2020年第11期。

② 2017年底,中共中央办公厅印发《关于建立国务院向全国人大常委会报告国有资产管理情况制度的意见》,建立国务院向全国人大常委会报告国有资产管理情况制度,明确了报告、审议的程序及重点。

管理情况。2018年，人大预算审查的重点转向支出预算和政策拓展。①预算审查监督的针对性、专业化程度得以优化提升。2020年，全国人大常委会对审计查出突出问题的整改情况做出专门性制度规定，地方人大常委会陆续出台细化具体措施，②进一步完善人大预算审查监督机制。人大监督按照"全口径审查、全过程监管"的要求，明确监督工作的内容焦点，③不断跟进监督，进一步增强对财政资金使用绩效和政策实施效果的审查监督。④

（三）创新执法检查机制

人大执法检查是人大监督权的重要组成部分，是宪法和《监督法》确定的监督方式，执法检查有力增强了人大监督工作的效果。党的十八大以来，执法检查更加注重专项性、持续性和长效性，监督工作的针对性更加突出，监督效果明显增强。尤其表现在对法律实施中的重点问题进行长期、全程的执法检查监督，在执法检查中不断总结监督法律实施的重点、注重检查工作的常态化。⑤此外，执法检查工作机制不断创新。例如，2015年在《职业教育法》执法检查中，全国人大常委会首

---

① 2018年，中共中央办公厅印发《关于人大预算审查监督重点向支出预算和政策拓展的指导意见》，推动人大预算审查监督重点向支出预算和政策拓展，改革的主要内容涉及支出预算总量和结构、重点支出和重大投资项目、部门预算、财政转移支付以及政府债务。该意见完善了关于听取意见方式、专题调研、重大事项或特定问题组织调查、预算专题审议、听取重大财税政策报告等内容。

② 2020年，全国人大常委会办公厅印发实施《关于进一步加强各级人大常委会对审计查出突出问题整改情况监督的意见》，所有省（区、市）地方人大都制定了实施意见。

③ 重点监督的内容为财政政策实施、部门预算执行、转移支付下达、地方政府债券发行使用、污染防治政策措施及财政资金安排情况。

④ 栗战书：《全国人民代表大会常务委员会工作报告——2020年5月25日在第十三届全国人民代表大会第三次会议上》，《中国人大》2022年第11期。

⑤ 例如，在环保执法检查方面，全国人大常委会及环资委于2013年组织开展重点区域大气污染防治调研，2014年开展大气污染防治法执法检查，2015年继续开展跟踪调研，2016年将大气污染防治作为检查环境保护法贯彻实施情况的重点内容深入开展监督，2017年就北方地区冬季清洁采暖和大气污染防治开展专题调研，2018年开展大气污染防治法、海洋环境保护法执法检查，2019年开展水污染防治法执法检查。人大监督中充分运用执法检查方式，持续强化京津冀等重点区域大气污染防治检查和调研，推动党中央关于京津冀协同发展和大气污染防治等重大决策部署的贯彻和落实，取得了环保监督实效。

次由委员长担任执法检查组组长,并作执法检查报告;① 2019 年,在《水污染防治法》等 4 项执法检查中,首次启动第三方评估,提升检查质量和监督效果;② 积极探索评价法律实施情况的新形式新办法,构建起决策部署、顶层设计、落地实施与效果反馈的完整闭环,促进监督工作提速增效等。2021 年,全国人大常委会检查《企业破产法》《中医药法》《畜牧法》《固体废物污染环境防治法》《公证法》《消防法》6 部法律的实施情况,充分吸收全国人大代表和地方各级人大代表参加执法检查,充分体现监督的民主性。共有 23 个检查小组分赴各省(区、市)实地检查,委员长会议组成人员分别带队,常委会委员和专门委员会成员 133 人次、全国人大代表 66 人次参加执法检查工作。常委会会议听取审议了 6 个执法检查报告。在检查《固体废物污染环境防治法》实施情况时,首次组织全国人大代表开展专题调研,共有 13 个省(区、市)的 240 名代表参加。

(四)监督形式的拓展

充分运用各类监督形式,是健全人大监督的重要途径。党的十八大以来,一方面,质询得到重视,在实践中运用较多的是专题质询,通过专题质询,妥善处理相关问题。例如,2018 年,全国人大常委会首次对最高人民法院、最高人民检察院进行专题质询,其目的在于破解执行难的问题。③ 有力推动人民法院采取切实可行的方式加强执行工作,维护司法公正和法治进步。另一方面,地方人大创新行使特定问题调查权。例如,2015 年,丽水市人大常委会针对当地某污水处理工厂超标排放、造成污染的情况,9 位常委会组成人员联名向丽水经济技术开发区管委会提出质询案,在浙江省首开质询先河。对此,相关部门高度重

---

① 张德江:《全国人民代表大会常务委员会执法检查组关于检查〈中华人民共和国职业教育法〉实施情况的报告》,中国人大网(http:www.rpc.gov.cn)2015 年 6 月 29 日。
② 粟战书:《全国人民代表大会常务委员会工作报告——2020 年 5 月 25 日在第十三届全国人民代表大会第三次会议上》,《中国人大》2020 年第 11 期。
③ 2018 年 10 月 25 日,十三届全国人大常委会第六次会议联组审议最高人民法院关于人民法院解决"执行难"工作情况的报告、最高人民检察院关于人民检察院加强对民事诉讼和执行活动法律监督工作情况的报告,并围绕专项工作报告进行了专题询问。

视，扎实采取排放工作整改措施，确保排放物调整到标准范围内，达到质询目的和效果。另据开化县人民政府网站报道，2022年开化县人大常委会对本县财政管理运行情况进行特定问题调查，该县人大常委会首次运用特定问题调查这一刚性手段对开化县财政管理运行情况进行监督，也是继2020年开展财政专项资金使用绩效情况专题询问的基础上，再次对开化县财政相关情况进行更加深入的一次监督。其目的在于全面摸清家底，找准问题症结，提出有效建议，促进财政平稳运行、高效运作，为开化县国家公园城市现代化建设提供坚实财政保障。

四 完善人大监督与党内监督、监察监督的贯通机制

（一）完善人大监督与党内监督的贯通机制

在党内监督主导下，人大监督作为国家机关监督体系的重要组成部分，与党内监督实现相互贯通、相互协调。人大在党中央集中统一领导下行使监督权，党内监督与人大监督分工不同，但两者相互衔接贯通，形成监督合力。

1. 人大监督与纪检立案审查的贯通

人大监督与党内监督相互贯通表现在党管干部原则的执行与实施。按照《党内监督条例》第三十七条规定，[①] 各级党委负有支持和保证同级人大对国家机关、公职人员依法进行监督的义务，人大应依规向有关党组织报告其发现的违纪问题。人民代表大会审议决定罢免案、人大常委会审议撤销案，均必须坚持党的领导。党内监督的对象侧重于党的领导机关和领导干部，尤其是主要领导干部，与罢免、撤销的对象之间存在重叠。"一府一委两院"的领导班子成员很多也属于党委领导成员。罢免或撤销程序中，人大及常委会应将党的领导干部违反党规党纪的线索及时报告有关党组织，实现人大监督与党内监督在立案审查程序上的

[①] 《党内监督条例》第三十七条规定，"各级党委应当支持和保证同级人大、政府、监察机关、司法机关等对国家机关及公职人员依法进行监督，人民政协依章程进行民主监督，审计机关依法进行审计监督。有关国家机关发现党的领导干部违反党规党纪、需要党组织处理的，应当及时向有关党组织报告。"

衔接。人大对"一府一委两院"领导人的法定监督，从另一个角度看，可视为对党组织和党员干部的间接监督。① 因此，人大监督和党内监督相互交融、互为表里，人大监督在党内监督主导下实现了对人事任免职权的有序和规范行使。人大监督还需要执行党组的决定，在程序上确保党内监督的落实。如党的纪检部门对一府一委两院组成人员或者由人大任免的法官与检察官立案审查，人大及其常委会应当依照宪法和法律的规定进行罢免或者撤职；如果党的纪检部门对本级人大代表进行立案审查，同样需要依法罢免该人大代表的职务。

2. 人大监督必须接受党的领导

人大监督必须遵守党的政治、组织、工作等各项纪律。坚持党的领导是人大实施监督权的基本原则和根本遵循，严格执行党内法规也是开展人大监督工作的前提。人大在监督过程中遵守重大事项请示报告制度等党内法规，例如，《关于人大预算审查监督重点向支出预算和政策拓展的指导意见》规定，要坚持党对人大预算审查监督工作的领导，人大及其常委会开展预算审查工作中的重要事项、重要问题或开展特定问题调查，应向本级党委请示报告。② 坚持党的领导，将党的领导贯穿于人大工作的全过程，是人大开展各项工作的前提与保障，只有坚持党的领导，才能有效地开展监督工作。人大监督工作同时必须接受党内监督，通过党内监督可以纠正人大监督工作中的错误，提升人大监督的科学性和民主性，为人大监督提供有力的政治保障。总体而言，党内监督为人大监督提供了政治保障和方向指引，促进人大监督沿着党的中心工作稳步推进。

---

① 参见程湘清《人大决定权监督权简论》，《人大研究》2006年第1期。
② 《关于人大预算审查监督重点向支出预算和政策拓展的指导意见》规定，"坚持党对人大预算审查监督工作的领导，全国人大及其常委会开展预算审查监督工作中的重要事项和重要问题要及时向党中央请示报告，地方人大及其常委会开展预算审查监督工作中的重要事项和重要问题要及时向本级党委请示报告。""全国人大及其常委会、地方各级人大及其常委会就重大事项或特定问题组织调查，要按照前面第一项规定要求，向党中央或者本级党委请示报告。"

(二) 完善人大监督与监察监督的贯通机制

1. 人大监督监察委员会的工作

人大通过多种方式对监察机关进行监督和制约，实现对监察机关及其组成人员的监督，对监察工作再监督。《监察法》第五十二条规定各级人大及其常委会对监察机关的监督权，包括听取和审议专项工作报告、开展执法检查等等；县级以上各级人大及其常委会对同级监察委员会行使质询权。充分体现了人大监督是国家机关监督的核心，是实现国家监察全面覆盖的制度保障。

2. 人大监督与监察监督相互配合

人大在履职过程中发现公职人员的职务违法和职务犯罪线索，应当移交给监察机关处理，确保监察机关监督的权威性与专责性，有效履行监察职责。简言之，人大对监察委员会的工作进行监督，是从整体工作层面监督监察机关履职情况，不直接涉及监察机关调查与处置的个案，强调的是对国家机关履职工作的监督；监察机关负责直接开展监察工作，处理好具体监察案件，强调的是对个案的监督。人大监督和监察监督实现了"点面结合"，保障了监督工作的覆盖面和针对性，发挥监督实效。

3. 监察监督为人大监督提供保障

在监察全覆盖之下，监察机关有权人大代表以及人大机关工作人员的职务违法和职务犯罪行为开展调查，确保监察监督工作有序推进。从监督对象看，监察机关对人大代表和人大机关工作人员进行监督，人大对监察机关开展工作监督，二者监督的侧重点不同，互为补充；从监督目标来看，人大对监察委员会的监督是一般工作监督；而监察对人大代表和人大机关的监督是对公权力行使的监督，是对国家公职人员职务违法和职务犯罪的调查与处置。二者在监督工作上形成互动，最终保障人大和监察机关依法履职，促进监督工作落实到位。

第二节 监察监督与行政监督的贯通

一 行政监督的含义与特征

(一) 行政监督的含义

广义的行政监督是指立法机关、行政机关、司法机关、社会政党、社会团体、新闻舆论等多种政治力量和社会力量对政府及其工作人员的行政行为所实施的监察和督导；狭义上的行政监督是指行政机关内部对自己的机构及其工作人员的不良行政行为所实施的监察和督导。[1] 在人大监督、监察监督、司法监督、审计监督等并列的语境下，行政监督应是狭义上的行政监督。由于监察监督的引入，行政监督的含义限缩于针对行政机关自身及其工作人员的监督，督促行政机关及其工作人员依法行政、合法合理开展行政活动。行政监督的主体是国家行政机关，对象是行政机关自身及其工作人员，监督的内容是对行政机关及其工作人员在公务活动中履职尽责的规范性和有效性等进行监督。[2]

1. 行政监督的主体是指行政机关及相关单位

行政监督的主体是针对行使行政权的国家行政机关，即我国宪法规定的国务院以及地方各级人民政府。同时，因为政府的职能部门也在具体行使行政权力，所以也是行政监督的主体，在法律法规规定的范围对下级政府职能部门行使监督权，国务院对各级人民政府行使监督权。国有企业和公办事业单位也是法律上的行政监督主体，这是因为这些单位在法律上由国务院以及地方各级人民政府领导和管理，其主要行政负责人由国务院或者地方人民政府任免，并受《公务员法》的约束。

---

[1] 参见尤光付《行政监督理论与方式》，华中师范大学出版社1997年版，第3页。
[2] 参见陈奇星等《行政监督新论》，国家行政学院出版社2008年版，第6页。

2. 行政监督的对象是各级人民政府及其职能部门、公务员以及其他行使公权力的公职人员

行政监督的客体较为复杂，但大致可以分为组织客体和人员客体两种，所谓组织客体是指各级人民政府及其职能部门。根据法律的规定，国务院有权监督各级地方政府以及国有企业和公办事业单位。同时，各级人民政府还有权监督基层群众自治组织、法律法规授权的组织等行使公权力的非政府机构。所谓人员客体是指行政机关、国有企业、公办事业单位的公务员、参公管理人员和行使公权力的管理人员。

3. 行政监督责任的方式有约谈、组织处理和处分

行政监督责任的方式是指行政机关对监督对象施加的行政责任，由于行政机关组成较为复杂，行政活动内容具有多样性。因此，行政监督的目的在于保证行政机关及其工作人员依法行政、合理行政和廉洁从政。行政监督责任的方式主要是对行政机关及其公职人员的工作进行监督检查，通过约谈、批评教育、责令改正等方式对下级行政机关及其工作人员进行监督，对于违纪违法的机关、单位及其工作人员进行追责、问责和处分。

(二) 行政监督的特征

1. 监督的权威性

我国宪法和法律规定，行政机关上下级之间是领导关系。这种组织间的上下级隶属关系，要求上下级之间保持令行禁止，服从行政命令的特点。上级对下级具有行政领导权，行政领导权的命令与服从特征对行政监督的效果产生重要影响，主要表现为行政监督的权威性。上级行政机关对下级行政机关进行监督时可采取行政、经济、人事等多种手段，[①] 下级行政机关必须服从上级行政机关的监督，及时依法依规采取措施改正违法违规行为，贯彻执行上级人民政府的处分决定，维持行政管理秩序。

---

① 从监督方式上看，行政监督方法包括工作报告、工作指导、工作检查、召开会议和参加会议、批评和建议、行政复议等。

2. 监督的程序性

行政监督虽然体现了上级行政机关对下级行政机关的命令与服从关系，是上级行政机关纠正下级行政机关及其公职人员的违纪违法行为的前提。但是，在全面依法治国背景下，行政监督体现程序法定的特征。无论是上级行政机关运用检查、工作汇报的方式还是采取督查的方式进行监督，都必须严格遵守法定程序。行政机关作出组织处理或者处分，必须遵守法律法规规定的实体条件与程序规则，并且保障被处分人申诉救济的权利。同时，行政监督的程序性还反映了当代行政监督的民主性，行政监督类型不仅包含上级对下级的监督，还涵盖下级对上级的监督以及平级之间的监督。[①] 行政系统内下级对上级进行的监督，同级行政部门之间互相监督，体现了监督主体的民主性。由于监督主体与对象之间地位存在差异，下级或同级行政机关通过批评和建议等较弱的方式实现监督，体现了手段的民主性。通过民主性的相互督促，行政机关得以改进行政行为，推进依法行政。

3. 监督的内部性

行政监督具有鲜明的内部监督属性，在本质上属于行政系统内部的自我监督与自我纠错的制度。行政监督对象限制在行政机关及其管辖下的国有企业和公办事业单位，同时还包括其管理的公职人员。上级人民政府监督其职能部门、下级政府的行政行为是否合法，公职人员的职务行为是否违纪违法。行政监督不能超出行政机关及其管辖对象这一基本范围，这是党和国家监督体系的内部分工与协作决定的。由于《监察法》的颁布与实施，行政机关内部公职人员的职务违法和职务犯罪行为也由监察委员会专责监督，不再纳入行政监督的范围。但根据《政务处分法》的相关规定，行政机关对其内部公职人员的违法与失职行为有处分的权力，仍然保留监察机关政务处分与行政机关

---

① 从监督主体与监督对象的关系上看，行政监督主要包含三种类型，一是上级行政机关对下级行政机关的监督，二是下级行政机关及其工作人员对上级行政机关及上级领导者的监督，三是政府职能部门在自己职权范围内就其主管的工作对其他同级部门实行的监督。

处分的双轨制，形成行政监督的内部性与监察监督的外部性相结合的监督体系。

二 行政监督存在的主要问题

改革开放以来，我国不断完善行政监督制度，行政监督制度的运行逐步由政策导向转向法治化。1978年底，党纪监察制度和信访制度得到恢复；1986年底，国务院行政监察机构重设；[①] 1997年颁布《行政监察法》，确立行政监察机关作为政府行使监察职权的部门，对行政机关、公务员以及行政机关任命的其他人员进行监察。在监察监督成为独立的监督方式之前，行政监督是以行政监察机关专门监督职能为核心的监督体系，监察机关是行政机关的职能部门，对本级人民政府和上一级监察机关负责并报告工作。随着国家监察体制改革持续深化，原行政系统内部的行政监察机关转隶监察委员会，行政监督面临重构和重新定位，行政监督的对象、行为、程序等均成为理论与实践中的重大问题。具体而言，目前行政监督面临的主要问题有：

（一）行政监督体系的完整性缺失

监察体制改革后，由于监察委员会对所有公职人员行使监督权，推动我国监督体制的创新发展，党和国家监督权重新配置，行政机关、检察机关的监督权范围进行调整。行政监察机关转隶监察委员会之后，行政监督不仅在理论建构上处于起步阶段，在实践中也没有形成完整的体系，表现在以下三个方面：一是监督主体之间缺少配合，从法律的规定来看，行政机关及其职能部门均有监督权，但这些部门的监督权往往各自为政，缺乏统一协调；二是监督对象的范围不确定，行政监督对象不限于公务员和公职人员，对于行政机关聘任的专业人员和管理人员均有监督权，但监督这些不属于公职人员范畴的人员，具有不同于监督公职人员的法律法规依据，也不同于监督公职人员的程序，二者之间存在法律法规上的冲突与抵触；三是行政监督体制不顺，由于行政监督主体广

[①] 尤光付：《行政监督理论与方式》，华中师范大学出版社1997年版，第122页。

泛，为监督工作创造了行使条件，但也造成监督主体之间责任不明或重复监督现象。例如，行政复议工作中存在"多头办案"情形，行政复议按照"条块结合"的管辖方式确定复议机关，本级政府和上一级主管单位均具有复议职能，可能造成复议结果差异，容易出现不同国家机关对同样行政决定的复议结果不相同。监督对象方面，行政系统内上级较少对下级抽象行政行为的监督，撤销或改变下级不适当的行政规范性文件的情况并不常见；上级对下级具体行政行为的审查监督，也缺乏主动性，通常为被动启动。[①] 在实施监督的阶段上，行政监督相对偏重事后监督，对事前、事中的合法性控制运用较少，行政内部监督系统有待进一步完善。

（二）行政监督程序规范不完善

行政监督不仅立法滞后，而且程序规范不完善。由于行政监督具有内部性特征，但监督的对象较为广泛，故应当保证行政监督的程序法定并具有可操作性。监察体制改革以前，《行政监察法》对行政监督的一般程序作出规定，在此基础上，《公务员法》对行政机关监督公务员的程序规则进一步完善，除专门监督性质的法律之外，《行政许可法》《行政处罚法》《行政复议法》等法律对行政机关监督公务员履行职务作出程序性规定。监察体制改革以后，由于《行政监察法》失效，行政监督缺乏基本的法律依据，只有通过修改《公务员法》等法律，使之与《监察法》《政务处分法》衔接。《公务员法》的修改，重构行政机关监督公务员的程序规范，体现监督程序法治化的趋势，促进和保障政府机关及其工作人员依法行政、秉公用权和廉洁从政。但由于监察体制改革从根本上改变了传统的监督体系，所以，从整体上行政监督的程序规则较为混乱，缺乏统一适用的法律法规，有必要从《党内监督条例》《纪律处分条例》《监察法》《政务处分法》等党内法规和法律的规定、原则和精神出发，制定行政监督的法律或者行政法规，从行政监督的特征出发，通过对惩治腐败、财产申报、行政问责等规定，建立完

---

① 王世雄：《我国行政监督体制的现状与发展趋向》，《政治与法律》2000年第6期。

备的行政监督程序规则，提高行政监督的可操作性。

(三) 行政监督制度落实不到位

行政监督制度虽然取得了明显的成效，但仍然存在落实不到位的情况。严格贯彻落实行政监督制度是确保行政监督健康发展的基础，由于行政监督属于内部监督，监督机关和被监督者之间存在着上下级之间的领导关系和管理关系，必须始终有刀刃向内的决心才能保障监督的执行力，这就在一定程度上受到监督者主观因素和监督意识的影响，监督者特别是领导干部的素质、行政监督队伍建设的意识和专业知识都是保障监督工作落实的必要条件。例如，行政复议在实践上仍有不规范情形。内部行政行为审查存在缺漏或不作为现象，甚至有"好人主义"思想，较真碰硬不够，无法完全做到有错必纠。另外，大量行政行为通过事先请示上级行政领导同意，遇到此类情形，上级部门的复议工作难以展开，只能停留在表面，不利于行政复议纠错功能的发挥。监察体制改革以后，行政机关的监督职能进行调整，部分领导干部和公职人员存在一种错误认识，认为监督工作是监察委员会的职责，行政机关的监督职责已经淡化。这种错误认识导致部分行政领导干部放松监督的主体意识，对下级行政机关及其公职人员的监督，不利于行政监督与监察监督的衔接并形成合力。

三　行政监督方式的改进

党的十八大以来，行政监督制度进入新时代，党的十九大报告提出要深化国家监察体制改革，实现监察全覆盖。随着监察体制改革的深化，行政监督中的行政监察职能逐步分离，监察监督成为国家专责监督，党内监督和监察监督成为主导行政监督的制度。在此背景下，党的十九届四中全会指出要优化行政监督体制、加强对制度执行的监督。[1]新时代下行政监督体制逐步完善，尤其是2021年2月1日公布实施

---

[1] 党的十九届四中全会《决定》指出，"以推进国家机构职能优化协同高效为着力点，优化行政决策、行政执行、行政组织、行政监督体制。""健全权威高效的制度执行机制，加强对制度执行的监督，坚决杜绝做选择、搞变通、打折扣的现象。"

《政府督查工作条例》以后，行政督查制度的建构与执行方面取得了新的成就，行政监督已经转向以行政督查与监督公职人员为中心的监督体制。党的二十大报告进一步明确了依法行政与法治政府建设的目标，法治政府建设是全面依法治国的重点任务和主体工程。转变政府职能，优化政府职责体系和组织结构，推进机构、职能、权限、程序、责任法定化，提高行政效率和公信力。为此，必须履行行政监督的主体责任。

（一）监督政府公职人员仍然是行政监督的主要职权

监察监督从行政监督中分离出来后，行政监督侧重对行政机关及其工作人员的合法性和合理性监督，包括对行政机关领导干部的履职监督，充分发挥行政监督在法治政府建设中的作用。行政监督的范围虽然局限于行政机关内部，但由于行政机关的公务员占公职人员的大多数，而且行政管理直接面对群众的日常生活，行政机关履职直接关系到群众的满意度，所以行政监督职能重构意义深远。监察职能从行政监督职能中剥离之后，行政监督职能并没有削弱，相反更加具有集中性和专业化的特征，表现在：第一，行政监督聚焦行政机关领导班子是否履职或者是否正确履职的监督，行政机关肩负日常行政管理的职责，事关国计民生，不仅直接关系到人民的生活质量，也关系到公民生命财产的安全，所以行政机关公职人员的正确履职是法治政府的重要内容，需要行政机关通过日常监督予以督促。第二，行政机关及其公职人员掌握国家重要的公权力，包括审批、许可、处罚、确认等重要的服务与监管职能，是维护国家法律秩序的重要保障。因此，行政机关及其工作人员是否秉公用权和廉洁从政对于法治政府建设意义重大，需要行政监督保障其合法性和廉洁性。第三，行政机关为了履行行政职能，需要在思想上和行动上与党中央保持一致，通过坚定坚持党的领导和社会主义制度，形成思想上的自觉性。因此，行政机关及其工作人员的政治建设具有重大意义。行政机关要监督工作人员加强马克思主义信仰，牢固树立社会主义信念，不忘初心、牢记使命。只有监督公务员加强政治建设，才能保证行政机关坚定为人民服务的信念。

(二) 政府督查成为重要的行政监督形式

监察体制改革以来，行政监督的重点究竟是在公职人员行为的合法性还是行政机关行政活动的合法性，在理论上存在争议。一般认为，现代行政活动已经由传统的管理行政向服务行政转型，政府运用市场手段，通过服务公民的方式实现行政目的。因此，在服务型政府下，行政机关的合法性从属于行政行为的合目的性。然而，在行政权力高度发达的现代国家，行政权运行合法性问题仍然是现代法治需要关注的问题，政府权力的扩张必然冲击法治体系，最终导致权力的滥用。新中国成立以来，我党历来重视对行政权的规范与监督，1982年宪法规定法检公三机关办理刑事案件相互分工、相互配合与相互制约；2018年宪法修正案规定监察机关办理职务违法和职务犯罪案件应当与人民法院、人民检察院和执法机关相互配合、相互制约。可见，行政权受到监督已经成为我国宪法和法律确立的基本原则。监察委员会行使对所有公职人员的监督权以后，党中央和国务院对行政监督的推进进行了总体部署，明确各级行政机关必须履行监督的主体责任，监督政府机关、国有企业和事业单位及其工作人员遵守党纪与法律，勤勉履职，廉洁从政从业。为此，国务院制定《政府督查工作条例》，该条例第一条即规定，政府开展督查工作的目的在于保障政令畅通、推进廉政建设、健全行政监督制度，明确了政府督查是主要的行政监督形式之一。该条例第四条规定，政府的监督检查内容主要包括党中央和国务院重大决策部署落实情况；督查对象法定职责履行情况；政府及其职能部门行政效能。督查的方式包括督查对象自查、听取汇报、开展检查与访谈、收集线索、约谈等；督查工作结束后应当作出督查结论，要求督查对象整改。所以，督查主要针对行政机关及其职能部门、国有企业与事业单位的工作进行监督与检查，与针对公职人员的行政监督方式共同组成较为完整的行政监督体系。

(三) 推动依法行政

行政监督体制是法治监督体系的有机组成部分，是依法行政和法治政府建设的重要内容。党的十八大以来，行政监督体制在改革中不断发展完善。一是通过机构改革对行政机关的部门和职责进行合理配置，形成分工明确、依法行政的治理体系，提升了贯彻能力和公信力。[①] 在此过程中，行政监督的职能配置得以进一步优化升级，形成决策权、执行权和监督权的合理配置与制衡。二是加强对行政执法的监督。贯彻行政执法责任制和问责制，严格查处违法违规的行为，持续整治执法乱象，对行政不作为的人员予以追责。[②] 对扶贫领域腐败和作风问题进行专项治理，改进考核监督方式。[③] 建立重大政策落实督查问责机制，引入并实施第三方评估。[④] 通过简政放权改革中健全监管部门和监管队伍，减少权力寻租、铲除审批腐败。通过采取一系列监督措施，不断增强行政监督的实效，一体推进不敢腐、不能腐、不想腐，依法行政效果更加显现。三是规范行政复议制度的运行。行政复议作为体系化监督机制，同时具有救济和监督双重功效。2019年，进入国务院裁决的行政复议案件比2018年同期下降了33.7%，案件增势得以有效遏制。[⑤] 这充分表明，行政复议作为行政监督的重要方式，有力推动了有关行政机关改进执法；还充分表明，行政复议系统内部原级行政复议工作质量得到提升。此外，行政机关与司法机关的协调互动进一步深化，行政复议、应诉工作与行政审判事务之间的衔接性不断增强。2020年，行政复议体制改革方案公布，县级以上地方政府仅保留一个复议机关，复议资源进一步整合。[⑥] 随着行政复议体制改革深入推进，复议机关优化重构，监

[①] 李克强：《政府工作报告（摘登）》，《人民日报》2018年3月6日第2版。
[②] 李克强：《政府工作报告——2019年3月5日在第十三届全国人民代表大会第二次会议上》，《人民日报》2019年3月17日第1版。
[③] 李克强：《政府工作报告（摘登）》，《人民日报》2018年3月6日第2版。
[④] 李克强：《政府工作报告——2016年3月5日在第十二届全国人民代表大会第四次会议上》，《人民日报》2016年3月18日第1版。
[⑤] 张维：《国务院行政复议监督力度加大 去年国务院受理行政复议案件下降逾三成》，《法制日报》2020年5月1日第1版。
[⑥] 2020年4月18日，中央全面依法治国委员会印发《行政复议体制改革方案》，要求各地区、各部门优化行政复议资源配置，推进相关法律法规修订工作，努力构建统一、科学的行政复议体制。改革试点中，要求各地方整合复议职责，实现县级以上一级地方政府只保留一个复议机关，由本级政府统一承担行政复议职责，政府各部门不复具备行政复议职权。

督力量更加集中，权力配置更加合理，行政监督力度将进一步提升。

四 完善行政监督与党内监督、监察监督的贯通机制

（一）行政监督与党内监督的贯通

1. 行政机关向纪检监察移送问题线索

党内监督为行政监督提供支持和保证，行政机关在履行职责过程中发现党员公职人员的违纪、职务违法与职务犯罪问题线索，应当及时移送给纪检监察机关调查处置。《党内监督条例》对国家机关履行职责过程中发现公职人员违纪违法问题的线索处理作出了明确规定。[①] 具体来说，一方面，行政监督必须履行监督主体责任，对政府机关及其职能部门、国有企业和事业单位公职人员的职务行为进行监督，形成与纪检监察机关的配合监督网络。另一方面，行政监督的对象包括政府机关党组和国有企业事业单位党组的领导干部，这些领导干部的行政效能、依法履职情况属于行政监督的范围，但同时也可以发现这些党员领导干部职务违法与职务犯罪的问题，职务违法和职务犯罪虽然不属于行政机关的监督范围，但根据党内法规和《监察法》的规定，行政机关对发现的问题线索有移送的义务。

2. 行政监督在党内监督的主导下展开

在党内监督的主导之下，行政监督对党内监督起到了补强作用。行政监督强化党内监督，全面从严治党背景下，行政监督进一步增强了党内监督的效果，让党内监督对公权力的监督针对性更强、力度更大。行政监督贯彻执行党中央的重大决策部署，与党内政治监督和政治建设和方向一致。《政府督查条例》即规定，政府督查的内容之一就是行政机关及其职能部门落实党中央和国务院重大决策部署的情况，包括党中央有关党的政治建设、政治纪律和政治规矩落实的情况。其目的在于通过行政督查工作推动党的建设。在党的集中统一领导下开展行政监督活动，符合新时代党

[①] 根据《党内监督条例》第三十七条的规定，各级党委应当支持和保证同级政府对国家机关及公职人员依法进行监督，政府负有向有关党组织报告党的领导干部违规违纪情况的义务。

和国家监督制度建设的目标，提升行政监督的权威性与效果。

（二）完善行政监督与监察监督的贯通机制

1. 行政监督与监察监督互相补充

行政监督与监察监督互相贯通，有效衔接。从监督对象上看，监察监督的对象是公职人员，既包含政府公务员，也涵盖其他国家机关公务员以及国有企业和公办事业单位依法从事管理工作或者履行公职的人员；行政监督的对象包括政府公务员及其他相关工作人员，还包括国有企业和公办事业单位的工作人员。监察监督和行政监督在监督对象上存在重叠，前者限定于对人的监督，后者不仅包括对人的监督，还通过政府督查实现对单位的监督。在对人的监督上，行政监督的对象要大于监察监督的对象，前者包含了后者的监督对象。从监督对象的违法程度上看，监察监督与行政监督的侧重点有所区别，监察监督侧重于反腐败调查，重点在于对职务违法与职务犯罪进行调查与处置。行政监督侧重于对行政机关、国有企业与事业单位及其工作人员行为的合法性、合理性、勤勉履职、行政效能的监督检查。监察监督、行政监督在不同层面上对政府公职人员的履职行为开展监督，具有互补性、协同性，共同推进行政法治。

2. 行政监督与监察监督相互配合

监察监督与行政监督在监督手段上呈现出衔接性特征。[①] 监察监督和行政监督的实施方式既有共同点也有区别，但监督政府工作人员廉洁从政、依法依规勤勉履职是其共同点。同时，监察监督对行政监督活动的规范性与合法性进行监督，实现监督之上的监督。[②] 对于行政机关不

[①] 根据《监察法》第十一条，监察机关对公职人员开展廉政教育，对职务违法和职务犯罪进行调查，根据违法或失职的具体情况对有关人员进行政务处分或问责，向监察对象所在单位提出监察建议等。与之相对应，行政监督过程中对政府工作人员也开展廉政教育，对职务违法和职务犯罪的线索移送检察机关，区分不同情况对相关人员予以谈话提醒、批评教育、责令检查、诫勉、组织调整、处分等。

[②] 例如，《政务处分法》明确了监察机关政务处分与公职人员任免机关单位的处分之间的区别、联系，实现了政务处分与行政处分的有机衔接。其中，该法第三条规定"监察机关发现公职人员任免机关、单位应当给予处分而未给予，或者给予的处分违法、不当的，应当及时提出监察建议。"

履行监督主体责任的情形，纪检监察机关依法依规问责。因此，监察监督推动行政监督的运行，纠正行政监督中存在的问题，实现对行政机关领导干部的有效监督。

第三节 监察监督与司法监督的贯通

一 司法监督的含义与特征

（一）司法监督的含义

司法监督是指国家司法机关依据宪法和有关法律对审判活动、刑事案件的侦查、刑罚执行以及行政行为实施的监督。司法监督具有以下法律的规定性：

1. 司法监督的主体是司法机关

在学理上，司法监督从两个角度来界定，一种是从舆论、群众和民主监督的角度，将司法监督界定为人民群众对司法机关及其工作人员履职的监督。另一种是指司法机关依法对其他国家机关的监督。从有关监督权力的行使主体上看，司法机关主要是指检察机关和审判机关，[①] 此处仅指狭义上的司法机关。从职能属性上来看，司法行政机关和公安机关本质上是行政机关，即使在刑事诉讼法上公安机关与人民检察院和人民法院分工、配合与制约，但并没有公安机关监督人民法院和人民检察院的法律规定。

2. 司法监督的依据是宪法和法律

司法监督由宪法和法律作出规定，具有强制性特征。从我国宪法和法律规定来看，人民检察院是法律监督机关。其监督职能由《人民检察院组织法》以及《刑事诉讼法》作出规定。人民法院是我国的审判机关，其在行使审判职能的过程中监督其他国家机关的工作，维护国家机

---

① 从外延上看，国家司法机关广义上包括公安机关、国家安全机关、检察机关、审判机关、司法行政机关。

关公务活动的合法性。国家司法机关的特征决定了监督权的行使只能以宪法和法律的规定为限。

3. 司法监督主要采取诉讼方式

司法监督的方式呈现多样性，但主要是以诉讼方式展开，这是由司法机关的职能特点决定的。一方面，人民检察院具有较为广泛的监督权，包括对直接受理的刑事案件的侦查、刑事案件的公诉、决定和批准逮捕、侦查监督、刑事审判监督、刑罚执行和监所监督、民事审判和行政诉讼监督、[①]公益诉讼等。另一方面，法院作为独立行使审判权的审判机关，对内要进行法院系统内部的监督，对外要对其他机关的权力行使活动进行合法性及部分合理性监督。监督权的形式包含：行政诉讼、上诉程序、再审程序等。当然，人民检察院通过检察建议敦促行政机关、事业单位和企业履行法定职责，发挥维护社会秩序的作用。但检察建议也是检察机关在刑事诉讼活动中发现的普遍性问题而向国家机关提出的要求，在行政公益诉讼中提出的检察建议具有诉讼前置特征，最终以行政公益诉讼作为落实检察建议的手段。

(二) 司法监督的特征

1. 主体的特定性与监督的专业性

司法监督兼具主体特定性和监督方式专门性的法律属性。我国宪法和法律规定了法院依法独立行使审判权；人民检察院是国家法律监督机关，行使四大监督职能。[②] 因此，司法监督职权是人民检察院的专门职能，人民法院的监督职能体现在审判活动之中，虽然不是专门的监督机关，但具有监督职能的基本特征。除此之外，司法监督还具有司法机关适用法律的专业性特征，无论是人民检察院的诉讼活动监

---

① 臧荣华：《从对立式走向协作式的检察监督——基于检察机关与被监督机关间"交互工作机制"的分析》，《求实》2013年第2期。

② 《宪法》第一百三十一条规定，"人民法院依照法律规定独立行使审判权，不受行政机关、社会团体和个人的干涉。"《宪法》第一百三十二条第二款规定："最高人民法院监督地方各级人民法院和专门人民法院的审判工作，上级人民法院监督下级人民法院的审判工作。"宪法第一百三十四条规定："中华人民共和国人民检察院是国家的法律监督机关。"

督、侦查监督、监所监督还是公益诉讼都具有诉讼的特性，依赖于人民检察院的诉讼职能。人民法院在行政诉讼中审查行政行为的合法性，审查人民检察院的公诉以及认罪认罚的合法性和合理性，监督下级人民法院的审判活动等。司法监督主要限定在诉讼领域，是由司法活动专业性决定的。

2. 监督程序的司法性

司法监督的主体是司法机关，其监督职能的行使方式也具有司法程序的属性。检察机关和法院的绝大多数职能活动，必须依法遵守司法程序。例如，《行政诉讼法》对行政纠纷的起诉和受理程序、审理和判决程序、执行程序等做出明确规定，保证法院对行政机关履行职权的情况进行监督；《刑事诉讼法》《民事诉讼法》对人民法院的诉讼活动以及检察机关诉讼监督活动作出了相应的程序性规定，保证检察机关和人民法院履行监督职责。

二 司法监督存在的主要问题

司法监督是司法机关行使司法权的体现，司法监督随着我国法治发展而不断发展。目前，司法监督正逐步完善并形成体系，既涵盖了对行政机关的监督，例如通过行政诉讼纠正违法或不适当的行政行为；也包括政法部门之间的制约监督，[①] 例如检察机关对法院审判活动开展的监督。司法监督的格局和层次也随之明晰化，特别是三大诉讼法等一系列法律制度进一步强化了司法监督的程序规范，提高了司法监督的操作性和实效性。在司法体制改革持续发展背景下，司法监督制度作为司法制度的有机构成部分，不断优化、推进和发展，但也存在着一些问题需要解决。

（一）进一步保障司法机关独立行使职权

党的十八大以来，在加强司法独立方面采取了强有力的措施，司法机关独立行使职能的制度得到保障。行政权干预司法的情形已经较

---

① 政法部门之间的制约即侦查权、检察权、审判权、执行权之间相互的制约。

为少见，但仍然存在少数行政干预司法的情形。其中，既有直接针对司法监督工作的干预，也有影响到司法监督效果的间接干预。地方党政领导干预司法的方法各不相同，常见的类型有：一是发函警告。地方政府向司法机关发出审判裁量意见、警告性质内容的函。二是文件要求。以政府文件的形式要求司法机关采取相关措施。三是会议规避。以形成会议文件的方式规避生效裁判文书的执行。四是地方保护。个别地方领导干部明示或暗示法院怠于执行有关裁判等等。行政权力对司法监督的干预，将弱化甚至排除监督的效果，导致司法权威受到损害。

（二）司法腐败影响司法机关正确履行监督职能

司法腐败具有侵蚀监督制度的消极作用，金钱案、权力案、人情案等司法腐败现象制约司法监督发挥实效。司法作为正义的"最后一道防线"，司法机关本身是防腐的关键部门。由于司法工作人员的不当履职行为，直接影响了司法机关该项职能的发挥，使司法机关惩治腐败的功能弱化。当前，司法工作人员职务犯罪的情形高发，《最高人民检察院工作报告》的统计数据表明，2008—2017年之间每年全国职务犯罪总人数中，司法人员占比保持在5%左右。司法工作人员的此类腐败行为既造成司法机关公信力降低，还使得权力监督的效果打了折扣，难以保证司法监督正确发挥作用、有效运作。[①] 司法腐败的危害性不仅仅是对个案产生影响，而且对司法监督造成体系性破坏。

三 拓宽司法监督的途径

随着司法体制综合配套改革不断深化，司法监督也不断发展和完善。党的十八届四中全会、党的十九大均对司法监督作出专门阐释，强调对行政干预的遏制、行政诉讼制度的完善以及司法责任制的构建，不

[①] 例如，2019年，检察机关办理了包括云南孙小果案、湖南操场埋尸案等引发社会普遍关注的职务犯罪案件。云南孙小果案中，再审阶段上级法院有关领导利用职权，授意法官违背事实改判案件结果，干扰了法院正常的再审程序。湖南操场埋尸案中，政法系统有关领导干扰案件调查，导致司法监督失效。

断发挥司法监督作用。① 因此,司法监督取得了长足发展,相关监督措施和手段更加具有针对性,配套法律制度逐步健全。

(一) 进一步保障司法机关依法独立行使职权

针对少数地方出现的行政干预司法的情况,党中央多措并举,坚决遏制司法干预现象,2015年2月27日,中央全面深化改革领导小组第10次会议审议通过《领导干部干预司法活动、插手具体案件处理的记录、通报和责任追究规定》。之后,又通过了《司法机关内部人员过问案件的记录和责任追究规定》《关于进一步规范司法人员与当事人、律师、特殊关系人、中介组织接触交往行为的若干规定》,形成了支持司法机关依法独立行使职权的"三个规定"。明确各级领导干部和司法机关工作人员的行为必须符合这些规定,否则将承担法律责任。坚决禁止出现个别领导干部出于私利而过问案件、为有关人员开脱说情等干预司法的现象,为司法机关独立履行监督职责提供了重要依据和工作支撑。一方面,"三个规定"减少了外部对司法权的干涉,保障了司法公信力与权威性,有利于司法监督工作的有效开展,维护国家法律的统一实施。另一方面,"三个规定"营造了良好政治生态和司法生态,确保公正廉洁司法,对规范司法行为、维护司法公正提供了有力制度保障。随着司法体制改革的不断深入,员额法官责任制、案件终身负责制等制度增强了司法人员廉洁自律意识,配合"三个规定"净化司法机关依法独立行使职权的外部环境,有效预防和避免行政干预,确保独立、公正、依法开展司法监督工作。

(二) 深化公益诉讼检察监督改革

2015年7月,公益诉讼试点工作开启,各试点地区检察机关有序

---

① 党的十八届四中全会《决定》提出,"建立领导干部干预司法活动、插手具体案件处理的记录、通报和责任追究制度。""完善行政诉讼体制机制,合理调整行政诉讼案件管辖制度,切实解决行政诉讼立案难、审理难、执行难等突出问题。"党的十九大报告指出,"深化司法体制综合配套改革,全面落实司法责任制,努力让人民群众在每一个司法案件中感受到公平正义。"

推进有关工作。① 针对行政主体不履行行政职责时，由检察机关通过向行政机关提出检察建议或向法院起诉的方式，对行政机关依法行政、履职尽责的情况予以监督；针对损害公共利益的民事行为，检察院在特定情况下可直接向法院提起诉讼，或支持有关部门向法院起诉，维护社会公众的群体权益。2017年，通过修改《行政诉讼法》和《民事诉讼法》，公益诉讼制度以法律的形式确立，公益诉讼检察监督工作全面推开。此后，公益诉讼迅速发展，监督作用明显增强，取得了公益保障的良好效果。② 2019年12月，最高人民检察院决定对万峰湖流域生态环境受损情况立案调查，成为其直接受理的第一件公益诉讼案。③ 随着检察监督实践的发展，检察机关的公益保护能力不断强化。目前，应当深化检察机关公益诉讼制度改革，明确赋予人民检察院对行政机关是否履职的调查核实权，调查核实权是检察机关实现行政法律监督功能，平衡检察机关与行政机关、审判机关之间"功能秩序"，发挥维护行政公法秩序和救济公共利益最大制度绩效的重要手段，理应得到法律确认。④ 同时优化行政公益诉讼诉前程序，进一步强化检察建议的法律效力，加强人民检察院在行政公益诉讼中的主导地位。

（三）完善行政诉讼监督制度

法院监督功能的发挥集中表现在通过行政诉讼监督行政机关依法行政，推动行政法治。在实践中，人民法院通过采取逐步扩大了行政诉讼

---

① 2015年7月，十二届全国人大常委会第十五次会议作出《全国人民代表大会常务委员会关于授权最高人民检察院在部分地区开展公益诉讼试点工作的决定》，授权最高人民检察院开展提起公益诉讼试点。该决定规定，公益诉讼范围包括生态环境和资源保护、国有资产保护、国有土地使用权出让、食品药品安全等领域。

② 2017年7月至2019年9月，我国检察系统共登记立案公益诉讼案件21.47万件，办理诉前程序案件18.76万件、提起诉讼6353件。

③ 万峰湖流域横跨黔、滇、桂三省区的五县市，是珠三角地区的重要水源地，但近年来由于养殖业无序发展等因素造成生态环境迅速恶化。该案获得三省区党政机关的大力支持，形成了跨区域协同治理、党政和检察司法协同治理的合力。经过一年整治，相关水域水质明显改善，生态环保监督实效显现。

④ 胡婧：《行政公益诉讼领域检察调查核实权之理论证成与体系化建构》，《甘肃政法学院学报》2020年第4期。

受案范围、①加强对法院依法独立行使审判权的保障等方式不断完善行政审判制度。在党中央统一领导下，人民法院实行行政案件跨区域集中管辖改革，在行政审判工作中去地方化，避免行政部门基于人财物等方面影响，对法院的行政案件审判活动进行干预，为行政案件的公正裁判"保驾护航"。2014年至2019年，我国法院系统共审结一审行政案件200.3万件，充分发挥了监督行政机关依法履职尽责、助推法治政府建设、优化发展软环境作用。②此外，行政裁判文书上网、行政首长出庭应诉制度等一系列举措不断推进与实施，进一步促进了法院行政审判的公开性和权威性，法院司法监督的效果得到提升。

四 完善司法监督与党内监督、监察监督的贯通机制

（一）完善司法监督与党内监督的贯通机制

司法监督与党内监督密切联系，在党内监督主导下，确保司法监督政治方向正确，保证司法权不被滥用，司法监督能够及时、准确启动和行使。③具体而言，一方面，党内监督约束司法监督权的行使，规范司法监督活动，预防和减少司法腐败现象的发生。保障党的方针政策和重大决策部署贯彻到司法监督活动的全过程，维护宪法和法律的权威。另一方面，司法监督与党内监督分工配合，形成党内监督为主导的司法监督体系。人民检察院依照《刑事诉讼法》的规定对司法工作人员进行监督时，在依法侦查司法机关工作人员枉法裁判、刑讯逼供等司法不公的案件中，发现司法机关工作人员有职务违法和职务犯罪的线索，应当及时将问题线索移送纪检监察机关审查调查；如果司法工作人员构成犯罪的，应当依法向党委（党组）报告，由党委（党组）决定对违法的

---

① 行政诉讼的受案范围增添了以下内容：行政机关滥用行政权力排除或者限制竞争的，违法集资、摊派费用的，没有依法支付最低生活保障待遇或者社会保险待遇的等行政行为。
② 数据源于《最高人民法院工作报告》（报告时间2015年至2020年）。
③ 根据《党内监督条例》第三十七条规定，各级党委支持和保证同级司法机关开展监督活动，司法机关在处置关于党的领导干部案件时应承担向同级党委、纪委通报的职责。司法机关必须严格接受党的领导，司法机关的党组和派驻纪检组对司法机关领导干部开展党内监督，由司法机关向党委履行请示报告义务。

司法工作人员作出党纪处分，人民检察院对司法不公案件侦查终结后向人民法院提起公诉，实现司法监督与党纪监督的贯通衔接。

（二）完善司法监督与监察监督的贯通机制

1. 司法监督与监察监督互补

司法监督、监察监督的对象不同，监督的范围和方式也不相同。从监督对象来看，检察机关的法律监督主要是诉讼监督，但包括法律规定的司法机关工作违反司法公正案件的侦查，也包括对法律规定的行政机关不履行职责提起行政公益诉讼。法院监督主要是对行政机关依法行使职权、下级法院规范开展司法活动进行监督；监察机关的监督的范围主要是公职人员的职务违法和职务犯罪。[①] 可见，监察监督主要以"人"为主，司法监督主要以"事"为主。从监督内容和目的看，司法监督的主要内容是督促和保障相关部门依法开展公务活动，目的是维系国家法治统一、保障法律贯彻落实；监察监督的主要内容是维持公职人员组织纪律性、拒腐防变能力和勤勉担当能力，目的是确保公职人员清正廉洁。[②] 司法机关和监察机关从不同侧面对公权力开展监督工作，具有互补优势，共同织密监督之网。

2. 司法监督和监察监督相互衔接

在党委统一领导下，监察监督与司法监督相互配合与合作，通过建立信息交流与共享机制，传递发现的案件线索，建立监督体系的衔接机制。一方面，司法监督和监察监督根据情况相互移送问题线索。司法机关对开展司法监督活动过程中发现的公职人员涉嫌职务方面违法犯罪行为的，应将相关问题线索移交纪检监察机关调查处理，由司法监督程序转化为监察监督程序；监察机关在日常监督中发现司法机关工作人员刑讯逼供、徇私枉法等违法犯罪线索，应当依法将案件线索移送人民检察院，由人民检察院依照《刑事诉讼法》进行侦查。监察机关在调查职

---

① 王松苗：《推动纪检监察监督与司法监督贯通衔接》，《中国纪检监察报》2020年8月13日第6版。

② 王松苗：《推动纪检监察监督与司法监督贯通衔接》，《中国纪检监察报》2020年8月13日第6版。

务犯罪过程中，可以商请人民检察院提前派员介入调查程序；可以商请人民检察院协助调查；监察委员会调查终结的案件，移送人民检察院审查起诉，人民检察院经审查后认为犯罪事实清楚、证据充分确实，应当及时审查起诉。通过监察监督与司法监督的贯通，提高纪检监督机关反腐败的效率，发挥监察机关和检察机关协同反腐败的震慑作用。同时，司法监督在搜集证据、查证案情、打击犯罪等方面具有专业性，可配合监察监督，为监察监督提供司法保障。①

第四节　监察监督与审计监督的贯通

一　审计监督的含义与特征

（一）审计监督的含义

审计监督是指在行政机关设置专门审计机构对国家机关与国有企事业单位的财政财务收支活动、效益情况进行客观公正的合法性评价而形成的经济监督活动。是国家监督体系的重要分支。

1. 审计监督的主体是各级审计机关和中央审计委员会

审计监督的主体是各级审计机关，中央审计委员会作为党对审计工作的统一领导机构，体现党对审计工作全面领导的要求，是落实党中央有关审计工作重大决策部署的职能部门。对党和国家审计政策的制定、审计原则的确立以及审计对象的确定行使重要的决定权，是党和国家审计的顶层设计机关，属于审计监督的主体。

2. 审计监督的依据是宪法和法律

宪法确立了审计监督制度，奠定了我国审计事业的现代化基础。1983年9月，国务院设置审计署，标志着中国特色社会主义审计事业

---

① 例如，在被调查人既涉嫌严重职务违法或者职务犯罪，又涉嫌其他违法犯罪的，在监察机关为主调查之下，可由司法机关开展协助工作；又如，行政机关拒绝履行裁判文书的，司法机关（法院）可向监察机关提出司法建议。

的正式起步，此后，审计监督的内涵和方式也不断发展。1994年全国人大常委会通过《审计法》，对审计机关的地位、组织和职权作出明确规定，成为我国审计监督的直接法律依据。

3. 审计监督对象由法律和党内法规规定

审计活动包括审计机构对国家财政收支的审计对社会经济活动的审计两大类，审计监督只限定于国家财政收支活动。① 基于审计项目的不同类型，可将审计监督划分为财政收支审计、财务收支审计以及经济效益和经济责任审计。② 《审计法》将审计监督的对象界定为：国务院各部门、地方各级人民政府及其各部门，国有金融机构和企业事业组织，以及其他依照该法规定应当接受审计的国家事业组织和使用财政资金的其他事业组织、国有资本占控股地位或者主导地位的企业、金融机构、政府投资和以政府投资为主的建设项目等等。这些政府机构和单位的财政收支与财务收支应当接受审计监督。中央审计委员会成立后，审计对象扩大到各级党委部门、军队、各级共青团组织、各级妇联组织、各民主党派和非政府组织。上述机关、团体、企业和事业单位的主要负责人应当接受经济责任审计。

(二) 审计监督的特征

1. 内部监督

审计监督属于行政系统内的经济监督，是20世纪行政监督专门化建构的产物。20世纪80年代，宪法规定国务院设立监察机关和审计机关，监察和审计机构依照法律的规定独立行使职权。监察体制改革后，监察机关上升为与一府两院平行的国家专责监督机关，监察权为宪法确认的国家监督权。审计机关仍然由国务院领导，为了体现审计监督的重要地位，加强审计监督，2018年5月，中央决定设立审计委员会，审

---

① 《审计法》第二条明确了国家审计监督制度中的监督机关、被监督机关，即国务院和县级以上地方人民政府设立审计机关，国务院各部门和地方各级人民政府及其各部门的财政收支，国有的金融机构和企业事业组织的财务收支，以及其他依照《审计法》规定应当接受审计的财政收支、财务收支，应依法接受审计监督。

② 陈民、靳秉强：《行政管理学》，河北人民出版社2015年版，第237页。

计委员会是党领导下的审计职能机构,在党的统一领导和部署下,审计监督的对象扩大到各级党政机关、军队、民主党派和社会团体,实现审计全覆盖。因此,审计不再是行政机关的内部审计监督活动,而是于所有党政机关、军队、国有企业和事业单位、社会团体的国家机关内部财政监督活动,在保障财经秩序、督促廉洁行政、维护公共利益、发现犯罪问题线索等方面表现突出,为完善社会主义市场经济,维护国家财政秩序提供了重要的制度支撑。①

2. 双重领导体制

双重领导体制是审计单位的组织形式和体系。按照《审计法》第十七条的规定,各级审计部门受行政首长和上级审计部门的双重领导,并在此基础上开展审计监督工作。② 各级审计部门应向同级政府和上级审计部门报告监督工作有关情况,移交违纪违法问题线索,确保审计监督实现整改和预防的效果,促进有关部门了解情况、加强组织领导。

3. 专门性和法律强制性

审计监督是国家机关监督的重要组成部分,其监督工作围绕公共资金、国有资产、国有资源使用的合法性以及领导干部履行经济责任情况展开,注重对国家机关和国有企业事业单位财政收支活动的审计和经济责任的审计。因此,审计监督具有专业性和专门性,与任何其他国家机关的监督均不发生交叉与重复。审计监督是党和国家监督体系的重要组成部分,在促进党风廉政建设、促进党和国家重大决策部署落实方面发挥保障作用,确保一切国家的公共财政收支活动的合法性,发挥国家财政收入促进经济增长、稳定经济秩序的作用。

审计监督的对象、程序、形式和责任由法律规定,因此,审计监督具有强烈的法律强制性。追究违纪违法的审计对象法律责任既是依法治国的要求,也是依规治党的体现。对于拒不配合审计工作、妨碍审计调

---

① 参见陈奇星等《行政监督新论》,国家行政学院出版社2008年版,第182页。
② 《审计法》第十九条规定,审计署在国务院总理领导下,对中央预算执行情况和其他财政收支情况进行审计监督;地方各级审计机关分别在行政首长和上一级审计机关的领导下,对本级预算执行情况和其他财政收支情况进行审计监督。

查、提供审计材料不客观不全面等情形，审计机关可责令审计对象及其领导人员改正、通报批评并追究责任。审计机关实施责令限期缴纳或退还、按照国家会计制度予以处理等监督手段时，被审计单位应当执行，拒不执行的，审计部门可通报有关主管部门，有关主管部门应依法予以扣缴或者采取其他处理措施，并书面反馈、告知审计机构。

二　审计监督存在的主要问题

（一）审计机关的独立性有待进一步提高

国家审计的根本性特点在于独立性，这也恰恰是审计的灵魂所在。[1] 从形式上看，中央审计委员会成立后，审计监督由纯粹的行政内部审计监督过渡到党和国家机关内部的审计监督，从行政内部监督到国家审计监督的身份转换，既是对审计监督的重视，也是审计机关独立履行职责的制度保障。在实践中，审计机构的人事任免和财政经费都受到本级政府的制约，《审计法》第十一条规定，审计部门开展相关工作所必需的费用由同级行政机关提供。在现行行政体制下，审计机关在审计经费时必然受制于各级政府，难以实现审计监督的财政独立性。[2] 另一方面，审计部门负责人任免的独立性不足，同级政府对审计机构负责人的任免具有绝对权威性，这在一定程度上制约审计机关独立行使审计职能。而独立性是审计真实、有效、公允的前提，审计机关独立性不足将导致监督工作陷入部门利益羁绊之中，难以保证审计监督的最佳效果。

（二）审计监督法律规范体系存在缺失

审计监督虽然具有宪法和法律依据，其主要的审计监督活动均有法可依，但是，规范审计活动的法律仍然没有体系化，从而影响审计部分监督工作的展开。

---

[1] 刘家义：《中国特色社会主义审计理论研究》，商务印书馆2015年版，第93页。
[2] 鹿斌、沈荣华：《中国特色社会主义审计制度70年回顾与展望》，《社会科学研究》2019年第5期。

1. 审计监督对象和范围全覆盖缺乏法律规定

《审计法》第二条将监督的范畴限定于财政收支、财务收支，将监督对象限定为政府部门，未重视对国有资产、国有资源、使用公共资金的监督，也没有将各级人大、政协、企事业组织、各类社会团体明确纳入审计监督对象。党的十八大以来，审计监督逐步延伸、拓展到对于国有资产、国有资源、公共资金等方面的监管，[1] 相关政策尚待立法明确。党的十九大后，中央成立审计委员会，进一步将审计的对象扩大到所有党政机关和军队。但审计对象的扩大并没有法律依据，只有政策依据。

2. 审计政策未上升为法律规定

在实践中，法律对审计工作的指引常常是纲领性的，具体的操作主要依靠政策，具有政策审计的特征。[2] 虽然政策审计在规范审计活动和提高审计效率方面发挥重要作用，但《审计法》中尚未对审计政策的形成与适用作出规定，从而影响审计政策的长效性和规范性。同样，审计监督的程序及标准也没有法律的明确规定，仅设置了较为宽泛的国家标准，缺少适应地方财政收支实际情况的审计标准体系。[3] 经济责任审计缺乏责任追究的法律规定，审计中发现的领导干部经济责任问题常常得不到严格的责任追究。

（三）审计队伍建设亟待加强

审计监督的效果依赖审计工作人员的监督意识和专业能力，审计队伍建设问题直接影响监督的效果。一是人员结构失衡。作为专业性强、工作强度大的业务部门，审计机关专业人员与行政管理人员比例不平衡，专业人员占比普遍较低。许多县级审计机关专业人员占全体人员的

---

[1] 朱福惠、刘心宇：《监察监督与审计监督衔接机制研究》，《山东警察学院学报》2018年第6期。

[2] 政策执行情况跟踪审计是指审计机关在国家重大政策开始执行或者执行过程中的某个时点提前介入，实施动态的审计监督，督促及时整改，促进政策落实。

[3] 鹿斌、沈荣华：《中国特色社会主义审计制度70年回顾与展望》，《社会科学研究》2019年第5期。

比例仅为三分之一至二分之一左右，欠发达地区的审计机关在人才队伍方面的问题更为突出。二是人员知识结构有待优化。科技快速进步背景下，信息技术在审计工作上的运用需求逐步提升。审计工作岗位对计算机、大数据等相关专业的人才引入还不够，制约了审计监督工作的专业化水平。三是复合型人才队伍组建步伐有待加快。复合型人才是衡量审计队伍能力素质的主要标准之一，是实现审计监督功能的人才保障。在实践中，存在审计人员未熟练掌握相关计算机技术、计算机专业背景的人员对审计业务不熟悉的情形，需要加强审计监督相关的人才培养和培训制度，充分释放审计监督的能量，提高审计监督的权威性。

三 强化审计监督职权

党的十八大以来，审计监督制度不断发展完善，显现出新的特点。党的十九大、党的十九届三中全会分别对审计体制改革、审计机构改革作出决策部署和顶层设计，[①] 为审计监督发展提供政策保障。为了进一步规范和明确审计署的职责，党中央成立审计工作委员会，作为审计工作的最高决策机构，将国家发改委、财政部、国务院国有资产监督管理委员会中的审计相关职能纳入审计署，构建统一高效的审计监督体系。形成领导体制明确、职能完备、适合国情社情的新时代中国特色社会主义审计制度。[②]

（一）不断完善审计监督体制机制

随着新时代审计工作深入推进，审计监督体制机制不断完善，成为提升国家治理体系和治理能力的重要举措。2015年12月，我国制定了完善审计监督体制与机制的总方案。[③] 同年底，审计全覆盖、审计机关

[①] 党的十九大明确提出了"改革审计管理体制"的要求。党的十九届三中全会通过了《深化党和国家机构改革方案》，规定"组建中央审计委员会，作为党中央决策议事协调机构"。

[②] 鹿斌、沈荣华：《中国特色社会主义审计制度70年回顾与展望》，《社会科学研究》2019年第5期。

[③] 2015年12月，《关于完善审计制度若干重大问题的框架意见》颁布，该意见规定，"到2020年，基本形成与国家治理体系和治理能力现代化相适应的审计监督机制"，并要求更好发挥审计在国家治理中的作用。

人财物管理改革进程开启，党中央和国务院明确了相关具体方案，优化、提升了审计监督的覆盖面和专业性。① 通过审计有关制度的构建和试点，审计监督的覆盖面得到延展，审计机构设置、人员调配、经费资产管理等均更加科学合理，适应了工作项目日益复杂的审计形势。随着审计监督体制机制不断完善，审计的监督效能得到充分释放，在规范国家机关依法行政、维护国家财经秩序方面表现出更强的专业性、针对性和震慑性。

（二）健全党政领导干部同步审计监督制度

党政领导干部同步审计监督制度在试点中走向成熟，进一步优化细化。2014年，地方各级党委主要领导干部成为经济责任审计对象。② "党政同责、同责同审"的原则被逐步确立，③ 将经济责任审计中的党政同步审计推广到了所有的审计领域。④ 该原则已贯彻落实到审计具体工作之中，拓展了审计监督的领域，确保审计监督没有死角、不留空白，也让审计监督的强度得到优化和提升。该项制度安排充分表明了党的领导干部的经济权力受到制约与监督，履行领导职责的同时必须接受审计监督。党的领导干部决策过程同样接受审计，审计监督深入触及决策的事项，显示审计监督全覆盖产生明显的监督效果。

---

① 2015年底，《关于实行审计全覆盖的实施意见》和《关于省以下地方审计机关人财物管理改革试点方案》陆续颁布施行。前者进一步扩大了审计监督的覆盖范围和对象，要求对公共资金、国有资产、国有资源和领导干部履行经济责任情况实行审计全覆盖，加强审计资源统筹整合，通过构建数字化平台等方式加强审计技术方法创新。后者从领导干部管理、机构编制和人员管理、经费和资产管理、审计项目计划统筹管理机制、审计结果报告和公告制度、审计执法责任制、审计信息化建设、加强组织领导等八个方面探索审计管理体制改革，进一步保障审计机关依法独立行使审计监督权。

② 2014年，审计署等七部委颁布的《党政主要领导干部和国有企业领导人员经济责任审计规定实施细则》将地方各级党委主要领导干部作为经济责任审计对象。

③ 《关于完善审计制度若干重大问题的框架意见》及相关配套文件明确规定了"党政同责、同责同审"。"党政同责、同责同审"即中央和地方各级党政工作部门、企事业单位及其主要领导干部，地方各级党委政府及其主要领导干部都是审计监督对象，都要对审计发现的问题承担责任。

④ 王家新等：《〈关于完善审计制度若干重大问题的框架意见〉学习笔谈纪要》，《审计与经济研究》2016年第1期。

(三) 深入开拓审计监督的新领域

党的十八大以来，审计工作加大对党中央重大政策措施贯彻落实情况跟踪审计力度，加大对经济社会运行中各类风险隐患揭示力度，加大对重点民生资金和项目审计力度。审计监督在保障政策实施、防范经济风险以及保障民生发展方面拓展了广度和深度，在《审计法》的原则与精神范围之内，从三个方面开拓审计监督的新领域，解决国家财政收支中存在的主要问题。一是审计监督在发现财政收支与经济领域中的问题上发挥作用。通过审计监督，发现损害人民群众利益等严重财政收支违纪违法问题，进一步研判产生问题的成因，提出解决体制层面问题的意见与建议，保障财政收支合法性改革的深入推进。二是以问题为导向，聚焦财政收支和经济活动中的重点问题进行审计监督。落实党中央和国务院重大决策部署的，确定年度审计工作重点，对审计发现的制度执行问题予以纠正和改进，对苗头性隐患问题进行预警，发挥风险控制和预防功能。三是积极推进审计改革创新。围绕审计全覆盖和党风廉政建设，结合审计监督工作实践，进一步深入推进审计方式和方法的改革创新，让审计监督适应新时代经济与社会发展的需要。

四 完善审计监督与党内监督、监察监督的贯通机制

(一) 完善审计监督与党内监督的贯通机制

党内监督为审计监督提供支持和保证，审计监督机构在履行职责过程中，对发现的职务违法和职务犯罪问题向纪检监察机关提供问题线索，二者互相配合贯通。《党内监督条例》第三十七条规定，各级党委支持和保证审计机关开展审计监督工作，审计机关在审计工作中应向党组织履行报告违纪线索并向纪律检查机关移交问题线索的职责。①

---

① 《党内监督条例》第三十七条规定，各级党委应当支持和保证审计机关依法进行审计监督；审计机关发现党的领导干部涉嫌违纪的问题线索，应当向同级党组织报告，必要时向上级党组织报告，并按照规定将问题线索移送相关纪律检查机关处理。

1. 审计机关和纪检监察机关相互移送问题线索

审计监督的范围广泛，涉及社会经济各个领域，审计全覆盖和纪检监察监督全覆盖的基本理论与原则具有一致性。审计机关对职务违法和职务犯罪问题线索的发现，常常与审计对象存在的财政收支与财政活动的违纪违法行为相互关联，领导干部违反政治纪律与政治规矩，常常与财政经济领域的职务违法行为相伴随，绝大多数职务违法行为均不同程度地存在违反中央八项规定精神的问题。从这个意义上讲，纪检监察监督和审计监督的监督对象高度重合，纪检监察监督可通过审计监督查找到经济活动中党员领导干部腐败问题线索，发挥审计反腐败的功能。审计监督可通过纪检监察机关日常监督发现的问题，形成审计工作重点，实现精准审计和专项审计的结合，让审计监督更具威慑效果。

2. 审计监督和党内监督形成合力

审计监督以财政收支为监督对象，但是其监督的范围并不限于财政收支领域，在贯彻党中央重大决策部署、依法行使权力方面也发挥重要的监督作用。党内监督主要聚焦政治监督、纪律监督和廉洁监督，审计监督在党内监督的各个方面均能够发挥作用，二者表现出高度的统合性。财政收支监督和政治监督、纪律监督、廉洁监督相互关联，审计机关通过对财政收支活动和经济决策活动的监督，直接发现党员领导干部的腐败问题，为纪检监察机关发现职务违法和职务犯罪的问题线索，实现审计监督和党内监督的贯通衔接。

(二) 完善审计监督与监察监督的贯通机制

1. 审计监督与监察监督围绕审计活动相互移送问题线索

审计部门在履行职责的过程中向监察机关移送涉嫌职务违法和职务犯罪的线索和证据。审计部门的职责是监督财政收支和经济活动、审计领导干部经济责任、绩效审计和廉政建设四项。通过对财政资金和公共资金使用的情况进行审计，审计机关对于发现公职人员尤其是党政主要领导干部的腐败和渎职行为，一旦发现问题必须根据《审计法》及《监察法》的规定采取措施，在避免国有资产遭受损害的同时将问题线索移交监察机关。① 2015年至2019年，通过审计发现并移送违纪违法问题线索超过2000件，牵涉公职人员达3000人以上。② 审计发现的问题包括公共资源管理领域利益输送、基层民生领域以权谋私、涉众涉税领域扰乱市场秩序等。③

2. 审计部门可向监察机关提出处置建议

根据《审计法》第四十四条和第四十九条规定，审计部门可在被审计单位拒不配合审计等情形下向监察机关提出给予处分的建议。④ 传统的行政监察体制下，审计部门与监察机关已形成了相对健全的协调机制，审计部门与监察机关通力配合，充分采纳处分建议开展政纪处分工作。⑤ 审计部门提出处分建议虽没有直接的强制效力，但监察机关必须据此形成书面结论，并及时通知审计部门。自此，审计监督不仅监督被审计单位，还督促监察机关履行监察监督职能，实现了审计监督和监察监督的贯通。

---

① 朱福惠、刘心宇：《监察监督与审计监督衔接机制研究》，《山东警察学院学报》2018年第6期。
② 数据源于国务院2015年度至2019年度中央预算执行和其他财政收支的审计工作报告。
③ 典型案例如：青岛国际机场集团原董事长焦永泉利用职权在机场建设中违规操作、帮助企业中标并涉嫌收受贿赂，经审计后发现相关线索，移送监察机关调查处理。
④ 《审计法》第四十八条规定，被审计单位违反相关规定拒不提供财政收支、财务收支相关资料，审计机关认为对直接负责的主管人员和其他直接责任人员依法应当给予处分的，"应当向被审计单位提出处理建议，或者移送监察机关和有关主管机关、单位处理、有关机关、单位应当将处理结果书面告知审计机关"。
⑤ 朱福惠、刘心宇：《监察监督与审计监督衔接机制研究》，《山东警察学院学报》2018年第6期。

第七章 监察监督与民主监督、舆论监督、群众监督的贯通

民主监督、舆论监督、群众监督是党的十九大报告确认的党外监督形式，是国家监督的组成部分，概括地说这些监督也可以称之为人民监督。因为这些监督的主体虽然并不相同，但均属于人民监督党和国家机关的范畴。充分发挥人民监督的作用是人民当家作主的体现。人民监督营造了党和国家监督的环境与氛围，将党的干部、公职人员置于人民群众的监督之中，可以弥补党内监督之不足，促进党和国家监督体系的完善。

第一节 监察监督与民主监督的贯通

一 民主监督的历史发展

（一）革命根据地时期民主监督的形成

新民主主义革命时期，民主监督就已经开始萌芽，民主监督的概念也已经形成。1938年2月，毛泽东主席在《给范长江的信》中对根据地政权中党派关系提出了新的见解："国事不是党派私事，而是国民公事"。党派不应当垄断国事，而应允许公民参与，允许党外人士的合作与协商。此见解成为政权中党派关系处理的基本原则。[①] 即中国共产党

[①] 任世敏、任士红：《民主党派民主监督的概念演变》，《广西社会主义学院学报》2011年第3期。

与其他政党通力合作。在抗日战争时期，根据地政权组成适用"三三制"原则，① 该原则强调党外人士的参与是革命根据地政权民主性的体现，也是中国共产党与民主党派、党外人士之间协商和监督的基本方式之一，对于促进革命根据地的民主监督制度发挥了重要作用。② 因此，"三三制"是中国共产党与其他政党开展合作的早期形式，是我国民主监督的逻辑起点。黄炎培先生曾在延安向毛泽东主席提出"历史周期律"的担忧。③ 所谓历史"周期律"，是指在中国历朝历代的创始初期，人人聚精会神，国事欣欣向荣，但随着政权内部的政怠宦成、人亡政息，最终皆难逃改朝换代的命运。④ 黄炎培先生认为，彼时的中国共产党已成星火燎原之势，为了能使中国共产党的事业长久繁荣下去，必须找出一条走出"历史周期律"的康庄大道。毛泽东主席经过长期的调研和实践，提出人民监督政府是克服"历史周期律"的有效路径。⑤ 毛主席将民主监督视为政府永葆纯洁和活力的重要保障，形成了系统的党外民主监督思想。

（二）中华人民共和国成立初期民主监督的发展

《中国人民政治协商会议共同纲领》将人民政协作为政治协商与民主监督的形式。⑥ 同时也是中国共产党党派合作的爱国统一战线形式。从此，民主党派人士与党外人士以人民政治协商会议为载体，开始对国

---

① 陈先初：《抗战时期中国共产党民主建政的历史考察》，《抗日战争研究》2002年第1期。
② 周新辉、叶素萍：《建国前党在根据地局部执政的实践探索及基本经验》，《文教资料》2010年第3期。
③ 李勇、马艳春：《毛泽东的"赶考"思想及对权力监督的启示》，《社科纵横》2016年第7期。
④ 吴科发、黄慧君：《历史"周期率"的启迪——走民主监督之路》，《前沿》2006年第10期。
⑤ 黄炎培：《八十年来》，文史资料出版社1982年版，第157页。
⑥ 《中国人民政治协商会议共同纲领》第十三条规定："中国人民政治协商会议为人民民主统一战线的组织形式……在普选的全国人民代表大会召开以后，中国人民政治协商会议得就有关国家建设事业的根本大计及其他重要措施，向全国人民代表大会或中央人民政府提出建议案"。

家政权进行民主监督的尝试。① 此后,毛主席在多个会议中经常强调人民政协的任务在于向共产党提建议,开展好监督工作。1954年,经与其他民主党派、无党派民主人士的数次磋商,明确"提意见"是人民政协的基本任务。② 1954年宪法规定,我国人民在建立中华人民共和国的伟大斗争中已经结成以中国共产党为领导的各民主阶级、各民主党派、各人民团体的广泛的人民民主统一战线。从而将中国共产党领导下的政治协商与民主监督制度作为国家的基本政治制度。

(三) 改革开放至党的十八大之前民主监督的发展

随着民主监督制度的构建和发展,民主监督在我国改革开放后迎来了新的发展局面。面对改革开放以后中国特色社会主义民主监督制度面临的新形势与新任务,中国共产党将"长期共存、互相监督、肝胆相照、荣辱与共"的十六字方针作为执政党与民主党派关系发展的新方向。③ 新方针使得中国共产党与其他民主党派之间的合作与监督成效更加显著。随着民主监督逐步得到党和政府的重视,其被明确写入人民政协章程,意味着民主监督这一职能法定化与制度化。根据《政协全国委员会关于政治协商、民主监督的暂行规定》,发扬中国社会主义民主、改进国家机关工作是民主监督的主要任务和根本遵循。20世纪90年代初,人民政协章程作出部分调整和修改。2005年,党中央进一步延伸民主监督的实施渠道:其一,采用党委责任制,党委定期组织会谈,其他党派可根据实际工作需要,提出批评意见;其二,每年各级党委和政府在年度重要会议上通报党风廉政建设和反腐败工作情况;其三,主动接受民主党派负责人、无党派人士对中央重要方针政策执行情况和党风廉政建设情况的督促指导。由此可见,民主监督的工作机制得到进一步细化,人民政协的民主监督已逐步向规

---

① 张文举:《试论提升人民政协民主监督实效的路径选择》,《江苏省社会主义学院学报》2018年第5期。
② 吕忠梅:《人民政协民主监督理论初探》,《中国政协理论研究》2017年第4期。
③ 仲帅:《中国共产党处理与民主党派关系的历史经验——以新中国成立后为视角》,《学理论》2014年第14期。

范化方向发展。次年,中共中央发布《关于加强人民政协工作的意见》,全面阐释民主监督的性质及内容,将民主监督定位于我国社会主义监督体系的重要组成部分。

(四) 党的十八大以来民主监督的发展

党的十八大以来,以习近平同志为核心的党中央提出民主监督新要求,形成了新时代中国特色社会主义民主监督思想根基。党中央在《关于加强人民政协协商民主建设的实施意见》指出,民主监督需要系统推进,人民政协应根据民主监督的实施现状,主动调整民主监督的适用性,保证民主监督过程中各项环节有效运行。修订后的《党内监督条例》要求将党内监督与人民政协民主监督相结合,形成监督合力,各级党委和政府应全力支持和保障民主监督的各项工作,重视人民政协民主监督所提出的意见和批评,发挥民主监督在对党内监督中的积极作用。[①]《关于加强和改进人民政协民主监督工作的意见》则进一步完善民主监督的关键环节,民主监督在监督内容和监督方式上进一步扩充。2022年6月,中共中央发布《中国共产党政治协商工作条例》,明确提出以习近平中国特色社会主义思想为指导,坚持和加强党对政治协商工作的领导,提高政治协商工作科学化制度化规范化水平,是做好政治协商工作的基本遵循。政治协商是中国共产党领导的多党合作和政治协商制度的重要组成部分,党和国家的重大决策必须依据本条例的规定充分听取民主党派的意见与建议。不断提高民主协商与民主监督的水平。

党的十八大后,在监督全覆盖的理念下,民主党派在加强民主监督的同时,也逐步加强自身内部监督。各民主党派中央经过数次集体论证合议后,积极建立内部组织监督机制,分别颁布民主党派党内监督条例。[②]例如,中国致公党颁布《中国致公党党内监督条例》(试行),并

[①] 吕忠梅:《人民政协民主监督理论初探》,《中国政协理论研究》2017年第4期。

[②] 黄光裕、彭磊:《大胆探索民主党派党内监督之路——致公党长沙市委党内监督工作纪实》,《湖南省社会主义学院学报》2010年第1期。

第七章　监察监督与民主监督、舆论监督、群众监督的贯通

设立中央监督委员会。农工党在十四届二中全会审议通过《中国农工民主党党内监督条例》（试行）。虽然，民主党派党内监督的主体非中国共产党，但是，此种党内监督仍属于一种政治监督，其保证了中国共产党领导的多党合作事业与民主党派内思想和行动的高度统一，促使我国多党合作事业取得阶段性成效。[1]

二　民主监督的含义与特征

（一）民主监督含义的理论争议

学界对民主监督的含义存在以下三种主要观点：第一种观点认为，人民群众的监督是民主监督的实质。其具体含义是指，公民、群众通过批评、建议、检举、控告、申诉等监督方式对权力机关及其工作人员开展监控、督查活动。[2] 而此种民主监督，共有三种监督渠道：其一，以联系群众为落脚点，人大代表和政协委员深入基层，听取民意；其二，通过人民群众的信访行为，了解人民群众所关心的社会现实问题；其三，党委和政府积极举办民主监督会、行政听证会及民主评议会，以大会的形式接受人民群众的监督。[3] 采用上述不同的渠道，激发人民群众的监督热情，营造良好的社会舆论氛围。此种观点显然把群众监督与民主监督相混淆，将民主监督置于群众监督的概念之下。第二种观点认为，民主监督具有双重监督含义，即中国共产党与其他民主党派之间的党际监督和人民政协的民主监督，是指公民、机构和社会组织对中国共产党和国家机关及其工作人员的公务行为提出批评意见，监督和促使党和政府改善其执政和行政行为。[4] 值得注意的是，党际民主监督与人民政协的民主监督存在一定的差异，此种差异主要表现在民主监督的代表

---

[1]　陈大明、孙基志、曾昭富、刘金先：《民主党派党内监督论探》，《湖北省社会主义学院学报》2010年第5期。

[2]　张文翠：《构建参政党民主监督运行机制》，《唯实》2016年第11期。

[3]　顾耀昌：《"四个监督"的含义与功能作用——学习党的十八大精神》，《江苏省社会主义学院学报》2013年第3期。

[4]　张文翠：《构建参政党民主监督运行机制》，《唯实》2016年第11期。

性与监督途径,人民政协作为一个集合体,代表性更为广泛。而民主党派的民主监督存在多种监督渠道,除通过人民政协这一平台提出意见外,还可透过民主党派自身建设的系统平台、人民政协平台、党际协商平台等路径,参与人民代表大会的民主党派成员、政府特约人员等亦可实施和开展监督。① 但是,人民政协民主监督的途径较为单一,仅能以人民政协的名义开展民主监督。第三种观点认为,民主监督的内涵具有唯一性,仅指人民政协民主监督,此种定义与党的监督、群众监督的含义处于同一层面。这种观点目前为通说。②

(二) 民主监督概念的界定

1. 民主监督是指人民政协的监督

民主监督有其特定的含义,是人民政协监督体系历史演进的产物。其主要理由是:第一,根据党的十九大报告,人民政协是民主监督的唯一主体。政治协商、参政议政、民主监督是人民政协三大主要职能。民主监督的监督内容包括了党和国家重大方针政策的制定、重要决策部署的贯彻以及党政机关工作人员的工作情况。③ 第二,党的文件将民主监督、群众监督、舆论监督并列。党中央积极推进全面依法治国,构建党内监督主导下的社会主义监督体系。党的十九大报告将民主监督、群众监督、舆论监督等监督并提。因此,民主监督并不包括群众监督与舆论监督。

2. 民主监督的特征

民主监督的目的在于扩大政治民主,党和国家的大政方针充分参考和听取社会各界的声音,为国家经济社会建设服务。④ 民主监督的性质是由民主监督的历史地位和目的等要素共同决定的,2018年新修订的《中国人民政治协商会议章程》(以下简称《政协章程》)对人民政协的性质

---

① 毛长志:《人民政协民主监督与民主党派民主监督职能之异同》,《前进论坛》2016年第11期。
② 张文翠:《构建参政党民主监督运行机制》,《唯实》2016年第11期。
③ 武维华:《发挥民主监督实效助力打好脱贫攻坚战》,《人民论坛》2018年第20期。
④ 李蒙:《试论人民政协的民主监督问题》,《中央社会主义学院学报》2007年第2期。

作出明确阐释,① 人民政协的"协商性监督",主要有以下三个特征:

第一,民主监督属于政治监督。所谓政治监督通常是指对党和国家政治生活的监督。② 从上述政治监督的定义可知,一项监督形式是否为政治监督,抑或其他类型监督,主要依据该监督形式的具体内容来确定。党中央对人民政协的民主监督定位为对国家的重大决策提出建议和意见,因而民主监督是具有政治性的监督形式。③ 政治监督的范围包含了人民政协对中国共产党的民主监督,人民政协由民主党派委员和无党派人士组成,是一个集合体,其所作出的民主监督亦视为政治监督。人民政协民主监督的主要内容集中在以下几个层面:一是法律层面,即党和政府遵守宪法、法律及法规的情况是人民政协民主监督的内容;二是政策层面,地方各级党和政府是否遵守党和国家的各项政策和方针;三是财政层面,即党和政府是否严格执行各项财政收支,党的领导干部是否存在违反财政纪律的行为;四是工作层面,人民政协民主监督不仅对国家的大政方针加以监督,还对国家机关工作人员行为的合法性和合理性展开监督;五是内部层面,人民政协体系内部是否遵守政协章程和执行政协决议成为民主监督的内容之一。可见,民主监督主要是对党和国家政治、经济、社会生活中的重大问题进行论证并提出批评意见与建议的监督形式。

第二,民主监督属于柔性监督。在学理上,以监督是否有强制执行力为标准,将各项监督形式分为"刚性"监督与"柔性"监督两类,"刚性"监督与"柔性"监督分别涵盖党内监督、人大监督、群众监督等多种监督方式。④ "刚性监督"是指党内监督、监察监督、检察监督

---

① 2018年《中国人民政治协商会议章程》:"中国人民政治协商会议是中国人民爱国统一战线的组织,是中国共产党领导的多党合作和政治协商的重要机构,是我国政治生活中发扬社会主义民主的重要形式,是国家治理体系的重要组成部分,是具有中国特色的制度安排。"
② 韩继伟:《新时期完善和创新人民政协民主监督的几点思考》,《内蒙古统战理论研究》2019年第5期。
③ 中共中央文献研究室编:《十六大以来重要文献选编》(中),中央文献出版社2006版,第679页。
④ 刘一纯:《刚性监督与监督的刚性——人大监督相关法律法规的规范结构分析》,《人大研究》2010年第4期。

等党和国家机关的监督形式。根据《政协章程》对民主监督的表述，民主监督是一种特殊的协商式监督。协商式监督区别于党内监督、监察监督等刚性监督，可定性为"柔性"监督。此种"柔性"监督最明显特征是，其监督效果并不是以强制力彰显，而是通过提出意见和建议等形式规劝被监督者。[①] 值得注意的是，民主监督和群众监督虽然具有一定的同质性，但两者在监督主体、监督客体、监督形式等方面存在差异：群众监督的主体是公众，民主监督的主体是人民政协；群众监督的客体是党政机关、企业事业单位及工作人员，民主监督的客体是执政党、国家机关及其公职人员；群众监督的形式主要是媒体、信访等，民主监督的形式主要是提出批评意见与建议。

第三，我国的民主监督与西方的政党监督存在显著区别。我国的民主监督始终坚持以共产党的领导为前提，把优化党和政府的执政能力作为民主监督的目标。西方政党制度与我国不同，执政党与在野党由选民通过选举决定，在执政党领导人任期结束后出现执政权更迭，因而这种内源于权力斗争的监督是一种纠问式监督，而不是协商式监督。[②] 我国人民政协民主监督模式下，民主监督的主体与客体有着同向发展的政治基础。因此，人民政协的民主监督，不但实现了权力运行的法制化目标，而且畅通了其他民主党派的参政渠道，形成国家权力运行的有序政治参与。

三 民主监督在权力监督体系中的地位与作用

民主监督的突出特征在于监督内容广泛、监督形式灵活以及监督的民主性等。此种监督建立在平等、善意、尊重和寻求共识的基础上，其目的在于防止党和国家机关在决策与执行工作中失误，也可以通过民主协商与监督纠正党和国家工作中存在的错误、克服官僚主义和形式主

[①] 冯颖红：《人民政协民主监督的特色与效能》，《湖南省社会主义学院学报》2018年第4期。

[②] 侯恩宾、李济时：《新时代民主监督的定位、特点与完善路径》，《岭南学刊》2018年第4期。

义,是一种富有建设性的监督机制。① 人民政协的民主监督在权力监督体系中的地位和作用体现在以下几个方面:

(一) 民主监督是制度化的监督形态

1. 民主监督在权力监督体系中的重要地位

党的十九大报告将健全党和国家监督体系,构建党统一指挥、全面覆盖、权威高效的监督体系作为重要目标,党的十九届六中全会通过的《中共中央关于党的百年奋斗重大成就和历史经验的决议》指出,党坚持和完善中国共产党领导的多党合作和政治协商制度,完善民主党派中央对重大决策部署贯彻落实情况实施专项监督、直接向中共中央提出建议等制度,加强人民政协专门协商机构制度建设,推进社会主义协商民主广泛多层制度化发展,形成中国特色协商民主体系。有学者认为,在党和国家监督体系的各项监督中,党的领导是统领,党内监督是主导,其他监督为补充。② 党内监督作为实现全面从严治党战略的主路径,是党的全面领导的结果,是确保权力健康平稳运行的根本保证,因而党内监督拥有其他监督方式所不具备的监督效果,处于社会主义监督体系的主导地位,民主监督和其他监督方式处于补充地位。③ 但是,补充地位实质上应当表述为重要地位更加准确。人民政协民主监督是一种"柔性"监督,但是党和国家监督体系应同时建立刚性监督与柔性监督两种监督类型,可实现党内监督与党外监督、权力监督与民主监督的贯通与整合。只有充分发挥民主监督的作用,才能真正实现对权力的监督。

2. 民主监督是权力监督体系的重要组成部分

民主监督在我国社会主义监督体系中的地位是由其监督的作用与方式决定的,民主监督是党外监督的主要形式,也是政治协商体系的重要内容。首先,人民政协的成员包括:民主党派、社会团体、社会各界以

---

① 王林:《人民政协民主监督的现实难题及应对策略》,《连云港师范高等专科学校学报》2019年第3期。

② 张晋宏、李景平:《新时代党和国家监督体系的内在逻辑与建构理路》,《山西师大学报》(社会科学版) 2019年第1期。

③ 纪中强:《党内监督的必要性、难点与路径分析》,《岭南学刊》2017年第1期。

及特别邀请人士。其组成人员十分广泛，来自社会各界，能够体现人民群众的关切与需求，其监督的民主性得到充分体现。其次，人民政协民主监督包括对中国共产党的大政方针、重大决策部署等方面提出建议，能够直接对执政党的重大决策产生重要影响。

(二) 民主监督的作用

1. 推动社会主义民主政治建设

中国特色社会主义民主是全过程人民民主，中国共产党领导下的多党合作和政治协商制度是中国特色社会主义民主政治的伟大创造，是全过程人民民主的体现。民主监督始终坚持中国共产党的领导，坚持走中国特色社会主义民主政治建设道路，是中国特色社会主义民主政治与其他国家民主政治的本质区别。民主监督是由人民政协与各民主党派对中国共产党的大政方针和政策提出建议，既可以实现执政党决策的科学性和民主性，又通过民主监督不断充实社会主义民主政治的监督内容。[①] 民主党派的意见和建议通过执政党的决策机制和执行机制转化为党的政策主张，既实现了合作又实现了监督，而监督的目的在于加强中国共产党的领导，提高中国共产党的执政能力。

2. 民主监督是党外监督的主要形式

人民政协是我国唯一的多党派共同参与的政治协商组织。党和国家监督体系是以党内监督与党外监督、国家机关监督与社会监督相结合的有机整体。民主监督在这个体系中发挥重要的作用。民主监督具有广泛的动员性，可以团结执政党之外所有界别的社会力量，实现与执政党的合作与监督。同时，民主监督还发挥党内监督和国家监督不同的功能，党内监督和国家机关的监督一般是组织监督和上级对下级的监督，属于国家权力体系的内部监督，虽然具有监督的刚性和权威性，但是有待于加强民主性。而民主监督虽然是柔性，但可以通过会议的方式对党和国家机关的工作提出批评建议，不受上下级组织关系的约束与影响，可以

---

① 曾宪初、周宜开、张冬斌：《推进政治交接须重点把握的几个方面》，《中央社会主义学院学报》2008 年第 3 期。

畅所欲言,不受国家机关组织监督的局限,充分发扬民主。所以,民主监督具有任何一种监督不可替代的功能。

3. 民主监督是公民有序参与国家政治生活的组织形式

公民的政治参与是社会主义民主政治的重要特征,参与民主政治可以采取多种形式,民主监督是公民参与政治的基本形式之一。人民政协根据章程及其相关规定,在履行其法定职能的过程中,将社会各界的批评意见、建议和诉求通过政协这一组织形式进行集中,实现聚合功能。它与群众监督相比,其最大的优势有二:一是民主监督有确定的组织形式,实现有序的政治参与,包括参与国家机关的工作和参与对国家机关的监督,群众监督往往具有个体性并且没有确定的组织形式。二是民主监督的主体包括部分专业人士,即社会各界中的专家学者,他们在民主监督中发挥各自特长,提出专业性批评意见和建议,具有较强的建设性。群众监督往往是对国家机关及其公职人员履职中存在的问题进行监督,其监督不具有建设性内容。三是人民政协的民主监督具有广泛的群众基础,可充分反映来自基层的意见,集中代表广大人民的根本利益。[①] 群众监督的个体性往往以个别事项为监督内容,组织性较弱。

四 民主监督存在的主要问题

民主监督历来受到党和国家的高度重视和关注,党和国家也始终将民主协商与民主监督作为国家监督制度的重点。经过了长期的探索,人民政协民主监督虽然取得了重大成效。但与党的十九大、十九届四中、十九届六中全会的精神与要求相比,仍然存在差距,必须在坚持党的领导、通过党领导下的政治协商工作制度体系和工作机制,不断提升政治协商效能。

(一) 民主监督意识有待提高

民主监督是政协与党政机关互动的过程,只有积极互动,才能提高

[①] 周智:《论人民政协对国家权力监督的性质》,《江苏省社会主义学院学报》2007年第3期。

民主监督的实效。在实践中,无论是政协还是国家机关,对民主监督的思想认识普遍不足。首先,部分党政机关的工作人员对于民主监督的作用抱有消极态度,认为民主监督并不能有所作为,因而缺乏对人民政协民主监督的应有尊重。① 人民政协向国家机关提出意见和建议时,部分国家机关公职人员往往不够重视,其重视程度远远比不上对同级或上级国家机关的意见。② 个别单位负责人对政协提出的意见执行整改不够,虽然在理论上经常强调要重视民主监督,定期开展关于民主协商的各种活动,也了解民主党派的意见,但仅仅停留在会议阶段,在具体工作实践中较少执行,民主监督常常流于形式。其次,政协委员或者民主党派成员则出于其各种主观方面的原因,认为提出监督建议对其自身日后的工作产生影响,对国家机关及其工作人员存在的问题采取回避态度,从而弱化民主监督。③ 部分政协委员亦对民主监督的认识也不深刻,认为民主监督只是一种形式,不必认真实施和对待,从而削弱了民主监督的效能。

(二)民主监督的定位与职能有待进一步明确

民主监督已经写入人民政协章程,可是,缺乏民主监督的具体实施细则。人民政协职能之间的区别及民主监督与其他监督形式之间的区别较为模糊。④

1. 人民政协的三项基本职能在实践中容易混同

民主监督的形式主要是围绕党的重大决策部署提出意见、批评和建议。但从规范层面来看,人民政协的民主监督和参政议政之间没有明显的界限区分,换言之,民主监督与参政议政的制度效能相似。⑤ 在实践中,人民政协长期忽略民主监督,将工作集中于政治协商和参

---

① 胡洪彬:《廉政问责多元参与机制的建构》,《中国特色社会主义研究》2016年第2期。
② 何奇:《完善人民政协民主监督制度》,《贵州省社会主义学院学报》2018年第4期。
③ 肖建东:《人民政协民主监督工作程序的完善》,《湖北省社会主义学院学报》2018年第1期。
④ 熊必军:《民主监督的现状、问题及有效性提升路径》,《江苏省社会主义学院学报》2019年第4期。
⑤ 熊必军:《民主监督的现状、问题及有效性提升路径》,《江苏省社会主义学院学报》2019年第4期。

政议政。通过对人民政协各项活动的观察，民主监督具体落实的关键因素在于，部分政协对民主监督的基本构造和运作方式重视不够，致使民主监督定位与民主监督的实质性内涵相去甚远。且在两者之间没有实质性区别的前提下，各级党委和政府对参政议政更加重视，而将民主监督则相应淡化，从而民主监督失去其应有的监督效果。

2. 民主监督与其他监督的边界不清晰

随着民主监督实践的深入，党委、政协以及群众逐渐认识到民主监督必须具有实质性的内容，若民主监督空转，将不利于健全党外监督体系。但是，民主监督只是党和国家监督体系的一部分，它不能代替其他形式的监督，其他监督形式也不能代替民主监督，特别是民主监督与群众监督，民主监督与人大监督的关系需要在实践中进一步界分，人民政协的民主监督才能在实践中发挥更大的作用。

（三）民主监督机制不健全

民主监督在规范层面仍然存在较大的问题。缺乏科学稳定的工作程序，进而影响民主监督的实效。

1. 民主监督程序缺乏

监督制度的完善是民主监督良好运行的保障。虽然，党中央已经在多个文件中明确要求完善民主监督的实施程序与机制。但在实践中，由于民主监督缺乏完善的实施机制，监督程序也缺乏明确的规定。民主监督的监督实效与人民政协对民生民情的知情度成正比。但当前民主党派的知情渠道不够畅通，导致民主党派在对相关信息的掌握不够，形成信息不对称，不能对国家政务产生全面、直观的考量和科学审视，部分民主监督往往针对性不强，失去监督实效。[①]

2. 缺乏监督反馈机制

反馈机制的缺失极易导致监督制度的运行流于形式。虽然，每年政协委员提出许多批评意见和建议。但是，关于这些提案采纳和应用的情

---

① 熊必军：《民主监督的现状、问题及有效性提升路径》，《江苏省社会主义学院学报》2019年第4期。

况缺乏反馈机制,很多提案受到了党政机关的高度肯定和接受,但是并未落实或执行,政府机关缺少与政协的后续沟通协调机制。同时,市县级的人民政协没有专门承担民主监督职能的机构,因而部分政协委员只得提出意见,并没有针对提案的进一步落实向相关职能部门咨询。而且部分党政机关不会主动将落实情况反馈给政协组织,更有甚者,将意见和建议置之不理。①

五 发挥民主监督的优势

健全党和国家监督体系,必须完善民主监督制度。民主监督虽然取得了巨大成就,但与民主监督制度建立的初衷和目标还有一定差距,需要在理论上进一步探索完善民主监督机制的途径。

(一)明确民主监督的方式

人民政协民主监督、政治协商、参政议政三大职能之间既有联系又有区别,其区别体现在:

1. 事中监督和事后监督

人民政协行使民主监督、政治协商及参政议政的职能在时间上不同。政治协商的时间一般是在党政机关做出重大决策部署之前,而民主监督侧重于对重大决策部署执行过程提出意见与建议,即对决策的制定和实施进行监督。参政议政并未限定于具体时间。② 人民政协行使三大职能在时间上的不同,表明民主监督主要是以提出批评意见和工作建议为主,主要针对党的大政方针政策实施过程中存在的问题以及党风廉政建设中存在的突出问题提出批评意见,有利于发现党的重大决策和部署中存在的问题,执政党及时化解社会矛盾,不断推动经济社会的发展。当然,党和国家的重大决策部署完成后,人民政协也可以展开民主监督,主要是吸取经验教训,提出改进工作的建议。

---

① 郭增加、朱小杰、孟令东:《加强政协会议监督机制建设和作用发挥的若干思考》,《中国政协》2019年第13期。
② 肖建东:《人民政协民主监督工作程序的完善》,《湖北省社会主义学院学报》2018年第1期。

2. 发现问题和提出批评意见

人民政协履行职能的方式存在较大的差异。政治协商、党派协商强调对党和国家的大政方针和具体决策进行对话交流，听取其他党派和无党派人士对党和国家政策的意见，是执政党与民主党派共商国是、共谋发展而进行信息沟通交流的过程。在协商过程中，民主党派和民主人士可以提出政策建议，论证党和国家政策的可行性，提出完善决策的建议与主张，从而加强执政党制定政策的科学性与民主性。参政议政则通过执政党与民主党派的协商，按照执政党的要求选拔国家机关领导干部，民主党派人士参与政府管理工作，成为国家公职人员。同时，政协委员还可以在政协会议以及其他专门会议上对党和国家政策、重大决策的必要性和可行性发表意见，提出问题，供政府有关方面参考。民主监督则是政协委员、民主党派人士在政协会议或者其他专门会议上，对党和国家的重大决策的执行情况发表意见，重点在于发现执行过程中存在的问题，提出对政府的批评意见和改进建议。政协委员也可以通过调查研究，对党风廉政建设以及政治建设中存在的问题以书面形式向有关部门提出意见，也可以在政协以及政府的专门会议上提出意见，供党和政府机关决策参考。

3. 协商式监督

政治协商重在沟通信息，进行可行性研究，提出建设性、创新性、有效性的建议，以对话、沟通和批评建议为主要形式，这是民主监督的柔性特征决定的。《人民政协章程》规定，人民政协的民主监督是协商式监督，这是区别于其他监督形式的重要特点。民主监督在平等、尊重基础上的意见表达，协商民主贯穿于民主监督全过程，平等基础上的协商使监督工作能够在轻松的政治气氛下进行，可以充分发挥民主监督的效能。民主监督与党内监督、人大监督和监察监督这些"刚性"监督相比较，具有非权力性，不具有权力强制性和法律约束力，这种柔性监督需要执政党和政府采纳才能产生监督效果。

(二) 完善民主监督的工作制度

人民政协民主监督的内容、形式已有相关规范性文件加以规定，但在监督的具体程序、监督的结果等方面没有相应的具体规定，现有规定可操作性不强。因此，应进一步细化工作程序，创新民主监督方式，使民主监督工作的开展可操作性更强。可以制定人民政协与民主党派民主监督工作规则，对民主监督的工作程序作出规定。通过扩大政协委员会的知情渠道，定期组织政协委员考察和调研，实现政协与各级党政机关之间的平等交流，为政协委员履行监督职能提供信息保障；政协委员提出的批评意见和建议，国家机关采纳与承办的情况应当及时向人民政协反馈，健全建立相应的反馈机制，实现民主监督内容、活动方式、知情、宣传等方面的规范化，真正发挥民主化监督的效能。

（三）优化民主监督的环境

1. 加强政协委员的监督意识和监督能力建设

民主监督要取得良好的监督实效，必须加强政协和民主党派自身的监督意识，通过提升各级政协委员的履职能力可以增强监督意识。一般来说，政协提案的数量和质量是检验政协委员监督积极性和监督能力的标准，而提案质量的提高需要通过政协委员充分的调研，对监督事项掌握足够的信息和知识，必须投入足够的时间和精力获取材料与信息，并且通过调研建立长期的信息沟通机制，掌握相应的专业知识。为了提高政协委员的监督能力，政协不仅要加强履职能力培训，特别是加强提案工作培训；而且加强组织工作，定期组织政协委员考察与调研，收集国家机关重大决策落实情况的信息，引导政协委员不断关注国家重大决策执行情况，要求各级政协委员投入必要的时间从事监督工作，将民主监督作为一项重要的工作职责。党的十九大以来，人民政协的协商意识与监督意识不断提出，2020年全国政协举办重要协商活动23次，组织视察考察调研80项，共收到提案5974件，立案5044件。2021年，全年举办重要协商活动25次，开展视察考察调研82项，立案提案5039件。

2. 党政机关要有主动接受民主监督的意识

《中国共产党政治协商工作条例》规定，党中央对政治协商工作实行集中统一领导，保障政治协商始终坚持正确政治方向。地方各级党委把政治协商工作纳入重要议事日程，领导和支持本级政协做好政治协商工作，支持民主党派、无党派人士提高政治协商能力，更好履行职责、发挥作用。条例的规定为政治协商和民主监督营造良好的工作环境。首先，政协在坚持中国共产党的领导下开展民主监督，所以各级党组织要根据党中央有关政治协商工作的方针政策和决策部署，做好本级政协的政治协商工作，同时还要指导下级党委做好政治协商工作。各级党委落实习近平总书记关于加强民主监督工作的讲话精神，制定民主监督的各项规章制度，落实党中央的政治协商方针政策，使民主监督有章可循。其次，建立党政机关与政协委员定期召开专门监督工作会议的机制，对于党内监督和监察监督工作取得的成就、存在的问题及时向党外人士和政协委员专门通报，并且召开座谈会和专题会议的形式，听取政协委员的批评意见与建议。

六　完善民主监督与党内监督、监察监督的贯通机制

（一）发挥党内监督对民主监督的引领作用

党内监督是执政党对党员和党员领导干部的监督，在各种监督中居于主导地位，所以党内监督的重点和监督的方向对民主监督发挥引领作用。民主监督也要配合党内监督，形成监督合力，保证民主监督政治方向的正确性。党内监督和民主监督都要将反腐败作为重要战略任务，发挥民主监督的反腐败职能。民主监督围绕党内监督的方向和重点展开，从党和国家的战略高度落实相关的监督内容。

（二）民主监督配合党内监督

党内监督发现政协机关公职人员存在违纪和职务犯罪行为的，政协应当依照政协章程和相关规定，依规启动决定程序，对存在严重职务违法的公职人员采取免职等组织手段，以配合纪检监察机关的调查与处置。

（三）纪检监察机关对民主监督发现的问题线索要及时处置

政协委员在履行职责过程中发现党员和公职人员存在违纪违法问题

的，应当及时向政协报告或者向纪检监察机关提出，由纪检监察机关依规启动调查核实程序，给予违纪违法的公职人员政务处分，对构成职务犯罪的依法移送人民检察院审查起诉。政协委员对公职人员存在的苗头性、倾向性问题，应当依规向纪检监察机关提出，由纪检监察机关依规调查并作出组织处理。形成纪检监察与民主监督的合力。

第二节 监察监督与舆论监督的贯通

一 舆论监督的产生与发展

我党历来重视舆论监督的作用，在世界政治经济复杂多变的当代，媒体与舆论不仅仅是政府对外宣传政策主张、维护政府形象的重要载体，而且媒体与舆论的监督也是政府掌握信息的重要手段。党和国家的监督体系中，舆论监督的地位在不断上升。

党对舆论监督的认识经历了一个过程，在延安时期，就存在以报纸为载体的舆论监督，我党将其视为一种自我监督的方式。从20世纪90年代开始，"舆论监督"连续七次出现在党的全国代表大会的报告中。党的十三大报告主要从两个方面强调舆论监督建设，一方面强调将现代媒体融入舆论监督之中，另一方面强调新闻媒体应将党和政府的执政活动作为舆论宣传的重心，让人民群众对党和政府的工作有一个全面和直观的认识。而党的十四大报告则突出舆论监督对党和政府的工作人员的监督，主张将所有党和政府的工作人员置于舆论监督之下，让权力在阳光下运行，保证公职行为的合法性。党的十三大和十四大报告将舆论监督的对象视为国家机关及其工作人员。通过一段时间的建设和摸索，党内监督、法律监督、群众监督得到了党中央的高度重视，党的十五大报告因而提出将这些监督与舆论监督相结合，保障舆论监督能发挥其最大限度的监督效能。此次报告相较于党的十三大和十四大报告中对于舆论监督的表述较为简略，仅强调发挥舆论监督的作用。而党的十六大报告

第七章　监察监督与民主监督、舆论监督、群众监督的贯通

继续强调舆论监督的效用，紧抓舆论监督，完善舆论监督的各项机制。党的十七大报告和党的十八大报告，肯定了舆论监督在党内监督中的地位和作用，把舆论监督跟党内监督、民主监督、法律监督并提，而且强调人民的监督权。

经过30多年的探索与实践，全党对舆论监督的作用达成共识，在党的十九大报告中，我党对舆论监督的作用有了准确的定位，对舆论监督有了重新认识。舆论监督的方针确立，这就是充分发挥舆论监督的作用，加强党对舆论和媒体的领导，引导舆论监督坚持正确的政治方向，发挥官方媒体的舆论监督引领功能。

二　舆论监督的含义与特点

（一）舆论监督的概念

舆论监督是指媒体和社会公众通过报道国家机关、企业和事业单位及其工作人员的违纪违法行为，或者报道事实真相，从而引起社会公众的关注和批评，最终通过党政机关的介入调查与处理达到监督的目的。

1. 监督的主体是媒体与公众

舆论监督的主体是指监督者的范围，与国家机关的监督不同，舆论监督的参与者本身不行使公权力，因此媒体和公众都是社会主体。媒体作为法人组织或者事业组织，是舆论监督的主要主体，媒体实施采访、报道、刊载等行为，是监督的组织者。公众也可以通过自媒体制作文本、图像等方式向社会公开事实真相，从而达到揭露社会消极面的目的。在舆论监督的主体上，党内媒体形成的党内舆论监督较为特殊，它是指党员根据党章或其他党内法规赋予的监督权，通过党内媒体，对党员、党的干部和党组织的行为进行批评的活动；或者是党员对党的干部和党的组织的工作提出批评建议的活动。[1] 在党内监督常态化的条件下，党内舆论监督还包括对违反党规党纪、侵害党员权利、违反廉洁纪律的党内腐败行为进行揭露的报道。党内媒体属于官方媒体的范畴，党

---

[1] 张书林：《论加强党内舆论监督》，《红旗文稿》2007年第3期。

员和党的干部都可以成为监督主体，其报道虽然符合媒体监督的一般特征，但是必须坚定正确的政治方向，符合舆论监督的真实性和客观性原则，引领社会媒体的监督方向。

2. 舆论监督的重点是党政机关、国有企业和事业单位及其工作人员

舆论监督一词与"媒体监督""新闻监督"等概念常常交互使用。这些概念虽然大致相同，但也存在区别。媒体监督主要是指以媒体为载体的监督，排除了公众作为监督的主体。新闻监督是指传统媒体通过文字、图像的方式在新闻报道的方式进行监督，这两种概念都没有体现社会公众广泛参与监督活动并且在监督过程中实现互动这一特点。同时，无论是媒体监督还是新闻监督，其监督的对象具有广泛性，既包括党政机关、国有企业、事业单位及其工作人员，也包括社会团体与组织、精英、明星和企业家等等。舆论监督在监督对象上仅仅指党政机关、国有企业和事业单位及其工作人员，它表明舆论监督是一种政治监督，既可以监督党和国家机关工作人员的职务行为，又可以监督这些工作人员的个人生活和道德操守，所以舆论监督尤其是官方媒体的舆论监督是党和国家监督体系的重要组成部分。

3. 舆论监督的直接后果是引起社会公众关注和批评

舆论监督必须通过揭露真相，使公众参与对事件的评价，形成广泛的积聚效应，造成监督的社会氛围，只有形成舆论，才能产生监督。如果事件报道后没有产生任何社会反响，更没有造成公众舆论，那么就没有产生足够的监督效应。当然，媒体不能以造成破坏社会秩序的舆论为目的来行使监督权，但是媒体公开的负面信息往往能够引起社会公众的关注与共鸣，从而达到监督的目的。

4. 舆论监督导致国家机关介入调查与处理

舆论监督产生公众的积聚效应，党政机关必须及时回应并且查明事实真相。一是舆论已经产生了公众的关注与共鸣，如果党政机关不及时介入调查，可能会引起社会舆论朝不利方向发展；二是舆论公开的事

件，可能不真实或者失实，需要党政机关介入调查才能客观公正地做出结论，还原事件真相，给人民群众一个交代；三是舆论公开的事件涉及党政机关及其公职人员行使公权力的合法性以及是否渎职的问题，必须经过党政机关的调查才能掌握事实。如果经过调查认定媒体报道不实，应当作出回应，以平息事态；如果经过调查查证属实，应当依法对相关党政机关实行问责或者追究公职人员的法律责任。

(二) 舆论监督的特点

舆论监督不具有监督的强制性和刚性，但舆论监督可以形成社会舆论氛围，因而具有威慑力。概括地讲它具有以下特点：

1. 报道公开透明

舆论监督通过期刊报纸、电视新闻、互联网、自媒体等平台对国家机关、企业和事业单位以及公职人员的消极腐败现象、渎职现象、违法违纪现象进行报道，或者通过记者调查将社会上存在的消极现象公诸于众，公众通过媒体了解事件的真相，形成监督的氛围。首先，舆论监督吸引公众参与，舆论监督引起公众参与到监督之中，参与舆论监督的公民，其法律地位和表达权平等。其次，舆论监督的载体多样，报纸、电台广播、电视新闻、互联网等媒介皆可作为舆论监督的载体。舆论监督的形式多样，具体包括访谈、调查、采访、报道、评论等形式。随着社会经济的发展，新型媒体层出不穷。相对传统媒体而言，新型媒体可存储海量信息，信息渠道得到前所未有的拓宽，传播速度惊人。此外，依靠现代发达的通信技术，媒体监督渠道不再受到空间的限制。

2. 公众广泛参与

舆论监督的参与主体十分广泛，即在监督对象、监督主体、监督内容、影响和作用等方面都不受影响。舆论监督既可以监督国家机关和公职人员的公权力行为，也可以监督社会精英、企业家和明星，还可以揭露社会不良现象。任何公民和媒体人都不受自身身份和社会地位的限制，通过新闻媒介对公共事务提出批评和建议，行使监督权。因而，舆论监督的主体包括所有公民，舆论监督的监督范围涵盖了社会上所有成员和机构，而其他监督方式受限于监督主体和监督范围，仅能在一定范围内展开。① 此外，随着新型媒介的发明和发展，新媒体具有双向互动性，即新媒体将为信息传播的双方搭建一座通信桥梁，使得监督者与被监督者之间、监督者与监督者之间实现互动。

3. 即时监督

舆论监督能将国家机关和公职人员的违纪违法行为或者不良行政行为及其产生的危害快速报道，并能迅速引起社会反响。首先，舆论监督的载体为各种形式的媒体，媒体关于新闻报告的审核机制与发布程序较为简洁，而其他监督的实现和启动需要严格遵守法定程序，例如司法监督的启动须符合法定程序，未遵循法定程序的司法监督不再具有合法性，因而舆论监督可确保监督的时效性，防止因繁杂的程序而丧失监督的最佳时机。其次，自媒体的产生以及智能技术的运用，使公众即时参与成为可能。再次，技术产品在媒体的运用，推进了舆论监督的便捷性，同时，也使媒体报道能够快速实现文字、图像、音频、视频的同步传输。舆论监督的真实性得到加强，从而深化了监督的权威性。

4. 积聚效应

舆论监督没有强制性，但新闻媒体将事件真相进行揭露之后，往往能够引起社会公众共鸣，从而产生主流社会反应，如果不能及时回应，会产生严重的社会消极作用。如果媒体曝光社会阴暗面或者揭露公权力机关的违法行为，将会对公众产生价值引领，能够在短时间内积聚大量公众言论，有可能引发社会不安定。所以，舆论监督虽然不具有强制性，但它却能产生强大的监督能量，能够迅速引起公众关注，对国家机关及其公职人员产生警示作用。②

---

① 唐荣斌、杨秋月、郑洁莹：《提高运用新媒体推进党的建设能力研究》，《菏泽学院学报》2017年第1期。

② 胡盛杰：《关于新闻舆论监督的思考》，《社会主义研究》2004年第6期。

第七章　监察监督与民主监督、舆论监督、群众监督的贯通

三　舆论监督在权力监督体系中的地位与作用

（一）舆论监督的地位

习近平总书记在党的新闻舆论工作座谈会上曾经强调，"党的新闻舆论工作是党的一项重要工作，是治国理政、定国安邦的大事，要适应国内外形势发展，从党的工作全局出发把握定位，坚持党的领导，坚持正确政治方向，坚持以人民为中心的工作导向，尊重新闻传播规律，创新方法手段，切实提高党的新闻舆论传播力、引导力、影响力、公信力。"[①] 可见，习近平总书记极为重视舆论监督，将舆论监督视为经常性的监督工作，要求各级党委和政府重视舆论监督。

如上文所述，舆论监督曾连续七次在党的报告中阐释。根据党的代表大会报告的表述，舆论监督在监督体系中的地位不断上升。党的十三大和十四大报告明确了官方媒体与社会各界举办的媒体形成监督体系，与其他监督建立协调一致、目标明确、方向正确、正面引导为主的监督机制。党的十七大报告进一步明确舆论监督在党和国家监督体系中的地位，将其作为与其他监督平行的监督方式。而且其他监督必须跟舆论监督结合才能形成合力，表明党内监督和人大监督都必须充分发扬舆论监督的作用，舆论监督对加强党和国家机关的监督具有重要的意义。舆论监督需要与其他监督贯通起来，优势互补，取长补度，构建完善体系。并且从掌握意识形态工作领导权的角度，提出坚持正确舆论导向。综上所述，舆论监督的地位历经党中央的数次强调，作为党和国家监督权行使的一种方式，是党和国家监督体系的重要组成部分。

1. 有利于公民监督权的实现

公民的监督权是宪法确认的公民基本权利。《宪法》第四十一条规定，中华人民共和国公民对于任何国家机关和国家工作人员，有提出批评和建议的权利；对于任何国家机关和国家工作人员的违法失职行为，

[①] 习近平：《提高党的新闻舆论传播力引导力影响力公信力》，《习近平谈治国理政》第二卷，外文出版社2017年版，第331页。

有向有关国家机关提出申诉、控告或者检举的权利。该规定表明，公民可以通过法定的方式行使监督权，媒体的监督权也来自于宪法的规定。我党历来重视公民监督权的实现，通过媒体尤其是官方媒体表达公民的意见与建议，接受公民对党和国家机关工作的建议，是公民的基本权利，应当受到党和政府的保障。党和政府加强对舆论监督的领导，其目的即在于保障公民正确有效地行使监督权，保障公民监督权正确的方向。

2. 有利于加强对公职人员的监督

舆论监督可以发挥其独特的作用，这种作用就是影响面广、社会反响强烈、监督的即时性和经常性。所以，舆论监督虽然不能直接追究被监督者的责任，但是能够产生监督的效果。首先，舆论监督的公开性使得监督的效果明确优于其他监督形式。党内监督和监察监督常常需要通过检查、巡视、接受举报等方式才能发现问题与线索，而且对问题线索的处置还要经过相当复杂的工作流程，社会公众对纪检监察机关的审查调查并不熟悉，只有经过人民法院审判公开后，才能了解事实真相。舆论监督可以通过报道公开事实真相，虽然并不直接追究公职人员的法律责任，但会产生强烈的社会反响，形成监督压力。党政机关介入调查后，公职人员的违纪违法和渎职行为将予以坚决查处，严厉问责。其次，舆论监督是经常性的监督活动，适用于所有公权力领域和部门，媒体报道经常存在，只要公职人员存在贪污腐败或者违法失职，媒体就有报道的权利。这对于公职人员来说能够产生强烈的震慑效果。

3. 有利于构建和谐社会

舆论监督是新形势下公民参与监督的一种方式，公民既可以通过媒体了解党和政府的工作，加强对纪检监察监督工作的理解与信任，巩固党内监督和监察监督的社会基础。公民通过媒体了解政务活动，为化解矛盾奠定基础，增强对政府的信任。舆论对公职人员进行监督，有利于营造监督公职人员的社会氛围，对于廉政制度建设极为有利，织密公权力监督之网，符合党内监督和监察监督的基本目标。党和政府坚持深入群众、执政为民的宗旨和理念，可以通过主动接受媒体舆论监督而实现，通过舆论监督，落实广大民众所关心的重点工作，化解涉及民生领域的矛盾。

四 舆论监督存在的主要问题

在习近平总书记有关舆论监督重要指示的统领下，在党和政府正确舆论导向指引下，党的十八大以来，舆论监督工作取得重要成就，[①] 但也存在一些体制机制性的问题。

（一）舆论监督缺乏法律依据

我国宪法虽然规定了公民的监督权，但并没有规定舆论监督权，媒体监督的宪法地位缺失。《宪法》规定："国家发展为人民服务、为社会主义服务的文学艺术事业、新闻广播电视事业、出版发行事业、图书馆博物馆文化馆和其他文化事业，开展群众性的文化活动。但该条并未提及新闻媒体舆论监督。《宪法》第三十五条和第四十一条规定的公民的监督权而不是舆论监督权。《出版管理条例》第五条规定："公民依法行使出版自由的权利，各级人民政府应当予以保障。公民在行使出版自由的权利的时候，必须遵守宪法和法律，不得反对宪法确定的基本原则，不得损害国家的、社会的、集体的利益和其他公民的合法的自由和权利。"因此，媒体作为舆论监督的主体之一，没有宪法和法律的规定，其法律地位也没有明确，难以有效地发挥监督作用。[②]

[①] 舆论监督对社会治理、反腐倡廉等方面发挥了重要的监督作用，例如新华社记者王文志多次在微博和报纸撰文揭露腐败，成功打倒多名"老虎"；2010年4月，国内多家新闻媒体对全国著名风景旅游区云南大理洱海公园改造的报道。通过媒体的曝光，当地纪检监察部门介入调查，确认原州长助理骗取政府补偿金，并且该市市长、副市长等均收受开发商的贿赂。此事的依法处理，显示出新闻舆论监督政府决策失误的必要和作用；2020年的"郭文思减刑案"，该事件在社会舆论中引起轩然大波，通过纪检监察部门的调查，惩处了牵扯出的潮白监狱、监狱管理局、北京市中级人民法院王乃聪、隋建军、刘永清、郭京霞等人的违纪违法行为；2020年7月末，媒体经过多年的调研与走访，曝光了青海木里矿区非法开采问题。海拔4200米的木里矿区地处青海省天峻县，紧邻祁连山自然保护区，是祁连山赋煤带的资源聚集区，为青海唯一的焦煤资源富集地。自2006年伊始，兴青公司、兴青天峻能源公司一直无证盗采煤矿，截至2020年。兴青公司从木里煤田非法采煤2500多万吨，获利150亿元左右。此外，尽管中央第七环保督查组和中央第六环保督查组分别在2017年和2019年对木里矿区进行两次巡查，但兴青公司仍在督查之后，打着生态治理的旗号继续开采。木里矿区非法开采问题经过媒体的曝光，引起了青海省政府的高度重视。2020年8月6日，青海省政府召开专项问题新闻发布会，坚决查办木里矿区非法开采问题。舆论监督的力量又一次凸显。

[②] 程靖：《试论我国现阶段媒体监督的问题及误区》，《咸宁学院学报》2008年第4期。

（二）舆论监督的主观随意性太大

1. 对案件的报道先入为主，违背客观性原则

舆论监督的生命在于客观真实，让公众掌握事件真相。所以，媒体在缺乏证据和事实的背景下，不能作过多的主观引导，以免误导公众，背离舆论监督的正确方向。个别媒体在缺少相应专业法律知识的情况下，对司法案件作出案外点评，或者使用言过其实的醒目标题引起社会舆论关注，从而给司法办案人员造成错误的舆论压力。个别媒体在事件报道中往往会通过人肉搜索等手段不当报道案件当事人的背景资料，误导社会大众的认知，客观上放大对党和政府的不满，从而损害法律权威，产生不良影响。

2. 个别媒体监督方式和手段不当或者违法

个别媒体为了获取相关的信息，采用非常规手段获取信息。少数媒体工作者通过在随身携带的物品中放入针孔摄像头，或其他不易发现的摄像装备，通过伪装成顾客、消费者的方式，接近拍摄目标，得到拍摄素材。虽然通过这些方式获得的材料揭露了事件真相，但是，为了监督而采取的非法手段已然违背了社会公共道德和基本法律，不符合舆论监督制度的本意与初衷。个别媒体工作者甚至对政府内部机密、企业商业机密和个人私生活进行曝光，严重影响国家安全、侵犯个人隐私，构成刑事犯罪。

（三）舆论监督的内容不实

1. 个别媒体为了获取经济利益故意进行失实报道

媒体的主要收入来源于广告，而广告商对投放载体的选择主要根据媒体的阅读流量。个别媒体为了增加自身流量，通过浮夸、不实的报道博取公众关注，从而增加自身的经济效益，严重违背舆论监督的导向和客观性标准，对舆论监督的权威性产生严重不利影响。

2. 外部力量干扰作出失实报道

由于舆论监督具有强大的监督力，因此个别部门没有正确引导舆论监督，而是阻止或者压制正确的舆论监督，导致舆论监督不能顺利开展。媒体在受到强势干预后做出失实的监督报道，从而误导公众，损害

第七章　监察监督与民主监督、舆论监督、群众监督的贯通

舆论监督的权威性。

五　建构中国特色舆论监督制度

完善舆论监督是新时代健全党和国家监督体系的重要内容，是建构中国特色社会主义舆论监督制度的必然选择。

（一）坚持正确的舆论导向

习近平总书记明确指出，做好网上舆论工作是一项长期任务，要创新改进网上宣传，运用网络传播规律，弘扬主旋律，激发正能量，大力培育和践行社会主义核心价值观，把握好网上舆论引导的时、度、效，营造风清气正的网络空间。[1] 正确的舆论导向是舆论监督需要长期坚持和时刻掌握的政治准则。

习近平总书记对舆论监督非常重视，指明舆论监督的道路方向，其核心要义是发挥舆论监督的作用，营造全社会监督公权力和公职人员的氛围，将公权力关进制度的笼子。[2] 新闻媒体要始终将习近平总书记的重要论述作为基本前提和准则，是发挥舆论监督作用的保障。只有深刻领会习近平总书记有关舆论监督的指示精神，才能从根本上掌握舆论监督的原则与界限，充分发挥舆论监督的作用。

党的十九大报告指出，坚持正确的舆论导向，需要做好以下几个方面的工作：第一，将科技创新融入舆论监督的传播手段。传播手段的创新可以加强媒体报道的客观性和真实性，避免媒体的报道受到不当的影响与干扰，从而在技术与体制机制层面实现舆论监督。第二，通过建立网络综合治理体系。互联网充分体现了当代舆论监督的特点，互联网时代的舆论具有突发性、短时积聚效应的特点，因此，既可以为监督者用于合法和正当的监督目的，又可以被敌对势力利用用于非法目的，所以必须在党中央统一部署下，对互联网进行全方位的管理和监控，净化网络环境。第三，建

---

[1] 习近平：《建设网络良好生态，发挥网络引导舆论、反映民意的作用》，《习近平谈治国理政》第二卷，外文出版社2017年版，第337页。
[2] 王勐：《做马克思主义的坚定信仰者实践者传播者》，《新闻采编》2018年第5期。

立意识形态工作责任制，自觉抵制错误观点。舆论监督具有鲜明的意识形态属性，要坚决维护中国共产党的领导和中国特色社会主义制度，舆论监督不能成为破坏社会风气和攻击我国基本制度的工具，所以，一切否定党的领导和社会主义制度的舆论都必须受到追究。第四，坚持舆论监督真实性原则和适度原则，所有的报道和事实披露都必须言之有据，一切捏造事实陷害他人的行为，都必须受到法律的追究，网络和自媒体并非法外之地，而是法治环境下依法行使监督权的领域。适度原则是指舆论监督以揭露社会阴暗面和违纪违法事实为主，反对主观随意，哗众取宠，如果故意将矛头指向党的领导和社会主义制度，应当予以严厉处罚。

（二）加强媒体的自身建设

舆论监督的质量和有效性，除取决于监督的政治导向外，还与媒体自身建设有关。第一，媒体行业应当加强彼此之间的相互监督。主观性是媒体固有的局限，通过媒体之间的相互制约与监督可以促使观点和主张的比较和融合。第二，建立媒体从业人员黑名单。媒体工作人员的素质决定媒体监督的质量。通过建立从业人员黑名单制度，借助外部规范的力量，将从业人员的思想作风纳入考核范畴，将屡次触犯基本准则的从业人员清理出业界队伍，进而从行业内部自我监督。强化媒体工作者的行业道德准则和业务素质，全方位提高他们的能力。除具备政治素质、思想道德素质和业务素质外，媒体从业人员应当具备一定的法律素养，把握新闻报道的内容尺度，明确舆论监督与法律保障之间的关系，树立人权保障意识。

（三）树立正确的监督观念与价值观念

2016年2月19日，习近平总书记在党的新闻舆论工作座谈会上指出，舆论工作的基本责任是高举旗帜、引领导向，围绕中心、服务大局，团结人民、鼓舞士气，成风化人、凝心聚力，澄清谬误、明辨是非，连接中外、沟通世界。① 客观性和真实性是新闻报道的基本准则，

---

① 习近平：《提高党的新闻舆论传播力引导力影响力公信力》，《习近平谈治国理政》第二卷，外文出版社2017年版，第332页。

也是舆论监督得以顺利开展的前提之一。第一，社会主义核心价值观是媒体监督的基本要义。通过宣传党和国家的重大决策，引导公众理解党和国家监督制度，促进公众忠诚于党和国家。第二，加强媒体与党政机关的交流。通过加强政务活动的报道，让人民群众更多地了解党和政府的政策，消除群众的疑惑，发挥自身的引导功能，提高政府的公信力。对于党政机关而言，与媒体的交流能够帮助其改善决策，即通过媒体所收集公民的诉求，了解公民的需要，使政府的决策更加贴近人民群众。党政机关应当建立和健全政府信息公开制度，方便新闻媒体监督查阅相关信息。第三，为了保证舆论监督的真实性，媒体应对新闻素材和资料进行认真审核，要有理有据，不能空穴来风。报道应当减少主观性，坚持中立客观。媒体还应当通过深度报道事件本身，发现事件的本质，最大限度地体现真实性。在涉及对党政机关监督的事件时，应防止报道错误，要尽可能挽回影响。

（四）推动舆论监督与其他监督的衔接

1. 舆论监督与人大监督的衔接

舆论监督与人大监督都具有开放性，舆论监督主要载体是媒体，依靠群众的积极参与，人大监督主要通过会议进行，依靠人大代表的履职。所以两种监督方式皆具有开放性。[1] 人大监督与舆论监督在实践中可优势互补，具体表现在：第一，媒体与人大配合，报道民生问题以及人民群众普遍关注的问题，在人民代表大会开会期间，人大代表可以通过自己的调研，结合舆论监督情况，提出议案或者建议，行使人大监督权。[2] 第二，媒体发现国家机关及其工作人员履职不力或者严重违法的情况，可以通过深度报道发挥监督作用。人大可以启动调查程序或者进行质询，或者通过执法检查进行监督。

---

[1] 郭迎春、陈青山：《论人大监督与舆论监督的合力》，《西南石油大学学报》（社会科学版）2013年第2期。

[2] 浙江省温州市人民代表大会常务委员会与温州都市报、温州网合办的《代表在线》栏目，该栏目通过报道社会的民生问题，在人大监督与舆论监督的共同合力下，解决不少人民群众的日常生活问题，得到市民的广泛赞扬。

2. 舆论监督与司法监督的衔接

舆论发挥监督司法的作用，但是舆论对司法的监督必须遵循特定的原则，才能与司法监督配合。司法监督是指人民检察院对诉讼活动的监督，人民法院对行政机关的监督。[①] 舆论监督常常通过对司法机关办理的案件进行监督，容易对司法机关办案造成影响，可能导致利用舆论优势干涉司法机关办案，从而影响司法公正。所以，舆论监督对于没有定案或者没有作出终审判决的案件一般不能进行即时监督，只能报道司法机关新闻稿中的某些客观真实的事实，不能随意加以评论，更不能捏造事实或者报道与案件不相关的背景材料误导公众。当然，舆论监督对于司法公正的案件可以加大宣传的力度，配合司法机关进行法制宣传，从而实现舆论监督与司法监督的贯通。

3. 舆论监督与民主监督、群众监督的衔接

第一，通过舆论监督提升民主监督的效果。政协在履行民主监督职能的过程中，与当地主流媒体进行沟通与联系，构建人民政协的民主监督和媒体舆论监督结合的新型模式，落实了民主监督与舆论监督的协调。通过加强政协提案的针对性，提高提案办理的实效。政协通过相关媒体报道民生工程提案的办理情况，发挥引导公众支持政府整治市容市貌的功能。

第二，舆论监督支持和配合群众监督。舆论监督与群众监督都以群众为基础，具有监督主体的同一性。群众监督主要通过信访、举报平台进行监督，而舆论监督的主体是报刊、新闻采访、广播电视及自媒体。媒体的舆论监督应加强对公民信访内容的关注。通过舆论监督的追踪，增强群众监督的效能。舆论监督要支持和配合群众监督，对于群众关心的问题进行持续的报道，通过人大、政协、政府的接受而转化为国家政策，使党和政府的决策、人大的立法符合广大人民群众的切身利益。

---

① 任刚军：《谈地方政府立法的监督体制和机制完善》，《政府法制》2005年第17期。

六　完善舆论监督与党内监督、监察监督的贯通机制

（一）完善舆论监督与党内监督的贯通机制

第一，党内监督支持舆论监督。通过加强各级党委和党组的政治建设，特别是监督党员和党的干部遵守政治纪律与政治规矩，让权力在群众的监督下运行，净化党内政治生态。党组织领导党报党刊的监督工作，支持党的媒体深化体制机制改革，加大宣传和正面引导力度，为其他媒体的监督提供正确的政治引导，形成舆论监督的正确政治导向。促进媒体敢于监督、善于监督。

第二，舆论监督配合党内监督。媒体通过正面宣传党的政策和重大决策，报道党中央的正确领导，引导社会舆论自觉做到两个维护；媒体还可以通过开辟专区的方式引导群众、党员干部深入学习和理解中国共产党的最新理论和思想，准确理解和掌握党的十八大以来的路线、方针与政策。还可以通过互联网组织群众和干部提出全面从严治党的建议，形成良好的党的建设氛围。媒体还可以通过报道党员干部的违纪违法行为，监督普通党员和领导干部严格遵守各项规章制度，监督党的干部廉洁从政从业，为党的纪检机关提供党的干部违纪违法的线索。舆论监督还通过媒体反映群众心声，反映国家机关存在的形式主义与官僚主义等问题，为党组织改正党员干部的工作作风，密切与人民群众的联系，提供理论支持与舆论关注。

（二）完善舆论监督与监察监督的贯通机制

监察监督与舆论监督同样需要相互配合。首先，舆论监督为监察监督提供公职人员违纪违法的线索与事实，媒体曝光某些事件以及公职人员违法的事实后，监察机关可以核实并调查，如果认定其违纪违法事实成立，应当依照《监察法》和《政务处分法》给予组织处理或者政务处分。由于舆论监督具有广泛性的特征，公职人员工作和生活的情况易于受到媒体的监督，这在一定程度上发挥了对公职人员的监督作用。其次，监察机关支持舆论监督，对于媒体坚持正确的政治方向，依法依规

进行的正常监督活动予以支持，严厉查处打击报复媒体监督活动的行为，完善舆论监督阵地，支持相关国家机关查处利用媒体进行非法活动的行为。

第三节　监察监督与群众监督的贯通

一　群众监督的产生与发展

群众监督是党和国家监督体系的重要监督方式。在民主革命时期，中国共产党就依靠群众实现社会治理的目标，取得了新民主主义革命的胜利。

（一）宪法对群众监督的确认

邓小平同志主张群众监督要在法制框架内开展，1980年8月18日，邓小平同志在《党和国家领导制度的改革》的讲话中，着重强调制度建设对党和国家的重要性，提出要彻底解决特权和违法乱纪问题，必须"要有群众监督制度，让群众和党员监督干部，特别是领导干部。凡是搞特权、特殊化，经过批评教育而又不改的，人民就有权依法进行检举、控告、弹劾、撤换、罢免，要求他们在经济上退赔，并使他们受到法律、纪律处分"。①《宪法》第二十七条规定："一切国家机关和国家工作人员必须依靠人民的支持，经常保持同人民的密切联系，倾听人民的意见和建议，接受人民的监督，努力为人民服务。"群众监督正式以国家根本大法的形式得到确认。

（二）党内法规对群众监督的确认

《党内监督条例》（试行）第五条明确规定："党内监督要与党外监督相结合。党的各级组织和党员领导干部，应当自觉接受并正确对待党和人民群众的监督。"党的十八大后，群众监督得到重视，在党的十九大报告中，群众监督作为党和国家监督体系的重要组成部分。群众监督

---

① 中共中央文献编辑委员会编：《邓小平文选》第二卷，人民出版社1994年版，第332页。

的方式呈现多样化的趋势，但主要是举报、信访两种。

二　群众监督的含义与特点

（一）群众监督的概念

现行法律法规未对群众监督的含义作出详细规定，只能通过对群众监督的主体、对象等要素的总结，探讨群众监督的内涵。

1. 群众监督的主体是公民和法人

群众一词本身是一个习惯性的政治词语，它与党员和干部相对应。其准确的含义是指国家公职人员和党员之外的公民，即不具有政治身份的普通人和法人。党员对党和国家机关的监督由党章作出规定，所以党员对党组织的监督虽然是自下而上的监督，但是具有确定的组织形式以及党内法规规定的监督方式，其监督权的行使须遵守党的纪律。法人具有独立人格，其权利受到他人或者国家机关的侵犯，可以以法人的名义向国家机关举报与申诉。

2. 群众监督的对象是国家机关及其工作人员

群众监督属于政治监督的范畴，即群众监督是对公权力的监督。虽然从广义上来讲，群众可以对社会事务和公共事务行使监督权，也可以对公职人员和社会精英等行使监督权。但政治监督意义上的群众监督只包括群众对国家机关及其工作人员的监督，包括群众对党的机关及党的干部的监督，也包括群众对国有企业、公办事业单位及其工作人员的监督。凡行使公权力或者由国家财政负责工资与费用的企业和事业单位均属于群众监督的对象。

3. 群众监督的事项是国家机关及其工作人员的职务行为与社会公德

群众监督的主要事项是国家机关及其工作人员是否遵守党章、宪法和法律，是否合法地行使公权力，是否公平公正处理公共事务，是否廉洁从政从业、是否遵守公共道德。公职人员的行为除合法合规外，还应当遵守个人生活的基本准则，不能从事与其身份不相符合的活动。国家机关及其工作人员侵害公民的合法权益的行为，抑或是贪污腐败行为，群众都可以行使监督权。

4. 群众监督的依据是宪法和党章

群众监督不是"空中楼阁"，更不是一句口号。群众监督具有一定的规范依据与制度保障。群众监督的依据是《宪法》第四十一条的规定，确认公民对国家有关机关的监督权。① 党章第八条规定所有的党员和党的干部都必须接受群众的监督。群众监督具有明确的宪法和党内法规依据。

5. 群众监督的方式多样化

群众监督的方式多样，主要包括一般监督方式和专门监督方式两种，一般监督方式包括向国家机关及其工作人员提出批评意见和工作建议，主要适用于国家机关听取公民意见的座谈会、协调会等。专门监督包括信访、申诉、控告等，主要适用于公民自己或者他人的合法权益受到国家机关及其工作人员侵犯的情形，专门监督具有强烈的权利保障性质。

(二) 群众监督的特点

群众监督是一种广泛的民主监督，是自下而上监督的主要方式，群众监督具有以下特征：

1. 监督对象的广泛性

群众监督的广泛性特征主要体现在以下两个方面：首先，具有宪法权利的公民即可作为群众监督的主体，因而群众监督的主体范围十分宽泛。其次，群众监督的对象广泛。群众能够监督党的机关、党员，能够监督国家机关及其工作人员；能够监督国有企业和公办事业单位及其工作人员等，这是对党和国家机关的监督。当然，群众还可以监督公共事务和社会精英，还可以对社会生活的各个方面发表意见，只是从监督的

---

① 《宪法》第四十一条规定："中华人民共和国公民对于任何国家机关和国家工作人员，有提出批评和建议的权利；对于任何国家机关和国家工作人员的违法失职行为，有向有关国家机关提出申诉、控告或者检举的权利，但是不得捏造或者歪曲事实进行诬告陷害。"

政治性角度来理解，群众监督只包括其政治监督职能。

2. 强烈的权益保护性

群众监督具有自发性特征，群众基于社会责任和自身权益而产生监督行为。首先，群众监督的自发性来自于人民当家作主的社会责任，对党和国家事业的关注和关切，是其行使对国家机关及其工作人员批评权、建议权、检举权的主要动机。其次，群众监督的自发性还来自于对他人权利和公共利益保护的正义目标。如果其他公民的权利或者公共利益受到国家机关及其工作人员的侵犯，或者受到其他社会主体的侵犯，群众出于正义的目的，对国家机关及其工作人员进行批评、检举和揭发，防止自身权益再次受到侵犯。再次，群众为了保护自己的合法权益，通过各种方式向国家机关进行检举与控告国家机关工作人员的违法乱纪行为。

3. 监督主体的个体性

群众监督一般不宜采取人群的形式，而以个体形式出现，即使是维权也只能以书面形式或者派出代表的形式进行。群众监督的个体性表明，为保护合法权益，群众监督常常采用信访、举报的方式，而举报除少数人运用实名举报外，还常常出现匿名举报的方式。

4. 监督后果的非强制性

群众监督的本质是权利制约权力，是公民权利的保护。监督主体与监督对象之间是一种不平等的关系。群众的举报、信访，可以被国家机关所接受，党政机关可以根据实际情况对举报和信访进行调查核实，如果行政机关作出了错误的行政行为，可以依法纠正，如果司法机关的判决和裁定确有错误，有权依审判监督程序处理。如果群众举报和信访的事实中存在党和国家机关工作人员严重违纪违法的问题，接受举报和信访的机关，应当将事实和线索移送纪检监察机关调查，纪检监察机关认为国家机关及其公职人员违纪违法事实成立，有权进行问责、给予政务处分，对构成职务犯罪的公职人员移送人民检察院审查起诉。

三　群众监督在权力监督体系中的地位与作用

(一) 群众监督在权力监督体系中的地位

群众工作是中国共产党执政工作的重心，是我党的根基所在。各级党委在集中群众意见的基础上制定方针政策，再根据群众反馈的意见对方针政策加以修改和完善。群众监督是中国共产党群众路线的延伸与发展，具有与其他监督相区别的特征。根据党的十九大报告，群众监督在社会主义监督体系中的地位如下：

1. 群众监督是加强党自我监督的根本力量

党的十九大报告确立了群众监督在党和国家监督体系中的重要地位。党的监督能否取得成效，关键看党内监督和群众监督。这是因为党内监督是执政党实现自我监督的重要手段，党内监督体系的建构以及运行是增强党的自我净化功能的体现。党的十八大以来，党中央采取了十分有力的措施加强党内监督，主要是加强党组织的主体监督、推进巡视和派驻监督、强化纪委专责监督、加强基层党组织和党员的日常监督，使党的组织和党的干部时刻能够感受到党内监督的存在，自觉接受党内监督。党内监督是党内监督机构对党员和党的工作部门执行党内法规与国家法律的情形进行专门监督的制度。[①] 实践证明，党内监督的制度越来越完善，反腐败的力度空前加强，党的政治建设取得令人瞩目的成就。但党内监督需要党外监督的支持与配合，因为党内监督是党组织内部的监督，不能代替外部的监督。群众监督是外部监督的主要力量，群众监督的主体广泛性远远超过了舆论监督和民主监督，群众对党员和党的干部的监督是深化党内监督的力量源泉。

2. 群众监督是人民当家作主的体现

群众监督在党和国家监督体系中发挥不可替代的重要作用。一方面，群众监督是宪法和法律规定的公民权利，是公民行使基本权利的方式，体现我国宪法保障公民基本权利的制度优势。公民在国家利益、公

---

① 罗许生：《党内监督与国家监督的联动和协同研究》，《广西社会科学》2019年第11期。

共利益、本人或者他人的合法权益受到国家机关及其公职人员的侵犯而行使监督权,是基本权利保障的重要途径。另一方面,群众的举报、信访、检举、控告也为纪检监察机关提供公职人员职务违纪违法的线索。纪检监察机关可以通过群众监督发现国家机关普遍存在的问题,对发现的问题线索进行核实,给予违纪违法的公职人员纪律处分,对构成犯罪的依法追究刑事责任。因此,可以说群众监督是人民监督的代名词,是党和国家监督体系民主性和人民性的体现,构成党和国家监督体系的民主基础。同时,群众监督是人民当家作主的体现,它与党内监督、监察监督、人大监督、司法监督、民主监督等的目标相同,都是为了制约与监督公权力,实现党的领导和社会主义制度的自我完善。群众监督可以营造强大的社会监督氛围,可以成为深化党内监督和国家机关监督的合法性基础。

(二) 群众监督在党和国家监督体系中的作用

1. 有利于人民当家作主的实现

我国的根本政治制度是人民代表大会制度,在人民代表大会制度下,人民可以通过选举人大代表,行使国家权力;还可以通过自己选举产生的人大代表监督其他国家机关的工作。公民还依照宪法和法律的规定监督国家机关及其工作人员,所以,选举权、监督权是人民当家作主的表现形式,两者缺一不可。选举权是人民组织国家机关的权力,它与罢免权共同构成人民直接行使国家权力的两种基本方式,其目的在于为国家机关的产生提供民主基础。监督权是人民监督国家机关及其合法行使公权力的权利,群众监督是党和国家监督体系最基础性的监督,人民是权力监督的起源与基石。党内监督、监察监督都体现了人民群众的意志与利益,党对反腐败工作的统一领导,保证党和国家监督的正确政治方向,是人民群众意志与利益的集中体现。

2. 有利于全面监督公权力

国家的公权力来自于人民,人民是国家权力的本源。但是公权力极易因权力拥有者的腐败而发生变质,为此必须建立权力监督体系。社会基本制度的建设不是一蹴而就的，需要较长时间的摸索和构建，我国建立了中国特色社会主义制度，在权力制约与监督方面，通过全面加强党对反腐败工作的统一领导，加强党内监督，深化监察体制改革，建立覆盖所有公职人员的权力监督体系。党内监督是体制内的监督，是党的自我净化功能的体现，通过巡视、派驻、纪检监察监督，加大党内监督的力度，严肃查处违纪违法的党员领导干部，通过自上而下的组织监督达到监督权力的目的。不同国家机关之间的监督具有异体监督的性质，但总体来说仍然是国家机关内部的监督机制。在深化监察体制改革的背景下，监察机关对所有公职人员的违纪违法行为进行调查与处置。而群众监督与舆论监督、民主监督组成党外监督体系，是体制外的权力监督，是人民监督国家权力的直接体现，虽然人民监督不具有强制性，但却是党内监督和国家机关监督的群众基础，党内监督和国家监督只有依靠人民群众才会真正取得监督的成效；只有依靠群众监督才能营造人民监督权力的环境，让权力在阳光下运行；只有依靠群众监督才能弥补体制内监督的缺陷，让腐败分子无处遁形。

3. 有利于维护社会稳定

群众对国家机关及其公职人员的违法失职行为进行监督，是党和国家治理体系与治理能力现代化的标志，也是维护社会稳定的标志。

第一，聚焦人民群众关心的民生问题。群众监督往往从发生在群众身边的问题开始，实现人民生活水平和生产能力的提高，全面建成小康社会，是党和国家机关政治建设的重要任务。国家机关尤其是各级人民政府要将提高人民群众的生活水平作为重大问题来解决。人民群众无论是通过提出批评意见和建议的方式直接向党和政府反映，抑或是通过人大代表和政协委员以议案和提案的方式提出，都反映了人民群众对生活的诉求，党和政府必须不断改善工作方式，解决人民群众迫切需要解决的问题，实现民有所求、我有所应。对于公职人员漠视人民群众利益的渎职或者违法行为必须坚决查处。

第二，保护国家利益与公共利益。群众监督的目标之一在于保护国家权力不受腐败行为侵蚀,保护公共利益不受不法行为侵犯。国家的政治制度、经济制度和文化制度是社会主义制度的命脉所在,人民群众对侵犯国家利益和公共利益的行为进行斗争,检举和揭发国家机关工作人员不作为或者侵犯国家利益的行为,是人民群众保护社会主义制度的体现,党和国家要保护人民群众的政治热情和积极性,主动接受人民群众的监督,维护国家利益和公共利益。

第三,保护公民个人的合法权益。当公民个人的合法权益受到国家机关及其公职人员的侵犯,或者公民的合法权益没有受到国家行政机关和司法机关的保护时,可通过群众监督实现自身的权利救济,其主要实现路径是通过申诉、信访、控告等方式请求国家机关保护。保护人民群众的合法利益是党和国家的义务,对于人民群众反映的问题,应当通过专门机构统筹办理,对于损害人民群众合法权益的国家机关及其工作人员必须依法进行处理和问责。

所以,群众监督可以有效地防止党政机关及其公职人员的违法行为损害政府形象,防止损害人民群众利益而引发的社会矛盾,从而有助于维护社会稳定和谐。

四 群众监督存在的主要问题

自党的十一届三中全会以来,党和政府为广大人民群众实现监督权而积极构建规范化的监督体系,群众监督在实践中取得了巨大的成就,这些成就表现在:第一,群众监督体系初步建立。党中央和地方各级政府结合本地民生民情,坚持探索群众监督的实现方式,到目前为止,已形成信访、举报、控申制度等在内的群众监督体系,实现群众监督有法可依、有章可循的有序状态。第二,提高了群众监督的实效性,调动和鼓舞了群众参与监督的热情与实现监督的信心。第三,人民群众的合法权益得到保护。党的十八大以来,各级党委和政府积极推动和保障人民群众的合法权益,落实依法行政和法治政府建设,实现司法公开,推进基层民主政治建设和党风廉政建设,对人民群众维护自己合法权益,党和政府的公信力提升，社会稳定发展具有重要意义。但是，仍然存在以下几个方面的问题。

（一）政务公开不够

知情是展开群众监督的第一步，人民群众不了解党和国家的政务现状，群众监督难以推动。党政机关应当依法主动积极公开政务信息，保障人民群众的知情权。然而，现阶段我国政务公开程度不尽如人意，一是部分应当公开的信息尚未向社会公开，仅在党政机关内部公开，实行内部掌握。有些政务信息只对公众部分公开，使广大人民群众不能全面了解政府运行情况。人民群众不能获知政府信息，势必降低群众监督的效能。二是政务信息含混不清。在实践中，政府有意在公开的政务信息中模糊关键数据和信息，使群众难以通过公开的数据获取准确的信息。为了解决这一问题，有必要进一步落实政务公开的法律规定，将政务公开作为法治政府建设的重要指标予以评估，提高群众对信息公开制度的满意度。

（二）反馈机制欠缺

我党历来将密切联系群众作为反对官僚主义与形式主义的基本政策。由于群众对自身合法权益的维护涉及政府责任问题，所以个别党政机关及工作人员对群众提出的控告和申诉十分排斥和抵触。部分党政机关甚至故意避开群众反映的党政机关工作人员违法失职问题，使群众监督所反映的问题迟迟没有着落。造成群众反映的问题解决难的原因很多，主要是问题反馈机制欠缺，沟通渠道受阻。在新时代必须以党的二十大精神为指导，以解决群众身边的腐败问题为抓手，建构信访和申诉平台回应机制，通过立法规定远程信访制度，建立信访、申诉平台与纪检监察举报平台的衔接，进一步深化以法治思维和法治方式处理群众监督问题的体制与机制。

五 健全群众监督体制

为确保人民群众的根本利益，保障人民群众监督权的实现，党和政府始终坚持群众工作路线，采取具体而有效的对策，完善群众监督体制，增强群众监督实效，提高群众监督质量。

（一）加强群众监督意识

加强群众监督意识可以从两个方面来理解：一方面是指群众合法行使监督权的意识；另一方面是国家机关及其工作人员接受群众监督的意识。

1. 加强群众合法行使监督权的意识

群众监督面临诸多问题，其中最难以解决的问题是群众监督脱离法治方向，形成群众与政府之间的对立情绪。部分信访和申诉的群众缺乏诉讼制度和行政制度的专业知识，对司法和行政判断公正性缺乏基本信赖，对国家机关的答复不够尊重。从而严重损害信访和申诉的合法权益救济功能，不利于国家机关妥善处理信访反映的问题。所以，在全面依法治国的背景下，群众监督应当纳入法治轨道，群众监督必须在国家法制范围内行使，监督者必须增强法治观念，敢于监督，勇于监督，善于监督。党和政府应当重视普法宣传，普法宣传最重要的功能在于化解人民群众对政府的误解和偏见，了解行政行为背后的原理和原则，树立政府的公信力。

2. 加强国家机关及其工作人员主动接受群众监督的意识

习近平总书记指出："在我们的领导干部队伍中，有的同志虚怀若谷、从谏如流，热忱欢迎监督；有的同志能够接受监督，但只是就事论事地改正缺点错误，而不会举一反三完善自己；有的同志则不愿接受监督，甚至千方百计回避监督、抵触监督。"[1] 习近平总书记的重要讲话为加强国家机关及其工作人员的监督意识提供根本遵循。国家机关及其工作人员只有接受人民监督才能干净担当，只有将自己的权力置于人民监督之下才能保证权为民所用，利为民所谋。国家机关及其工作人员主动接受人民的监督既是一种工作态度，更是一种责任和担当，是对党和人民忠诚的表现。党和政府应当定期举办专项学习教育活动，将法治思

---

[1] 中共中央文献研究室编：《十八大以来重要文献选编》（中），中央文献出版社2016年版，第678页。

维作为这类教育的培养重心，从而提升公职人员接受群众监督的觉悟。

(二) 完善群众监督机制

1. 完善群众参与基层政府和村级自治组织工作制度

我国地域辽阔，国情复杂，基层人口众多。现阶段，关于群众监督的工作机制主要在城市和郊区展开，未能制定出符合我国基层民情的群众参与制度。因此，进一步扩大群众参与基层政府和村级自治组织工作制度，建立合理的权利与权力合作机制。积极践行党的群众路线，建立网上农村监督平台。保证广大基层人民群众的知情权、监督权等基本权利的实现。同时，在媒体上公布领导干部述责述廉、个人有关事项报告的情况，提高基层政府政务工作透明度，开具权力清单，化解群众困惑，满足群众期待。

2. 优化群众监督环境

首先，探索推进在人民群众中设立监察工作信息员、联络员制度，织密监察监督网。努力将群众的监督热情与国家机关及其工作人员接受监督的自觉结合起来，让群众主动监督成为新常态。其次，完善专项治理监督举报途径，定期检查举报箱、举报电话、举报邮箱和网络举报平台等运行情况，方便群众监督。使国家机关及其公务员对自身的行为有一个正确和客观的认识。再次，各级党委和政府要重视群众举报的信息，及时查证核实，形成问题线索。从而充分发挥人民群众在党和国家监督体系中的重要作用。最后，现阶段我国关于群众监督的宣传和实施尚待完善，部分人民群众迫于压力，不敢轻易向党和政府举报和检举，因而党和政府的负责人应主动深入群众，坚持群众工作路线，通过与人民群众的面对面交谈，获知政策的落实情况，为人民群众树立良好榜样。

六　完善群众监督与党内监督、监察监督的贯通机制

(一) 完善群众监督与党内监督的贯通机制

1. 群众监督与党内监督贯通的意义

第一，实现党内监督与群众监督的贯通是党的性质和宗旨决定的。

中国共产党作为执政党,其执政的基础来自于人民群众的拥护,这是我党执政之基和力量之源。因此,从党的十三届六中全会开始,我党始终将广泛联系人民群众,自觉地接受人民群众的监督作为党的建设的重要任务。

第二,实现党内监督与群众监督的贯通是在新形势下加强党的建设的需要。自20世纪90年代以来,社会主义市场经济得到蓬勃发展,在取得经济建设成就的同时,党的建设问题有所松动,发展成为一个尖锐问题,严重威胁党的执政地位。为此,中国共产党逐步加强党的自身建设,强化党的政治建设,完善党内监督体系,以及各级党组织的主体责任。在加强党内监督的同时,我党非常重视群众监督的作用。通过党与政府开设的群众监督渠道,采用检举、举报的方式,对党员和党的干部形成威慑。形成党外监督与党内监督相结合,实现两者共同发力,贯通衔接。

2. 群众监督与党内监督贯通的途径

第一,实现纪检监督党纪政风平台和纪检监督举报平台与群众监督的对接。人民群众的举报和检举信息是发现党员、党的干部违纪违法的重要线索来源,纪检监察机关对线索进行核实,决定是否启动审查程序。

第二,建立举报信息反馈机制。建立信息反馈机制的目的主要在于提高群众监督的威慑力,提高群众参与监督的积极性,从而提高监督效果。同时,信息反馈机制也有利于实现群众监督与纪检监察监督的互动。

第三,将巡视与群众监督结合。巡视本身即具有监督的民主属性,巡视组在巡视期间必须充分了解被巡视单位的情况,而召开群众座谈会,深入群众了解情况是巡视工作能否有效的前提。人民群众对被巡视单位的意见,反映了被巡视单位存在的突出问题,群众也可以通过各种方式向巡视组提供问题线索,通过巡视巡察,深入查找人民群众反映强烈的问题,可以提升巡视工作的有效性。

(二) 完善群众监督与监察监督的贯通机制

监察委员会的监督和反腐败工作必须依靠人民群众的支持与配合。实践证明,监察机关取得的反腐败成就与人民群众的参与密不可分。在深化监察体制改革过程中,监察机关建设人民群众参与监督工作的机制,群众通过网络新媒体行使监督权。据统计,全国纪检监察机构已在新浪和腾讯两大微博平台开通实名认证账号 792 个,纪检监察微信公众号 130 余个,为媒体社会化时代的纪检监察工作注入"微力量"。① 新媒体使得人民群众的监督权得到充分发挥,从监督层面进一步提升了党员干部作风建设的实效性。

监察机关对公职人员的日常监督工作应当密切联系群众,发挥群众监督范围广、即时性强的优势,建立监察监督与群众监督的良性互动,实现纪检监察监督平台与群众举报的对接,将群众监督的优势转化为治理效能。同时,监察机关善于从群众信访、投诉、举报等信息中发现公职人员职务违法和职务犯罪线索,及时对相关线索进行调查核实,并对查证属实的违纪违法行为进行处置。

---

① 贺文华:《大数据视域下廉政文化建设新路径探论》,《广州大学学报》(社会科学版) 2017 年第 8 期。

第八章 反腐败是最彻底的自我革命

第一节 纪律监督成效卓著

一 政治监督具体化与常态化

党的十九大报告提出,党的政治建设是党的根本性建设。2018年,党中央修改《纪律处分条例》,突出政治纪律,画出纪律红线,提高纪律建设的政治性、时代性和针对性。2019年,党中央持续推进政治监督具体化及常态化,加强对落实《中共中央关于加强党的政治建设的意见》的监督检查,取得显著成效。

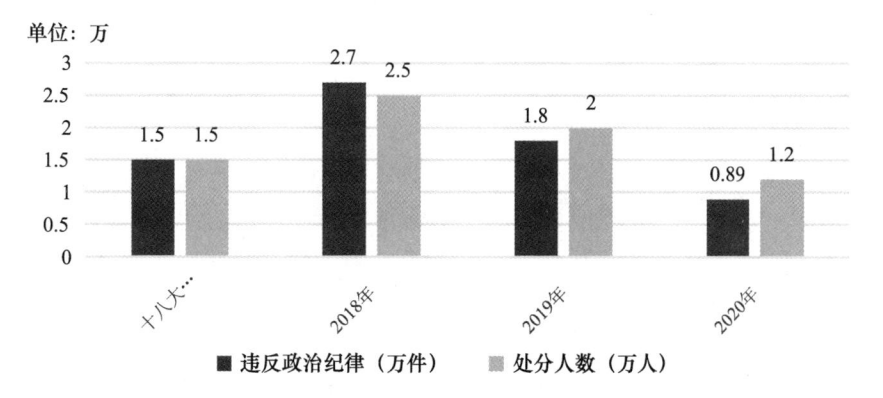

图8-1 违反政治纪律案件

注:图8-1数据来源于党的十八届中央纪律检查委员会向党的十九大作的工作报告、赵乐际在十九届中央纪委三次全会、四次全会和五次全会上的工作报告。

据中央纪委国家监委发布的数据显示（见图8-1），2018年，全国纪检监察机关共立案审查违反政治纪律案件2.7万件，处分2.5万人，其中中管干部29人。2019年，全国纪检监察机关共立案审查违反政治纪律案件1.8万件，处分2万人，其中中管干部23人。2020年，全国纪检监察机关共立案审查违反政治纪律案件8969件，处分1.2万人。

二 严肃查处违反中央八项规定精神的案件

数据显示，2015年，全国共查处违反中央八项规定精神问题3.69万起，处理4.95万人，给予党纪政纪处分约3.4万人；2016年，全国共查处违反中央八项规定精神问题4.08万起，处理5.77万人，给予党纪政纪处分4.2万余人；2017年，全国共查处违反中央八项规定精神问题5.1万起，处理7.16万人，给予党纪政纪处分5万余人；2018年，全国共查处违反中央八项规定问题6.5万起，处理9.22万人，给予党纪政务处分6.56万余人；2019年，全国查处违反中央八项规定精神问题13.63万起，处理19.41万人，给予党纪政务处分12.47万余人；

图8-2 违反中央八项规定精神问题数据

注：图8-2数据来源于中央纪委国家监委网站发布的2015—2021年全国查处违反中央八项规定精神问题情况。

2020年，全国共查处违反中央八项规定精神案件13.62万起，批评教育帮助和处理约19.78万人，给予党纪政务处分11.92万余人。2021年，全国查处违反中央八项规定精神问题10.42万起，批评教育帮助和处理约15.04万人，其中给予党纪政务处分10.12万余人。总体来说，党的十八大以来，截至2022年4月底，全国共查处违反中央八项规定精神问题72.3万起，给予党纪政务处分64.4万人。

从图8-2数据分析可知，自2015年至2019年底，全国查处违反中央八项规定精神问题整体呈现逐年上升的趋势。2019年，在查处的问题、处理的人数以及给予党纪政务处分的人数都有明显上升。从中央纪委国家监委公布数据内容来看，2019年12月公布的数据统计表中，首次对形式主义、官僚主义问题进行公开，并对查处享乐主义、奢靡之风问题的数据统计指标进行调整。[①] 据统计显示，在2019年期间，全国共查处形式主义、官僚主义问题7.49万起，处理10.8万人，给予党纪政务处分6.33万余人。全国查处的享乐主义、奢靡之风问题6.14万起，处理8.62万人，给予党纪政务处分约6.14万人。

2020年1月，首次公布形式主义、官僚主义问题，剑指不担当和不作为。同时，从全年数据来看，2020年"四风"问题查处数据与2019年同比有所下降，表明在党中央的坚强领导下，全面从严治党不断向纵深发展，作风建设成果不断巩固。

2021年12月，全国查处违反中央八项规定精神问题数据公布，这是自2013年首次公布月报数据以来，中央纪委国家监委连续第100个月公布月报数据，意义重大。在这100份月报数据背后，体现了党中央一严到底的决心，坚定不移推进作风建设的意志。2021年，中共中央办公厅印发《关于进一步解决形式主义问题做好2021年为基层减负工作主要措施及分工方案》，着力整改形式主义、官僚主义，持续为基层

---

① 毛翔：《中央纪委国家监委调整违反中央八项规定精神问题数据统计指标——查处形式主义官僚主义问题数据首次公布》，载中央纪委国家监委网站，http://www.ccdi.gov.cn/toutiao/202001/t20200119_208006.html，2020年1月19日。

减负松绑。

从2015年至2021年底查处的违反中央八项规定精神问题的党员干部结构来看（见图8-3），省部级共39人、地厅级共5439人、县处级共5.5万余人、乡科级及以下共64.52万余人。从查处党员干部的分布数量上可以发现，八项规定在聚焦"关键少数"的同时，也持续关注基层干部，处理人数也主要集中于乡科级及以下干部，所占比例均在90%左右。在发展形态上也呈现出纠"四风"不断向基层传导的趋势。

	2015年	2016年	2017年	2018年	2019年	2020年	2021年
省部级	10	5	6	6	5	0	7
地厅级	509	820	863	1166	929	587	565
县处级	4303	6063	6829	9467	12564	8286	7490
乡科级及以下	44686	50835	63946	81576	180626	127330	96161

■省部级 ■地厅级 ■县处级 ■乡科级及以下

图8-3 查处违反中央"八项规定"精神的党员干部的构成

注：图8-3数据来源于中央纪委国家监委网站发布的2015—2021年全国查处违反中央八项规定精神问题情况。

三 实现严肃问责

根据中央纪委国家监委发布的数据统计，在2018年间，全国共有1.3万个单位党委（党组）、党总支、党支部，237个纪委（纪检组），6.1万名党员领导干部被问责，使得失责必问、问责必严成为常态。在2019年间，全国共有8194个党组织、108个纪委（纪检组）和4.5万名党员领导干部被问责。在 2020 年间，全国共问责党组织 7292 个，问责党员领导干部、监察对象 8.6 万人。在 2021 年间，全国共问责党组织 4474 个，问责党员领导干部、监察对象 5.5 万人。

▲2019年全国开展党内问责工作总体情况

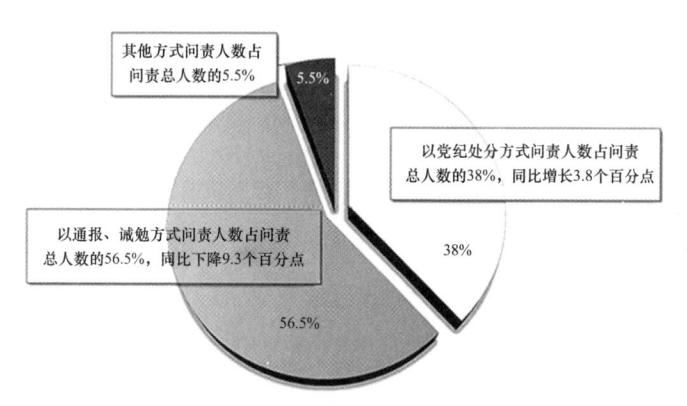

▲2019年党内问责方式分类比例

图 8-4 2018—2019 年问责数据对比

注：图 8-4 数据引用自胡楠《开展党内问责情况数据分析》，中央纪委国家监委网站，http：//www.ccdi.gov.cn/lswh/lilun/202007/t20200703_221310.html，2020 年 7 月 2 日。

通过对 2018 年和 2019 年问责数据对比分析可以发现如下特征：第一，在问责人数方面，2019 年问责人数和 2018 年相比出现同比下降的情形。这表明自十九届中央纪委三次全会对精准问责、防止问责泛化简单化问题作出要求后,再经过《中国共产党问责条例》的修订之后,更加注重问责的规范化和精准化。第二,在规范问责方式上,2019年以党纪处分方式进行问责的比例有所上升,以通报、诫勉等方式问责的人数比例下降。既纠正了以往"动辄问责"的倾向,也强调对问责方式进行规范化,祛除没有法规依据的口头方式。①

四 精准运用"四种形态",强化监督执纪问责

自2017年开始,中央纪委运用"四种形态"处置违纪和职务违法的数据首次公开。据中央纪委国家监委发布的数据显示:首先,从2017年至2021年"四种形态"的具体适用数据来看(见表8-1至表8-5、图8-5),处置人数从131.6万、173.7万、184.9万、195.4万—212.5万人次,呈现不断上升的趋势,表明监督全覆盖产生了强大的效果。其次,第一种形态的适用比例逐步上升。通过批评教育、谈话函询使红脸出汗、咬耳扯袖成为常态,表明监督关口前移,纪检监察机关日常监督工作得到加强。

表8-1　　　　　　　2017年运用"四种形态"数据

时间及形态	第一种形态	第二种形态	第三种形态	第四种形态	总计
第一季度	9.2万(51.7%)	6.5万(36.3%)	1.2万(6.4%)	1万(5.6%)	17.9万
上半年	27.8万(56.6%)	16.3万(33%)	2.8万(5.7%)	2.3万(4.7%)	49.2万
1—9月	47.3万(58.2%)	26.1万(32.1%)	4.5万(5.5%)	3.4万(4.2%)	81.4万
全年	78.6万(59.7%)	41.2万(31.3%)	7万(5.3%)	4.8万(3.7%)	131.6万

---

① 胡楠:《开展党内问责情况数据分析》,中央纪委国家监委网站,http://www.ccdi.gov.cn/lswh/lilun/202007/t20200703_221310.html,2020年7月2日。

表 8-2　　　　　　　　2018 年运用"四种形态"数据

时间及形态	第一种形态	第二种形态	第三种形态	第四种形态	总计
第一季度	16.5 万（63.2%）	7.5 万（28.8%）	1.3 万（5%）	0.78 万（3%）	26.1 万
上半年	44.2 万（64.6%）	18.9 万（27.7%）	3.2 万（4.7%）	2.1 万（3%）	68.4 万
1—9 月	72.9 万（63.9%）	32.1 万（28.2%）	5.4 万（4.7%）	3.6 万（3.2%）	114 万
全年	110.4 万（63.6%）	49.5 万（28.5%）	8.2 万（4.7%）	5.5 万（3.3%）	173.7 万

表 8-3　　　　　　　　2019 年运用"四种形态"数据

时间及形态	第一种形态	第二种形态	第三种形态	第四种形态	总计
第一季度	24.2 万（66.9%）	9 万（25%）	1.6 万（4.3%）	1.4 万（3.8%）	36.1 万
上半年	55.2 万（68%）	19.6 万（24.2%）	3.2 万（4%）	3.1 万（3.8%）	81.2 万
1—9 月	85.4 万（68.4%）	29.8 万（23.9%）	4.8 万（3.8%）	4.8 万（3.9%）	124.9 万
全年	124.6 万（67.4%）	46.3 万（25%）	7.2 万（3.9%）	6.8 万（3.7%）	184.9 万

表 8-4　　　　　　　　2020 年运用"四种形态"数据

时间及形态	第一种形态	第二种形态	第三种形态	第四种形态	总计
第一季度	23.6 万（70.9%）	7.4 万（22.4%）	1.1 万（3.2%）	1.2 万（3.5%）	33.2 万
上半年	59.8 万（70.7%）	19.2 万（22.8%）	2.7 万（3.2%）	2.8 万（3.3%）	84.6 万
1—9 月	92.8 万（69.8%）	31.1 万（23.4%）	4.5 万（3.4%）	4.6 万（3.5%）	133 万
全年	133 万（68.1%）	48.5 万（24.8%）	7.1 万（3.6%）	6.8 万（3.5%）	195.4 万

表 8-5　　　　　　　　2021 年运用"四种形态"数据

时间及形态	第一种形态	第二种形态	第三种形态	第四种形态	总计
第一季度	29.4 万 (71.3%)	8.9 万 (21.7%)	1.3 万 (3.2%)	1.6 万 (3.8%)	41.2 万
上半年	68.9 万 (71.9%)	20.6 万 (21.5%)	3 万 (3.1%)	3.4 万 (3.5%)	95.9 万
1—9 月	105.3 万 (71.5%)	32.2 万 (21.9%)	4.6 万 (3.1%)	5.2 万 (3.6%)	147.4 万
全年	148.7 万 (70%)	49.4 万 (23.2%)	7 万 (3.3%)	7.4 万 (3.5%)	212.5 万

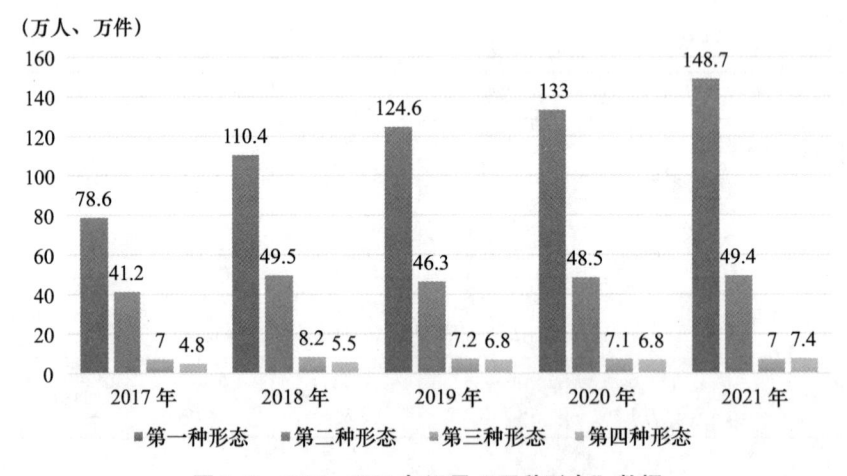

图 8-5　2017—2021 年运用"四种形态"数据

注：表 8-1 至表 8-4、图 8-5 数据来源于 2017—2021 年中央纪委通报的第一季度、上半年、1—9 月和全年纪律审查情况。

五　追逃追赃与反腐败国际合作取得举世瞩目的成果

党的十九大以来，随着国家监察体制改革的深入推进，国际反腐败追逃追赃工作进入新的阶段。《监察法》专章规定了反腐败国际合作，明确监察机关在追逃追赃中的职责定位，使反腐败追逃追赃工作法治化、规范化，将改革形成的制度优势转化为了治理效能。在 2020 年 8 月，全国人大常委会也首次听取和审议国家监委关于开展反腐败国际追逃追赃情况专项工作报告。根据专项报告的数据显示：2014—2020年6月，共从120多个国家和地区追回外逃人员7831人，包括党员和国家工作人员2075人、"红通人员"348人、"百名红通人员"60人，追回赃款196.54亿元，有效削减了外逃人员存量；其中，特别是国家监委成立以来，共追回外逃人员3848人，包括党员和国家工作人员1306人、"红通人员"116人、"百名红通人员"8人，追回赃款99.11亿元，追回人数、追赃金额同比均大幅增长，改革形成的制度优势进一步转化成为追逃追赃领域治理效能；新增外逃党员和国家工作人员明显减少，从2014年的101人降至2015年的31人、2016年的19人、2017年的4人、2018年的9人、2019年的4人，有力遏制住外逃蔓延势头。[1]同时，在"天网2021"行动中，追回外逃人员1273人，其中"红通人员"22人、监察对象318人，追回赃款167.4亿元。

反腐败国际司法执法合作的广泛开展。我国积极参与联合国、二十国集团、亚太经合组织、金砖国家等多边框架下的反腐败合作，与28个国家新缔结引渡条约、司法协助条约、资产返还与分享协定等43项，国家监委与10个国家反腐败执法机构和国际组织签订合作协议11项，初步构建起覆盖各大洲和重点国家的反腐败执法合作网络。据报告显示，截至2020年6月底，各省区市监察机关、检察机关、公安机关在"天网行动"中通过与国外境外执法机关合作，依法缉捕1468人、遣返345人、引渡50人。国家监委成立以来，对外提出执法合作请求50余项、刑事司法协助请求9项、引渡请求7项，在国内与外方执法机关磋商案件50余次，组成31个团组赴17个国家开展追逃追赃执法合作。[2]

---

[1] 杨晓渡：《国家监察委员会关于开展反腐败国际追逃追赃工作情况的报告——2020年8月10日在第十三届全国人民代表大会常务委员会第二十一次会议上》，《中华人民共和国全国人民代表大会常务委员会公报》2020年第4期。

[2] 杨晓渡：《国家监察委员会关于开展反腐败国际追逃追赃工作情况的报告——2020年8月10日在第十三届全国人民代表大会常务委员会第二十一次会议上》，《中华人民共和国全国人民代表大会常务委员会公报》2020年第4期。

六 党纪政务处分成为纪检监察机关的主要惩戒措施

2018年国家《监察法》的颁布实施，对原有公职人员纪律处分体制进行了重构。政务处分作为监察机关对公职人员的职务违法行为作出的处置决定，是监察机关追究公职人员职务违法行为的惩戒措施。

据中央纪委国家监委发布的数据显示，2017年，全国纪检监察机关共处分52.7万人（其中党纪处分44.3万人）。处分省部级及以上干部58人，厅局级干部3300余人，县处级干部2.1万人，乡科级干部7.8万人，一般干部9.7万人，农村、企业等其他人员32.7万人。

2018年，全国纪检监察机关共处分62.1万人（其中党纪处分52.6万人）。处分省部级及以上干部51人，厅局级干部3500余人，县处级干部2.6万人，乡科级干部9.1万人，一般干部11.1万人，农村、企业等其他人员39万人。

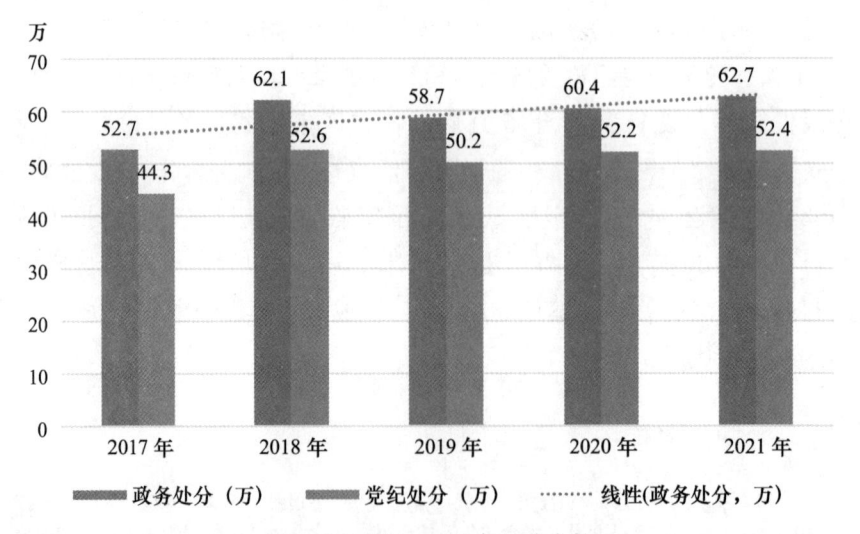

图 8-6 2017—2021 年处分人数

注：图8-6数据来源于2017年全国纪检监察机关纪律审查情况；2018、2019、2020和2021年全国纪检监察机关监督检查、审查调查情况。

第八章 反腐败是最彻底的自我革命

2019年，全国纪检监察机关共处分58.7万人（其中党纪处分50.2万人）。处分省部级干部41人，厅局级干部0.4万人，县处级干部2.4万人，乡科级干部8.5万人，一般干部9.8万人，农村、企业等其他人员37.7万人。

2020年，全国纪检监察机关共处分60.4万人（其中党纪处分52.2万人）。处分省部级干部27人，厅局级干部2859人，县处级干部2.2万人，乡科级干部8.3万人，一般干部9.9万人，农村、企业等其他人员39.8万人。

2021年，全国纪检监察机关共处分62.7万人（其中党纪处分52.4万人）。处分省部级干部36人，厅局级干部3024人，县处级干部2.5万人，乡科级干部8.8万人，一般干部9.7万人，农村、企业等其他人员41.4万人。

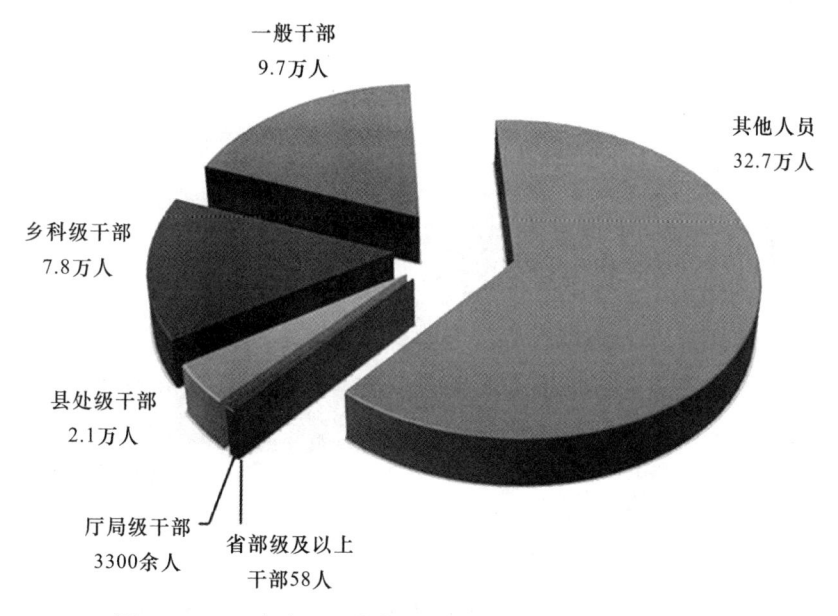

图8-7 2017年全国纪检监察机关处分人员（按职级划分）

注：图8-7数据引用自中央纪委通报的2017年全国纪检监察机关纪律审查情况。

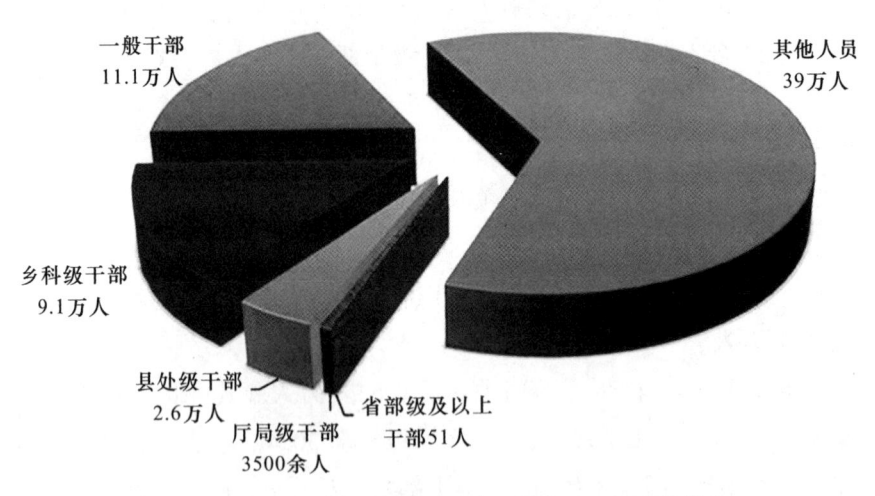

新时代国家监察制度建设的理论与实践

图 8-8　2018 年全国纪检监察机关处分人员（按职级划分）

一般干部 11.1万人
其他人员 39万人
乡科级干部 9.1万人
县处级干部 2.6万人
厅局级干部 3500余人
省部级及以上干部51人

注：图 8-8 数据引用自中央纪委国家监委通报的 2018 年全国纪检监察机关监督检查、审查调查情况。

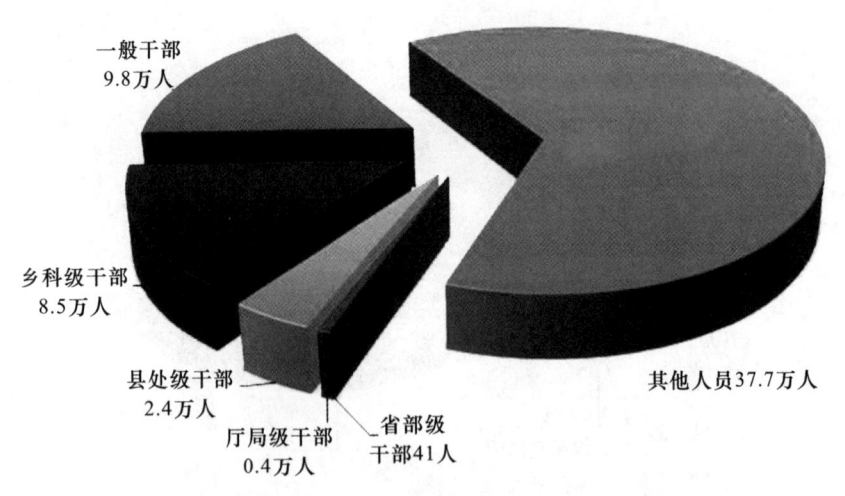

图 8-9　2019 年全国纪检监察机关处分人员（按职级划分）

一般干部 9.8万人
其他人员37.7万人
乡科级干部 8.5万人
县处级干部 2.4万人
厅局级干部 0.4万人
省部级干部41人

注：图 8-9 数据引用自中央纪委国家监委通报的 2019 年全国纪检监察机关监督检查、审查调查情况。

一般干部
9.9万人

乡科级干部
8.3万人

县处级干部
2.2万人

厅局级干部
2859人

省部级
干部27人

其他人员
39.8万人

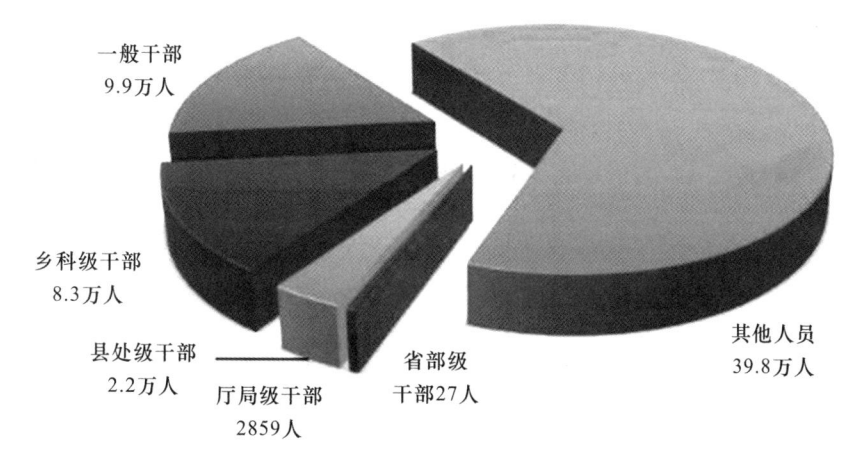

图8-10 2020年全国纪检监察机关处分人员（按职级划分）

注：图8-10数据引用自中央纪委国家监委通报的2020年全国纪检监察机关监督检查、审查调查情况。

一般干部
9.7万人

乡科级干部
8.8万人

县处级干部
2.5万人

厅局级干部
3024人

省部级
干部36人

其他人员
41.4万人

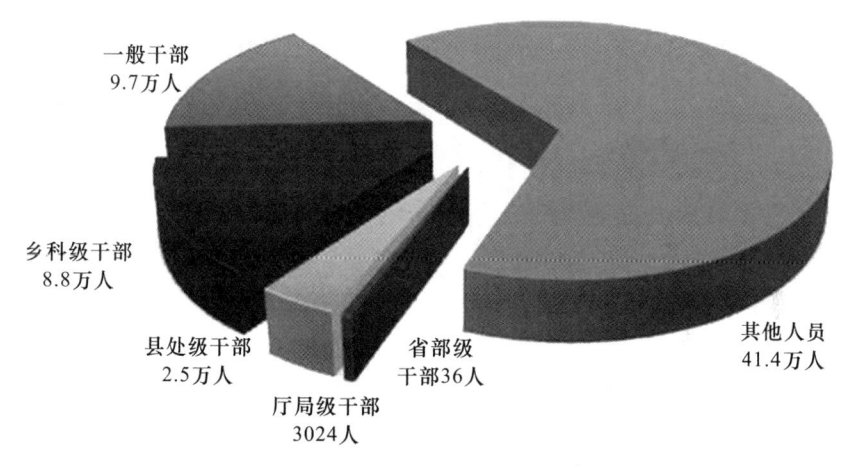

图8-11 2021年全国纪检监察机关处分人员（按职级划分）

注：图8-11数据引用自中央纪委国家监委通报的2021年全国纪检监察机关监督检查、审查调查情况。

七 信访举报、查找问题线索、谈话函询在日常监督中发挥重要作用

根据中央纪委国家监委发布的数据显示，2017年，全国纪检监察机关共接受信访举报273.3万件次，处置问题线索125.1万件，谈话函

询28.4万件次。

2018年，全国纪检监察机关共接受信访举报344万件次，处置问题线索166.7万件，谈话函询34.1万件次。

2019年，全国纪检监察机关共接受信访举报329.4万件次，处置问题线索170.5万件，谈话函询37.7万件次。

2020年，全国纪检监察机关共接受信访举报322.9万件次，处置问题线索170.3万件，谈话函询36.4万件次。

2021年，全国纪检监察机关共接受信访举报386.2万件次，处理问题线索182.6万件，谈话函询34.4万件次。

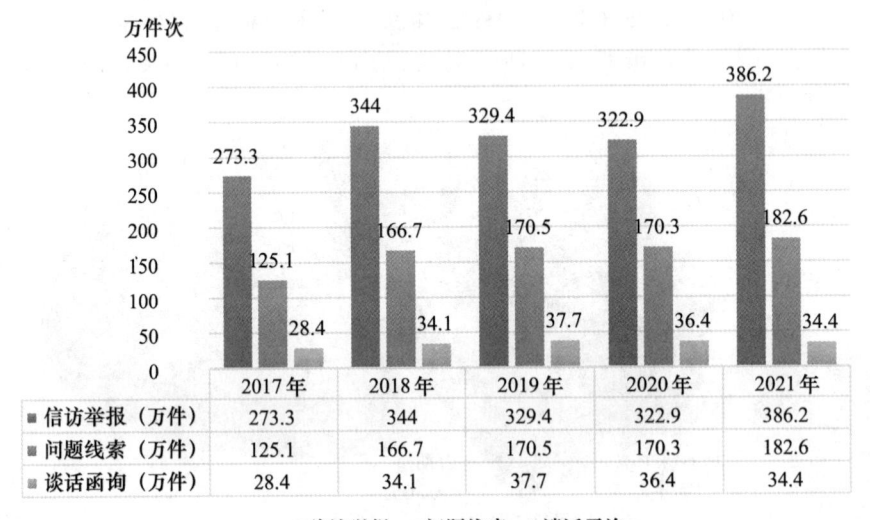

	2017年	2018年	2019年	2020年	2021年
信访举报（万件）	273.3	344	329.4	322.9	386.2
问题线索（万件）	125.1	166.7	170.5	170.3	182.6
谈话函询（万件）	28.4	34.1	37.7	36.4	34.4

图8-12 信访举报、问题线索、谈话函询的情况

注：图8-12数据来源于2017年全国纪检监察机关纪律审查情况；2018、2019、2020和2021年全国纪检监察机关监督检查、审查调查情况。

八 实现巡视巡察全覆盖

（一）巡视利剑作用凸显

截至2021年10月，中央巡视组已开展八轮巡视，第八轮巡视组于2021年10月12日完成对25家金融单位的巡视进驻工作。十九届中央纪委六次全会工作报告指出,各省区市党委完成对2284个党组织的巡视,覆盖率达到99%,市、县两级巡察党组织13.5万个,覆盖率达到100%,有关中央单位党组(党委)完成对2943个党组织的巡视。截至2022年,十九届中央巡视已累计完成对254个地方、党组织的巡视。

前六轮中央巡视组共巡视31个省区市和新疆生产建设兵团(第一轮巡视14个省区,第二轮巡视13个省区,第六轮巡视17个省区市和新疆生产建设兵团。其中,第二轮脱贫攻坚专项巡视与第六轮常规巡视都巡视了内蒙古自治区、吉林省、安徽省、江西省、湖北省、广西壮族自治区、重庆市、云南省、西藏自治区、陕西省、甘肃省、青海省、新疆维吾尔自治区13个省区市)、103个中央和国家机关单位党组织(第一轮巡视8个中央和国家机关单位党组织,第二轮巡视11个中央和国家机关单位党组织,第三轮巡视3个党组织,第四轮巡视37个中央和国家机关单位党组织,第五轮巡视35个中央和国家机关单位党组织,第六轮巡视14个中央和国家机关单位党组织。其中,有5个中央和国家机关单位党组织被巡视了两次:第一轮常规巡视与第二轮脱贫攻坚专项巡视都巡视了住房和城乡建设部;第二轮脱贫攻坚专项巡视与第六轮常规巡视都巡视了财政部、水利部、农业农村部、国家卫生健康委员会)、52家中管企业党组织(第一轮巡视8家中管企业党组织,第二轮巡视两家中管企业党组织,第三轮巡视42家中管企业党组织),完成对中管企业巡视全覆盖。在十九届中央第七轮巡视中,主要对教育部和31所中管高校党组织开展常规巡视。第八轮巡视将对25家金融单位党组织开展巡视。同时,十九届中央巡视工作首次将副省级城市党委、人大、政府、政协四套班子主要负责人纳入巡视范围,完成了对沈阳、大连、哈尔滨、南京、厦门、济南、青岛、广州、深圳、成都、长春、杭州、宁波、武汉、西安15个副省级城市的巡视工作。[1]

---

[1] 十九大以来六轮中央巡视的相关数据来源于中央纪委国家监委网站"十九届中央巡视工作专题"的统计汇总,详见中央纪委国家监委网站:https://www.ccdi.gov.cn/special/19zyxsgz/index.html。

十九届中央巡视工作与十八届中央巡视工作相比较呈现以下特点：第一，巡视速度更快。十八届中央巡视组开展了十二轮巡视，共巡视277个党组织，而十九届中央巡视组前六轮巡视已完成对202个党组织的巡视，第七、第八轮巡视又将对教育部和31所中管高校党组织、25家金融单位党组织开展巡视。第二，巡视覆盖范围更广。十八届中央巡视组完成对省区市巡视全覆盖，而十九届中央巡视组除要完成对省区市巡视全覆盖，还首次依据《中国共产党巡视工作条例》第十三条第一款的规定将副省级城市党委、人大、政府、政协四套班子主要负责人纳入巡视范围，① 在巡视覆盖范围上进行了拓展，巡视利剑作用突显。第三，深化创新巡视"回头看"：十八届中央巡视组对16个省区市开展"回头看"，而十九届中央巡视组六轮巡视已对13个省区市与5个中央和国家机关单位开展"回头看"，并且在第二轮脱贫攻坚专项巡视后，又于一年后开展脱贫攻坚专项巡视"回头看"，实质上，十九届中央巡视组已对26个地方、单位党组织开展了"回头看"，其中18个地方、单位党组织开展两次"回头看"。其一，"回头看"的对象从地方拓展到单位党组织，覆盖面更广；其二，专项巡视一段时间后对全部巡视对象开展"回头看"，不仅创新了"回头看"的方式，还加强了对巡视对象整改情况的监督检查。最后，巡视工作更加科学化、制度化：中央巡视工作领导小组在总结十八届巡视工作经验的基础上，制定、修订了46项工作制度，并与纪检监察、审计、信访等部门建立健全十多项协调协作机制，② 通过制度完善加强对巡视工作各环节的规范管理，通过协调协作机制建立健全推动监督合力形成。

---

① 《中国共产党巡视工作条例》第十三条 中央巡视组的巡视对象和范围是：省、自治区、直辖市党委和人大常委会、政府、政协党组领导班子及其成员，省、自治区、直辖市高级人民法院、人民检察院党组主要负责人，副省级城市党委和人大常委会、政府、政协党组主要负责人。

② 《新时代巡视利剑作用更加彰显十九届中央第一轮巡视工作综述》，载中央纪委国家监委网站，http://www.ccdi.gov.cn/special/fkzl/toutiao_fkzl/201808/t20180801_176828.html，2018年7月31日。

（二）地方和中央国家机关巡视巡察全覆盖

第一，各省区市党委和中央有关单位党组（党委）巡视工作有序推进。2018年，各省区市党委和中央有关单位党组（党委）共对200个市、1040个县、1416家企事业单位党组织开展巡视。2019年，各省区市党委和部分中央国家机关单位党组（党委）对134个市、1011个县、1945个部门和企事业单位党组织开展巡视。2020年，各省市区党委和有关中央单位党组（党委）完成对5124个党组织的巡视。据统计，自十八大以来截至2017年9月底，各省区市党委共组织巡视了8362个党组织；有65个中央和国家机关开展了巡视，共巡视了1730个党组织；中央军委组织开展13批次巡视，完成了对军委管理的党组织的常规巡视全覆盖和回访巡视全覆盖，并开展3批次专项"机动式"巡视。[①]

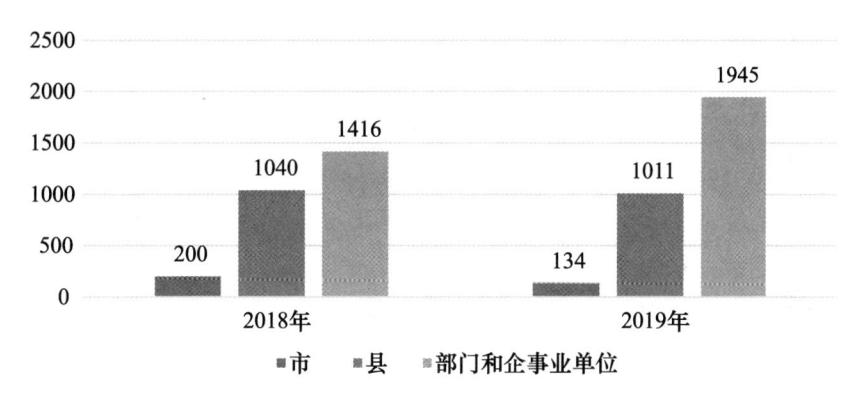

图 8-13 2018—2019年省市区和中央有关单位巡视情况

注：图8-13数据来源于赵乐际在十九届中央纪委三次全会和四次全会上的工作报告

第二，市县巡察工作向纵深发展。党的十九大以来，市县巡察工作在中央与地方巡视的带动下取得长足发展。2018年，全国市、县两级共巡察12.6万个党组织，发现各类问题97.5万个，涉及党员干部违规违纪

---

① 《锻造巡视监督利剑　探索自我净化路径　推动全面从严治党向纵深发展（砥砺奋进的五年·全面从严治党）——党的十八大以来中央巡视工作综述》，《人民日报》2017年9月29日第1版。

问题线索 19 万件，推动查处 3.6 万人。① 2019 年，全国各市县均开展巡察工作，覆盖 1.1 万个乡镇、5.9 万个部门和企事业单位、22.5 万个村级党组织。② 2020 年，稳步开展市县巡察，覆盖 26.1 万个党组织。2021 年，市、县两级巡察党组织 13.5 万个，覆盖率达到 100%。十八大以来，截至 2017 年 8 月底，各地共对 15.57 万个党组织开展巡察，移交问题线索 14.4 万件，立案 3.7 万人、党纪政纪处分 3.2 万人、移交司法机关 2715 人。截至 2017 年 9 月底，31 个省区市和新疆生产建设兵团、15 个副省级城市全部建立了巡察制度，336 个市地、2483 个县区开展了巡察工作。③

党的十九大以来，地方与中央有关单位的巡视巡察工作与党的十九大之前相比较呈现以下特征：首先，十九届各省区市与中央有关单位的巡视巡察工作更加科学化：各省区市党委与中央有关单位党组（党委）积极修订完善本地区本单位巡视巡察工作计划，并建立巡视巡察制度。其次，巡视巡察主体呈扩大化趋势：党的十九大以来，截至 2019 年 2 月底，140 个中央和国家机关单位、中管企业党组（党委）建立巡视制度；截至目前，31 所党委书记和校长列入中央管理的高校党委全部建立巡察制度，相较于十八大只有 67 家中央单位探索开展巡视工作，不仅开展巡视工作的中央和国家机关单位、中管企业数量增多，而且部分高校探索开展巡察工作。最后，市县巡察全覆盖，巡视利剑直入基层：十八届一届任期内全部开展市县巡察，十九届地方巡察力度加大，市县巡察实现常态化，全国各市县每年均开展巡察工作，发现大量违规违纪问题线索，充分发挥了政治"显微镜"和"探照灯"作用。

---

① 赵乐际：《忠实履行党章和宪法赋予的职责　努力实现新时代纪检监察工作高质量发展——在中国共产党第十九届中央纪律检查委员会第三次全体会议上的工作报告》，《人民日报》2019 年 2 月 21 日第 4 版。

② 赵乐际：《坚持和完善党和国家监督体系　为全面建成小康社会提供坚强保障——在中国共产党第十九届中央纪律检查委员会第四次全体会议上的工作报告》，《人民日报》2020 年 2 月 25 日第 3 版。

③ 参见《锻造巡视监督利剑　探索自我净化路径　推动全面从严治党向纵深发展（砥砺奋进的五年・全面从严治党）——党的十八大以来中央巡视工作综述》，《人民日报》2017 年 9 月 29 日第 1 版。

第八章　反腐败是最彻底的自我革命

第三，加强中央巡视机构与信访部门协调协作，党内监督与群众监督开始形成合力。

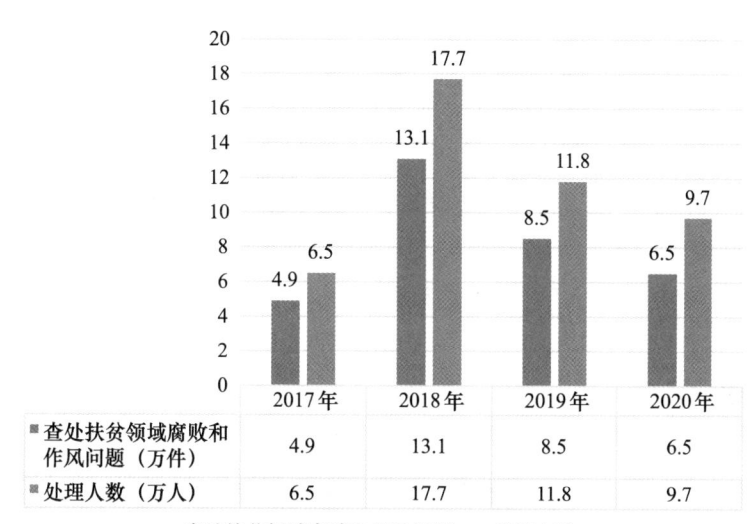

	2017年	2018年	2019年	2020年
查处扶贫领域腐败和作风问题（万件）	4.9	13.1	8.5	6.5
处理人数（万人）	6.5	17.7	11.8	9.7

图8-14　2017—2020年全国各级纪检监察机关查处扶贫领域腐败及作风问题情况

注：图8-14数据来源于中央纪委国家监委网站发布的《中央纪委国家监委保障脱贫攻坚工作综述》

党的十九大以来，中央巡视工作在开展过程中联系群众，使党内监督与群众监督相结合，加强中央巡视机构与信访部门协调协作。2018年，第一轮与第二轮中央巡视组共受理群众信访举报49万件次；① 2019年，第三轮、第四轮以及脱贫攻坚专项巡视"回头看"中央巡视组共受理群众信访举报9万余件次。② 2020年，中央巡视组受理信访举报47.9万件次。2021年，中央巡视组受理信访举报8.3万件次。而十八

---

① 赵乐际：《忠实履行党章和宪法赋予的职责　努力实现新时代纪检监察工作高质量发展——在中国共产党第十九届中央纪律检查委员会第三次全体会议上的工作报告》，《人民日报》2019年2月21日第4版。

② 赵乐际：《坚持和完善党和国家监督体系　为全面建成小康社会提供坚强保障——在中国共产党第十九届中央纪律检查委员会第四次全体会议上的工作报告》，《人民日报》2020年2月25日第3版。

届中央巡视组12轮巡视共受理信访159万件，与干部群众谈话5.3万人次。① 十九届中央巡视组在十八届中央巡视组工作经验基础上，继续深化党群合作，逐步形成党内监督与群众监督之间的监督合力。

各地纪检监察机关开展扶贫领域腐败和作风问题线索"大起底"和"回头看"，聚焦脱贫攻坚开展专项巡视巡察，对扶贫领域问题线索优先处置……据统计，2017年全国各级纪检监察机关查处扶贫领域腐败和作风问题4.9万余件，处理6.5万人；2018年查处13.1万件，处理17.7万人；2019年查处8.5万件，处理11.8万人；2020年查处6.5万件、处理9.7万人。在2021年期间，全国纪检监察机关共查处巩固拓展脱贫攻坚成果同乡村振兴有效衔接方面腐败和作风问题1.9万个，批评教育帮助和处理2.7万人，其中给予党纪政务处分1.7万人。

九 实现派驻监督全覆盖、派驻"探头"作用呈现

党的十八大以来，中央纪委机关、派驻纪检组干部交流1314人次，培训各级纪检监察干部17.8万人次，纪检监察队伍精神风貌、能力素质明显提升。实行单独派驻和综合派驻相结合，共设立47家派驻纪检组，监督139家单位。

党的十九大以来，中央纪委国家监委加强对省级纪委监委、派驻（派出）机构的领导，培训各级纪检监察干部3.7万人次。改革派驻监督体制机制：中央纪委国家监委调整派驻机构设置，统一设立46家派驻纪检监察组，监督中央一级党和国家机关129家单位。

据数据显示，2019年，全国纪检监察机关派驻机构共处置问题线索27.5万件，谈话函询8.3万人次，初步核实21万人次，立案6.6万件，处分5.9万人。② 纪检监察组对中央一级党和国家机关、国企和金

---

① 《十八届中央纪律检查委员会向中国共产党第十九次全国代表大会的工作报告》，《人民日报》2017年10月30日第1版。

② 赵乐际：《坚持和完善党和国家监督体系　为全面建成小康社会提供坚强保障——在中国共产党第十九届中央纪律检查委员会第四次全体会议上的工作报告》，《人民日报》2020年2月25日第3版。

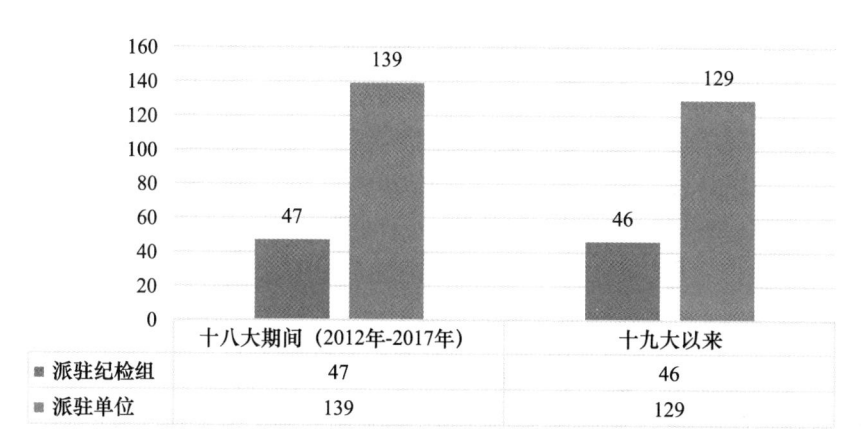

第八章 反腐败是最彻底的自我革命

	十八大期间（2012年-2017年）	十九大以来
派驻纪检组	47	46
派驻单位	139	129

图 8-15 派驻监督机构设置情况

注：图 8-15 数据来源于党的十八届中央纪律检查委员会向党的十九大的工作报告、赵乐际在十九届中央纪委三次全会上的工作报告

融单位的监督发现了大量的干部存在违纪违法问题，并与相关地方或单位纪委监委联合对违纪违法干部进行纪律审查和监察调查。通过统计可以发现，党的十九大以来，共有42家派驻纪检监察组发现97名中央一级党和国家机关、国企和金融单位干部存在违纪违法问题，其中，2020年为32人，2019年为53人，2018年为10人，2017年十九大召开后为2人（2017年总共7人）。其中，驻中国银保监会纪检监察组、驻国资委纪检监察组、驻交通运输部纪检监察组、驻工业和信息化部纪检监察组发现的问题数量位居前列。

十 威慑与感召并举，主动投案由"现象"转为"常态"

党的十八大以来，我们党扎紧制度的笼子，持续推进反腐败斗争的高压态势和深入程度。一方面，我们党通过形成制度威慑，挤压党员干部的可腐败空间，有效减少腐败存量，遏制腐败增量。另一方面，通过贯彻落实宽严相济的惩治政策及时感召贪腐人员，使其迷途知返、改过自新。并以典型案例开展主题教育、以腐败分子的忏悔录（书）作为

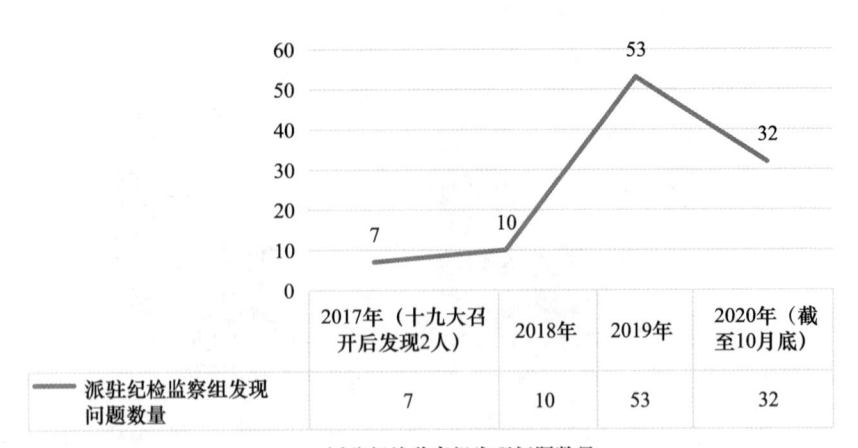

	2017年（十九大召开后发现2人）	2018年	2019年	2020年（截至10月底）
派驻纪检监察组发现问题数量	7	10	53	32

图 8-16　2017—2020 年 10 月底派驻纪检监察组发现的中央一级党和国家机关、国企、金融单位干部违纪违法问题人数统计

反面教材警醒所有党员干部，遏制潜在的贪腐苗头，鼓励主动交代违纪违法问题。同时，在党规国法层面，2018 年《监察法》的颁布对主动投案人员的处理提供了重要规范依据。[①] 2018 年 8 月，五部门联合发布的督促投案自首公告更表明决心，对境外在逃人员进行威慑和感召。在 2019 年 7 月，中央纪委办公厅又印发《纪检监察机关处理主动投案问题的规定》（试行），对主动投案的认定和处理作出进一步的细化和规范。三方面措施的结合，使得主动投案成为违纪违法者唯一正确的出路。[②]

党的十九大以来，主动投案已经由偶发性的个案现象变成了违纪违法者的常态化选择。据地方性的数据报告显示，截至 2019 年，广东省共有 487 人在党的十九大后所形成的高压反腐氛围和政策感召的影响下

[①]《监察法》第 31 条规定："有自动投案，真诚悔罪悔过情形的，监察机关可以经领导人员集体研究并报上一级监察机关批准提出从宽处罚的建议。"

[②] 张琰：《主动投案是选择了唯一正确的出路》，《中国纪检监察报》2019 年 5 月 10 日第 1 版。

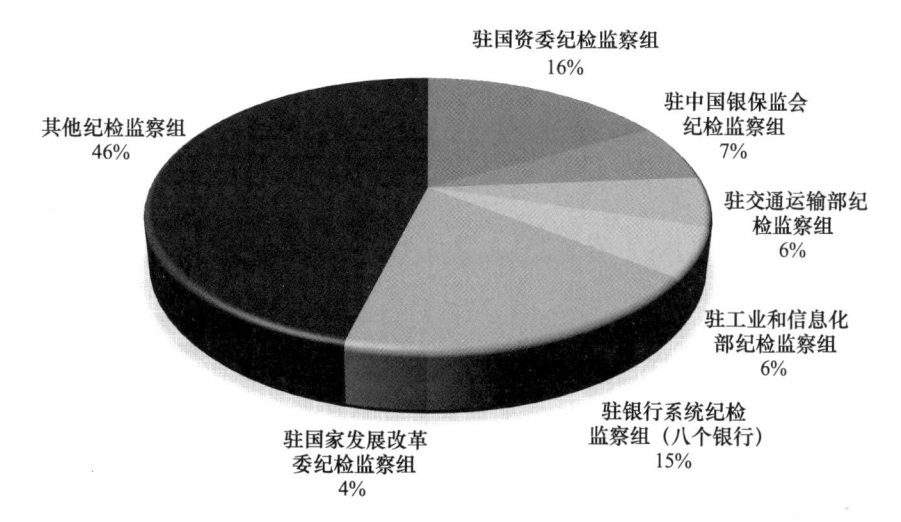

图 8-17　2017—2020 年 10 月底派驻纪检监察组发现的
中央一级党和国家机关、国企、金融单位干部违纪违法问题比例图

注：图 8-16、图 8-17 数据来源于 2017 年至 2020 年 10 月底中央一级党和国家机关、国企和金融单位干部执纪审查情况。

主动投案，其中，2018 年便有 408 人，超过前 5 年主动投案的人数总和。[①] 在湖南省，主动投案也成为反腐败斗争的一种"新态势"，2019 年期间，湖南纪检监察机关共接受主动投案 483 人，主动交代问题 1281 人次，同比分别增长 96.3%和 21.8%。[②] 截至 2020 年 10 月，云南省纪委监委也已接受 271 人主动投案，其中厅级干部 6 名。[③]

据中央层面的数据报告显示，党的十九大以来截至 2018 年底，共有 5000 余名党员干部主动投案。其中，更有像艾文礼、王铁等中管干

[①] 罗有远：《广东省主动投案人数呈明显增加态势——强化威慑与感召　让违纪违法者回归正途》，《中国纪检监察报》2019 年 4 月 5 日第 1 版。
[②] 湖南省纪委监委：《主动投案成为湖南反腐"新态势"》，载中央纪委国家监委网站，http：//www.ccdi.gov.cn/yaowen/202001/t20200117_207942.html，2020 年 1 月 20 日。
[③] 周根山：《云南今年已有 271 人主动投案其中厅级干部 6 名》，载中央纪委国家监委网站，http：//www.ccdi.gov.cn/yaowen/202010/t20201009_226761.html，2020 年 10 月 9 日。

部投案。① 2019 年，全国又有 10357 人主动投案，其中中管干部 5 人、省管干部 119 人。② 2020 年，全国有 1.6 万人向纪检监察机关主动投案，6.6 万人主动交代问题。2021 年期间，全国共有 3.8 万人向纪检监察机关主动投案，10.4 万人主动交代问题。对比这些公开数据可以发现，不仅主动投案人数明显上升，投案人员的职务职级也开始出现分化，涵盖了中管干部、省管干部、基层干部等多种层级。

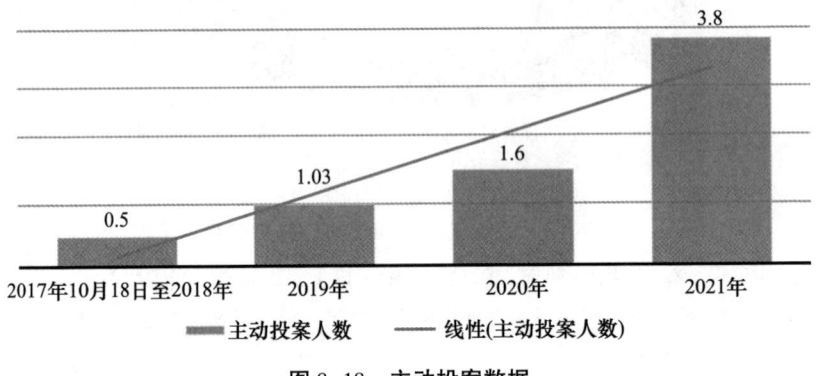

图 8-18　主动投案数据

注：图 8-18 数据来源于赵乐际在十九届中央纪委三、四、五、六次全会的工作报告。其中，2017 年 10 月 18 日至 2018 年呈现的数据约 5000 人，非具体数据。

自党的十九大以来，越来越多的违纪违法者的主动投案数据，也彰显着我们党在反腐败斗争中所取得的压倒性胜利，党和国家监督体系所构筑的制度性"牢笼"也更加扎实。在长期制度性的威慑和政策性的思想感悟引领下，鼓励违纪违法者主动投案也成为我们党发挥制度优势和治理效能，实现标本兼治、综合治理的一项重要举措。

---

①　赵乐际：《忠实履行党章和宪法赋予的职责　努力实现新时代纪检监察工作高质量发展——在中国共产党第十九届中央纪律检查委员会第三次全体会议上的工作报告》，《人民日报》2019 年 2 月 21 日第 4 版。
②　赵乐际：《坚持和完善党和国家监督体系　为全面建成小康社会提供坚强保障——在中国共产党第十九届中央纪律检查委员会第四次全体会议上的工作报告》，《人民日报》2020 年 2 月 25 日第 3 版。

第二节　反腐败形势严峻

一　党组织主体责任和监督责任不到位的情况仍然突出

党的十八大报告指出，要严格执行党风廉政建设责任制。2013年11月，党的十八届三中全会审议通过的《中共中央关于全面深化改革若干重大问题的决定》指出，落实党风廉政建设责任制，党委负主体责任，纪委负监督责任，制定实施切实可行的责任追究制度。各级纪委要履行协助党委加强党风建设和组织协调反腐败工作的职责，加强对同级党委特别是常委会成员的监督，更好发挥党内监督专门机关作用。2014年1月14日，习近平总书记在十八届中央纪委三次全会上强调，要落实党委的主体责任和纪委的监督责任，强化责任追究，不能让制度成为纸老虎、稻草人。2014年1月23日，习近平总书记在听取巡视工作汇报时作出重要指示，明确要求将党风廉政建设主体责任、监督责任落实情况列入巡视监督内容。党组织"两个责任"的落实随着全面深化改革进程的推进日益成为党风廉政建设的重要内容。

然而，党的十九大以来，党组织主体责任和监督责任不到位的问题仍然存在。十九届中央五轮巡视的反馈情况中，绝大部分地方与单位党组织都存在"两个责任"不到位的问题。主要反映在：第一，腐败问题依然突出。2018年，中央纪委国家监委立案审查调查中管干部68人，涉嫌犯罪移送司法机关15人，全国纪检监察机关共对52.6万名党员作出党纪处分，对13.5万名公职人员作出政务处分；2019年，中央纪委国家监委立案审查调查中管干部45人；全国纪检监察机关立案审查调查61.9万件，给予党纪政务处分58.7万人，涉嫌犯罪移送检察机关2.1万人。第二，"四风"与违反中央八项规定精神问题仍然突出。2018年，全国共查处违反中央八项规定精神问题6.5万起，处理党员干部9.2万人；2019年，全国违反中央八项规定精神问题6.1万起，处理党员、干部8.6万人，给予党纪政务处分6.6万人；2020年，全国共查处违反中央八项规定精神案件13.62万起，批评教育帮助和处理约19.78万人，给予党纪政务处分11.92万余人。2021年，全国查处违反中央八项规定精神问题10.42万起，批评教育帮助和处理约15.04万人，其中给予党纪政务处分10.12万余人。第三，重点领域及关键岗位廉洁风险较为突出。重点领域主要为与经济密切挂钩的领域，关键岗位主要为主管经济发展的岗位。当前部分公职人员在经济和金融领域存在较为严重的腐败现象，主要体现在审批监管、资源开发、金融信贷、工程招标以及公共财产支出等重点领域和环节，部分领导干部滥用权力，为己谋私的现象并没有得到遏制。

二 违反政治纪律的现象较为常见

党的十九大报告在明确全面从严治党的基础上，进一步强调政治建设是党的根本性建设，必须把党的政治建设摆在首位。习近平总书记在中共中央政治局第六次集体学习时也强调，要把党的政治建设作为党的根本性建设。政治建设与全面从严治党是一体的，两者都建立在坚持党的领导的基础之上，并且两者相辅相成。然而当前政治建设和全面从严治党存在不到位的问题。通过中央五轮巡视的反馈可以看到，违反政治纪律的情况时有发生，部分党组织党内政治生活不严肃，党内政治文化不健康，破坏党内政治生态的情况依然存在。2018年，各级纪检监察机关共立案审查存在违反政治纪律行为案件2.7万件，处分2.5万人，其中中管干部29人。2019年，全国纪检监察机关共立案审查违反政治纪律案件1.8万件，处分2万人，其中中管干部23人。2020年，全国纪检监察机关共立案审查违反政治纪律8969件，处分1.2万人。此外，还存在部分干部不担当不作为的问题，十九届中央一轮巡视选人用人专项检查发现不担当不作为问题954个，涉及副县处级以上干部和企业领导人员1000余人。

三　巡视和派驻发现腐败现象仍然严重

（一）常规巡视中发现主体责任不到位的情况较为普遍

根据中央纪委国家监委公布的巡视反馈情况来看，巡视发现以下带有普遍性的问题：

第一，学习贯彻习近平新时代中国特色社会主义思想和党的十九大精神不够深入：落实中央有关重大决策部署存在差距，对中央赋予的一些先行先试政策统筹谋划不够，推进落实不够到位。

第二，全面从严治党严的氛围不够浓厚：存在"好人主义"，追责问责不到位，违反中央八项规定精神问题明目张胆与隐形变异并存，监督执纪问责持续发力不够，重点领域腐败问题仍然多发。首轮巡视发现并督促查处违反中央八项规定精神的问题2003个。

第三，党建工作存在薄弱环节：一些党组织在干部选拔任用中坚持原则不够，日常教育管理监督不够严格，干部队伍干事创业精气神不够足，有的基层党组织软弱涣散。首轮巡视选人用人专项检查发现不担当不作为问题954个，涉及副县处级以上干部和企业领导人员1000余人。

（二）巡视发现大量案件线索

巡视发现的线索可以分为一般违纪违法线索和重大职务违法职务犯罪线索两种。巡视巡察监督发现的问题线索呈现高位态势，表明反腐败的形势仍然严峻。

首先，十八届中央纪委立案审查的中管干部案件中，超过60%的问题线索来自巡视。[1] 截至2017年9月底，十八届中央巡视工作共发现违反中央八项规定精神和"四风"问题线索3.6万余件，根据中央巡视发现的"四风"问题线索，共处理党员干部3133人。中央巡视工作对被巡视地区和单位党组织选人用人情况开展了全覆盖的专项检查，发现重点问题1600余个，处理纠正问责4483人次。各省区市党委巡视组发现反映

---

[1] 《十八届中央纪律检查委员会向中国共产党第十九次全国代表大会的工作报告》，《人民日报》2017年10月30日第1版。

领导干部问题线索5.8万余件,推动纪检监察机关对1225名厅局级、8684名县处级干部立案审查。中央巡视发现党的领导弱化、党的建设缺失、全面从严治党不力等方面问题8200余个,省区市和中央单位巡视发现相关问题5.2万余个。277个被巡视党组织根据中央巡视反馈意见,共制定整改措施2.1万余条,建立完善制度3.3万余项,问责追责45万余人次,挽回和避免经济损失近2000亿元。2018年,中央巡视组受理群众信访举报49万件次,全国市、县两级共巡察12.6万个党组织,发现各类问题97.5万个,涉及党员干部违规违纪问题线索19万件,推动查处3.6万人。2019年,中央巡视组受理群众信访举报9万余件次。

其次,巡视发现大量重大职务犯罪案件线索。[①] 以2018年中央巡视组发现的重大职务犯罪部分线索为例,少数党的高级干部腐败问题触目惊心。如2018年2月,中央第十一巡视组进驻原国家食品药品监督管理总局。2018年8月16日,经中央第十一巡视组交办,原国家食品药品监督管理总局党组成员、副局长吴浈涉嫌严重违纪违法接受中央纪委国家监委纪律审查和监察调查。2019年2月2日,吴浈因严重违纪违法被开除党籍。2018年2月底,中央第十二巡视组进驻广东省。2018年7月11日,经中央第十二巡视组交办,广东省委常委、统战部部长曾志权因涉嫌严重违纪违法接受中央纪委国家监委纪律审查和监察调查。2018年2月底,中央第四巡视组进驻贵州省。2018年5月4日,经中央第四巡视组交办,贵州省政府原党组成员、副省长蒲波涉嫌严重违法违纪接受中央纪委国家监委纪律审查和监察调查。2018年11月2日,蒲波被开除党籍和公职。2018年2月底,中央第十三巡视组进驻中粮集团有限公司党组。2018年6月4日,经中央第十三巡视组交办,中粮置地管理有限公司成都公司原总经理熊启中分别接受中粮集团有限公司党组纪检组的纪律审查和四川省监委的监察调查。2019年1月9日,熊启中被开除党籍与公职。

---

① 具体巡视工作中查处案件参见中央纪委国家监委网站"十九届中央巡视工作专题"中央巡视进驻信息与审查调查信息。

参考文献

中央重要讲话和文件

《毛泽东、邓小平、江泽民论干部监督》，党建读物出版社2000年版。

《习近平谈治国理政》（第一卷），外文出版社2017年版。

《习近平谈治国理政》（第二卷），外文出版社2017年版。

《习近平谈治国理政》（第三卷），外文出版社2020年版。

《习近平谈治国理政》（第四卷），外文出版社2022年版。

《习近平关于党风廉政建设和反腐败斗争论述摘编》，中国方正出版社2015年版。

《习近平关于协调推进"四个全面"战略布局论述摘编》，中央文献出版社2015年版。

《习近平关于全面从严治党论述摘编》，中央文献出版社2016年版。

《习近平关于严明党的纪律和规矩论述摘编》，中国方正出版社2016年版。

《习近平总书记系列重要讲话读本》，人民出版社2016年版。

《习近平新时代中国特色社会主义思想学习纲要》，学习出版社2019年版。

《习近平新时代中国特色社会主义思想基本问题》，人民出版社、中共中央党校出版社2020年版。

习近平总书记在庆祝全国人民代表大会成立60周年大会上的讲话，

2014年9月6日

习近平总书记在党的群众路线教育实践活动总结大会上的讲话，2014年10月9日。

中共中央文献研究室编：《十九大以来重要文献选编》（上），中央文献出版社2019年版。

《论坚持党对一切工作的领导》，中央文献出版社2019年版。

《论坚持全面依法治国》，中央文献出版社2020年版

《十八大以来重要文献选编》（上）（中）（下），中央文献出版社2019年版。

《十一届三中全会以来党的历次全国代表大会中央全会重要文件选编》（上）（下），中央文献出版社1997年版。

《中国共产党党风廉政建设文献选编（1921—2000）》，中国方正出版社2001年版。

教材类

本书编写组：《党内监督制度解析》，中国方正出版社2017年版。

马怀德主编：《纪检监察核心此条释义》，法律出版社2022年版。

莫纪宏、姚文胜主编：《监察法学原理》，中国社会科学出版社2022年版。

秦前红主编：《监察法学教程》，法律出版社2019年版。

宋功德、张文显主编：《党内法规学》，高等教育出版社2020年版。

著作

蔡定剑：《国家监督制度》，中国法制出版社1991年版。

陈国权：《政治监督论》，学林出版社2000年版。

陈奇星等：《行政监督新论》，国家行政学院出版社2008年版。

黄宇：《中国共产党党内监督史论》，社会科学文献出版社2012年版。

李景田、许成庚：《新时期中国共产党党内监督机制问题研究》，中国

方正出版社 2004 年版。

李雪勤：《1949—2008 中国共产党纪律检查工作 60 年》，中国方正出版社 2009 年版。

秦前红、叶海波等著：《国家监察制度改革研究》，法律出版社 2018 年版。

石书伟：《行政监督原论》，社会科学文献出版社 2011 年版。

王韶兴：《党的监督：理论·经验·思考》，山东大学出版社 2001 年版。

王寿林：《权力制约和监督研究》，中共中央党校出版社 2007 年版。

邬思源：《中国执政党监督体系的传承与创新》，学林出版社 2008 年版。

尤光付：《行政监督理论与方式》，华中师范大学出版社 1997 年版。

张春林：《舆论监督的制度建设与思路创新》，四川大学出版社 2015 年版。

张德友著：《党内监督概论》，湖南人民出版社 2004 年版。

张建明：《党内监督机制研究》，光明日报出版社 2008 年版。

张晞海：《民主监督：中国共产党的理论与实践》，中国方正出版社 2006 年版。

张义清：《人大监督的立法轨迹：〈监督法〉配套立法（2006—2018 年）考》，法律出版社 2020 年版。

赵绪生、王士龙编著：《健全党和国家监督体系——新时代党内监督九讲》，中国方正出版社 2018 年版。

期刊论文

蔡林慧：《试论中国行政监督机制的困境与对策》，载《政治学研究》2012 年第 5 期。

蔡文成：《传承与创新：党内巡视制度的历史性资源及创造性转化》，载《理论与改革》2020 年第 3 期。

曹光煜：《新媒体监督与其他监督模式形成监督合力的探索》，载《行政管理改革》2017 年第 2 期。

曹雪松：《党的十八大以来党内监督理念与实践的新发展》，载《社会主义研究》2016年第4期。

曹雪松：《党内监督优势与实现路径》，载《中国特色社会主义研究》2016年第4期。

曹越、郝智慧：《新常态下审计监督治理功能的作用机制研究》，载《财会月刊》2017年第10期。

陈川懋：《中国地方人大监督力度评估：指标设计及应用》，载《厦门大学学报（哲学社会科学版）》2017年第3期。

陈东辉：《列宁党内监督思想及其当代启示》，载《学习论坛》2018年第4期。

陈东辉：《十八大以来党内监督的实践探索与经验启示》，载《长白学刊》2017年第1期。

陈国权：《论民主的监督机理及对腐败的遏制作用》，载《国家行政学院学报》2004年第1期。

陈辉、汪进元：《监察委员会处置权与人大监督权的内在张力及协调》，载《广西社会科学》2019年第6期。

陈进：《中国共产党党内监督问题研究综述》，载《内蒙古社会科学（汉文版）》2010年第6期。

成剑英：《网络舆论监督：特点、难点与对策》，载《求实》2010年第4期。

成志刚、唐俊辉：《保持行政监督制度与权力格局的动态平衡——控制行政权的一条规律》，载《中国行政管理》2008年第5期。

程乃胜：《国家审计全覆盖视域中的我国审计法律制度之完善》，载《法学评论》2016年第4期。

程衍：《论监察权监督属性与行权逻辑》，载《南京大学学报（哲学·人文科学·社会科学）》2020年第3期。

程瑶：《强化财政审计在完善党和国家监督体系中的职能作用》，载《审计与经济研究》2020年第1期。

褚尔康：《党内监督运行机制系统构建的多维分析》，载《系统科学学报》2020年第2期。

褚尔康：《国家监督体系构建的审计监督耦合性分析》，载《会计之友》2019年第22期。

褚尔康、赵宇霞：《党内监督与政治生态》，载《毛泽东邓小平理论研究》2016年第1期。

崔会敏：《监察体制改革背景下提高派驻机构监督有效性的思考》，载《社会科学战线》2019年第9期。

崔云、朱荣：《政府审计监督与腐败治理》，载《财经科学》2015年第6期。

单文：《关于加强人大监督的思考》，载《中国党政干部论坛》2014年第9期。

邓力平：《"以人民为中心"发展思想与新时代人大对预算国资监督》，载《财政研究》2018年第11期。

丁柏铨：《中国共产党的舆论监督观：发展轨迹、基本内涵和未来走向——基于对新中国成立后历史和现实的考察》，载《南京社会科学》2019年第8期。

董大胜：《国家、国家治理与国家审计——基于马克思主义国家观和中国国情的分析》，载《审计研究》2018年第5期。

董茂云：《人大监督法院的新思路》，载《法学杂志》2015年第5期。

董世明：《十八大以来党对巡视制度的探索》，载《江汉论坛》2016年第1期。

段鸿斌：《〈监察法〉执法检查的实施机制》，载《四川师范大学学报（社会科学版）》2019年第6期。

段妍：《新中国成立初期加强党内监督的实践探索及现实启示》，载《思想理论教育导刊》2020年第7期。

范卫国、王婷婷：《角色定位与职能作用：地方人大监督司法体制改革问题研究》，载《理论导刊》2016年第7期。

范忠信：《监督制约是新监察权超越传统暨法治升华的关键》，载《宁夏党校学报》2019年第1期。

冯丙奇：《党的舆论监督的沿革与跨越》，载《人民论坛》2020年第20期。

付胜南、王传利：《整治与政治：中国共产党巡视制度的嬗变和结构功能分析》，载《理论探讨》2020年第4期。

付忠伟、黄翠竹、张百平、马丽娟：《审计"全覆盖"的工作机制探析》，载《审计研究》2015年第3期。

高国舫：《新时代加强和完善舆论监督论析》，载《长白学刊》2020年第4期。

高红玲、金鸿浩：《论习近平舆论监督阐述的创新意义》，载《现代传播（中国传媒大学学报）》2017年第11期。

高晓霞：《论党和国家监督体系中的审计监督：政治逻辑、治理功能与行动路向》，载《江海学刊》2018年第6期。

葛晓燕：《我国行政检察监督的检讨与重构——兼及〈行政诉讼法〉的修改》，载《南京社会科学》2014年第6期。

谷志军：《党内问责制：历史、构成及其发展》，载《社会主义研究》2017年第1期。

管素叶、陈志刚：《党和国家监督体系的创新发展》，载《中国特色社会主义研究》2019年第6期。

郭殊、夏秋艳：《宪法政策学视角下国家监察制度与人大监督制度的衔接——以弹劾权配置为中心》，载《南京大学学报（哲学·人文科学·社会科学）》2019年第2期。

郭文杰：《习近平党内监督思想的三维审视》，载《南方论刊》2018年第4期。

过勇：《新时代党内监督的理论与实践创新研究专栏》，载《河南社会科学》2019年第6期。

过勇：《中国纪检监察派驻制度研究》，载《国家行政学院学报》2014

年 02 期。

韩大元：《地方人大监督权与人民检察院法律监督权的合理界限——兼评北京市人大常委会〈决议〉》，载《国家检察官学院学报》2009 年第 3 期。

韩旭：《国家治理视野中的根本政治制度——改革开放 40 年来人民代表大会制度的发展逻辑》，载《政治学研究》2018 年 6 期。

何深思：《人大监督刚性的天然缺失与有效植入》，载《中国特色社会主义研究》2013 年第 1 期。

何新容：《审计监督与监察监督的关系重构——以审计与监察体制改革为背景》，载《黑龙江社会科学》2019 年第 6 期。

贺东航：《"民主监督"与"政治协商"的深化——论充分开发我国政党制度的资源》，载《社会主义研究》2006 年第 1 期。

贺洪波：《十八大以来健全党和国家监督体系的制度逻辑》，载《探索》2019 年第 3 期。

贺鹏皓、张念明：《审计机关与其他监督机关的协调配合机制研究》，载《财会月刊》2019 年第 17 期。

侯学宾、陈越瓯：《党内巡视制度功能的新阐释》，载《治理研究》2019 年第 5 期。

侯志山：《党和国家监督制度 40 年重构与转型》，载《中国党政干部论坛》2018 年第 12 期。

侯志山：《国家监察：中国特色监督的创举》，载《中国党政干部论坛》2018 年第 4 期。

胡常龙：《走向理性化的派驻检察室制度》，载《政法论丛》2016 年第 3 期。

胡云生：《1949—2019：中国共产党巡视制度述略》，载《中州学刊》2019 年第 7 期。

胡智强：《论审计监督在治理体系中的制度定位与功能发挥》，载《审计与经济研究》2020 年第 1 期。

黄爱宝：《论人大追究政府生态责任的职能实现》，载《江苏行政学院学报》2019年第2期。

黄明涛：《宪法上舆论监督权对名誉权侵权责任的规范影响——基于近期司法实践的考察》，载《浙江学刊》2019年第2期。

黄蓉生：《全面从严治党与完善和落实民主集中制》，载《红旗文稿》2018年第13期。

黄溶冰、赵谦：《财政分权、审计监督与反腐败成效——来自中国2002~2011年的经验证据》，载《中南财经政法大学学报》2015年第6期。

黄晓辉：《党内监督工作领导体制的历史演变与新发展》，载《福建师范大学学报（哲学社会科学版）》2014年第6期。

黄晓辉：《健全党内监督体系是健全党和国家监督体系的核心》，载《廉政文化研究》2019年第4期。

纪中强：《党内监督的必要性、难点与路径分析》，载《岭南学刊》2017年第1期。

冀明武：《论党内监督法规与国家法律制度的衔接——以〈中国共产党党内监督条例〉与〈监察法〉为视点》，载《江汉学术》2020年第2期。

简小文：《习近平关于人大监督的重要论述研究——兼论我国宪法法律监督权与人大监督制度的完善》，载《经济社会体制比较》2020年第1期。

蒋来用：《健全党内监督体系要理清四个关系》，载《中国党政干部论坛》2020年第2期。

蒋来用：《有关派驻监督的几点探讨》，载《理论探索》2018年第5期。

蒋来用、王阳：《健全和完善党内监督体系的系统性、协调性和有效性》，载《重庆社会科学》2020年第4期。

蒋清华：《支持型监督：中国人大监督的特色及调适——以全国人大常委会备案审查为例》，载《中国法律评论》2019年第4期。

靳诺：《党内监督：推进全面从严治党的利器》，载《中国高校社会科学》2017年第1期。

靳思昌：《论大数据背景下的国家审计监督全覆盖》，载《财会月刊》2018年第7期。

雷俊生：《嵌入式治理视角下的监督资源整合——基于党委审计委员会的协同机制构建》，载《学术论坛》2020年第4期。

李伯超、田良富：《新中国成立以来党内巡视制度的历史嬗变与启示》，载《湘潭大学学报（哲学社会科学版）》2019年第2期。

李广德、王晨光：《党内权力监督法治化的法理论证》，载《马克思主义与现实》2018年第1期。

李红勃：《迈向监察委员会：权力监督中国模式的法治化转型》，载《法学评论》2017年第3期。

李后强、彭剑：《对党政一把手进行舆论监督的作用与途径》，载《新闻界》2017年第9期。

李景平、曹阳：《改革开放以来党和国家监督体系发展之省思》，载《广西社会科学》2019年第4期。

李景平、曹阳：《新中国成立70年来党内监督体系的历史嬗变与现实启示》，载《北京行政学院学报》2019年第5期。

李景治：《党内监督要进一步与党外监督有机结合》，载《学习论坛》2015年第7期。

李军：《关于村民自治中民主监督乏力问题的思考——从监督主体角度出发的一个个案调查》，载《云南行政学院学报》2004年第3期。

李雷、杜波：《人大监督政府环境执法制度优化路径的选择》，载《山东社会科学》2017年第9期。

李莉：《国家监察体制改革视域下的制度设计变迁——新中国成立以来权力监督的历史梳理》，载《当代世界与社会主义》2018年第3期。

李梅：《法官履职评议：地方人大司法监督的制度创新》，载《中国特色社会主义研究》2016年第4期。

李小中、王明生：《党内巡视制度的三大政治功能》，载《科学社会主义》2019 年第 4 期。

李小中、王明生：《新时代党内巡视制度的功能及完善路径》，载《南京社会科学》2019 年第 6 期。

李勇、余响铃：《对监察委员会的监督制度设计》，载《国家行政学院学报》2017 年第 2 期。

李云霖：《论人大监督规范性文件之审查基准》，载《政治与法律》2014 年第 12 期。

梁丽萍：《参政党民主监督的理论思考》，载《中共中央党校学报》2012 年第 1 期。

林彦：《论人大执法检查对审判权运行的影响》，载《政治与法律》2019 年第 2 期。

刘红凛：《网络舆论监督的发展态势与有效运用》，载《中共中央党校学报》2017 年第 3 期。

刘家义：《国家治理现代化进程中的国家审计：制度保障与实践逻辑》，载《中国社会科学》2015 年第 9 期。

刘俊杰：《民主监督的关键是对权力进行制约和监督》，载《理论前沿》2004 年第 22 期。

刘素梅：《国家监察权的监督制约体制研究》，载《学术界》2019 年第 1 期。

刘小妹：《人大制度下的国家监督体制与监察机制》，载《政法论坛》2018 年第 3 期。

刘占虎：《巡视监督：当代中国过程防腐的主导机制》，载《中州学刊》2015 年第 12 期。

吕永祥、王立峰：《县级监察委员会的公权力监督存在的现实问题与优化路径》，载《河南社会科学》2018 年第 7 期。

罗星：《新中国 70 年来党内监督理论与实践的发展》，载《广西社会科学》2020 年第 3 期。

罗星、白平浩：《新时代党内监督与国家监察相统一的三维分析》，载《理论视野》2020年第4期。

罗许生：《党内监督与国家监督的联动和协同研究》，载《广西社会科学》2019年第11期。

罗重一、张楠：《改革和完善党内监督机制的若干思考》，载《理论探讨》2014年第5期。

马宝成：《民主监督：农村基层民主的新生长点》，载《国家行政学院学报》2011年第6期。

马春晓：《监察委员会监督机制的比较研究》，载《河南社会科学》2019年第10期。

马雪松、王慧：《党和国家监督体系中的有效监督机制构建》，载《理论探索》2020年第3期。

马一德：《论协商民主在宪法体制与法治中国建设中的作用》，载《中国社会科学》2014年第11期。

马轶群：《论审计监督在党和国家监督体系中的完善》，载《审计与经济研究》2020年第1期。

马志娟、梁思源：《大数据背景下政府环境责任审计监督全覆盖的路径研究》，载《审计研究》2015年第5期。

孟弘毅：《纪检监察派驻机构如何有力监督》，载《人民论坛》2018年第34期。

孟威：《习近平的新闻舆论观——深入学习习近平总书记在党的新闻舆论工作座谈会上的讲话》，载《当代传播》2016年第3期。

孟宪艮：《组织、协商与压力：人大监督权的运行逻辑》，载《新视野》2019年第3期。

孟宪艮、孔繁军：《人大监督法制化与行政化的反思与启示》，载《东岳论丛》2012年第1期。

孟燕、方雷：《政党协商与民主监督的逻辑衔接及协同共进》，载《中共中央党校（国家行政学院）学报》2019年第1期。

牟广东、唐晓清：《论巡视制度在党内监督体系中的地位和作用》，载《理论探讨》2010年第3期。

聂辛东：《国家监察委员会的监察法规制定权限：三步确界与修法方略》，载《政治与法律》2020年第1期。

潘春玲：《十八大以来党内监督创新发展的依据、路径及成效分析》，载《河南社会科学》2019年第6期。

戚振东、尹平：《国家治理视角下的审计全覆盖：一个理论框架》，载《学海》2015年第6期。

齐卫平：《全面从严治党制度化的重大成果——新〈中国共产党党内监督条例〉解析》，载《理论探讨》2017年第1期。

钱弘道、谢天予：《审计全覆盖视域下的审计法变迁方向及其逻辑》，载《审计与经济研究》2019年第3期。

钱小平：《监察委员会监督职能激活及其制度构建——兼评〈监察法〉的中国特色》，载《华东政法大学学报》2018年第3期。

秦前红：《地方人大专门委员会的功能设计及其监督实践》，载《国家检察官学院学报》2018年第1期。

秦前红：《人大监督监察委员会的主要方式与途径——以国家监督体系现代化为视角》，载《法律科学（西北政法大学学报）》2020年第2期。

秦前红、石泽华：《〈监察法〉派驻条款之合理解释》，载《法学》2018年第12期。

秦前红、石泽华：《我国高校监察制度的性质、功能与改革愿景》，载《武汉大学学报（哲学社会科学版）》2020年第4期。

秦小建：《论公民监督权的规范建构》，载《政治与法律》2016年第5期。

曲青山：《坚持民主集中制是强化党内监督的核心》，载《中共党史研究》2016年第3期。

任建明：《巡视监督与问题发现》，载《中国党政干部论坛》2014年第

3 期。

任建明、洪宇：《党和国家监督体系——要素、结构与发展》，载《廉政学研究》2018 年第 1 期。

任祥、杨春华：《中国共产党巡视制度的理论逻辑、历史演变与框架体系》，载《云南社会科学》2020 年第 4 期。

宋伟、过勇：《新时代党和国家监督体系：建构逻辑、运行机理与创新进路》，载《东南学术》2020 年第 1 期。

宋伟、刘文奇：《新时代巡视监督的内生演化与战略发展》，载《河南社会科学》2019 年第 6 期。

宋伟、徐小庆：《中国共产党党内监督制度：生成模式与扩散机制》，载《学术界》2020 年第 5 期。

苏志强：《反渎职侵权：作为监察权监督的一种方式》，载《北京社会科学》2018 年第 7 期。

孙彩红：《地方人大监督的公民参与维度》，载《广西社会科学》2018 年第 11 期。

孙长虹：《中国行政监督机制的问题与对策》，载《长白学刊》2004 年第 4 期。

孙健、徐祖迎：《网络舆论监督及其规范》，载《中国行政管理》2011 年第 12 期。

汤维建、徐全兵：《人大对检察机关的监督研究》，载《中国刑事法杂志》2014 年第 1 期。

唐勤：《关于完善党内巡视制度的若干思考》，载《中州学刊》2014 年第 1 期。

滕明政：《十八大以来党内监督理论与实践研究综述》，载《理论与改革》2017 年第 6 期。

佟玉华：《论全面推进从严治党中的党内监督》，载《科学社会主义》2016 年第 6 期。

涂锋：《如何实现激励兼容——地方人大监督的机制创新》，载《中国特色社会主义研究》2016年第4期。

涂龙科、姚魏、刘晶：《人大监督司法的重点和突破口》，载《政治与法律》2013年第5期。

王邦佐：《进一步发挥地方政协的民主监督职能》，载《政治学研究》2005年第1期。

王邦佐、罗峰：《人民政协民主监督的理论支撑、现实意义和制度设计》，载《政治与法律》2007年第5期。

王彩云：《以净化党内政治生态为途径推进全面从严治党》，载《中共浙江省委党校学报》2017年第1期。

王翠芳：《发展党内民主——党内监督的基础政治生态建设之关键》，载《社会主义研究》2010年第5期。

王翠芳：《强化党内监督重点指向探讨》，载《中国特色社会主义研究》2014年第5期。

王翠芳：《新时代党内监督的创新发展》，载《中国特色社会主义研究》2020年第3期。

王冠、任建明：《纪检监察派驻制度的演进、逻辑与改革建议》，载《科学社会主义》2019年第6期。

王国俊、周洁：《国家审计在监督体系中的作用机制和路径：述评及展望》，载《现代经济探讨》2020年第8期。

王会金：《健全党统一领导、全面覆盖、权威高效的审计监督体系》，载《审计与经济研究》2020年第1期。

王建华、王云骏：《我国多党合作的民主监督问题研究——基于比较政党制度的视角》，载《学术界》2013年第1期。

王进芬：《列宁加强党内监督的理论逻辑、现实考量和制度设计》，载《南京师大学报（社会科学版）》2019年第3期。

王凯伟、毛星芝：《行政监督实效提升的制约因素及对策》，载《湘潭大学学报（哲学社会科学版）》2010年第4期。

王立峰、吕永祥：《权力监督视角下国家监察体制改革的实践需要与现实意义》，载《南京社会科学》2017年第8期。

王世雄：《我国行政监督体制的现状与发展趋向》，载《政治与法律》2000年第6期。

王希鹏：《坚持和完善党和国家监督体系：基本经验与推进路径》，载《中国特色社会主义研究》2019年第6期。

王译、江国华：《逻辑原点、基本原则与功能期待：完善监察监督机制的应然面向》，载《廉政文化研究》2020年第2期。

魏昌东：《监督职能是国家监察委员会的第一职能：理论逻辑与实现路径——兼论中国特色监察监督系统的规范性创建》，载《法学论坛》2019年第1期。

魏琼、梁春程：《双重改革背景下警察执法监督的新模式——兼论检察监督与监察监督的协调衔接》，载《比较法研究》2018年第1期。

魏晓文、苏杭：《国家治理视域下民主党派民主监督问题探析》，载《中国特色社会主义研究》2015年第6期。

温泽彬：《人大特定问题调查制度之改革》，载《法学》2015年第1期。

文丰安：《党内监督科学化的困境及途径探究》，载《理论探讨》2015年第1期。

文丰安：《论中国共产党党内监督的历史流变与时代创新》，载《河南师范大学学报（哲学社会科学版）》2019年第4期。

吴建雄：《坚持和完善党和国家监督体系的重要抓手——试论纪检监察工作规范化、法治化》，载《中国延安干部学院学报》2019年第6期。

吴建雄：《开创党和国家监督体系现代化的新境界——坚持和完善党和国家监督体系的历史逻辑、理论逻辑与实践逻辑》，载《新疆师范大学学报（哲学社会科学版）》2019年第6期。

吴建雄、刘峰：《国家监察体制改革：价值、逻辑与路径》，载《求索》2017年第1期。

习近平：《关于〈关于新形势下党内政治生活的若干准则〉和〈中国共

产党党内监督条例〉的说明》，载《党建》2016年第11期。

肖高华：《立法型、行政型抑或独立型：近代我国审计监督法治转型之多重取向》，载《江汉论坛》2020年第8期。

肖金明：《论党内法治体系的基本构成》，载《中共中央党校学报》2016年第6期。

谢撼澜、谢卓芝：《改革开放以来党和国家监督制度建设的进程与经验》，载《探索》2018年第5期。

徐鸣华：《发挥巡视在党内监督中的利剑作用》，载《中国党政干部论坛》2020年第2期。

徐薇：《国家审计监督全覆盖的实现路径研究》，载《审计研究》2015年第4期。

徐显明、张文显、李林：《中国特色社会主义法治道路如何走？——三位法学家的对话》，载《求是》2015年第5期。

徐行、李俐：《刘少奇关于人大监督职能的思想与实践》，载《党的文献》2015年第6期。

徐雅芬、樊东光：《当前党内监督问题及对策分析》，载《人民论坛》2015年第11期。

徐彰：《论政府审计在党内监督中的作用——基于国家监督体系类型化的比较》，载《财会月刊》2017年第20期。

徐祖荣：《善治语境下创新政协民主监督机制研究》，载《马克思主义与现实》2009年第6期。

许耀桐：《党内监督论》，载《中共天津市委党校学报》2016年第3期。

颜佳华、唐志远：《党内监督文化生成：思想基础、实践依据和具体路径》，载《科学社会主义》2018年第1期。

颜杰峰、唐锡康：《党的纪检监察派驻制度的历史脉络及其经验启示》，载《毛泽东邓小平理论研究》2020年第7期。

晏维龙：《把握治理的核心要义，推进党和国家监督体系和监督能力现代化》，载《审计与经济研究》2020年第1期。

杨爱珍：《试论民主党派民主监督的路径选择》，载《当代世界与社会主义》2003年第2期。

杨福忠：《论中国特色宪法监督体制的完善》，载《首都师范大学学报（社会科学版）》2015年第5期。

杨柳：《论人大监督司法的范式转换》，载《政治与法律》2016年第4期。

杨炎辉：《论人大监督司法的类型化及其发展方向》，载《重庆大学学报（社会科学版）》2015年第5期

杨云成：《党内监督的政党净化功能：阶段性特征、净化边界与生成逻辑》，载《新视野》2020年第3期。

姚洪敏：《对党忠诚 切实履行审计监督职责》，载《中国党政干部论坛》2017年第7期。

姚玉斐、杨延娜：《以党内监督条例为指导，确保人大监督见实效》，载《人民论坛》2017年第10期。

叶青、王小光：《检察机关监督与监察委员会监督比较分析》，载《中共中央党校学报》2017年第3期。

叶榅平：《自然资源国家所有权行使人大监督的理论逻辑》，载《法学》2018年第5期。

伊士国：《游走在抽象与具体之间——地方人大监督司法的合理界限》，载《社会主义研究》2017年第6期。

尹韵公：《坚持和推进党内监督与舆论监督相结合》，载《党的文献》2017年第3期。

于学强：《论党内巡视的制度优势及其治理效能的转化》，载《探索》2020年第3期。

于学强：《十八大前中国共产党巡视制度建设：进程、特点与评判》，载《党政研究》2020年第4期。

曾庆辉：《发挥特定问题调查权在人大监督中的作用》，载《中国党政干部论坛》2017年第3期。

张峰：《论人民政协民主监督的协商式监督新定位》，载《国家行政学院学报》2017年第6期。

张凤华、王晓埂：《习近平党内监督思想探析》，载《中南民族大学学报（人文社会科学版）》2018年第1期。

张桂林：《党和国家监督体系原理探析》，载《政治学研究》2020年第4期。

张晋邦：《检察机关一般法律监督权：规范内涵、宪制机理与调整方向——兼论检察院组织法原第5条的修改》，载《甘肃政法学院学报》2019年第4期。

张晋宏、李景平：《新时代党和国家监督体系的内在逻辑与建构理路》，载《山西师大学报（社会科学版）》2019年第1期。

张立荣：《中国行政法制监督机制：现状评析及改革探索》，载《政治学研究》2001年第2期。

张丽曼：《论建立健全党内民主监督机制》，载《中国特色社会主义研究》2004年第2期。

张梁：《健全党和国家监督体系论纲》，载《求实》2019年第3期。

张梁：《新时代国家监察监督制度之建构理据、运行价值、效能增进》，载《西北民族大学学报（哲学社会科学版）》2020年第5期。

张荣昌：《公民监督政府：行政监督的活力源——以宁波市为例》，载《国家行政学院学报》2005年第S1期。

张伟斌：《习近平同志主政浙江时期加强党风廉政建设的思想与实践》，载《浙江学刊》2015年第1期。

张勇：《完善党和国家监督体系的逻辑考量》，载《治理现代化研究》2020年第5期。

赵军锋、金太军：《走向"审计国家"：国家治理现代化进程中的国家审计》，载《江海学刊》2019年第1期。

赵卿：《双重改革视域下行政检察监督与监察委监督的关系辨析》，载《江西社会科学》2020年第7期。

赵颖:《习近平党内监督重要论述的逻辑与路径探析》,载《思想理论教育导刊》2020年第1期。

郑超华:《新时代党内监督的逻辑理路、运行状况与效能提升》,载《求实》2020年第5期。

郑传坤、黄清吉:《健全党内监督与完善巡视制度》,载《政治学研究》2009年第5期。

郑石桥:《政府审计对公共权力的制约与监督:基于信息经济学的理论框架》,载《审计与经济研究》2014年第1期。

郑智超、赵绪生:《新中国成立70年来派驻监督的历程、经验与启示》,载《理论导刊》2019年第11期。

郑宗仁、王子猷:《我国行政监督体制缺失及其改革路径》,载《江西社会科学》2003年第11期。

钟龙彪:《十八大以来党内巡视监督的改进及其启示》,载《中共天津市委党校学报》2014年第6期。

钟龙彪:《十八大以来党内巡视监督的改进及其启示》,载《中共天津市委党校学报》2014年第6期。

钟稳:《纪检监察派驻机构管理改革:演化、困境、展望——写在派驻机构统一管理制度走过10年之际》,载《求实》2014年第8期。

周磊、陈洪治:《新时代派驻监督体制改革:内容、成效与展望》,载《河南社会科学》2019年第6期。

周淑真:《巡视工作的历史沿革、现实成就和制度创新》,载《中国党政干部论坛》2014年第3期。

周叶中、胡爱斌:《中国特色的"权力分工协调"论》,载《南京社会科学》2018年第6期。

周叶中、林骏:《"党的领导"的宪法学思考》,载《法学论坛》2018年第5期。

周佑勇:《对监督权的再监督地方人大监督地方监察委员会的法治路径》,载《中外法学》2020年第2期。

朱伯兰：《巡视监督的创新发展及启示》，载《重庆社会科学》2017年第10期。

朱福惠：《论检察机关对监察机关职务犯罪调查的制约》，载《法学评论》2018年第3期。

朱福惠、刘心宇：《监察监督与审计监督衔接机制研究》，载《山东警察学院学报》2018年第6期。

朱福惠、聂辛东：《论监察法体系及其宪制基础》，载《江苏行政学院学报》2020年第5期。

朱世海：《权力还是权利——对民主监督的理论思考》，载《新视野》2006年第6期。

庄德水：《纪检体制改革的职能分析及其实践要求》，载《理论与改革》2015年第1期。

庄德水：《巡视监督应实现全覆盖和长效化》，载《中国党政干部论坛》2014年第3期。

邹开红：《完善党和国家监督体系，推进政务处分工作规范化法治化》，载《中国纪检监察》2020年第13期。

报纸文章

杜宏伟：《审计监督和其他监督制度的联系与区别（上）》，《中国审计报》2019年8月7日第7版。

扈黎光：《构建纪检监察派驻监督新格局》，《中国环境报》2020年5月29日第3版。

黄晓辉：《健全党和国家监督体系的内涵和意义》，《中国社会科学报》2018年6月12日第8版

黄晓辉：《健全党内监督职能体系的三个维度》，《中国社会科学报》2019年3月19日第8版。

黄晓辉：《新时代健全党内监督体系的着力点》，《中国社会科学报》2018年9月4日第8版。

兰琳宗：《监察全覆盖，让公权力监督不留空白》，《中国纪检监察报》2018年8月30日第2版。

兰琳宗：《推动监察工作接受外部监督的重要制度保障》，《中国纪检监察报》2018年9月7日第3版。

李国忠：《充分发挥政协民主监督作用》，《中国纪检监察报》2018年5月24日第5版。

林乾：《坚持和完善党和国家监督体系》，《中国纪检监察报》2020年3月16日第5版。

吕劲松：《推动审计监督与党内监督贯通协调》，《中国纪检监察报》2020年5月7日第7版。

邵思蜜：《党的十八大以来党内监督工作开创新局面》，《中国纪检监察报》2018年12月13日第6版。

宋伟：《党和国家监督体系的建构逻辑》，《中国纪检监察报》2020年6月4日第7版。

天津市纪委监委调研组：《打通监察监督"最后一公里"》，《中国纪检监察报》2018年9月27日第7版。

王伟达：《40年来党内监督的理论发展和基本经验》，《中国纪检监察报》2018年12月13日第6版。

王希鹏：《健全党和国家监督体系的要求》，《中国纪检监察报》2020年4月16日第5版。

王振东：《财会监督应成为新时代党和国家监督体系中的一把利剑》，《中国财经报》2020年5月19日第6版。

王卓：《监察法是对公权力监督的重大创新》，《中国纪检监察报》2018年3月16日第2版。

肖培：《健全党和国家监督体系（认真学习宣传贯彻党的十九大精神）》，《人民日报》2018年1月16日第7版。

徐怀顺：《监察委首要职责是监督》，《中国纪检监察报》2018年3月7日第2版。

闫鸣：《监察委员会是政治机关》，《中国纪检监察报》2018年3月8日第3版。

闫鸣：《健全党和国家监督体系的重大举措》，《中国纪检监察报》2018年10月31日第1版。

闫鸣：《旗帜鲜明讲政治切实加强政治监督》，《中国纪检监察报》2019年3月1日第2版。

杨晓渡：《坚持和完善党和国家监督体系（深入学习贯彻党的十九届四中全会精神）》，《人民日报》2019年11月29日第6版。

张文显：《以法治思维和法治方法反对腐败》，《中国纪检监察报》2019年11月25日第2版。

赵乐际：《坚持和完善党和国家监督体系为全面建成小康社会提供坚强保障——在中国共产党第十九届中央纪律检查委员会第四次全体会议上的工作报告》，《人民日报》2020年2月25日第3版。

赵乐际：《以习近平新时代中国特色社会主义思想为指导坚定不移落实党的十九大全面从严治党战略部署——在中国共产党第十九届中央纪律检查委员会第二次全体会议上的工作报告》，《人民日报》2018年02月13日第2版。

赵乐际：《忠实履行党章和宪法赋予的职责 努力实现新时代纪检监察工作高质量发展——在中国共产党第十九届中央纪律检查委员会第三次全体会议上的工作报告》，《人民日报》2019年02月21日第4版。

钟纪言：《赋予监察委员会宪法地位健全党和国家监督体系》，《人民日报》2018年3月3日第3版。

周峰：《关于基层乡镇（街道）监察办公室履职情况的调研》，《中国纪检监察报》2019年11月28日第8版。

朱旭东：《中国共产党自我监督的历史性探索》，《中国纪检监察报》2018年6月7日第5版。

后　记

本课题在研究过程中得到厦门大学法学院刘学敏教授、厦门大学台湾研究院刘文戈副研究员、福建师范大学法学院黄晓辉教授、厦门市委党校陈国飞副教授、天津大学法学院王建学教授、山东大学法学院肖金明教授、门中敬教授、武汉大学法学院秦前红教授的大力支持与帮助。在本书写作、编校、出版过程中，厦门大学法学院研究生侯雨呈、张明、聂辛东、黄亦恺、朱珊珊，山东大学法学院（威海）研究生靳梦龙、焦爽提供了帮助，承担了大量事务性工作，在此一并致谢！

作　者

2023 年 9 月 10 日